2016年工业发展报告

技术和创新对包容与可持续工业发展的作用

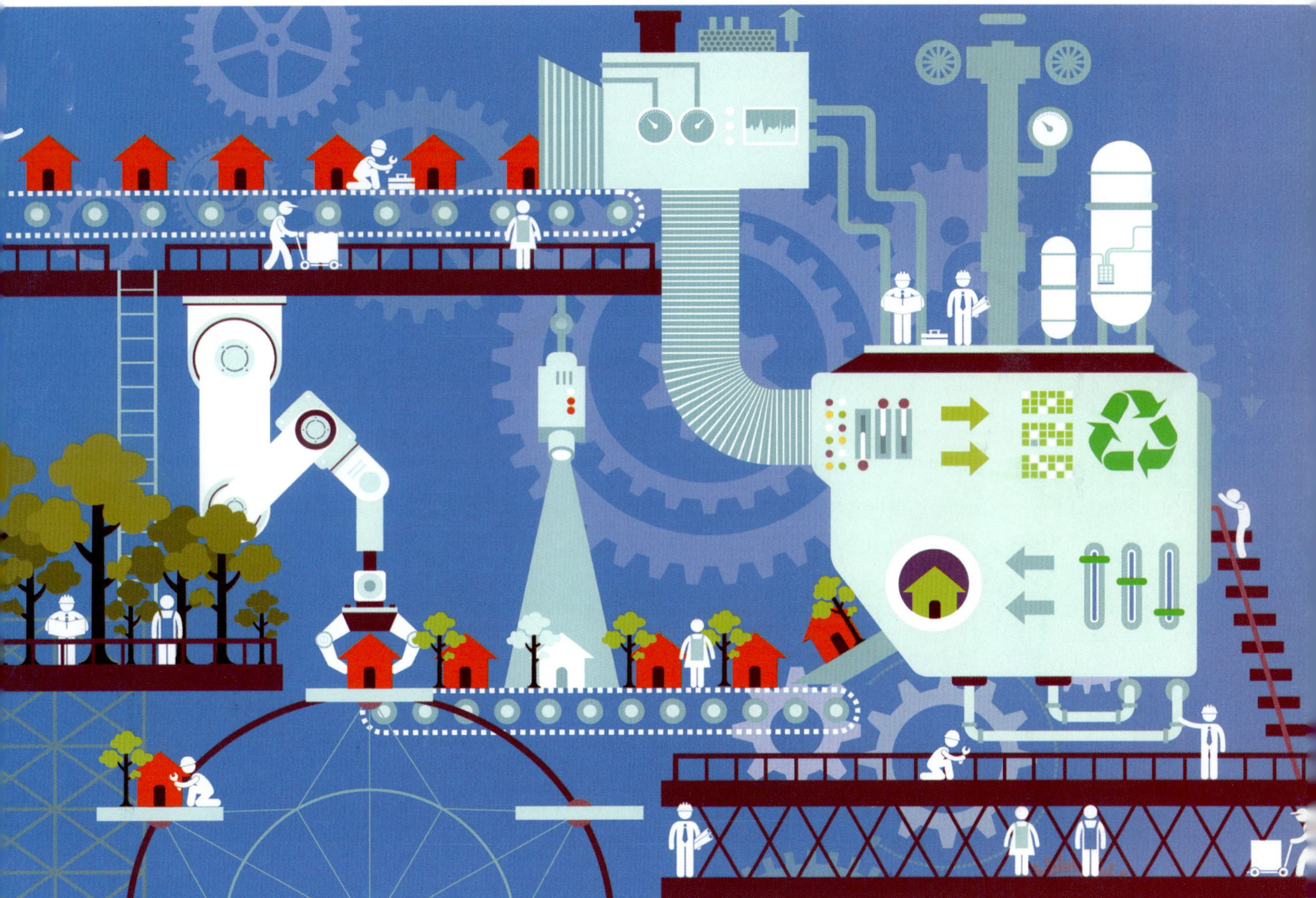

翻译 冯乃林 刘畅

联合国工业发展组织

中国统计出版社
China Statistics Press

图书在版编目（C I P）数据

2016 年工业发展报告 : 技术和创新对包容与可持续工业发展的作用 / 联合国工业发展组织编 ; 冯乃林 , 刘畅译著 . -- 北京 : 中国统计出版社 , 2018.4

书名原文 : Industrial Development Report 2016

ISBN 978-7-5037-8450-7

Ⅰ . ① 2… Ⅱ . ①联… ②冯… ③刘… Ⅲ . ①工业发展－研究报告－世界－ 2016 Ⅳ . ① F414

中国版本图书馆 CIP 数据核字 (2018) 第 062773 号

2016 年工业发展报告：技术和创新对包容与可持续工业发展的作用

作　　者 / 联合国工业发展组织
翻　　译 / 冯乃林　刘　畅
责任编辑 / 李　冲
装帧设计 / 黄　晨　李　静
出版发行 / 中国统计出版社
地　　址 / 北京市丰台区西三环南路甲 6 号　邮政编码 /100073
电　　话 / 邮购（010）63376909　书店（010）68783171
网　　址 / http://www.zgtjcbs.com
印　　刷 / 北京画中画印刷有限公司
经　　销 / 新华书店
开　　本 / 880mm×1230mm　1/16
字　　数 / 200 千字
印　　张 / 16
版　　别 / 2018 年 4 月第 1 版
版　　次 / 2018 年 4 月第 1 次印刷
定　　价 / 158.00 元

如需参考和引用，请使用：联合国工业发展组织，2015 年，《2016 年工业发展报告》，“技术和创新对包容与可持续工业发展的作用”，维也纳。

封面图片：iStock
联合国工业发展组织 文件编号：447。
销售号：E.15.II.B.47
ISBN: 978-92-1-106454-4
eISBN: 978-92-1-057637-6

目录

页码

页码

页码

专栏

页码

统计图

页码

页码

页码

统计表

页码

前言

技术变革被公认为长期经济增长的主要推动力之一。在未来数十年中，诸如移动互联网、物联网和云计算之类的激进式创新很可能带来生产流程变革并提高生活水平，尤其是在发展中国家。可持续发展目标第九项目标“建设有抵御灾害能力的基础设施、促进具有包容性的可持续工业化，并推动创新”于2015年9月26日被采纳。这意味着没有技术和创新，工业化就不会实现；而没有工业化，经济发展就不会实现。

技术让生产流程更加高效，从而提高国家的竞争力并增强其抵御市场波动的能力，这一点无可争辩。结构变革（即从劳动密集型经济向技术密集型经济转变）推动经济升级。因此，低收入国家需要必要的能力迎头赶上并缩小与高收入国家的人均收入差距。

可惜迎头赶上并不经常发生。在过去50年里，只有少数国家成功实现迅速工业化和经济持续增长。在这些国家，技术始终是一个关键驱动因素，并且他们成功发展了先进的技术密集型工业。尽管有明确的证据表明，技术变革极大地促进了国家的繁荣，但是，关于阻止国家更加密集地促进技术和创新的潜在因素的辩论仍在继续。

虽然技术和可持续增长息息相关，但是，技术是否可以同时实现社会包容性和环境可持续性尚不可知。由结构变革引起的资本对劳动力的替代可能会减少就业。技术变革还需要劳动力准备好使用日益复杂的机械和设备，这将在工资分配方面加剧高技术工人和非技术工人之间的不平等。工业化历来都伴随着日益严重的污染问题和自然资源的枯竭。经济增长还导致投入品、原材料和化石燃料的使用量增加，它们造成环境污染和退化，尤其是在低收入国家。

联合国工业发展组织大会第十五届会议期间通过的《利马宣言》明确指出：“消除贫困仍然是联合国工业发展组织的核心要务。消除贫困只能通过强劲、包容、可持续且具有复原力的经济和工业发展以及可持续发展的经济、社会和环境方面的有效一体化来实现。”联合国工业发展组织大力推行可以协调可持续性的所有相关方面的经济增长和工业化道路。

《2016年工业发展报告》探讨了一个具有挑战性的问题：在何种条件下技术和创新可以实现包容与可持续工业发展？本报告的主要结论是技术可以同时对可持续性的全部三个方面发挥作用。如果决策者坚决促进和引导工业化进程，则可以快速实现具有包容性和可持续性的工业化，这需要制定合理的政策并避免其他国家在过去所犯的错误。

从经济角度来看，全球化和在国际层面上的生产分散化通过加强精密制造商品的贸易促进了新技术的扩散。然而，在许多情况下，由于缺乏技术能力及促进创新体制的能力，这种技术扩散并未转化成具体的增长机会。创新需要得到适当的干预措施的支持，这些干预措施应当能够加强从技术发明到被公司采用的过程，如同在中国和韩国等基准国家的情况一样。

从社会角度来看，工业化有助于提高很多指标，例如，人类发展指数和贫困率。尽管技术和自动化通常改善人类的工作条件，但是由于工人被机器取代，工作岗位的数量可能会减少。本报告突出强调的一点是技术变革自身可以减轻这种影响。新技术也带来新市场（例如，废物回收利用行业），降低消费品价格并提供新的利润率更高的投资机会。最重要的是，扩大新的技术密集型产业可以吸收因使用机器而失业的工人。

从环境的角度来看，企业自然而然会追求资源的使用效率。企业家倾向于通过工艺创新尽量减少投入品的使用来实现利润最大化。在结构变革过程中，从宏观的角度来看，从中等技术产业向高技术产业转型非常有益，因为这意味着环境污染水平较低。尽管存在这些积极的动力，但是技术变革的当前趋势并不能保证在未来我们将遵循可持续发展之路。全球采取一致行动对减少温室气体排放并促进环境友好型技术进步的产生和扩散不可或缺。

作为联合国工业发展组织总干事，我非常荣幸提交本报告。让我感到特别高兴的是，《2016 年工业发展报告》强调迫切需要展开国际合作，以促进技术变革并实现包容与可持续工业发展，而且本报告重申了我们联合国工业发展组织对履行本组织的独特使命——为这一努力提供支持——的承诺。在此，我谨向齐心协力编制本报告的联合国工业发展组织全体工作人员和国际专家表示衷心的感谢，并期待它成为发展辩论的关键部分。

李勇

联合国工业发展组织总干事

有三个要素：长期(或可持续)工业化是发展的推动力量之一；社会包容发展提供同等的机会和公正的收益分配(包括所有国家和人民、私营部门、社会团体、跨国发展机构、联合国系统各部分)；环境可持续性聚焦于将工业活动带来的繁荣与过度使用自然资源和负面环境影响脱钩。联合国工发组织成员国2013年12月通过的《利马宣言》确定了包容与可持续工业发展的基础。(联合国工发组织 2015d)

渐进性创新 (Incremental innovation) 渐进性创新指对现有产品、服务、工艺流程、组织或方法进行创新，其性能或变现得以显著增强或提升。(经济合作与发展组织和世界银行)

产业政策 (Industrial policy) 任何形式的针对部门、技术或任务的干预或政府政策，试图改善经营环境或调整经济活动结构，以期达到比没有这种干预——即市场均衡——更好的经济增长或社会福利。(Warwick 2013)

非正规经济 (Informal economy) 指在政府视野之外运行的经济活动，因而未被征税也未纳入统计。(联合国工发组织 2013a)

创新 (Innovation) 创新是指实施一项新的或明显改进的产品(物品或服务)、工艺流程、新的营销方法、或在经营实践、工作场所组织、对外关系中采用新的组织方法。(经济合作与发展组织和欧盟统计局 2005)

中间产品 (Intermediate goods) 作为投入用于生产其它物品和服务的产品。(联合国工发组织 2013a)

劳动力强度 (Labour intensity) 生产中使用劳动力的相对比重。本报告中近似计算为每一单位增加值就业人数。(联合国工发组织 2013a)

制造业相关服务/生产者相关服务 (Manufacturing-related service/producer-related service) 需求主要来自制造业生产的服务活动。制造业相关服务主要包括物品的批发、零售和运输服务，以及商务服务(包括机械设备租赁、研究与开发、计算机及相关服务)。(联合国工发组织 2013a)

制造业增加值 (Manufacturing value added) 见增加值。

营销创新 (Marketing innovation) 实施使产品设计或包装、产品放置、产品促销或定价等方面发生明显变化的新的营销方法。(经济合作与发展组织和欧盟统计局 2005)

非制造业产业 (Non-manufacturing industries) 包括采矿业、建筑业、公用事业(电、气、水)。(联合国工发组织 2013a)

组织创新 (Organizational innovation) 在企业的经营实践、工作场所组织或对外关系中实施新的组织方法。(经济合作与发展组织和欧盟统计局 2005)

产品创新 (Product innovation) 引进在性能和用途上新的或明显改进的产品和服务。(经济合作与发展组织和欧盟统计局 2005)

工艺流程创新 (Process innovation) 实施新的或明显改进的生产或交付方法，包括技术、设备、软件方面的重大变化。(经济合作与发展组织和欧盟统计局 2005)

购买力平价 (Purchasing power parity) 确定两种货币购买力相对价值的一种概念。按购买力评价计算的国内生产总值 (GDP) 显示一个国家生产的产品和服务如果在美国出售的价值。由于同样质量的未交易服务在低收入国家定价比在美国要低，它们按购买力平价计算的国内生产总值通常比按汇率计算的要高。(联合国工发组织 2013a)

突破性创新 (Radical innovation) 突破性或颠覆性创新指对市场和市场内企业经济活动产生重大影响的创新。这一概念聚焦在创新的影响上，而非其新颖性。(经济合作与发展组织和世界银行)

研究与开发 (Research and experimental development) 研究与开发指系统地进行创造性工作，从而增加关于人、文化和社会知识的知识库，以及使用这一知识库发明新的应用。研究与开发一词包含三项活动：基础研究、应用研究和实验开发。(经济合作与发展组织 2002)

资源效率 (Resource efficiency) 资源效率从生命周期和价值链视角进行定义。这意味着要减少物品和服务的生产和消费中的全部环境影响，从原材料开采到最终使用和处置全过程。(联合国环境署)

技能偏向的技术进步 (Skill-biased technological change) 指技术进步带来的并不是对熟练劳动力和非

熟练劳动力需求成比例的变化，而是对熟练劳动力需求更大。（联合国工发组织 2013a）

结构变革 (Structural change) 长期经济活动构成和分布的变化。结构变革的规范分析往往强调对变化方向的期望。例如，Ocampo (2005), Ocampo and Vos (2008) 和联合国经社事务部 (2006) 将结构变革定义为一个经济体连续不断提出带来更高劳动生产率和规模报酬递增的新活动的能力。(联合国工发组织 2013a)

可持续发展第九项目标 (Sustainable Development Goal No. 9) 建造有抵御灾害能力的基础设施、促进具有包容性的可持续工业化，推动创新。这一目标要求到 2030 年大幅增加工业就业和国内生产总值所占比重，将小型工业和其它行业企业整合进产业链和市场，提升基础设施和更高资源利用效率产业，采用清洁和对环境无害技术和工艺流程，促进科学研究，提升技术能力，鼓励创新，从而推进包容与可持续的工业发展。(联合国 2015a)

技术能力 (Technological capabilities) 探索现代技术能对发展中国家的经济发展做出何种贡献的能力。(国际劳工组织 1991)

技术进步 (Technological change) 技术的改进完善。技术进步包含有多个参与者、多重关系和反馈回路的若干阶段，从提出新技术并制作原型的发明，到使其具有商业利益的创新 (Freeman and Soete 1997; 国际能源署 2008a)。如果可以获得最基础一级制造业流程的数据，通过分解分析可以将技术进步计量为实际物理效益，而其它则是结构变革（Jenne and Cattell 1983）通过改进完善技术进步，使用较少能源生产更多产品 (结构变化)，可以降低工业能源强度。(联合国工发组织 2011)

制造业技术水平 (Technological levels of manufacturing industries) 按照经济合作与发展组织的技术分类，根据相对于增加值和产值的研发强度，制造行业从技术上可以分为低技术、中等技术和高技术三类。(经济合作与发展组织 2005b)

科技政策 (Technology policy) 科技政策本身是政府用于推动私营和公共企业发展科技能力和基础设施的手段。(Steinmueller 2010)

全要素生产率 (Total factor productivity) 用于反映用要素投入 (劳动力、资本) 无法涵盖的产出的一个变量。(联合国工发组织 2013a)

单位劳动成本 (Unit labour costs) 每一单位产出的劳动力成本。它是劳动力成本与实际产出的比率。(联合国工发组织 2013a)

增加值 (Value added) 产出扣除中间消费后的指标，中间消费包括生产中使用的原材料和补给，消耗的燃料和电力，合同、委托、修理、维护等工业服务费用，雇员报酬，营业盈余，固定资本消耗等。制造业增加值是整个制造业对国内生产总值的贡献 (制造业净产值)。(联合国工发组织 2013a)

概述

技术和创新对包容与可持续工业发展的作用

关键信息

- 实现先进水平的包容与可持续工业发展(ISID)，不仅需要增加收入，而且需要有意识地努力保持经济持续增长、促进社会包容、努力实现更为绿色的结构转型，并把握好它们之间的权衡。
- 作为结构改革中的主要力量，工业化将资源从劳动密集型活动转移向资本密集型活动和技术密集型活动。工业化仍将是发展中国家未来发展的关键。
- 在过去 40 年里，制造业占国内生产总值的比重一直保持稳定。
- 技术和资本设备是发达国家和发展中国家制造业增长和总量增长的主要推动力，尽管在发展中国家，能源和自然资源利用也对中、低技术产业的增长产生影响。
- 部门的选择对经济增长和结构改革至关重要，因为它们之间的技术机会存在显著差异。
- 制造业多样化有助于实现快速的平均增长率、更长的增长期，并降低经济增长的波动性，从而保持经济长期持续增长。
- 过早去工业化限制了技术在生产中的应用，造成生产力低下，产生非正规服务活动，因而抑制了经济发展潜力，而成熟的去工业化通常带来充满活力的高技术服务业。
- 加强技术能力的途径包括：投资人力资本、改进创新体制以及升级产业集群和全球价值链等。
- 发达国家可通过运用前沿的科学技术来发展技术能力，而发展中国家则通过获得和应用别国研发的技术来发展技术能力。
- 促进制造业的社会包容性，需要将技术选择与一国的资源和技能禀赋相匹配。
- 提高工业的环境可持续性可能需要采用不具备经济可行性的生产技术，这些技术的盈利性随着时间的推移会不断增加。
- 与其他产业相比，高技术产业污染更少，因此产生环境红利。
- 废物回收利用产业呈现出保持经济持续增长、创造就业和公平、实现环境友好的多赢特征；但是要将这些目标结合起来，权衡非常重要。
- 从保护产权的一个极端到为机械设备进口提供赠款的另一个极端，工业发展的政策工具取决于目标技术和创新的类型，以及国家的发展水平。
- 在国际层面将财政资源和研究资源集中用于全球知识库，大大有助于建设实现包容与可持续工业化发展的技术能力。

在何种条件下技术变革可在发展中国家引发结构变革，并实现长期的、具有社会包容性和环境可持续性的工业发展？这是我们在《2016 年工业发展报告》中重点探讨的核心问题。联合国工业发展组织成员国 2013 年 12 月通过的《利马宣言》，为包容与可持续工业发展的新愿景奠定了基础。包容与可持续工业发展概念是新的可持续发展第九项目标的组成部分，该目标旨在建设有抵御灾害能力的基础设施，促进包容与可持续工业化，推动创新。

包容与可持续工业发展包括三个要素，构成本报告的框架。第一个要素是长期可持续的工业化，这是推动经济发展的动力。第二个要素是具有社会包容性的工业发展和社会，它提供平等机会和利益公平分配。第三个要素是环境可持续性，它使工业活动所带来的繁荣与自然资源过度使用和负面环境影响脱钩。该三维结构贯穿于相应的政策倡议中，便于各国处理在保持经济增长、促进社会包容和努力实现绿色经济转型中所面临的许多利弊权衡。

制造业在长期结构变革中发挥着关键作用。在发展的初级阶段，制造业创造了许多正规生产性就业机会。此外，制造业还推动了保持制造业和其他部门生产率增长所需的技术开发与创新。

而且，在发展的不同阶段，制造业对就业、工资、技术升级和可持续性的影响各不相同。原因在于制

> “制造业在长期结构变革中发挥着关键作用。

专栏 1

创新的诸方面

创新可以按类别（产品或生产流程创新）、新颖性（渐进或激进）、来源（技术或非技术）等特征进行划分。另外还有其社会性（经济合作与发展组织和欧盟统计局 2015）。

非技术性创新一般与营销和组织创新相关，尽管在实践中技术创新和非技术创新是高度关联的。技术创新通常与产品和生产流程创新相关。

- 产品创新：在性能或设计用途方面有全新的或明显改进的产品或服务。
- 生产流程创新：全新的或明显改进的生产或交付方法，包括技术、设备和软件的明显变化。
- 营销创新：新的营销方法，包括产品设计、包装、放置、促销或定价。
- 组织创新：企业经营实践、工作场所组织、对外关系等方面新的组织方法。

激进创新和渐进创新之间的区别在于，激进创新是指对市场和企业在该市场中的经济活动有明显影响的创新，而渐进创新涉及对现有产品、服务、工艺、组织或方法进行明显的提升或改进。

创新因国家、部门和时间不同有很大的差异。主要形式是渐进式，特别在发展中国家更是如此。低工资国家渐进式创新的兴起，对增加高质量和复杂制造业产品的出口做出了贡献 (Puga 和 Trefler 2010)。有些部门的特点是快速变革和激进创新，其他部门则是小幅、渐进的变化。在高技术部门，研发 (R&D) 在创新中起着核心作用，而其它部门很大程度上则依赖采用现有知识和技术。中低技术产业通常采用渐进式创新，吸收国外技术。

造业带来经济结构变革，通常从劳动密集型活动转变成资本密集型活动和技术密集型活动。 每个制造业子产业部门也带来产品和生产流程变革，同时增加资本和技术的应用。

过早去工业化可能会对发展中经济体的经济增长造成严重的威胁，抑制制造业的发展潜力。在这一阶段出现的非正规服务活动会削弱经济增长，而非促进增长。但是，当在人均收入处于较高水平时出现成熟的去工业化，此时出现的服务（物流、商业服务和信息技术服务）更加富有活力，并且可以取代和补充制造业促进经济增长的作用。

制造业和结构变革

在高收入国家，制造业的就业占就业总量的比重以及制造业就业岗位的绝对数量通常会下降。平均而言，处于不同收入阶段的各个国家目前的制造业比重比过去更低，与过去几十年相比，就业和增加值比重达到顶峰时的收入水平更低（Rodrik，2015 年； Ghani 和 O'Connell，2014 年）。发达经济体的制造业下滑，并不一定意味着发展中国家同样的遭遇，也不一定意味着制造业部门对发达经济体增加值、生产力的重要性降低，以及它与其他部门联系的重要性降低。同样，很多发展中国家的制造业比重（相对于过去的趋势）较低，可能归因于国家的具体情况，而非归因于制造业不同产业部门供需状况结构转型对经济的潜在贡献的系统性和长期减少。

期望：改变低、中、高技术产业的比重

为了说明本报告的一个重要主题，即结构变革和技术发展之间的关系，我们观察按技术类别划分（低技术产业、中等技术产业和高技术产业） 的制造业子产业部门的结构变革。过去 40 年里，这三类技术产业均发生了从发达国家转移到发展中国家的相对变化。2012 年，全球中等和低技术产业一半以上的增加值来自发展中国家，即使在高技术产业，发展中国家也占全球增加值的近一半（图 1）。

发展中国家的制造业技术结构在这 40 年发生了怎样的变化？ 1972 年，非洲低技术产业比重高于另外两个具有类似技术结构 （按三个技术产业类别的比例）的地区。2012 年，非洲高技术产业比重得到增加，达到了类似于 1972 年拉丁美洲和亚洲的技术结构。在同一时期，拉丁美洲变化不大，其高技术产业比重略有下降，而中等技术产业比重略有上升。亚洲在技术结构方面发生了最显著的变化。在这 40 年里，亚洲高技术产业比重上升了 10 个百分点，同时低技术产业比重下降。因此，相对于其他发展中地区，亚洲经济上的成功，不仅伴随着制造业在经

“在制造业推动经济增长的方式上，发展中国家和高收入国家呈现出巨大的差异。

图1
1972年和2002年制造业增加值中发展中地区和发达地区占比，按高、中、低技术分组

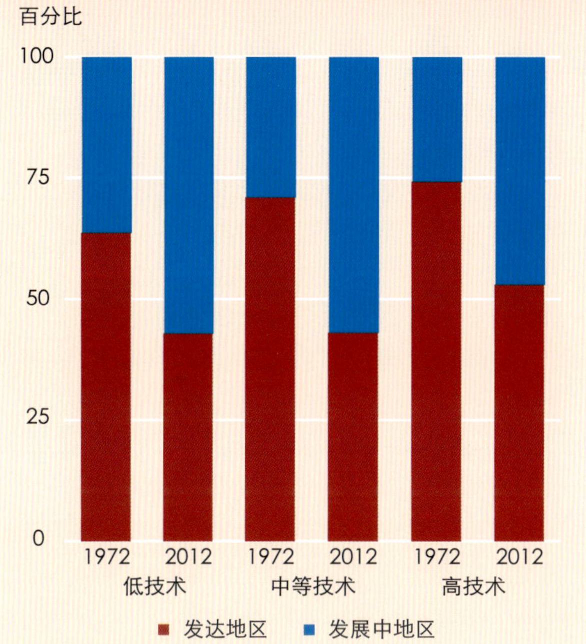

注：参见附件A2的技术分类、附件A1的收入分类。
资料来源：联合国工发组织根据Lavopa和Szirmai（2015年）加工整理。

济中所占的比重上升，而且伴随着制造业的技术升级。

制造业推动经济增长的方式存在很大差异

在制造业推动经济增长的方式上，发展中国家和高收入国家呈现出很大的差异。在发展中国家，产出增长的贡献主要来自于资本投资、自然资源和能源；而在高收入国家，它们来自生产力。高收入国家使用劳动力节约型技术和资源节约型技术，无需显著增加要素投入就能够增加产出。

考虑制造业的三个类别：通常为低技术产业、中等技术产业和高技术产业，评估它们的生产特性对各收入阶段国家的整体增长和要素贡献率有怎样的影响。将结构变革分解为两个部分：一部分与生产力变革（意味着技术变化或全要素生产力 TFP）相关，另一部分与投入（资本和劳动力）使用的变化相关，这样就可以评估结构变革中哪一部分是技术变化的直接结果。

低技术产业

在这类产业中，高收入国家纺织和纺织品产业以及皮革和制鞋产业的产出为负增长，表现为劳动力贡献率比重或劳动力转移的比重是很大的负数。发展中国家正好相反，这两个产业均出现增长：对这两个产业的产出增长贡献率最大的是能源，资本投资和劳动力的贡献较小，而生产力增长仅对纺织品产业做出了积极的贡献。总体而言，生产力对发展中国家劳动密集型产业增长的贡献低于高收入国家。

中等技术产业

就这类产业而言，收入类别不同的两类国家之间也呈现出差异。生产力是高收入国家橡胶和塑料以及非金属矿物产业增长的最大来源，而对于发展中国家的这些产业而言，尤其是非金属矿物产业，其增长的主要贡献来自自然资源与能源，而生产力增长的贡献率很低。

当一些国家通过进一步工业化发展步入这一技术类别后，制造业产业部门的污染强度（此处以每单位增加值的二氧化碳排放量来衡量）通常会上升。然而，这并不意味着中等技术、资源型产业的增长始终要依赖能源与自然资源投入的大幅增加，能源与自然资源对高收入国家这些产业增长的贡献率相对较低可以证明这一点。

高技术产业

高收入国家在高技术产业具有优势，而且相比低技术产业或中等技术产业，高收入国家显然有可能在高技术产业实现更快的增长。这一优势推动制造业的结构变革并在更高收入阶段向高技术产业转移资源。生产力是高技术产业增长的主要推动因素，而且高技术产业增长并不显著依赖于增加能源和自然资源消耗。

在发展中国家，生产力在高技术产业的增长中占很大比例。但是能源和资本投资等其他要素也做出了不小的贡献。因此，尽管对于发展中国家和高收入国家而言，生产力对高技术产业的增长都很重要，但是发展中国家的不同之处在于，增长的同时

> 不同部门之间全要素生产率增长率的差异是结构变革的决定因素。

伴随着能源和劳动力使用的增加，因此，这些产业的扩张在就业方面更具包容性，但可持续性较低。

技术变革是结构变革的一个重要决定因素，主要原因在于技术变革速度在不同经济部门之间存在很大差异，其为经济增长提供更利于某些部门的刺激作用。至于结构变革，不同产业部门之间的差异至关重要，而且这些差异在部门内部（国家之间）和部门之间可能非常显著。不同部门（一国之内）之间全要素生产率增长率的差异是结构变革的决定因素。结构变革带来的高价值主要通过促成作用较大的技术变革来实现。

保持经济增长

长期而言，一国利用现有技术和创造新技术的能力，决定了该国在结构变革过程中的经济绩效。然而，当一国缺乏可供利用和吸取的技术时，发展这项能力非常困难，国家之间生活水平的趋同通常非常缓慢，甚至不存在。只有少数国家从相对贫穷发展到相对发达水平。富裕的发达国家拥有高水平的完善技术，科技投入（主要集中在研发）的绝大部分来自这些富裕的发达国家。贫穷国家的技术能力低得多，并且在研发方面的投入更少。

概念：理论上所有国家都有可能

可持续性的三个层面之一是维持经济长期增长的能力，不因可能的经济危机或经济衰退造成严重中断。正增长率持续的时间越长，且这一期间内增长率越高，低收入或中等收入国家就越有可能实现持续赶超。

持续增长具有三个特征

• 人均国内生产总值的平均增长率。经济增长是否足够迅速，以致在可预见的未来，可以实现福祉的大幅提高？ 而且，该增长率是否比发达经济体的增长率快，使得一国可以迎头赶上？自 1950 年以来，赶超需要在 20 年或数十年中保持 5% 以上的年增长率（Szirmai，2012a）。取得这种成功的国家很少。

• 增长期的持续时间。在较长时间内维持不间断增长的能力非常重要，然而增长往往并不稳定，尝试解释平均增长率的差异可能产生误导。更重要的是探寻启动或中止经济增长的原因，以及影响经济增长特征的因素（Pritchett，1998 年）。

• 增长的波动率。波动率越低，增长模式就越可持续。低收入或中等收入国家的波动率通常比高收入经济体高得多，依然处于“发展陷阱”中的国家的波动率最高。

各国怎样在发展阶梯上步步前行？答案并不在于创造新知识，而在于吸纳来自国外的知识并使之适应本国国情。贫穷国家往往有更大的潜力实现快速增长，因为它们可以借鉴全球先进技术和知识。然而，有证据表明，贫穷国家实现发展潜力的能力存在很大差异。例如，许多人均国内生产总值低于 1.5 万美元的国家的增长率呈现出很大差异。回归曲线斜率为负值，呈聚合状，贫穷国家经济增长更快，但是这种相关性很弱。该回归曲线也将贫穷国家分为两类：一类增长缓慢并趋于掉队或停滞；另一类显示出一些追赶上富裕国家的趋势。

不仅发展中国家之间平均增长率的差异大大高于发达国家之间的差异，而且，发展中国家的增长率波动也比发达国家高。因此，发展中国家的增长历程在增长率、增长持续时间以及增长波动率方面，存在比发达国家更大的差异。然而，在发展中国家中，那些奋起直追的国家似乎存在一些共同特征：增长率更高、增长时期更长以及波动率更低。

有趣的是，制造业可以通过延长增长时期和降低增长波动来保持持续增长。在增长时期伊始，制造业部门的份额越大，增长持续的时间则越长。在现代产业部门中制造业的份额产生相似的结果，它们对增长持续时间有重大的积极影响。根据其对增长持续时间的影响，结束增长期的可能性大幅减少，因为增长期伊始制造业份额增加。显然，增长期持续时间越久，其最终结束增长的可能性就越大。但是，很明显，在增长时期伊始，制造业的份额越大，其结束增长的年平均风险则越低。

保持持续增长的技术能力

发展中国家经济增长和实现赶超的一个主要来源，是模仿来自先进工业化经济体的技术，并使之

> “制造业可以通过延长增长时期和降低增长波动来保持持续增长。

适应本国情况。但这需要技术能力，技术能力主要与人口受教育程度、从事研发的人力资本和其他资源的配置有关。这些要素中每项要素的相对重要性取决于一国的发展水平。在发展的初级阶段，技术差距通过全球技术知识为快速的结构变革创造可能性，但是这种变革的实现程度取决于各国、各部门和各企业的吸收能力。吸收能力最重要的决定因素是持续投资于人力资本。强大的基础教育、中等教育以及专业化人力资本对吸收新技术而言至关重要。基础教育和新技能是利用新技术的必要条件，而且受教育程度更高的人口通常可以更快地吸收新技术。

但是仅有基本读写能力还不够。通常需要掌握某些特定技术的技能，以便吸收新技术。在某些情况下，可以通过改进基础教育课程来提供技能。有时，则需要在职业中心接受专门培训来获得相关技能。在发展的中期阶段，创造新的本土知识变得十分重要。在这一阶段，强大的科学和工程专业高等教育系统和加大正规研发力度发挥着关键作用。实际上，向技术密集度更高的制造业和服务活动转型依赖于“高技术的基础设施”，包括能够培养熟练技师、工程师和科学家的大学及理工学院等。

学习和技术吸收在企业层面发生，而每个企业的成功或失败则是在系统内发生（Lall 和 Narula，2004 年）。因此，国家提升其技术能力的程度也取决于国家创新体系的运行情况。从这个角度看，学习和创新涉及企业及其环境之间的复杂互动，不仅在于企业的客户和供应商网络，还在于技术基础设施、机构和组织框架，以及知识创造和传播体制。随着创新体系的改进，国家可利用国际来源的技术知识，这并不局限于一些现代企业，而是在不同的企业和参与者之间快速传播。

技术升级需要在整个经济中进行广泛的知识传播。这种传播需要强有力的公共政策，以便利用制度性基础设施传播新技术，制度性基础设施包括推广服务、产业集群、度量衡标准、生产力标准、技术信息服务和质量控制机构。提升技术能力还需要推广技术的商业化基础设施，以便将在政府的研究实验室和大学里所创建的新知识付诸实践。这类基础设施包括：充分的知识产权保护制度、大学和研究机构的技术转让办公室、科技园和工业园、企业孵化器以及早期阶段的技术融资和风险资本。

促进社会包容性

在结构转型过程中，形成了一个技术上更为复杂，经济上生产力更高的社会，收入、财富和主观幸福感均得到提高。由收入增加和吸收现代技术促进的人口转变有助于改善健康、教育和城市化方面的成果。制造业对这一过程至关重要。在初级阶段，制造业提供生产性就业，而且是技术创新的催化剂。经过一段时间之后，一国的制造业通常从劳动密集型发展为更趋向资本密集型和技术密集型，创造了对技能更高劳动力的需要。技能更高的劳动力为技术创新带来动力，技术创新又促进教育、创新和生产力增长，形成一个良性循环。然而，并不是每个国家都可以抓住出现的机会。只有在国内能力和技术能更好地与这些条件相匹配的国家，具有社会包容性的工业发展才可以更平均地分配经济增长成果。

创造就业，分配收入

通过经济结构转型影响社会包容性的技术进步的渠道大致可分为两个主要领域：创造就业机会和

图2
概念框架：技术进步促进包容性结构转型

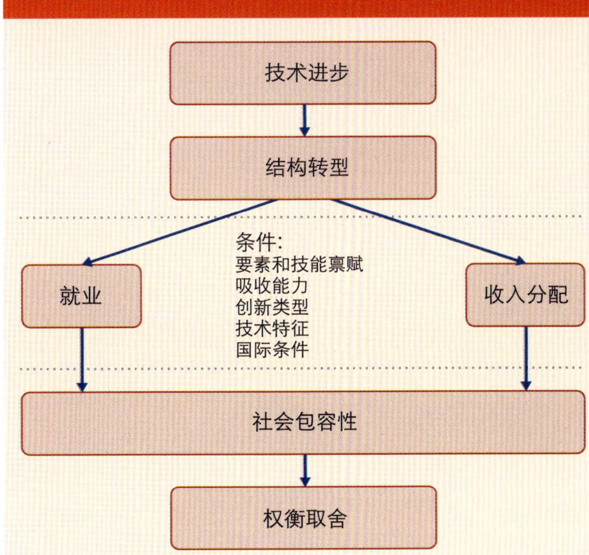

资料来源：联合国工发组织加工整理。

“国家提升其技术能力的程度取决于国家创新体系。

收入分配（图2）。第一个领域中相关的问题是：新技术是创造就业机会还是破坏就业机会。第二个领域中关注的问题是：创新将改善还是损害社会收入的分配。

凭借适当的能力，由技术推动的结构变革将拓展正规的现代工业部门和工业相关服务，从农业或非正规服务中就业不充分的劳动者里吸收劳动力。制造业在创造和传播新技术中发挥着关键作用。而且，来自制造业的后向关联和前向关联以及溢出效应促进地区和国家发展，形成积累人力资本的反馈回路并完善各项制度。所以，在制造业和制造业相关服务业部门创造直接和间接就业岗位，不仅将更多的人口纳入发展进程，而且也提高了平均生产力、工资和家庭收入。提高家庭收入则有助于减少贫困。

这一过程可能暂时会导致收入不平等。例如，内燃机的发明曾在马车产业中导致大量失业，然而最终在汽车产业创造大量新的就业机会。因此，技术创新不仅对劳动力的一次性重新分配产生静态影响，而且产生动态影响，例如，促进现代城市产业中生产力和产出的增长。

现代正规部门的扩张，为政府提供税收基础并在公共部门产生更多收入，有助于政府改善经济、行政和政治制度，并扩大社会保障措施。它还有助于更多的女性参与劳动力市场。有了更好的赚钱机会，家长希望自己的子女受到更多教育。至于在子女多少问题上数量与质量之间的权衡，不断扩张的现代部门可能会降低生育率，进一步使得资源能转移向更好的子女教育，提高人力资本形成和劳动生产率。因此，不断发展的现代部门也成为生育和人口转变的主要决定因素。

从这个角度看，即使新技术会损害收入分配和就业机会，这通常也是暂时的。持续加剧的不平等，最终反映的是产业部门、地区和国家之间持续存在技术差距的制度和政策失灵，或者反映出在快速变化时期未能提供足够的社会缓冲。

那么，促使技术推动社会包容性的条件是什么？监管和激励措施有助于引导技术变革的方向，另外，还可以采取其他措施来引导创新，以便辅助人类，而非取代人类。此外，可能还有必要利用组织变革为技术创新提供支持，帮助实现组织结构扁平化和下放管理职权。各国应当尝试利用更适合于自己国情，并且能反映出其要素、技能和禀赋的技术。因此，创新和产业政策是促使创新之路向更具包容性的发展轨迹转变的关键所在，它们决定了价格结构、要素成本、基础设施和替代技术的可用性（以及企业对这些技术的了解）。

努力实现更加绿色的结构转型

促进环境可持续性的技术进步主要通过两个渠道实现：生产流程和生产结构，涉及环境、经济和社会权衡（图3）。

生产流程变革

生产流程变革指更高效地利用不可再生能源和材料等自然资源，帮助企业更具成本竞争力。在理想状况下，可再生投入品的成本堪与化石燃料能源媲美。一些降低污染的防治技术成本不再昂贵，并且可以重新设计生产流程，尽可能减少对资源的使用。废物通常被认为是生产流程带来的不良后果，通过材料回收或废物转化为能源等技术，可以将其

图3
概念框架：技术进步促进环境可持续

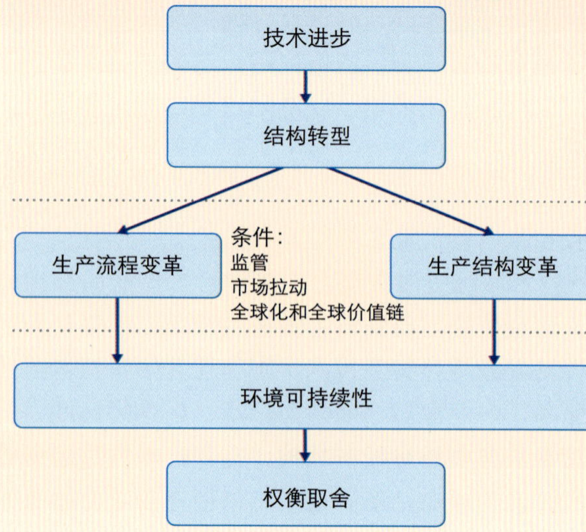

数据来源:联合国工发组织加工整理。

“在制造业和制造业相关服务业部门创造直接和间接就业岗位，将更多的人口带入发展进程。

变成重要投入品直接再利用。但是，只有存在环保技术，并且有条件进行对环境有益的生产变革（包括生产者面临的相对价格）的情况下，这种转型才能成为可能。虽然诸如全球转向利用可再生能源，或者污染防治技术的成本显著下降之类的转变仍远未实现，然而有证据显示，即使没有政策驱动，企业仍倾向于使用更高效的能源投入。

提高能源价格是中长期环境友好型创新的重要工具，因为不断上升的能源成本激励企业投资节能技术。企业倾向于通过减少投入成本实现产出最大化。制造业等更愿创新的产业部门更容易受到利润驱动型措施的影响。然而，能源价格的短期上涨会造成实际国内生产总值下降，尤其是能源进口国。

效率也推动企业投资于回收废物或材料的技术。人们越来越认识到在生产流程中将材料作为投入加以重复利用的技术的重要性。过去十年中，原材料价格大幅上升表明，资源是匮乏的，需要进行更可持续的管理。所以，与简单丢弃材料和废物相比，回收利用更加经济可行，生产也因此转化为一个循环过程，经济“坏产品”有了价值。

生产结构变革

国家倾向于通过向减排能力更强的产业部门转型来实现工业化。低收入国家增加值的最大比重通常来自低技术部门，但是20世纪70年代以来，这一比重一直在下降。中等收入国家中等技术部门的比重最大，而高收入国家高技术部门的比重最大。在所有收入类别国家中，高技术部门的比重均呈上升趋势。

与产生污染的自然趋势相伴随的，是制造业从低技术部门向高技术部门转移的这一自然趋势。中等技术部门的环境生产力（表示为增加值/污染比）最差。就二氧化碳排放之外的其他污染物而言，例如，颗粒物、二氧化硫及二氧化氮，中等技术部门也呈现出最高的污染强度，尽管该部门比其他部门的污染防治成本更低。低技术部门和高技术部门的环境生产力更高，换言之，它们创造1美元增加值的排放量更少。高技术部门的部门专业化降低了排放强度。简言之，自然的经济趋势有助于包容与可持续工业发展。

但是，从低技术部门向高技术部门过渡而带来的环境保护改进，可能不足以实现经济增长与污染脱钩。各国需要实施行动以减少环境危害，即使它们不是严格与生产过程有关（比如使用环保型污染治理技术）。然而，这种非利润驱动的技术变革通常成本高昂。

促进采用环境友好型技术

市场状况和市场的组织方式在推动（或阻止）生态创新方面发挥着重要作用。市场对新产品的需求以及逐步在现有产品中融入环境特征，已经推动了生态创新的应用和推广。政策议程方面的发展也会影响市场需求，因为政策议程明确了消费者对产品和服务的环境影响的期望。例如，金属制品价格上升刺激了在建筑物中重复使用金属部件。企业对采取减排措施感兴趣，可能只是因为它们可以实现盈利，然而市场外部性可能阻止他们利用市场机会。在这种情况下，政策制定者需要纠正偏差，创造适宜的市场环境。

不同类型的监管措施可能触发不同类型的创新。虽然监管标准可能会触发污染防治解决方案，但是环境管理系统或综合监管系统可以激励更环保且资源效率更高的技术。就资源效率更高的生态创新和更环保的技术而言，监管压力和节约成本似乎都很重要。

监管的创新效果也会因确定的环境领域不同而有差异。制定标准可以明确产品、包装或其它生态设计条件中已回收或可回收内容的最低限，而经济手段则解决与资源使用相联系的环境影响外部性等市场失灵问题。

全球供应链的绿色化可以为生态创新合作创造机会，造福所有参与者。越来越多的企业致力于采用更严谨、更严格的方法来确定材料来源并致力于认证计划，以确保不同材料的可持续供应。建立区域和国家扶持系统可能尤为重要，这样的系统能方便企业获取专业知识，帮助（尤其是小型）企业引进、采用、甚至开发新技术。

对于“后京都时代”的全球污染物，主要的问

> “国家倾向于通过向减排能力更强的产业部门转型来实现工业化。

题在于达成协调一致的全球减排协议。即使是京都议定书这样温和的减排协议，对所有缔约国都意味着一项成本。 在欧洲，估算的成本是国内生产总值的 0.31%-1.50%，在美国是国内生产总值的 0.42%-1.96%。即使是排放权交易市场这样灵活有效的机制，也不能完全消除成本。这一市场允许碳额度售卖方通过出售排放权获取收入，购买国家通过购买排放津贴减少排放，将总支出减到最小，这种安排可以将欧洲的成本降到 0.13%-0.81%，将美国的成本降到 0.24%-0.91%。

只有当不合作和充分合作结果之间的净收益差距非常小的时候，自我约束的国际环境协议才会得到多数缔约国的支持。这在新参加者带来的只是边际收益时才会发生。谈判中另外一个重要议题就是公平性。富裕国家对大气中二氧化碳浓度的历史责任，使得贫穷国家不愿参加国际协议。同样，富裕国家声称，只有发展中国家对减排做出全面贡献，稳定排放政策才会有效。由于意识到发展中国家还会继续排放，富国不愿意签署沉重的协议。

制定和执行包容与可持续工业发展政策

为了支撑一国的竞争力，技术和产业创新政策需要辅以基础设施政策、产业制度以及促进商业的贸易和投资。这些政策是融入全球价值链的先决条件，但是应当采取更激进的宏观经济方针和战略投资政策作为补充。补充性政策应当解决可能的权衡，并确保在环境和社会目标之间达成平衡。

管理权衡和寻求互补

在持续增长和包容性发展之间存在寻求互补和权衡的可能。一个重要的权衡是，与技术迅速升级相关的生产力增长通常会减少对劳动力的需求（Massa，2015 年）。但是这一权衡并非不可避免，因为在人均收入水平较低的阶段，制造业通常倾向于劳动密集型产业。而且，如果生产力增长与产出的加速增长协调一致，对就业产生的净影响可以是积极的。因此，由于关联和溢出效应，如果结构变革和工业化推动整个经济快速增长，则可以提高就业总量和劳动力吸收能力。在减贫方面，可持续增长和包容性发展之间的协同效应最为突出。

可持续增长和收入不平等之间的权衡可能非常明显。在经历着持续增长和赶超的几乎所有国家中，基尼系数所显示的收入不平等问题一直在加剧。这与技术工人的供需平衡有关。由于技术变革存在技能偏向，而劳动力供应无法满足市场对技术工人的需求，不平等将趋向扩大。这并非必然结果，但这似乎的确描述了过去数十年经济增长的特征。

最后，要在经济持续增长与环境可持续性之间做出权衡。在这一点上，迄今为止的记录令人失望，二氧化碳排放量增加和全球变暖对环境的负面影响一直大于技术进步的积极影响。

政策组合

政策制定者需要在经济之利和环境之弊、社会之利和环境之弊、以及环境之利和经济之弊之间进行权衡。技术政策需要辅以宏观经济政策、商业促进政策、贸易投资政策、产业制度化政策以及基础设施政策，以便为一国的竞争力提供支持。这些政策是融入全球价值链的先决条件，但是应当采取更激进的宏观经济方针和战略投资政策作为补充。还需要制定补充性政策来解决可能出现的权衡取舍，并确保在环境和社会之间达成平衡。

技术政策

在经济发展的不同阶段（初期、中期和末期），技术政策也各不相同。就市场结构的复杂性、技术内容、生产力以及劳动力的专业化程度和学历程度等因素而言，每个阶段均具有一些规律性特征。在每个阶段，需要在面向所有企业的一般性横向措施和面向优先目标（子产业部门或特定企业）的选择性纵向措施之间进行选择。另外还有以市场为基础的干预措施和公共投入。前者影响价格和税费，因此，通过价格链产生作用。后者反映企业自身无法充分供应的商品和服务的提供，原因或是由于这些商品和服务无法进行市场交易，或是由于涉及显著的外部利益。

“如果生产力增长与产出的加速增长协调一致，对就业产生的净影响可以是积极的。

产业政策

产业创新政策是一个宽泛的概念，涉及在发展的不同阶段将针对不同类型的创新的技术政策和非技术政策结合起来。决定创新活动的兴起、发展和扩张的一个关键因素是政府干预。在发达国家和发展中国家，政府越来越认识到创新的重要性，并且认识到创新促进经济增长、解决社会和环境挑战的潜力。

需要政府支持的主要论点在于，由于导致严重资金缺口的市场失灵和信息不对称，市场经济本身不能实现最佳水平的创新投资。这些市场失灵阻止私营企业在创新活动中用于资源的投资数量达到最佳（实际上他们的投资不足），因此，使得经济丧失了作为持续增长的主要杠杆之一的功用。为了应对这一问题，政府通过政策工具（有时相互交叉），为企业的创新投资提供各种形式的支持，以达到恢复最佳状态的目的。

竞争力政策

为了实现结构转型，创新工具必须延伸至竞争力政策。由创新政策和竞争力政策构成的合理的政策组合至关重要，而传统的竞争力政策过于保守。

如果本地供应商具备技能和充分的能力，或者当所涉及产品为商品时，全球价值链中的龙头企业可能需要其本地供应商采用国际标准。龙头企业还可能要求他们适应特定的技术和质量标准，并对工艺技术负全部责任。因为龙头企业并不直接参与学习过程，而是向其供应商施加创新压力，并要求供应商在技术进步上保持与时俱进，因此，可以把他们看作是诱导学习和创新的关键刺激，而非学习和创新过程的参与者。龙头企业也不会一直为当地企业提供知识转让并支持技术升级。因此，必须要了解价值链的结构、结构变革的过程以及企业之间的权力不对称性，因为这些决定了进入壁垒的形成机理以及收益和风险的分布情况。

补充性政策

技术变革可以带来巨大的经济和社会优势，然而，它也会导致棘手的权衡，通常是制造业及其三个主要层面的权衡：经济与社会、社会与环境以及环境与经济。了解这些权衡是制定适当的补充性政策的先决条件。为了在所有的三个层面上取得收益，需要综合的政策措施，全面考虑创新的积极和消极后果，并促进经济的所有参与者和部门之间的互动。

另一个重要的关键是提供创新和技术推广激励措施。迄今为止，各国政策尚未实现这一目标，因为政府一直未能制定出应对技术变革各种后果的综合措施，这在一定程度上是因为知识和政策执行之间的差距。

没有包治百病的药方；所有政府也不可能以相似的方式实现私有化、稳定化和自由化。工业政策制定者，尤其是发展中国家的工业政策制定者，可能会逐渐将注意力从研究和模仿国际最佳实践转向发现和复制国内成功故事。这种方法强调了健全的计量、监控和评估的必要性，尤其是在预算严重紧张的情况下，因为有必要了解政策干预是否有效，以及效益是否高于相关公共成本。

国际合作可以为这一切提供帮助。技术和创新政策制定通常在国内进行。如辅助性原则所建议的一样，应当在期望获得最佳效果的领域实施干预措施。我们需要展开国际合作，通过推动这一领域的合作，携手解决跨国和全球性问题。全球化技术（和创新）、作为全球化领军者的新兴和发展中经济体的崛起、以及个体、小型企业和开放模式日益重要的作用，是需要展开国际技术和创新政策合作的深层原因。经济合作与发展组织强调了有效的国际合作和利益共享、负担共担的必要性，以保护全球公域及全球公共产品（包括技术和创新）。这不仅意味着集中财政资源和共享大型研究基础设施，还意味着改善全球知识库。

在过去的数十年里，全球制造业已从西方转移向东方，从北方转移向南方。自本世纪初，制造业增加值的快速增长已成为很多发展中和新兴工业经济体通过创造就业和增加收入实现减贫的主要来源。在未来数十年，这些经济体在制造业增长和技术进步方面仍然拥有相当的能力。

> “由创新政策和竞争力政策构成的合理的政策组合至关重要。

制造业增加值、制造业出口以及工业竞争力趋势

关键信息

- 2014 年，全球制造业增加值达到 9.228 万亿美元的历史最高值。截至 2014 年，发展中和新兴工业经济体的制造业增加值比 2000 年增长了 2.4 倍，其国内生产总值翻了一番。
- 2005-2013 年间，世界出口平均增长率为 7.7%，2013 年，世界贸易额达到顶峰，超过 18 万亿美元，其中制造业产品占 84%。
- 2005-2013 年间，工业化经济体的制造业出口额年均增长率为 4.3%，在 2013 年达到 11.998 万亿美元。同一时期，发展中和新兴工业经济体的制造业出口额年均增长率为 11.5%，达到 6.327 万亿美元的峰值，是 2005 年的 2.4 倍。
- 化工机械和设备、通信设备和汽车等中高技术产品在世界制造业出口中约占 58%。
- 从联合国工业发展组织的工业竞争力指数看，过去三年里，大多数工业化国家开始走下坡路。五个最具竞争力的国家中，四个为高收入国家（德国、日本、韩国、美国），中国名列第五。前四个国家是世界上工业化程度最高的国家，加上中国，这五国占世界制造业增加值的 59%。

制造业增加值：正在复苏，但尚未恢复到危机前水平

到 2008-2009 年全球经济危机之前，世界制造业增加值强劲攀升。工业化国家在世界制造业增加值中所占比重最高，然而，它们同发展中和新兴工业经济体一样，在制造业增加值增长方面经历了放缓阶段。自 2010 年以来，这两类经济体的制造业增加值均有恢复，但是到目前为止，工业化经济体的制造业增加值还未达到金融危机前的水平（图 4）

2014 年，全球制造业增加值达到 9.228 万亿美元（按 2005 年不变价计算）的历史最高值。工业化国家制造业增加值占国内生产总值的比重从 1990 年的 15.4% 下降至 2014 年的 14.5%；发展中和新兴工业经济体制造业增加值占国内生产总值的比重从 1990 年的 16.2% 上升至 2014 年的 20.5%。在此期间，制造业增加值占全球国内生产总值的比重从 15.6% 提高到 16.2%。自 1990 年以来，发展中和新兴工业经济体的制造业增加值持续保持高增长。截至 2014 年，发展中和新兴工业经济体的制造业增加值已经比 1990 年增加了近四倍。在很多发展中国家，更高的制造业增加值增长带来了经济的持续增长。

制造业仍然是发展中和新兴工业经济体整体经济增长的关键推动力。按 2005 年不变价计算，1990-2014 年间，全球制造业增加值翻了一番，从

图4
1990-2014年世界制造业增加值，按世界和国家类型分组

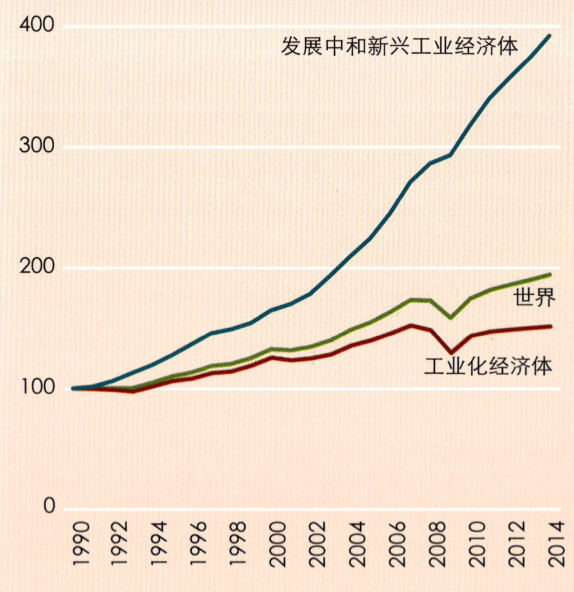

注：发展水平分组根据附件B1，表B1.2。
数据来源（译者注）：本图的数据来源与下页表1相同。

4.753 万亿美元增长到 9.228 万亿美元（表 1）。在发展中和新兴工业经济体中，自 1992 年以来，制造业增加值增长率始终高于国内生产总值增长率（经

> “2014 年全球制造业增加值达到 9.228 万亿美元的历史最高值。

表 1

1990、2000 和 2014 年发展中和新兴工业经济体制造业增加值，按发展水平和地区分组

	制造业增加值（10 亿美元，2005 年不变价）			制造业增加值百分比		
	1990	2000	2014	1990	2000	2014
世界	4,753	6,295	9,228	100	100	100
工业化国家	3,907	4,902	5,914	82	78	64
发展中和新兴工业经济体	846	1,393	3,314	18	22	36
按发展水平分组						
新兴工业国家	708	1,222	2,994	84	88	90
最不发达国家	20	22	54	2	2	2
其它发展中国家	118	148	266	14	11	8
按地区分组						
非洲	79	92	144	9	7	4
亚太	315	746	2,362	37	54	71
欧洲	151	164	300	18	12	9
拉美	301	391	508	36	28	15

注：地区和发展水平分组按附件 B1，表 B1.1 和 B1.2。
数据来源：联合国工发组织根据制造业增加值数据库加工整理（UNIDO 2015e）。

济总产出）。截至 2014 年，发展中和新兴工业经济体的制造业增加值比 2000 年增加了 2.4 倍（按 2005 年不变价计算），而其国内生产总值翻了一番；工业化国家的制造业增加值整体仅增长 51.3%。

整体而言，发展中和新兴工业经济体在全部制造业增加值中占比有所提高，但是彼此之间差异很大。1990-2014 年间，在前五名中，中国在世界制造业增加值中占比增加了 6.5 倍。中国的制造业已发展成为该国最大的部门，2012 年，中国制造业在国内生产总值中的占比超过 30%，在全球制造业增加值中的占比超过 18%，仅次于美国。尽管中国和印度提高了发展中和新兴工业经济体这一类别的比重，但是前五名中的另外三个国家呈现衰退趋势，尤其是巴西。

制造业出口：占世界贸易额 84%

日益增长的出口导向型制造业部门，以及出口总额中制造业所占比重不断提升，是发展中和新兴工业经济体发展进程中结构变革的常规模式的一部分。遵循这种模式，如今，发展中国家已经增加了他们的制造业产品出口份额。越来越多发展中国家正通过制造业出口增长和多样化从融入全球经济中受益。多数情况下，扩大出口为投资、创新和减贫的良性循环提供支持，在长期经济增长中发挥着重要的作用。

出口制造业产品的效益远大于出口初级产品的效益，这已经成为共识，很大程度上是由于更高的附加值。成功的发展中和新兴工业经济体实施出口导向型经济增长政策，实现了从初级产品到制造业产品的多元化出口。与工业化经济体一样，这些经济体的成功源于专注于制造业出口。

在 2005-2013 年间，世界出口平均增长率为 7.7%，2013 年，世界贸易额达到峰值，超过 18 万亿美元，其中制造业产品占 84%（表 2）。尽管很多国家在经济危机期间出现下滑，但在 2005-2013 年期间，全球产出年均增长率达到 2.3%。在经历了 2007-2009 年期间的急剧下滑之后，全球制造业贸易已完全恢复，这主要是由于迅速扩张的发展中和新兴工业经济体。的确，它们的相对比重已大幅提高，这主要得益于作为出口国的中国的迅速崛起。初级

“2013 年世界贸易额达到峰值，超过 18 万亿美元，其中制造业产品占 84%。

表 2

2005-2013 年世界出口，按产品分组

	出口（10 亿美元，现价）									2005-2013 年平均增长率（%）
	2005	2006	2007	2008	2009	2010	2011	2012	2013	
制造业产品	8,130	9,367	10,772	12,050	9,421	11,409	13,422	13,363	13,866	6.9
初级产品	1,146	1,411	1,543	2,197	1,422	1,939	2,511	2,442	2,620	10.9
其它产品	102	137	163	193	141	185	224	214	196	8.5
贸易合计	9,378	10,915	12,478	14,440	10,984	13,533	16,157	16,018	16,682	7.5

注：产品分组根据 ISIC Rev.3, ITC (2015)
数据来源：联合国工发组织根据联合国 Comtrade 数据库 (UNSD 2015a) 加工整理。

产品出口飙升，但仍然仅占世界贸易额的 1.6%。

2005-2013 年间，工业化经济体的制造业出口额年均增长率为4.3%，在2013 年达到11.998 万亿美元。同一时期，发展中和新兴工业经济体的制造业出口额年均增长率为 11.5%，达到 6.327 万亿美元的峰值，是 2005 年的 2.4 倍。作为发展中和新兴工业经济体中的前三大制造业出口国，中国、墨西哥和印度在发展中和新兴工业经济体制造业出口总额中的占比，从 2000 年的 55.3% 增加至 2013 年的 62.1%，这表明较大经济体实现了快速增长，与较小经济体的差距正逐步加大。

发展中和新兴工业经济体占世界制造业出口额的比重快速上涨，反映了他们的经济活 力。1990 年，发展中和新兴工业经济体在世界制造业贸易额中的占比为 6.1%；2000 年，该比例上升为 17.6%；2013 年则达到 34.5%（图 5）。新兴工业经济体对发展中和新兴工业经济体的增长贡献最大，使其在全球制造业出口额中的占比从 1990 年的 5.6% 分别上涨

图5

1990-2013年世界制造业出口比重，按国家类型分组

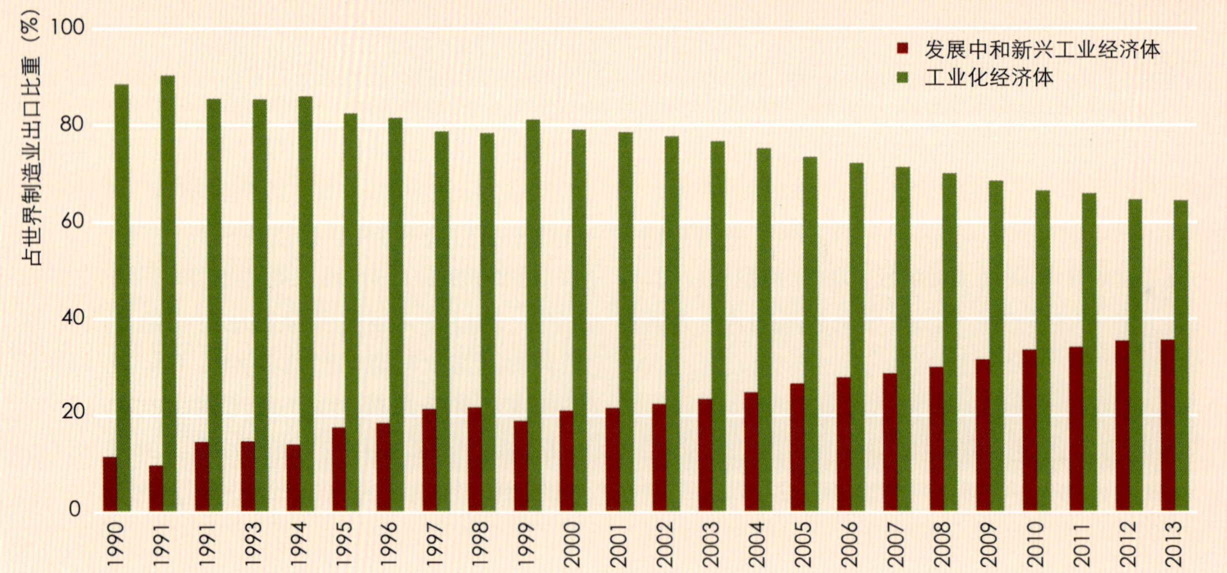

注：发展水平分组按附件B1，表B1.2。
数据来源：联合国工发组织根据联合国Comtrade数据库（UNSD 2015a）加工整理。

“中高技术产品在世界制造业出口中约占 58%。

至 2000 年的 15.2% 和 2013 年的 31.7%。预计在未来数年内，发展中和新兴工业经济体作为出口国的作用将显著增加，这反映了他们的高增长率和中产阶级的发展。此外，他们对发达国家市场的依赖预计将下降，因为这些国家和经济体已转移向更先进的制造业部门。

以中国为首的亚太地区 2013 年的制造业出口额创历史新高，达到 7.145 万亿美元，2009-2013 年间，其年均增长率达到 11.6%（表 3）。中国市场的低廉价格和较高竞争优势，吸引了许多制造企业将生产线从更加昂贵的工业化国家迁往那里。

尽管欧洲的复苏步伐更为温和，2009-2013 年间，其年均增长率为 7%，但是，整体而言，欧洲在全球制造业出口中占有更高的比重。在此期间，拉丁美洲的制造业出口年均增长率高达 11.1%，然而该地区未能保持其在世界制造业出口中的份额，2013 年，其占比仅为 5%。

非洲呈现出类似于拉丁美洲的情况，但其制造业出口年均增长率稍稍逊色，为 10.4%，2013 年，其占比仅为 1.4%。该地区集中在资源型制造业出口，这是其整体经济增长的关键因素，因为处于工业化进程中国家的这类产品价格上升，需求增加。高技术产品只占制造业出口的 3.8%。

尽管存在发展迹象，最不发达国家仍然极易受到地缘政治紧张局势和政治动荡的影响。缺乏适当的基础设施为制造业提供支持，使得问题进一步加剧。2013 年，最不发达国家在世界制造业出口中的占比仅为 0.2%。传统上，这一类别的国家集中于低技术含量的制造业产品，因为缺少产业支持，还有一些国家饱受战乱，在过去几年里这一比重显著下降。最不发达国家的制造业出口平均每年下降 19.3%。

化工机械和设备、通信设备和汽车等中高技术产品在世界制造业出口中约占 58%。高技术部门的占比在 2000 年达到了 25% 的顶峰，2013 年回落至 20%。这可能是由于该部门存在可能会阻碍市场发

表 3

1995-2013 部分年份世界制造业产品出口，按发展水平、地区、收入水平分组（10 亿美元，现价）

	1995	2000	2005	2010	2013
世界	3,901	5,079	8,130	11,409	13,866
工业化国家	3,218	4,015	5,967	7,579	8,929
发展中和新兴工业经济体	683	1,064	2,163	3,831	4,937
按发展水平分组					
新兴工业经济体	653	938	1,944	3,451	4,526
最不发达国家	7	14	24	49	39
其它发展中国家	24	113	195	330	372
按地区分组					
亚太	346	566	1,291	2,509	3,371
欧洲	83	127	302	483	620
拉美	213	309	460	632	733
非洲	41	62	110	207	212
按收入水平分组（世界）					
高收入	3,407	4,221	6,225	7,914	9,269
中高收入	417	669	1,570	2,872	3,771
中低收入	72	178	313	578	794
低收入	6	12	22	45	33

注：地区、发展水平和收入水平分组根据附件 B1。

数据来源：联合国工发组织根据联合国 Comtrade 数据库（UNSD 2015a）加工整理。

“ 各国如果不断开发技术能力，扩展生产能力，投资基础设施，可以在工业上更具竞争力。

展的高投资风险。2000-2013年间，在中低技术产品的出口占比下降的同时，资源型制造业的出口占比从17.8%增加至23.7%。工业化国家和发展中国家的中产阶级的规模不断增加，使得对加工食品的需求持续上升。

工业竞争力：大部分工业化国家在走下坡路

联合国工业发展组织通过其工业竞争力指数(CIP)来评估和测定工业竞争力，该指数基于竞争力的概念，侧重于国家制造业的发展，表明工业竞争力的多维性。工业竞争力被定义为国家发展高附加值和高技术含量的工业部门和工业活动，从而提高其在国际和国内市场表现的能力。

各国如果不断开发技术能力，扩展生产能力，投资基础设施，可以在国际市场中学习，在工业上更具竞争力。因此，要提高工业竞争力，需要有选择的政策干预，利用比较优势，创立新的竞争优势。

工业竞争力指数（CIP）是一个绩效（或“成果”）指标，而非潜能（或“过程”）指标。它只包括产出指标。该指标聚焦于工业竞争力和经济结构变量，它所提供的国家排位在短期内趋向于保持相对稳定，因为技术学习的过程是一个累积的过程，需要花费时间。学习的效果只能通过中长期的工业统计和经济结构变量来反映，通过详细的纵向研究来捕捉，特别是跟踪关键维度的随时间而发生的变化。工业竞争力指数使我们不仅能观察任一时点关键指标的绝对水平，而且能看到它们的变化率。

根据各国工业竞争力指数值，可将国家分为以5种不同颜色标记的五分位组：顶层、中上、中间、中下和底层。位于顶层五分位组的国家在世界制造业增加值中的占比接近83%，在全球制造业贸易中的占比超过85%。五个最具竞争力的国家中，四个为高收入国家（德国、日本、韩国、美国），中国排名列第五位。这五个国家中有四个是世界上工业化程度最高的国家，加上中国，它们的制造业增加值占世界总量的59%。

德国的制造业部门具有强有力的工业核心以及驾驭复杂的工业价值生产链的能力，是德国宏观经济运行的关键因素。德国的中高技术产品出口占全部制造业出口总额73%，在全球经济竞争中保持着其相对于新兴国家的技术领先地位。德国强大的技术升级和技术渗透，不仅体现在生产方面，而且体现在贸易方面。

日本的工业竞争力，由其宏大的制造业基础、高技术产品出口和高人均制造业增加值支持。美国的工业竞争力，则产生于宏大的制造业基础，尽管与日本和其它工业化国家相比，美国的制造业更多是面向国内市场。美国一国的制造业增加值占世界制造业增加值的近20%。韩国制造业部门的中高技术行业占比很高，使其具有竞争力。

由于其人口规模和发展阶段，中国的人均产值和出口值在顶层五分位组里都是最低的。中国在排序中的位次是由于其在全球贸易中的高份额（尽管低人均值意味着制造业还有继续增长的潜力）。2013年，中国制造业出口占世界制造业贸易的17%，是当今世界最大的出口国。中国也开始成为高技术产品出口国：从1995年到2013年，中国的中高技术产品出口比重几乎翻了一番。中国的制造业已经成为该国最大的经济部门，贡献超过国内生产总值的三分之一，在全球制造业增加值中占到18%，仅次于美国。

顶层五分位组中其他国家包括瑞士、新加坡和荷兰，它们的人均出口额特别是高技术产品出口额很高。这一组中还有欧盟主要的转型经济体，如捷克共和国、波兰、斯洛伐克和匈牙利，这些国家得益于其更多集中于欧洲市场的以出口为导向的策略。同在这一组的还有墨西哥、马来西亚和泰国，它们的竞争力源自参与进了全球价值链。

中上五分位组包括世界上一些人口众多的国家，如土耳其、俄罗斯、巴西、印尼、南非、印度和菲律宾。菲律宾和印尼的高技术产品生产和出口较强；俄罗斯和南非人均制造业增加值较高，但由于依赖对外出售自然资源，人均制造业出口较低。印度和巴西2013年的制造业增加值分别占全球制造业增加值的2.2%和1.7%。

中间五分位组里既有伊朗、埃及和孟加拉等人口较多国家，也有哥斯达尼加、冰岛、阿曼和乌拉圭等人口小国。中下和底层五分位组里包括了从收

“位于工业竞争力指数顶层五分位组的国家在世界制造业增加值中的占比接近 83%，在全球制造业贸易中的占比超过 85%。

入看最不发达的国家，2013 年它们在世界制造业增加值中仅占约 0.8%。这些国家的平均工业化水平还不到中间五分位组国家的三分之一。

2013 年工业竞争力指数排序显示，与 2010 年相比，大多数工业化国家排名出现了后退。过去三年中，丹麦和芬兰被墨西哥和波兰取代。德国、日本、韩国和美国的排名虽然没有上升，但依靠其高技术、良好的教育和先进的基础设施等长期优势，工业竞争力显示出非常稳定持久。

第一篇

技术与创新在包容与可持续工业发展中的作用

第一章

努力实现包容与可持续工业发展

发展中国家，特别是处于工业化进程早期的发展中国家，具备快速发展且不会造成严重环境破坏的潜力，它们有更多的机会实现包容与可持续的工业发展。劳动密集型产业的腾飞在向世界主要市场输出产品的同时能促进本国的产出和就业，从而助推可持续和包容性的增长。而有限的产出量和集中于污染较小的生产活动，使当前发展中国家的制造业对环境的破坏比其在未来发展阶段造成的破坏要小。

随着各国获取更多技能并扩展基础设施，其他行业实现增长和吸收就业的机会不断增多，但这些行业的发展通常是通过增加生产要素以及自然资源和能源的投入实现的。中等收入阶段的大多数行业都是资源密集型行业且排放效能相对较差。因此从低收入水平发展起来的国家有着很好的前景，继续其快速和包容性发展之路，但它们也将开始面对可持续性发展的挑战。

当工业化进入成熟阶段、国家迈入高收入水平行列，随之发生的是制造业结构调整和科技水平提高。高收入水平国家的制造业增速往往较低（高技术产业除外），其就业也呈下降趋势。在这一阶段，劳动生产率是制造业增长的主要动力。因劳动生产率的提高，产出的增长不再需要大幅提升资本、劳动力和原材料的投入。制造业部门的从业者将会获得相对较高的工资，但制造业部门从业人数不再呈现扩张趋势，或者会逐步下降。因此，该部门在吸纳就业的包容性发展方面机会有限，但它将变得更加绿色环保。

尽管随着收入增长到一定水平，制造业部门的就业前景将会下降，但高技术行业会产生大量与制造业相关的服务业工作，且工资水平多与制造业岗位相当，这可以充分弥补制造业就业的减少。以德国为例，制造业就业人数在全球金融危机前 10 年是逐步下降的，但在同一时期，与制造相关的服务业

图1. 1
1995-2008年德国制造业相关就业

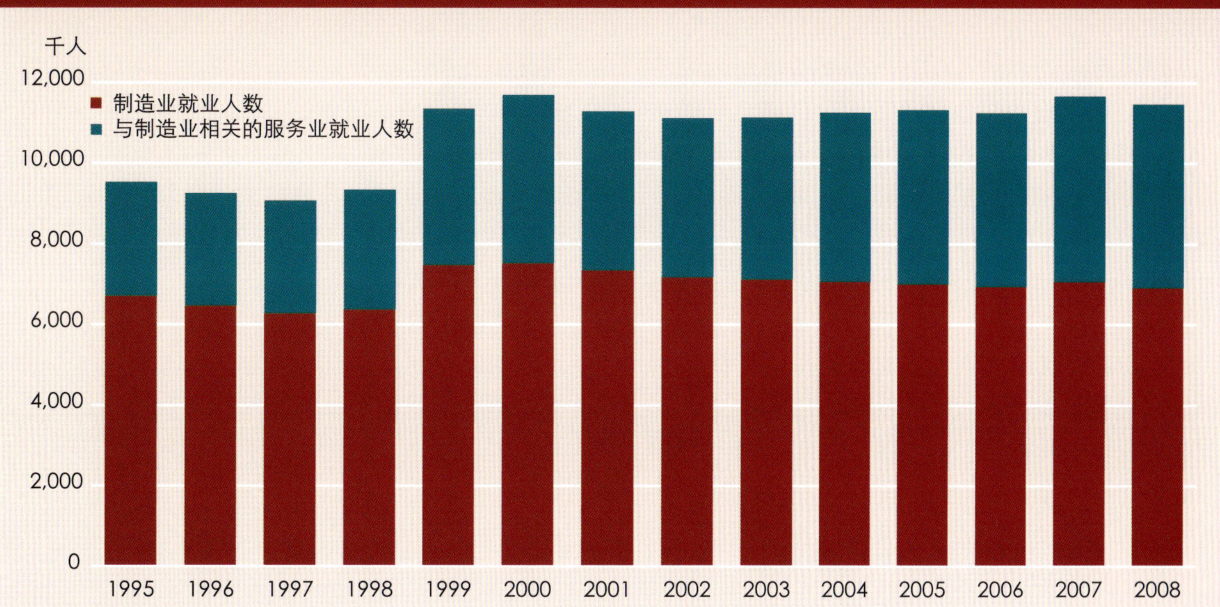

数据来源：联合国工发组织根据World Input-output Database（Timmer and others, 2015）加工整理。

> “持续性增长增速快，持续时间长，波动性小。

工作却不断增加，完全抵消了制造业就业的下降（图1.1）[1]。

无论处于哪个发展阶段，要想在包容与可持续的工业发展方面取得较大进展，各国必须有意识地在持续的经济增长、社会的包容性和环境的可持续性三个方面全面发力，并在它们之间进行权衡。对于低收入国家来说，首要挑战是维持工业化进程；对于中等收入国家来说，则是环境的可持续性；而对于正在去工业化的高收入国家来说，挑战来自于持续创造就业和包容性的工业发展。但是，无论遵循何种发展道路、处于何种发展阶段，对于成功的工业化而言，技能发展、科技进步和不断创新都是不可或缺的。

追求快速、长期、稳定的增长

可持续性的一个重要方面，是一个经济体在一段相当长的时间内保持持续增长而不遭受严重挫折的能力。经济增长持续的时间越长、增速越快，低收入或者中等收入国家就越有可能实现对高收入国家持续追赶[2]。

概念：理论上所有国家都有可能

持续性增长有三个特征，即速度快、持续时间长和波动小。

人均国内生产总值（GDP）的平均增速。经济增长是否足够迅速，以致在可预期的未来，足以实现社会福祉的大幅增长？经济增速是否快于发达经济体，从而实现赶超？从1950年以来，要实现赶超，必须保持每年5%以上的增速，持续时间要在20年以上（Szirmai,2012a）。这样成功的增长非常罕见（见第二章）。

增长期的持续时间。在长时期内维持不间断增长的能力极其重要，不过通常经济增长是不稳定的。正如Pritchett(1998)所认为的那样，尝试解释平均增长方面的差异可能产生误导，更重要的是探寻经济增长开始和结束的原因以及影响经济增长特征的因素。不同类型的增长期（衰退、复苏、加快增长或者保持稳定）都是长期增长过程的组成部分[3]。

增长的波动性[4]。经济增长的波动越小，增长模式的可持续性就越强。一般来说，低收入和中等收入国家经济增长的波动性远高于高收入国家，而经济增长波动幅度最大的是那些深陷“发展陷阱”[5]中的经济体。

全球现实：成功的只是极少数

各国怎样在发展阶梯上步步前行？答案并非在于创造新知识，而在于吸纳来自国外的知识，并使之适应本国国情。贫穷国家往往有更大的潜力实现快速增长，因为它们可以借鉴全球的先进技术和科学知识。然而，有证据表明，贫穷国家实现发展潜力的能力有很大差异（图1.2）。例如，许多人均GDP低于15000美元的国家经济增长速度呈现出很大差异。由图1.2中所建立的回归模型可以看出，回归曲线的斜率为负值，呈聚合状，越贫穷的国家增长更快，但这种相关性很弱。该回归曲线也将贫困国家分为两类：一类位于回归曲线下方，经济增长缓慢并趋于掉队或停滞；另一类位于回归曲线上方，显示出一些追赶上较富裕国家的趋势。

持续的增长

人均GDP的平均增长率：赶超和落后

图1.3是154个国家（地区）的人均GDP（1990年美元不变价）五分位法示意图，图中纵轴为对数形式的人均GDP。图中的蓝色曲线为每年五分位法分布的分界线。这样，最底部的蓝色曲线代表最低值，最顶部的蓝色曲线代表最高值，底部的倒数第二条蓝色曲线代表最低的20%与次低20%的分界线，其他曲线与此类似。

蓝色曲线揭示出一些很有意思的分布趋势，例如最高值和最低值在约50年的时间里没有发生多少改变。更有意思的是，不同区间观察到的增速有着明显差异。表1.1详细记录了不同时期、不同区间的增速。

在1950-2008年间，80%区间的（富裕）国家的年均增速为3%（表1.1）。在此期间，随着区间位置的下降，人均GDP增速也逐渐下降：60%区间的（较富裕）国家增速为2.4%，40%区间的（较

“贫困国家往往有更大的潜力实现快速增长。

图1. 2
1998-2013年人均国内生产总值及增速

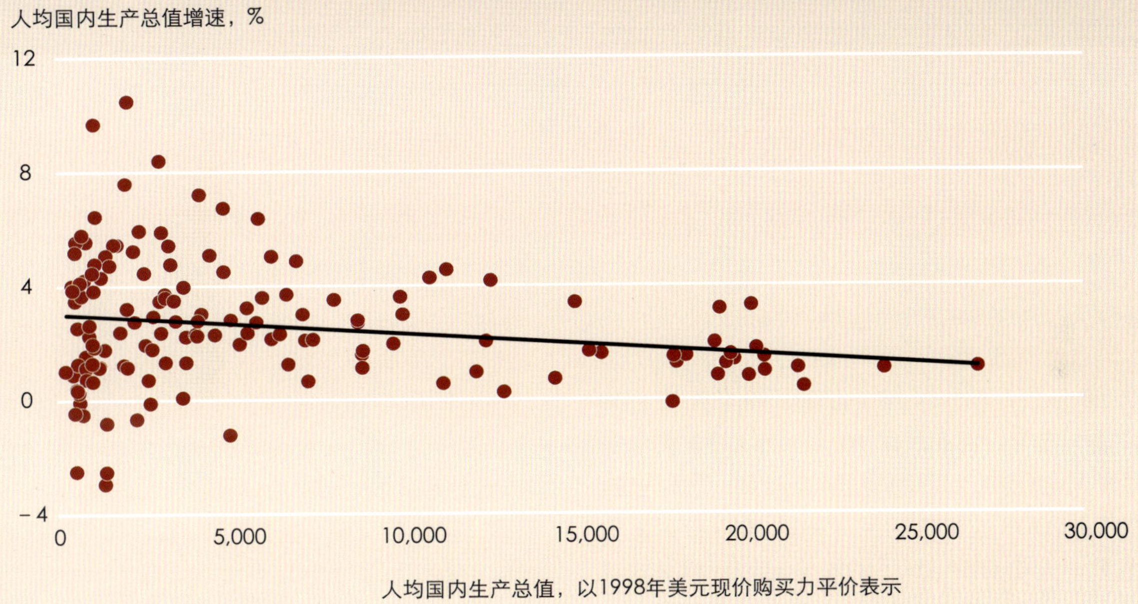

数据来源：Kaltenberg and Verspagen (2015)。

图1. 3
1950-2008年人均国内生产总值五分位法分布

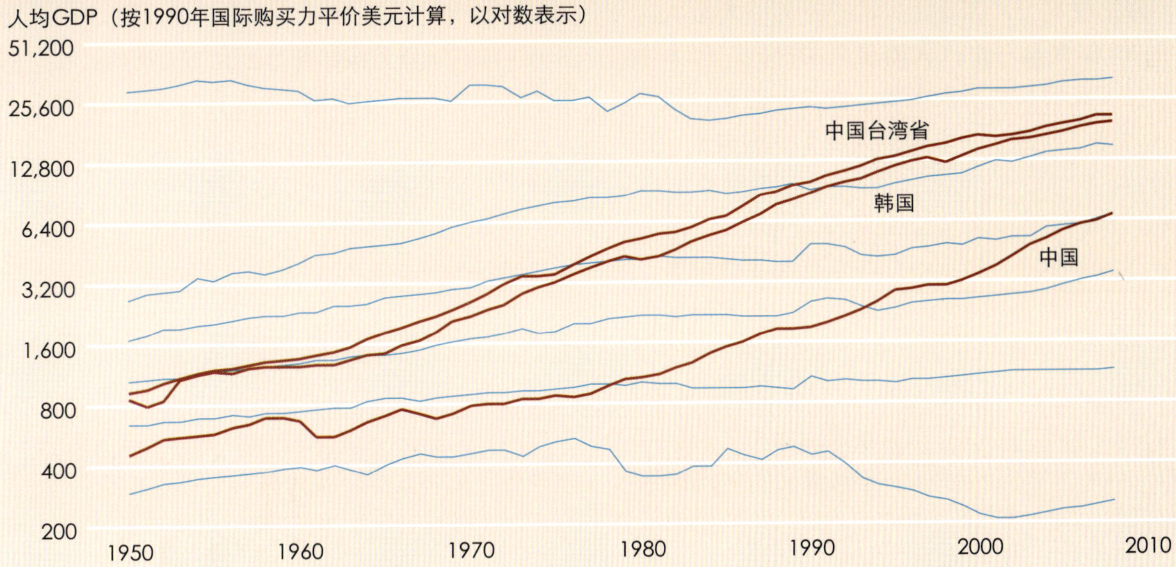

数据来源：Kaltenberg and Verspagen (2015)。

贫穷）国家为2.1%，20%区间的（贫穷）国家增速仅有1%。这段时期，不同国家人均GDP数据分布的离散程度上升，富裕国家增长明显快于贫穷国家，以相对价格计算的分布范围变得更大。因此，虽然

“世界逐渐变得更加平等，虽然最贫穷的那些国家依然是例外。

1

表 1.1
1950-2008 年世界收入分布中选定收入水平区间的年增长速度（%）

	1950-2008 年	1950-1980 年	1980-1989 年	1995-2008 年	2000-2008 年
最低值	−0.3	0.5	3.7	−1.3	1.7
20% 区间	1	1.6	−1.0	1.2	0.8
40% 区间	2.1	2.5	0.2	3.1	3.6
60% 区间	2.4	3.1	−0.5	3.5	3.6
80% 区间	3.0	4.2	0.9	3.4	3.0
最高值	0.2	−0.1	−2.0	2.0	1.4

数据来源：Kaltenberg and Verspagen (2015)。

在过去 60 年中，80% 区间（富裕）国家人均 GDP 的差异逐渐收窄，而在底部 40% 区间（较贫穷和贫穷）国家人均 GDP 的差距仍然显著扩大。总体而言，不变价人均 GDP 较低的国家（如以 1990 年国际美元为基准，人均 GDP 低于 3000 美元）有相对较高的增幅。在这段时期（1950-2008 年）的开始阶段，无论在哪个区间，低收入国家中增长更快的那些国家往往人均 GDP 更高。

这种长期趋势在 1950 年到 1980 年期间尤为明显。这 30 年中，在每个区间国家人均 GDP 增速都急剧下降的情况下，国家之间的差距进一步放大。20 世纪 80 年代是一个“大断层”的时代，样本中几乎所有国家增长均出现下滑，在这一时期，只有 80% 区间的（富裕）国家勉强实现了少许增长（接近 1%）。

受样本国家数量由 132 个转变为 151 个[6]因素的影响，1990 到 1995 年间的数据不具参考价值。1995 年后，特别是在 2000-2008 年间，不同国家人均 GDP 的分布呈现出显著的聚合状态。在 1995 到 2008 年期间，40% 和 60% 区间（即较贫穷和较富裕）国家与 80% 区间（即富裕）国家增速大体相当。其中，在 2000-2008 年期间，这两个区间国家的年均增速甚至比富裕国家快 0.5 个百分点左右。但是在这期间，20% 区间（即贫穷）国家的增长依然缓慢，大体与 1980 年以前相当。简单来说，自 20 世纪 90 年代中期起，就生活水平而言，世界逐渐变得更加平等，尽管最贫穷的那些国家依然是例外。

单个国家（地区）经历了怎样的增长呢？为了得出相关结论，我们对那些从长期来看整体发展呈上升趋势的国家（地区）进行了观察。在 1950-1989 年间，132 个国家（地区）中有 65 个国家（地区）（约半数）所处区间没有发生变化，另有 51 个国家（地区）上升或者下降了一个区间，仅有 9 个国家（地区）向上或向下移动了两到三个区间。在 1990 到 2008 年间，151 个国家（地区）中有 109 个所处区间没有发生变化，有 40 个国家（地区）上升或者下降了一个区间，有 2 个国家（地区）上升了两个区间。因此，从长期来看，各国生活水平的全球性分布（即在全球范围内所处的位置）是相对稳定的。像中国台湾、韩国和中国大陆那样的“大跨越”（上升两到三个区间）是极为罕见的（见图 1.3）。住户调查为这一现象提供了更为详尽的表述（专栏 1.1）。

增长期的持续时间

表 1.2 初步说明了正增长期持续时间的重要性（见注释 3）。该表根据 1960-2008 年间各国收入和收入水平在全球所处位置（五分位区间），列出了 10 组国家，并对这段时期所处区间保持不变的国家和相对位置发生改变的国家进行了区分[7]。

通过观察，可以发现两种形式。第一，那些始终处于底部区间的国家的增长期持续时间最短（平均 7 年）。始终处于顶部区间的国家增长期则长的多（平均 17 年）。但二者的增速并没有太大差异。那些始终深陷于底部区间的国家在其增长期内

“处于底部区间的国家增长期的持续时间最短。

专栏 1.1

住户调查显示实际收入增长

Milanovic (2012) 使用 1988 到 2008 年期间 120 个国家住户调查资料汇编，以监测全球化时代，在全球收入分配中所占份额不同的国家实际收入的变化情况（以美元购买力平价计算）。

他发现有明确证据显示，在此期间，最低收入群体的状况并没有大的改善，而中等收入群体却得到了提升——20% 到 60% 区间的综合年增长率约为 2.7%。收入中位数增长最快（近 80%），体现了主要包括中国、印度、印度尼西亚、巴西和埃及等国家的收入增长。此外，最富裕的 5% 的国家出现了显著增长，约占全部增长的 44%。相反，中上阶层（在全球收入分配中处于 70%-95% 的区间）的收入出现停滞，这一群体包括许多前东欧集团和拉丁美洲的国家，也包括一些富裕国家。

全球增长发生率曲线，1988-2008

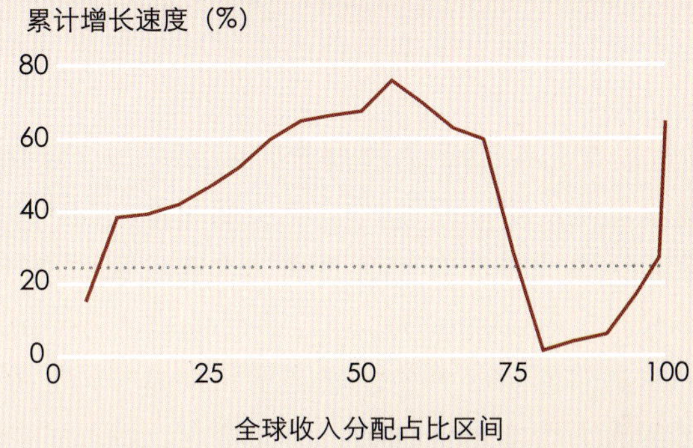

注：Y轴表示以人口加权的不同收入群体平均收入增长率（以2005年美元的购买力平价表示）。增长发生率按分组评估（例如最底部的5%）。最高的5%又被分为最高的1%和95%与99%之间的4%。图中虚线表示24.3%的平均累计增速（每年1.1%）。
数据来源：Lakner and Milanovic (2013)。

表 1.2

1960-2008 年按收入水平分组的增长期持续时间和波动性

	持续时间（年）	波动性	增长期内的平均增速，以 1999 年美元购买力平价计算（%）	国家数量
1.1960 和 2008 年均处于底部区间（第一区间）	6.6	3.7	3.4	13
2. 相对提高：1960 年处于底部区间（第一区间），2008 年处于第二或第三区间	11.4	1.5	5	7
3.1960 和 2008 年均处于第二区间	7.9	10.6	3	12
4. 相对提高：1960 年处于第二区间，2008 年处于第三或更高区间	13.6	1.3	5	7
5.1960 和 2008 年均处于第三区间	8.8	2.9	3	17
6. 相对提高：1960 年处于第三区间，2008 年处于第四或第五区间	8.8	1.1	6	2
7.1960 和 2008 年均处于第四区间	9.3	1.8	4	16
8. 相对提高：1960 年处于第四区间，2008 年处于第五区间	26.2	0.8	4	3
9. 下滑：1960 年处于第五区间，2008 年掉到第四区间	7.4	3.9	4	6
10.1960 和 2008 年均处于第五区间（顶部区间）	16.8	0.9	3	14

注：1960 和 2008 年 97 个国家按人均 GDP 分区间排序。由于 1989 年之前的增长速度数据无法获得，原为前苏联各共和国的国家没有包含在内。
数据来源：联合国工发组织根据 Maddison 项目（2013）加工整理。

增长速度甚至快于顶部区间的国家。这一情况与 Hausmann, Pritchett 和 Rodrik（2005）的观察一致，即对于贫穷国家来说，实现增长并不困难，它们至少能与富裕国家保持一样的增速，但不同的是，贫穷国家的经济增长更脆弱，更易中断，因而难以保持长时间的增长。

“波动越小，增长就越稳定。

第二，与那些所处区间保持不变甚至下跌的国家相比，所处区间上升的发展中国家往往拥有更长的增长期：从第四区间上升到第五区间的三个国家平均增长期在26年以上[8]。那些迎头赶上的国家不仅增长期更长，而且在增长期内的增长速度往往也更高。

通过绘制每个增长期的持续时间以及与之相应的增速示意图，可以发现一个增长期的持续时间与增长期间的增速并没有什么关联。这意味着，增长期的持续时间在1960-2008年这段时间内对平均增速产生独立的影响。一个国家的增长期越长，它在这一时期的平均增速就越高。由此可见，增长的持续时间十分重要，它是持续增长的应有之义。较短增长期内每年增速的差异往往比较长增长期的年度增速更大。即使去除那些时间最短的增长期，而只保留持续时间在三年以上的增长期，也依然可以看到上述情况。

增长的波动性

波动性，或者说能否消除波动，是保持增长能力的另一个特征。波动越小，增长就越稳定。波动性可以通过增速的标准差或者差异系数进行测算。一般来说，低收入和中等收入国家经济增长的波动性要大于发达国家。

表1.2中“波动性”这一列列示了1960到2008年期间97个国家经济增长差异系数。同前面一样，根据这些国家在此期间的五分位法排序，将其分为10组。

上表清晰地传递出两个信息。第一，低收入国家经济增长的波动性远高于高收入国家。可以看到，处于第二区间国家的差异系数均不低于10.6，处于底部区间国家的差异系数为3.7。而与之相比，1960年和2008年均处于顶部区间的国家，差异系数仅为0.9。第二，从1960年各个区间看，那些以后所处收入区间有所提升的国家，其增长的波动性远低于所处区间未发生改变的国家。这意味着，从长期来看，较低的增长波动性是平稳健康的经济增长的重要因素。

这些结论是对图1.2中所得结论的补充。对于发展中国家而言，不仅它们之间平均增速的差异远大于发达国家，它们经济增速的波动也远高于发达国家。

因此，无论在增长速度、增长持续时间还是增长的波动性方面，发展中国家之间的差异均大于发达国家。不过，发展中国家中那些成功实现赶超的国家都有一些共同点，即更高的增速，更长的增长期和更低的波动性。

携手并进：结构调整与经济增长

研究结构调整与经济增长之间的相关关系的研究是贯穿本报告的主题。首先，我们从最基本的途径出发，对结构调整进行研究——即各部门在国民经济中所占比重的变化情况。这里采用的指标与Finger-Kreinin指数[9]类似，即使用1995-2013年间各行业占比变化情况的绝对值之和除以2。若所得结果为0，代表各行业占比均未发生变化；若所得结果为1，则代表一种极端情况，即在1995年，某行业在国民经济中的占比为100%，而到了2013年，另一个行业在国民经济中的占比为100%。

图1.4展示了1995到2011年间，将GDP划分为10个门类[10]后，108个样本国家结构调整与增长速度之间的关系。我们计算了以2005年不变价表示的GDP（增加值）的结构调整指数。结果证明，结构调整与经济增长之间存在明显的正相关关系，尽管结构调整只能解释一部分经济增长变化原因。结构调整更快的国家，增长速度往往也更快。而处于任何程度的结构调整带来的增长速度可能有差异。

在不同类型的结构调整中，工业化（即制造业增加值在GDP中所占比重提高）是发展中国家经济增长的重要引擎。因此，下一节将从这个角度对结构调整进行更深入的研究。

制造业发展与结构调整

由于制造业的高效劳动生产率以及它在高速发展或高收入国家中的重要地位，在20世纪前75年中，说到结构调整，主要讨论的是制造业作为经济增长的重要动力。但是近年来，有关结构调整的文献，更多关注的是去工业化（或者说是过早的去工业化），

“结构调整较快的国家，增长速度往往也更快。

图1.4
1995-2011年结构调整和人均国内生产总值增长

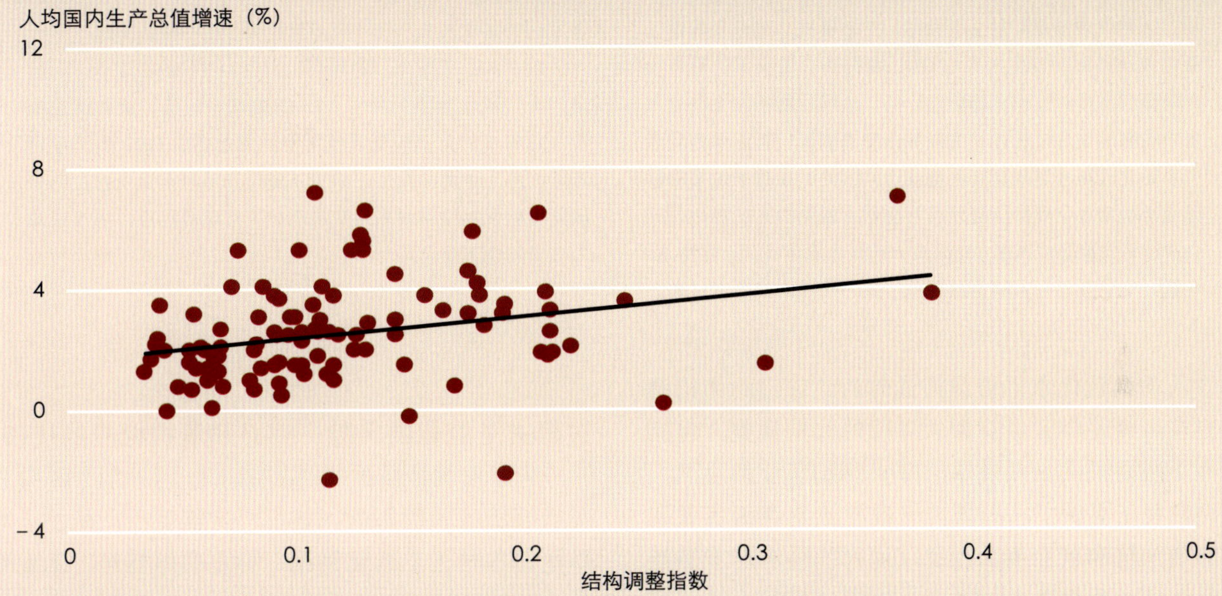

注：结构调整指数是指1995-2013年间国民经济各部门比重变化的绝对量之和除以2。数值为0表示各部门在国民经济整体中的比重保持不变；数值为1则代表一种极端情况，即在1995年某行业在国民经济整体中所占比重为100%（即整个国民经济只有一个行业），而到了2013年，另一个行业在国民经济整体中所占比重达到了100%。
数据来源：联合国工发组织根据Maddison项目（2013），联合国国民账户统计（UN 2014b),格罗宁根增长和发展中心10部门数据库(Timmer,deVries and de Vries 2014）和世界投入产出数据库(Timmer and others 2015)加工整理。

即制造业在国民经济中的相对重要性逐渐下降。

关于制造业重要性正在逐步下降的判断，主要来自实验性证据，以及对当前世界制造业发展状况的一般认识。在高收入国家，无论是制造业就业人数在总就业中所占的比重，还是制造业的实际工作岗位都呈下降趋势。还有研究表明，平均而言，所有收入水平国家中制造业的比重都在下降。而且与数十年前相比，各国在收入水平还处于较低阶段时，制造业就业和增加值占比就达到了峰值 (Ghani and O'Connell 2014; Rodrik 2015)。

将实验性证据与综合观察相结合，也许让很多人认为，制造业对于经济增长的贡献在下降。但制造业在发达经济体中地位的下降并不一定意味着在发展中国家也是如此。很多发展中国家中，较低的制造业占比（与过去的趋势相比）也许更多的要归因于这些国家自身的特殊情况，而非制造业对经济潜在贡献长期和系统性的下降，即这是不同经济部门需求和供给结构改变所导致的结果。

因此，在确定制造业是否仍是经济增长的关键因素之前，我们要进行更深入的研究，首先对“去工业化”进行分析。

发展中国家是否在进行去工业化？总体来说，答案是否定的

去工业化可以用来形容许多国家的发展道路（见专栏 1.2）。例如，在某一个国家，制造业就业比重的下降有可能是因为制造业科技进步迅速，导致其劳动生产率的增长快于其他经济部门。因此，制造业就业虽然仍在增长，但比起过去增速放缓了。在此情况下，制造业产出、制造业出口甚至制造业就业本身其实是实现了良性发展。在另一个国家，制造业就业的比重也许在上升，但由于其劳动生产率提高缓慢，制造业在 GPD 中的占比却在下降。在第三个国家，当出现劳动生产率下降、产出停滞、就业萎缩时，制造业甚至可能崩溃。

如果一些国家过早地开始去工业化进程（即人

> 过早开启去工业化进程的国家，更有可能发生导致经济增长衰退的结构调整。

专栏 1.2

去工业化的类型

*成熟（或正常）的去工业化。*正常模式（与过早的去工业化模式不同）发生在人均 GDP 增长到一定水平、服务业在国民经济中的地位更加重要以后。该模式通常发生在收入水平较高的发达经济体，由服务业需求增长、制造业劳动生产率迅速提高（导致制造业就业比重下降）和越来越多的制造业活动通过全球价值链外包等驱动。成熟的去工业化并不会对经济发展造成威胁。充满活力的技术服务部门，如物流、商贸、信息通讯技术和金融服务，成为经济增长的新引擎。国家达到高收入水平后，经济增速放缓已不再是问题。

*过早的去工业化。*如何判断是否为过早的去工业化？过早的去工业化通常开始于人均 GDP 水平较低、或制造业就业占总就业的比重较低、或制造业增加值占 GDP 的比重较低时。若上述情况发生，或去工业化开始时制造业就业和制造业增加值的比重尚未达到典型的工业化的拐点，则可视其为过早的去工业化。

均收入和工业化水平仍然很低时），它们的结构调整更有可能是导致经济增长下降的结构调整，包括一些不应发展的、低效率的非正规服务业的发展，非洲和拉丁美洲的一些国家正在扩大这类服务业在全部增加值和就业中的占比。这样的经济转型不能为经济增长提供潜在的动力。这样过早的去工业化对于低收入和中等收入国家经济的可持续发展有两个方面的负面影响：

第一，这些国家能享受的制造业发展促进经济增长的红利较少；第二，这些国家由于过早的去工业化进程，导致其制造业更有可能被那些不应发展的、低效率的服务业所替代。而当一个发达经济体的成熟的去工业化进程开始时，那些快速扩张的服务业部门的子行业往往都有着前期制造业发展所赋予的一些动态特征：联系紧密、生产率提升、技术创新等。这样的服务业才能成为经济发展的引擎。而过早去工业化经济体中出现的都是那些缺乏活力和增长潜力的非正规服务业。

在各种去工业化政策中，极度严厉的宏观经济政策，特别是高利率和高估汇率，对工业（和其它实体经济）产生的负面影响，比对金融业的负面影响更大。这样的经济政策会造成经济过度金融化和去工业化。与此类似，贸易自由化对交易品的影响大于非交易品，且对于在国内市场开放时处于不同竞争水平的交易品，影响也不相同。过早地实行关税减免，而未给制造业留出足够时间进行结构调整，是导致去工业化的主要原因之一。

过早去工业化的风险——必须承担相应的代价

从相关统计数据中还不能很好地确定去工业化对于经济增长的影响，这在一定程度上，是由于难以涵盖各种去工业化类型。特定的国情对去工业化是否影响经济增长也有密切关系。但我们依然可以得出一些普遍的结论。

去工业化开始时，一国的人均 GDP 越低，则去工业化进程对经济增长和增长前景产生影响的可能性越大。同样，去工业化开始时，制造业增加值占比越低，去工业化对经济增长产生影响的可能性越大。

与随着经济发展逐渐进行的去工业化不同，政策改变所引发或加速的去工业化也有可能对经济增长产生影响。政策诱发的去工业化，及与之伴随的贸易自由化，往往可能在工业化红利完全释放之前、在制造业成熟之前、在先进高效的服务业部门发展之前，就产生了影响。

去工业化对于一国经济发展的总体影响，既取决于份额逐渐下降的制造业活动的特点，也取决于就业和 GDP 占比不断提升的服务业活动的特点。例如，在服务业发展壮大的同时，如果制造业活动增加盈利和提升劳动生产力水平的范围不大且影响有限，则去工业化的负面影响就不会显现。

在经济发展的前期，特别是对于发展中国家而言，制造业对于经济发展的拉动作用仍然至关重要。当一个国家在其制造业在 GDP 中占比达到 30% 以后再开始去工业化，则制造业发展带来的红利在一

“制造业对于增长的拉动作用在发展的早期阶段尤为重要。

个相当长的时间内，仍将惠及国民经济整体。这些红利包括在实践中积累的经验和技能的进步，科技进步给其他部门带来的红利，提高外汇储备缓解国际收支平衡对经济发展的束缚，以及通过前向和后向联系刺激其他经济部门的发展等。但如果一个国家没能实现工业化，或者制造业从业人员在全部就业中的占比甚至还未达到5%时，就开始去工业化，这些促进经济增长的红利将无法兑现。

此外，过早地去工业化会危害服务业的发展，使其无法代替制造业，成为促进经济发展的新引擎。当成熟的去工业化开始时，受惠于制造业发展的那些先进而富有活力的服务业活动已经具备了成为经济发展新引擎的特质。但当过早的去工业化发生时，那些替代制造业的往往是一些技术含量低、生产力水平低、不可交易的服务业活动，例如零售和个人服务，这些活动也许对于创造就业来说非常重要，但它们并不具备很强的盈利能力，也没有足够的潜力来促进生产力水平的提高，从而推动经济的增长。在工业化实现之前，上述这些服务业活动也不可能实现跨越式发展，一跃成为富有活力的、能拉动经济增长的服务业活动。唯一的例外可能是有着“世界办公室”之称的印度。它在少部分地区有一些发达的服务业，但其从业人员与印度的人口总数相比，只是极小的一部分。

总体而言，当一个国家在人均收入水平仍然较低时就开始去工业化，是不可能有足够的有效需求来支持能成为经济增长替代引擎的先进服务业的发展的。由于许多服务业活动不可交易，对于国内需求是一种抑制。发达国家比发展中国家更有可能拥有能推动经济发展的先进服务业。

比起成熟的去工业化，过早的去工业化在发达国家更为罕见的原因，部分是由于过早的去工业化往往是由政策变化（例如贸易自由化）所引起的。发达国家可以通过突然实行经济自由化来加快去工业化的进程，但由于发展中国家更多地依赖国际金融机构，而这些机构往往以自由开放的贸易为贷款的先决条件，因此这样的模式更多的被发展中国家采用。此外，由于发展中国家经济多元化程度较低，因此这些国家的经济更容易受到冲击，也更容易发生过早的去工业化。

大多数发展中国家，制造业继续扩张的前景依然可期

在一些发展中国家提早开始去工业化的情况下，近些年制造业进行生产和创造就业的机会是否在减少？本节将以大量估值测算为基础，重点论述在过去40年中，发展中国家与发达国家之间制造业增加值和就业岗位占比的差异。本节将阐明发展中国家和发达国家之间的工业化和去工业化趋势，以及其是否与长期的历史趋势相异。最后，本节还将着力反映全球发展趋势下的区域差异。

增加值

首先，我们从结构调整的角度进行考量，关注制造业在国民经济中的相对位置，通过使用不同价格缩减法获得的增加值数据，阐明制造业对于发展中国家和发达国家国民经济贡献率的差异，以及贡献率是怎样随着时间的推移而发生改变的。图1.5的左图包含了1990年以前的苏联各加盟共和国以及1990年苏联解体后这些前苏联国家的数据；右图不包含这些国家，因为苏联解体导致这些国家经济崩溃，随之而来的制造业整合并不是结构调整的常态。但无论是在左图还是右图中，制造业在发达国家以及所有国家中的占比在1970年以后是逐步下降的；而在发展中国家，其占比至少从1993年以后保持稳定，在占GDP 18%-20%左右徘徊。如果将前苏联及其成员国排除在外的话，这种稳定性将扩展至整个观测期。

图1.6是使用不变价通过同样的研究方法得到的结果。发展中国家（包括前苏联的成员国）的制造业占比自1970年后是上升的（除了20世纪80年代末和90年代初的一段较短时期以外）。自1993年起，至少到2008-2009年全球经济危机发生前，甚至发达国家的制造业占比也是保持稳定的。

另一种使用分部门购买力平价（PPP）的价格缩减法获得结论显示，在不变价格条件下，制造业在全球GDP中的占比保持稳定至少持续了50年以上（专栏1.3）。这一占比相比基于制造业增加值平减指数计算的结果要低2-3个百分点，原因是以购买

“制造业在全球 GDP 中所占比重在超过 50 年的时间内始终保持稳定。

图1. 5
1970-2013年全球制造业增加值占比（现价）

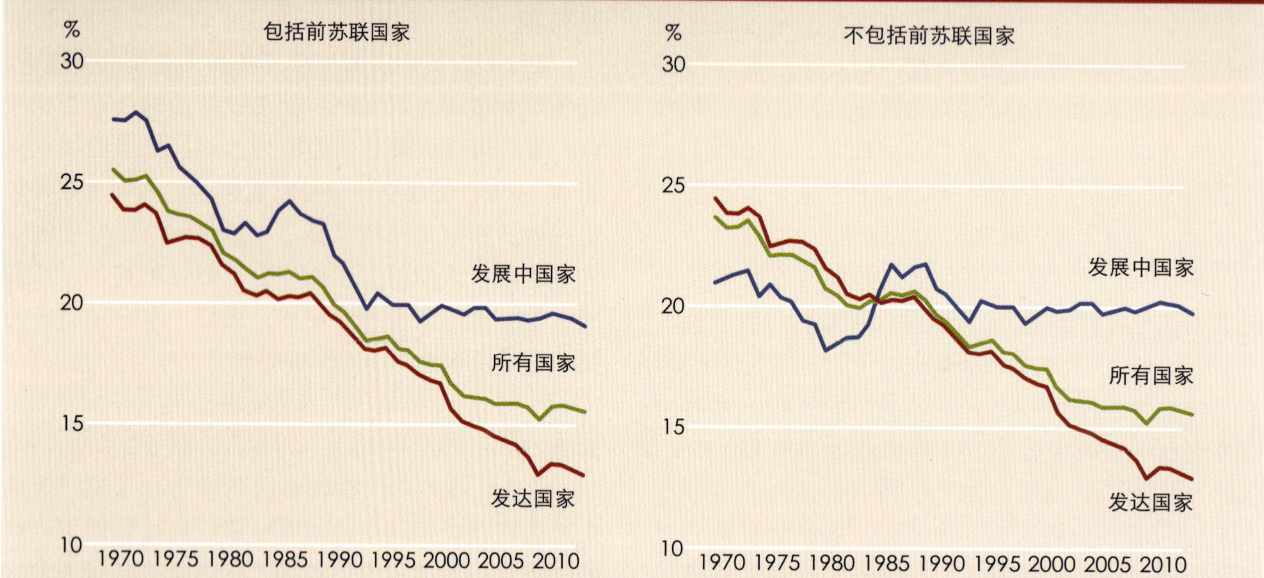

注：图中占比是指全球制造业增加值（现价美元）占全球国内生产总值（现价美元）的比重。包含国家的数量（n)在不同时期有所不同。左图:n=184（1970-1990），n=191（1991），n=191（1992-1993），n=192（1994-2010），n=193（2011-2013）。右图:n=185 (1970-1990), n=204 (1991), n=205 (1992-1993), n=206 (1994-2010)，n=207 (2011-2013)。收入水平分组依据附件A1，表A1.2。
数据来源：联合国工发组织根据联合国国民账户统计（United Nations 2014b)加工整理。

图1. 6
1970-2013年全球制造业增加值占比
（不变价）

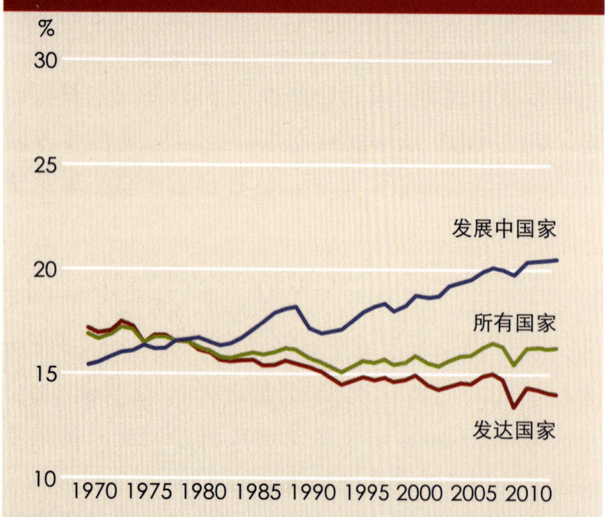

注：图中占比是指全球制造业增加值（现价美元）占全球国内生产总值（以2005年美元不变价计算）的比重。包含国家的数量（n)在不同时期有所不同：n=185（1970-1990），n=204（1991），n=205（1992-1993），n=206（1994-2010），n=207（2011-2013）。收入水平分组依据附件A1，表A1.2。
数据来源：联合国工发组织根据联合国国民账户统计（United Nations 2014b)加工整理。

力平价计算的以服务业为代表的非交易部门价值要大于以制造业为代表的可交易部门。

在不变价条件下，制造业在全球 GDP 中所占比重在一个很长时间内是保持稳定的。过去 20 年里，即使在发达国家也很难发现制造业占比下降的趋势。在发展中国家中，无论使用哪种价格缩减法，制造业占比均没有下降趋势。通过不变价与现价的比较，可以发现，与其他部门产品价格相比，制造业产品价格下降要快得多。但更快的劳动生产率的增长使得在发展中国家中，现价制造业 GDP 占比并未下降[11]。

表 1.3 展示了现价制造业增加值在 GDP 中占比的区域性趋势。正如图 1.5 显示的那样，发展中国家作为一个整体，其制造业比重在过去 40 年间一直保持稳定，但是在地域间仍然存在差异。在发展中国家中，除亚洲以外的所有其他区域国家制造业在 GDP 中占比均出现下降，其中美洲和欧洲国家降幅超过 10%。

尽管亚洲发展中国家制造业在 GDP 中占比的增

> “在发展中国家中，制造业在 GDP 中所占比重在除亚洲外的其他所有地区均出现了下降。

专栏 1.3

分经济部门的购买力平价

Lavopa 和 Szirmai (2015) 提出了一种原创方法，用以评估各国以现价购买力平价计算的分部门制造业增加值，涵盖了 Inklaar 和 Timmer (2012) 研究中的相关国家。简而言之，考虑到使用购买力平价（PPP）进行转换比较时出现的不同经济部门（制造业部门和非制造业部门）之间相对规模的差异，该方法对各国经济部门结构（以当前国内价格计算）进行了调整。经过购买力平价转换后，发展中国家非贸易部门的相对价格（相对于贸易部门）通常会上升。因此，这些国家非贸易部门的 GDP 占比也会相应提高，导致制造业部门的 GDP 占比相应的出现下降。随着国家富裕程度提高，该影响也逐步减小。

1960-2009年制造业在全球GDP中的比重，现价和不变价

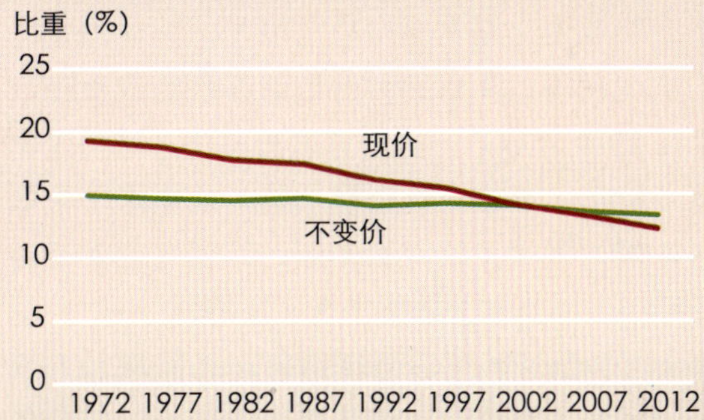

注：以五年平均计算。分别使用现价与不变价两种不同方法计算制造业增加值和总增加值，而后算出制造业增加值占GDP的比重。增加值使用分部门的现价购买力平价进行转换。PPPk05是指以2005年分部门的购买力平价进行转换的增加值。
数据来源：Lavopa and Szirmai （2015）。

长幅度并没有欧美国家的降幅大，但由于亚洲发展中国家拥有更大的经济体量，因此其增量足以弥补其他区域发展中国家制造业总量的下降。东南亚发展中国家制造业占比增长最快，超过了 7 个百分点。尽管过去一段时间内东亚国家的制造业比重有所下降，但仍然保持在 30% 以上的高水平，这主要归功于中国和韩国比重的上升。非洲国家的制造业占比在 2000 年后急剧下降，无论是在北非、中东还是撒哈拉以南的非洲，其制造业占比均处于 40 年以来的最低水平，约为 10%。大洋洲的制造业占比自 20 世纪 70 年代以来即逐步下降，现在已处于所有区域的最低水平。

简言之，发展中国家整体稳定的制造业占比水平掩盖了其区域上的差异，但基本上反映了亚洲国家中比重的提升和其他区域国家中比重的下降。在非洲国家中，过早去工业化的态势明显，许多国家的去工业化是建立在其本已很低的制造业占比的基础上。

就业

对发达国家和发展中国家而言，从 1970 年以来，制造业就业在总就业中所占的比重呈现出截然相反的趋势（见图 1.7）。发达国家的占比在过去 40 年中下降了超过 10 个百分点，跌到了 13.3% 的最低水平。相反，发展中国家制造业就业占比由 1970 年的 11.6% 上升到了 2010 年的 14.2。在 1970 年到 1988 年间，发展中国家的制造业就业占比持续上升，之后一段时间在 1988 年峰值的基础上下降了几个百分点，但最近又重新回到了 20 世纪 80 年代下半叶的高水平。就全世界整体而言，制造业就业占比在 1970 到 2010 年间不断波动，但开始年份（1970 年）和结束年份（2010 年）的占比相近，均在 15% 左右。发展中国家制造业增加值占比和就业占比的差异（见图 1.6 和 1.7）表明制造业是生产力水平相对较高的就业岗位的重要来源。

表 1.4 展示了不同区域的制造业就业占总就业的比重。其中，大洋洲和欧洲的比重下降最大，分别下降了 15 和 13 个百分点，美洲下降了 10 个百分点，相比大洋洲、欧洲和美洲，亚洲发展中国家的制造业就业占比的降幅相对较小，在过去 40 年中仅下降了 7 个百分点。亚洲国家的制造业就业占比依旧保持在 20% 以上，在所有地区国家（包括发达国家）中占比最高。

尽管发展中国家整体的制造业就业占比在过去 40 年中是上升的，但主要集中在亚洲，制造业就业占比在亚洲的 3 个区域均有上升。东亚国家的制造

> “发展中国家制造业就业的比重从 1970 年的 11.6% 上升到 2010 年的 14.2%。

业就业占比在过去 40 年内上升了 10 个百分点。由于该区域包括中国这个世界上人口最多的国家，自 1970 年以来，其增加的制造业岗位高达 1.3 亿个。

在亚洲以外，除了中美洲、中东以及北非国家的制造业就业占比基本保持稳定以外，其他国家的占比均出现下降。降幅最大的是前苏联的成员国，特别是在 1990 年以后，随着苏联的解体，这些国家的制造业经历了整合。甚至在一些工业化水平很低的地区，例如撒哈拉以南的非洲，其制造业就业占比在已经很低的基础上依然出现了下降。

综合增加值和就业的测算结果与之前增长方面的讨论，证实了制造业在经济增长中所扮演的角色依然重要，发展中国家制造业的发展前景依旧可期。至少就发展中国家整体而言，并没有过早去工业化的迹象。但是工业化的进程高度集中在少数几个地区内，特别是在亚洲这样一个幅员辽阔、充满多样性、人口众多的地区。

制造业内部的技术进步

采用不同技术的子行业

作为本报告的主旨，为了分析结构调整和科技进步之间的关系，我们先对依据高、中、低不同技术水平划分（附件 A2）的制造业子行业进行研究。

图 1.8 分别展示了 1972 到 2012 年间，按现行购买力平价计算的发达国家和发展中国家中高、中、低不同技术水平制造业行业的全球 GDP 占比的变化情况。在 1972 年，发达国家的低技术制造业在全球

表 1.3

1970–2010 年分地区现价制造业增加值占国内生产总值的比重（%）

	1970-1974	1975-1979	1980-1984	1985-1989	1990-1994	1995-1999	2000-2004	2005-2009	2010-2013
全球	23.4	22.0	20.3	20.5	19.0	18.0	16.5	15.7	15.8
发达国家	24.0	22.6	20.9	20.3	18.7	17.5	15.5	14.0	13.3
美洲	22.2	21.2	19.4	18.2	16.6	16.1	14.0	12.5	12.0
亚洲	31.3	26.9	26.1	25.3	23.5	21.0	19.3	18.8	18.0
欧洲	24.7	23.3	21.3	20.5	18.5	17.4	16.0	14.4	13.6
非洲	12.3	8.5	9.9	13.1	12.7	13.3	12.2	10.0	9.6
大洋洲	20.8	18.8	17.7	15.5	13.6	12.8	11.3	9.5	7.5
发展中国家	21.1	20.1	18.7	21.5	20.2	19.8	20.1	19.9	20.1
美洲	23.6	24.3	22.9	24.6	20.6	16.6	16.7	15.4	13.5
中美	19.8	19.7	19.9	19.1	18.7	18.7	17.9	16.4	15.0
南美	25.1	26.4	24.9	26.0	21.2	15.4	15.8	14.9	12.5
亚洲	23.3	23.0	20.4	22.6	23.0	25.2	26.0	26.8	26.8
东亚	33.5	31.8	25.6	28.8	26.6	29.0	29.9	30.7	30.8
东南亚	16.4	16.9	18.5	21.6	24.4	25.8	26.9	26.4	24.1
南亚	13.0	14.4	14.3	14.3	14.2	14.5	13.9	14.8	13.5
欧洲	27.3	26.8	25.8	25.4	18.8	16.6	15.5	15.5	15.8
西欧	17.7	16.9	16.6	16.0	14.1	13.0	11.6	10.0	9.9
东欧	31.2	31.8	30.7	31.1	23.5	19.3	18.2	18.6	18.3
非洲	12.2	10.8	10.5	13.8	15.2	15.1	12.5	11.2	10.7
北非和中东	12.9	10.9	10.0	14.4	15.7	16.0	12.8	11.8	11.4
撒哈拉以南非洲	11.7	10.7	11.2	12.9	14.2	13.2	11.8	9.9	9.1
大洋洲	12.6	12.6	11.1	11.2	10.3	9.3	9.2	9.4	8.3

注：以五年平均计算。2013 年数据包含 157 个国家，1989 年包含 136 个国家。前苏联国家未包含在内，但即使包含这些国家，1995 年以来的整体趋势也不会发生大的改变。收入和地区分组依据附件 A1，表 A1.2。

数据来源：联合国工发组织根据联合国国民账户统计（United Nations 2014b）加工整理。

“制造业在经济发展中所扮演的角色依然重要。

图1.7
1970–2010年全球制造业就业占全部就业比重

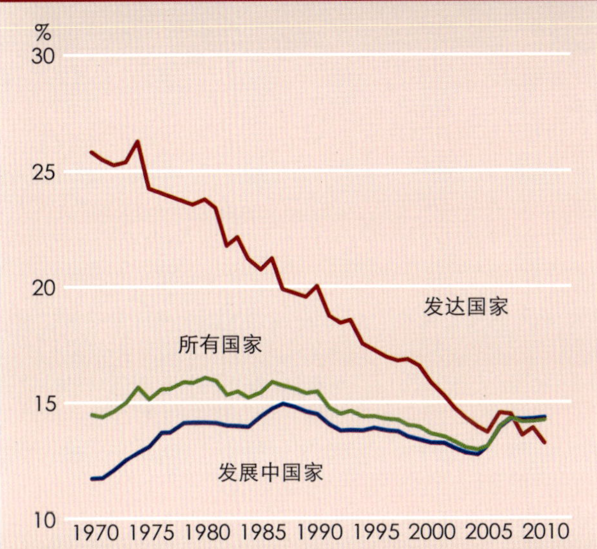

注：图中比重为世界制造业就业占全部就业的比重。收入水平的划分依据附件A1，表A1.2。
数据来源：联合国工发组织根据格罗宁根增长和发展中心10部门数据库，ILOSTAT (ILO 2015a)和 KILM数据库（ILO 2015b）加工整理。

低技术制造业增加值中所占的比重为64%，中等技术制造业和高技术制造业所占的比重更高，分别为71% 和 74%。

过去 40 年中，三种不同技术含量的制造业生产活动在发达国家和发展中国家之间均发生了相对转移。到 2012 年，发展中国家低技术和中等技术制造业增加值在全球低技术和中等技术制造业增加值中所占比重均超过 50%，而高技术制造业增加值占比也接近 50%。

图 1.9 显示了在过去 40 年中，发展中国家制造业技术结构（依据附件 A2 划分）发生了怎样的改变。在 1972 年，拉丁美洲和亚洲（这两个地区制造业的技术结构相似）低技术制造业增加值比重低于非洲国家。到 2012 年，非洲提高了高技术制造业的比重，其制造业技术结构到达了与 1972 年的拉丁美洲和亚洲相似的水平。同一时期，拉丁美洲制造业的技术结构变化很小，仅仅是高技术制造业的比重稍有下降，而中等技术制造业的比重相应提高。

在三个发展中地区中，亚洲制造业技术结构经历的变化最为显著。在过去 40 年中，其高技术制造业的比重提升了 10 个百分点，而低技术制造业比重则相应降低。与其他发展中地区相比，亚洲的经济腾飞并非只在于其经济中制造业比重的上升，同样也得益于制造业的技术升级。

生产力水平的提高和就业的增长：六大行业、大小国家以及不同的收入水平[12]

上一节以亚洲为例，探讨了行业的技术结构，将高技术与更高的制造业占比和更快的经济增长联系起来做了分析。然而，科技进步对于就业增长的作用并不像对经济增长的作用那么直接。本节进一步研究当需要在生产率与就业之间进行权衡时，六大制造业行业的生产力水平是怎样提高的。

一个行业人均增加值的增长大约等于其人均就业的增长加上其劳动生产率的增长：

$$\frac{增加值}{人口}=\frac{就业}{人口}\times\frac{增加值}{就业}$$

经济增长率与人均 GDP 之间对数关系的表达式为：

人均增加值的增长≈人均就业的增长 + 劳动生产率的增长

图 1.10 和 1.11 通过估算六大行业人均就业的增长和劳动生产率的增长展示了这两大因素的变化情况以及其对不同收入水平的人均增加值增长的影响[13]。Y 轴的增速是一个弹性系数，表示人均 GDP 变动一个百分点时，就业和劳动生产率这两个变量的变化情况。因此，弹性系数为 1 代表某个行业的增速与人均 GDP 增速（购买力平价计算）相同。六大制造业行业不同的弹性系数曲线揭示出每个行业发展的特点：每一个行业在其生产过程、要素密集度和技术发展潜力方面，都是独一无二的。

对于大国来说（图 1.10）[14]，食品及饮料制造业、纺织业和服装制造业这三大低技术行业（见附件 A2 的定义）在吸纳就业、提高劳动生产率和实现可持续增长等方面差异很大。食品和饮料制造业的增加值在不同的收入水平上均能保持增长（增速大于 0），因为它既能保持劳动生产率以与人均 GDP 相似的增速持续增长，又能大大减缓就业的下降。纺织业与

> “工业化仍然高度集中在少数几个地区内，特别是在亚洲。

表 1.4
1970–2010 年分地区制造业就业占全部就业的比重（%）

	1970-1974	1975-1979	1980-1984	1985-1989	1990-1994	1995-1999	2000-2004	2005-2009	2010-2013
全球	14.8	15.6	15.6	15.6	14.7	14.2	13.3	14.0	14.2
发达国家	25.6	23.8	22.4	20.2	18.7	16.9	14.9	14.1	13.3
美洲	21.9	20.3	18.5	16.5	14.7	13.8	12.1	11.0	10.2
亚洲	28.1	26.3	25.7	25.4	24.4	21.1	18.9	18.6	21.1
欧洲	27.2	26.0	23.5	21.1	19.3	18.0	16.3	15.0	13.2
非洲	20.3	17.9	16.1	15.4	14.5	13.7	12.5	11.4	10.7
大洋洲	24.6	21.6	19.8	17.0	15.0	13.7	12.4	10.7	9.7
发展中国家	12.2	13.7	14.0	14.7	14.0	13.7	13.0	13.9	14.3
美洲	15.5	15.6	15.4	16.0	15.4	14.3	13.5	13.7	13.1
中美	13.1	13.2	14.3	15.1	16.2	16.3	15.3	14.2	13.2
南美	15.1	15.0	14.5	15.3	14.4	13.0	12.2	12.9	12.4
亚洲	9.1	11.2	12.0	13.4	13.4	14.0	13.4	14.8	15.7
东亚	9.5	12.6	13.9	15.9	15.7	15.8	14.2	17.6	19.4
东南亚	7.9	8.9	9.6	10.4	11.6	12.8	13.6	12.8	12.8
南亚	9.0	9.4	9.6	10.1	10.3	11.4	12.1	11.9	12.2
欧洲	27.2	27.5	27.4	27.0	22.9	18.2	17.1	16.1	14.7
西欧	22.4	22.4	22.4	22.1	20.8	18.8	17.4	15.3	13.7
前苏联	27.5	27.6	27.6	27.3	22.3	16.9	15.9	14.7	13.5
东欧	27.2	28.3	28.1	27.0	25.8	23.1	22.5	22.5	20.5
非洲	9.3	10.5	10.3	9.2	8.9	8.5	8.4	8.6	8.7
北非和中东	13.6	14.7	14.7	14.0	14.2	14.2	13.8	14.0	13.8
撒哈拉以南非洲	7.2	8.6	8.2	6.8	6.2	5.5	5.6	5.8	6.0

注：以五年平均计算。2010 年数据包含 109 个国家，1989 年包含 92 个国家。收入和地区分组依据附件 A1，表 A1.2。
数据来源：联合国工发组织根据格罗宁根增长和发展中心 10 部门数据库（Timmer, de Vries and de Vries 2014）加工整理。

服装制造业的增加值增长模式相似，但是纺织业的就业增长潜力更低[15]，该行业的发展更多地依赖于劳动生产率的提高，但由于在高收入水平上，劳动生产率趋于平稳或者缓慢下降，因而其人均增加值的下降主要是由就业缩减引起的。

服装制造业在低收入和中低收入水平上创造就业的潜力巨大。由于其劳动生产率提升的空间很小（特别是在低收入和中等收入水平），当一国收入增长时，就业增长的持续下降将会导致增加值增长的快速下降。这意味着服装制造业技术发展空间有限。因此，在服装制造业就业潜力完全耗尽之前，各国应为其他行业的发展打好基础。

橡胶和塑料制造业从低收入到高收入水平长期保持增长的能力非常独特。在低收入水平上，就业的增长对于该行业增加值增长的贡献很大，而在高收入水平上，逐渐提升的劳动生产率和缓慢下降的就业增长使该行业依旧能维持其增加值的增长。高技术行业如电力机械和仪器仪表制造业增加值同样能够在不同收入水平上均保持增长，但其增长模式与橡胶和塑料制造业又有所不同。

即使在低收入水平上，电力机械和仪器仪表制造业劳动生产率提升潜力依然很大。若同时能保持适当的就业增长，在低收入或者中低收入水平上，该行业将得到快速发展，劳动生产率的增长将比人均 GDP 的增长高 2 倍甚至 3 倍。当各国收入增加时，该行业就业增速下降得要比橡胶和塑料制造业快，但更快的劳动生产率提升足以抵消就业增长的下降，从而维持该行业增加值的快速增长。

“亚洲经济的腾飞得益于制造业的技术升级。

图1.8
1970-2010年发达地区和发展中地区低技术、中等技术和高技术制造业在全球增加值中比重

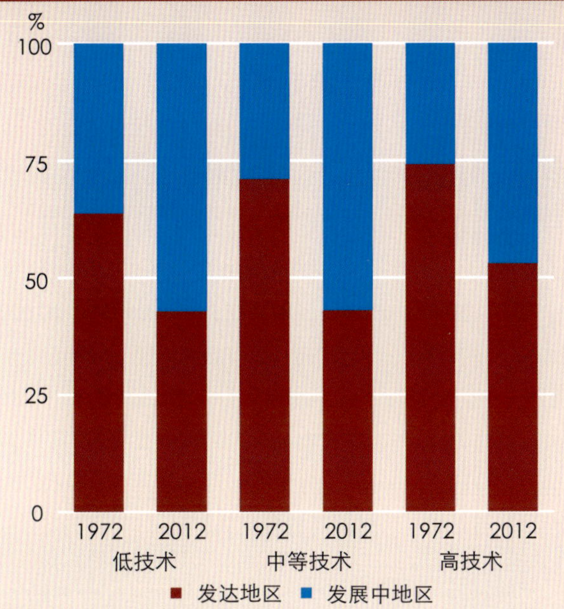

注：技术类别分组依据附件A2，收入分组依据附件A1，表A1.2。
数据来源：联合国工发组织根据Lavopa and Szirmai (2015) 加工整理。

图1.9
1972和2012年发展中地区制造业技术结构变化
（占全部制造业增加值比重）

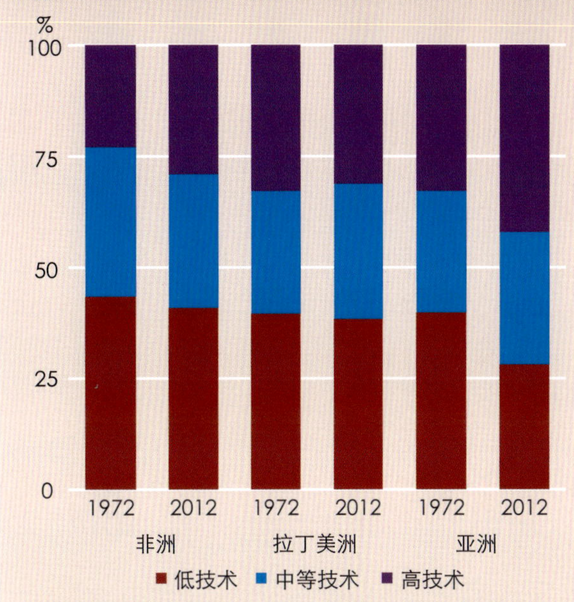

注：技术类别分组依据附件A2。区域分组依据附件A1，表A1.2，但此图中非洲还包括以色列，卡塔尔，阿曼，科威特，巴林和塞浦路斯。
数据来源：联合国工发组织根据Lavopa and Szirmai (2015)加工整理。

在大国中，汽车制造业这样的高技术行业在低收入和中等收入水平上能实现快速增长。尽管进入高收入水平后，该行业依然能够保持较高的劳动生产率的提升，但其就业增长的稳步下降依然会导致增加值增速的放缓。

小国（见图 1.11）所展现出来的增加值增长的变化情况总体上与大国（图 1.10）相似，主要的差别在于，小国劳动生产率增长更慢，就业下降也更缓慢。但是小国与大国之间汽车行业的发展模式完全不同：小国在进入中上收入水平阶段之前，该行业很难得到较大发展，在此之后，该行业增加值的发展主要得益于劳动生产率的提高。

制造业如何维持增长：高收入国家与发展中国家的比较

在发展中国家和高收入国家，制造业驱动经济增长的方式有很大不同（图 1.12）。两类国家的平均产出增速显示在柱状图的顶部[16]。在发展中国家中，产出的增长主要由投资、自然资源和能源驱动；而在高收入国家，则主要由劳动生产率驱动：使用节约人力和资源的技术，在提高产出的同时，要素投入并不会显著增加。

下面本节将对制造业典型的低技术、中等技术和高技术行业分组行分析，根据不同收入程度评估其生产特征如何影响经济总体增长和不同要素的贡献率[17]。

低技术产业。在这些行业中，高收入国家纺织及纺织品制造业产出增长为 -1.1%，皮革和鞋类制造业为 -3%（图 1.13），这主要是由于劳动力贡献比重负值较大（劳动替代）。相反，在发展中国家中，这两个行业产出都是增长的。对这两个行业产出增长贡献最大的是能源，其次是投资和劳动力[18]，而劳动生产率的提高仅对纺织业有正面贡献。总的来说，在发展中国家，劳动生产率对劳动密集型产业增长的贡献要小于高收入国家。

中等技术产业。对高收入国家而言，劳动生产率是橡胶和塑料制造业以及非金属矿物采掘业增长最重要的驱动力（图 1.14）。但是对发展中国家的

> “各国应为其它行业的发展打好基础。

图1. 10
1963-2010年就业、劳动生产率和增加值增长模式（大国）

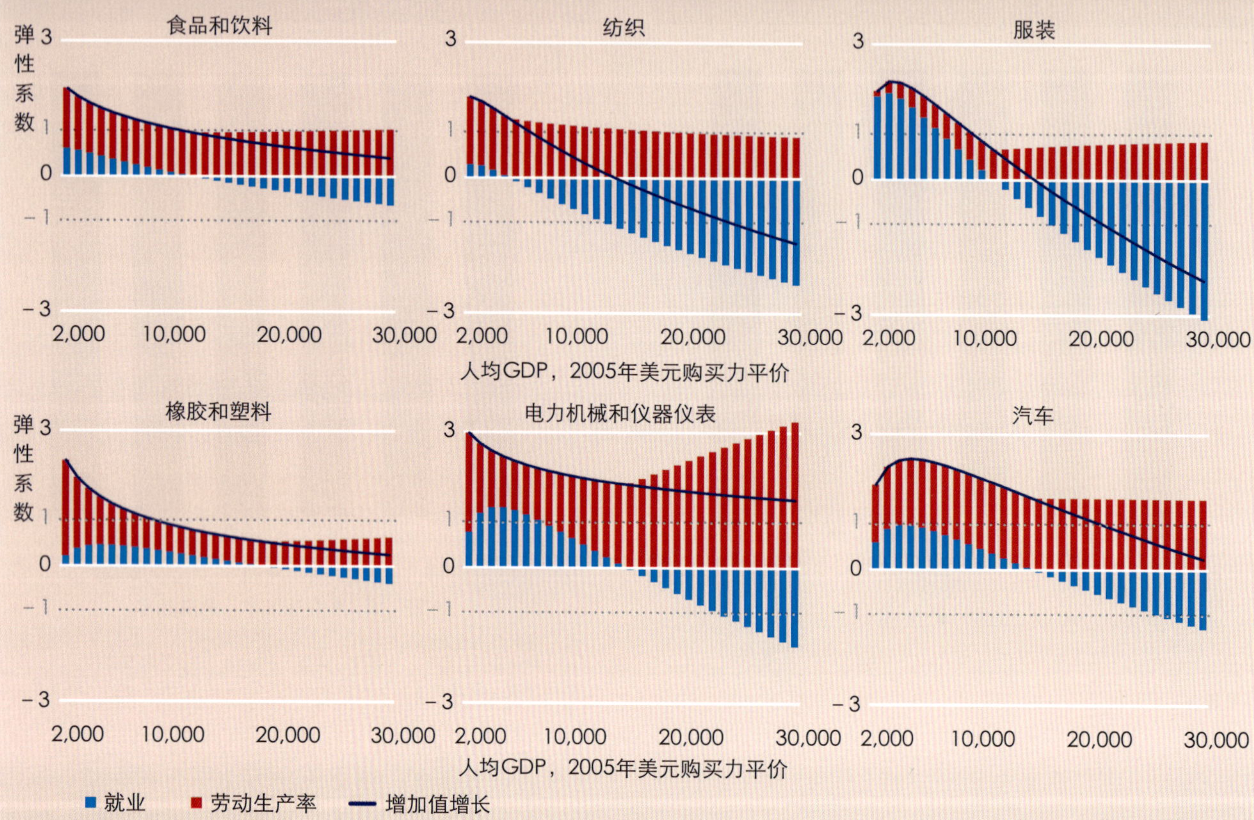

注：弹性系数表示三个变量变化的百分比分别占人均国内生产总值变化的百分比的比重。
数据来源：联合国工发组织根据INDSTAT2 (UNIDO 2014c)加工整理。

这些行业来说，特别是非金属矿物采掘业，对其发展贡献最大的是自然资源和能源，而劳动生产率提高的贡献很小。

随着国家工业化进程的深入，并向中等技术产业迈进，制造业的污染强度(以单位增加值二氧化碳排放量来衡量)往往会增加。但是，这并不意味着中等技术、资源密集型行业的发展必须依赖能源和自然资源高投入的驱动，高收入国家中这些行业相对较低的能源和自然资源的贡献率就是很好的证据。

高技术产业。高收入国家在高技术行业上具有优势，因此相比低技术和中等技术产业，其高技术产业有较大潜力实现更快增长（图 1.15）。这种优势促进了高收入国家制造业的结构调整，使资源更多地流向高技术行业，从而获得更高的收入。劳动生产率对于高技术行业的增长起主导作用，这些行业的增长并不主要依靠能源和自然资源的投入。

在发展中国家中，劳动生产率对于促进高技术行业增长的作用非常明显，但是能源和投资等其他要素的贡献也很重要。尽管劳动生产率对高收入国家和发展中国家高技术行业增长都很重要，但在发展中国家，提高能源和劳动力的投入依然能促进高技术行业的增长。因此，增加这些要素的投入对于包容性（比如就业）来说是有利的，但不太利于可持续性。

结构调整和包容与可持续工业发展

包容与可持续的工业发展包含互补的三个方面，即持续经济增长、社会包容性和环境可持续性。目标是通过工业的发展实现三者协同效应的最大化和

> “发展中国家和高收入国家在制造业驱动经济发展的方式上呈现出巨大的差异。

图1. 11
1963–2010年就业、劳动生产率和增加值增长模式（小国）

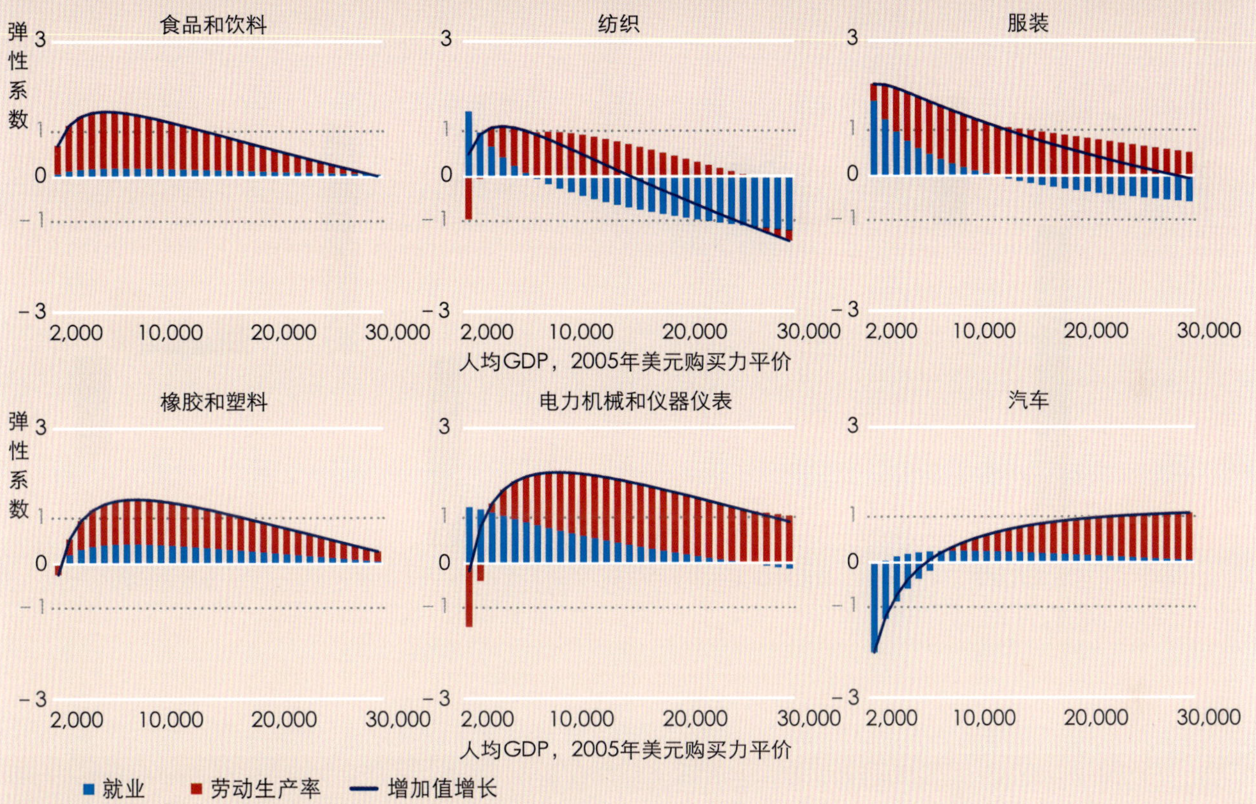

注：弹性系数表示三个变量变化的百分比分别占人均国内生产总值变化的百分比的比重。
数据来源：联合国工发组织根据INDSTAT2 (UNIDO 2014c)加工整理。

图1. 12
1995–2007年高收入和发展中国家制造业年平均增速和要素贡献率

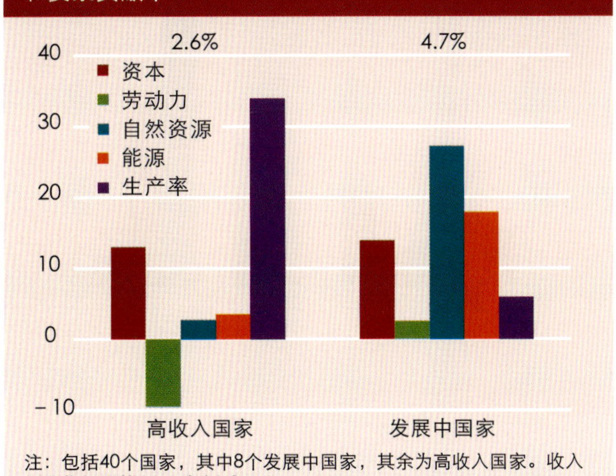

注：包括40个国家，其中8个发展中国家，其余为高收入国家。收入划分依据附件A1，表A1.2。
数据来源：联合国工发组织根据World Input-Output Database (Timmer and others. 2015)加工整理。

三者间取舍的最小化，使各国和世界获得更大的经济、社会和环境福祉。

本节首先分别分析制造业发展的包容性和可持续性两个方面的长期发展趋势，对二者各自的独特发展模式进行研究。然后，在国家发展的背景下，对包容性和环境的可持续性进行综合考量。

制造业的包容性

公式 E1 揭示了制造业部门的价值创造是怎样转换成包容性的工业发展的。在这里，包容性的工业发展有两个内涵，第一，是对制造业部门的工资分布进行调整后的制造业的工资水平，即制造业公平工资系数 (Mwage_equality)[19]，乘以制造业平均工资 (Mwage)；第二，是制造业就业总量 (Memp)。分子中每一项（即就业或调整后的工资）的值越高，对

> “与高收入国家相比，生产力对于发展中国家劳动密集型产业发展的贡献较小。

图1. 13
1995-2007年部分低技术、劳动密集型行业年平均增速和要素贡献率

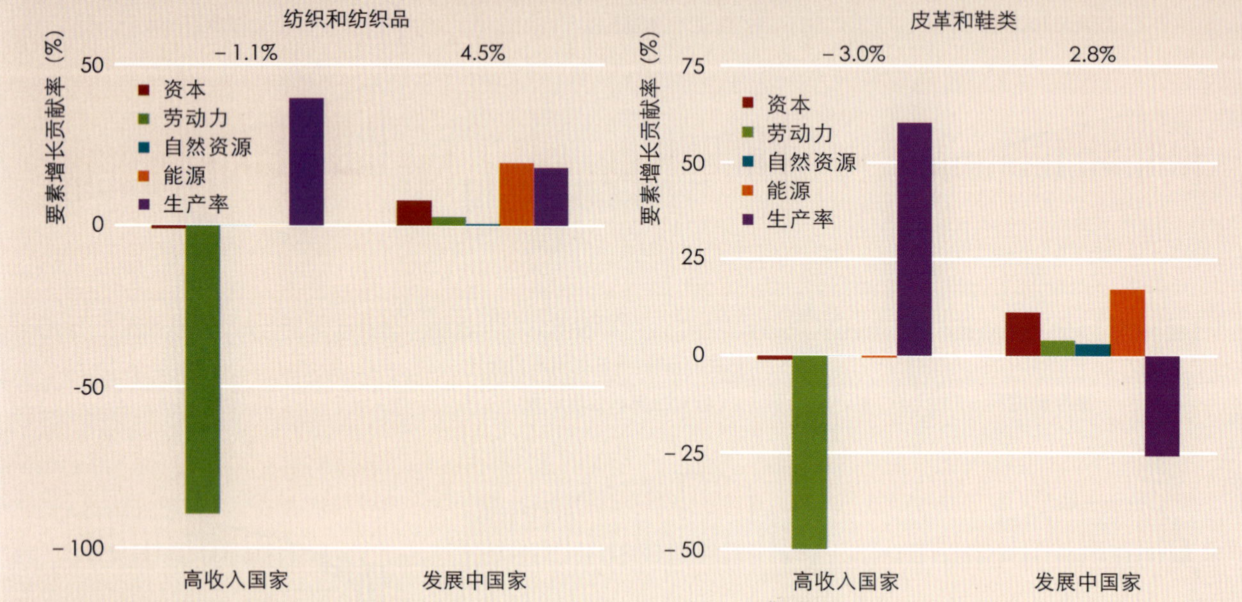

注：收入分组依据附件A1，表A1.2。
数据来源：联合国工发组织根据World Input-Output Database(Timmer and others 2015)加工整理。

图1. 14
1995-2007年部分中等技术、资源密集型行业年平均增速和要素贡献率

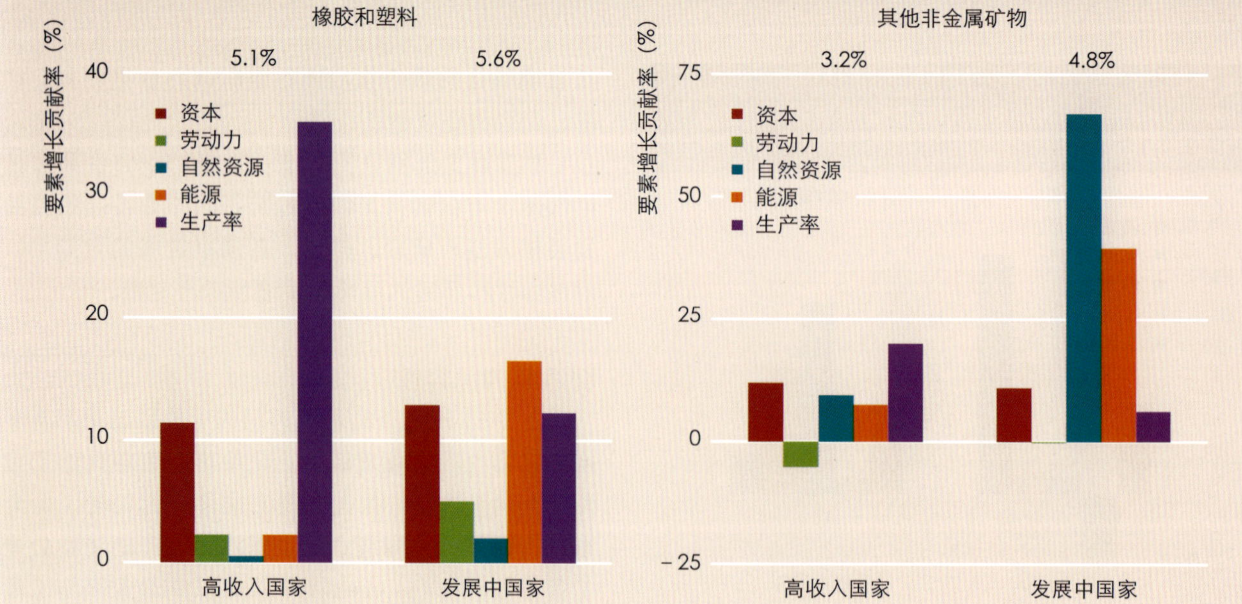

注：收入划分依据附件A1，表A1.2。
数据来源：联合国工发组织根据World Input-Output Database(Timmer and others 2015)加工整理。

> **“在发展中国家，生产力对于高技术产业的发展贡献巨大。**

图1.15
1995-2007年部分高技术、技术密集型行业年平均增速和要素贡献率

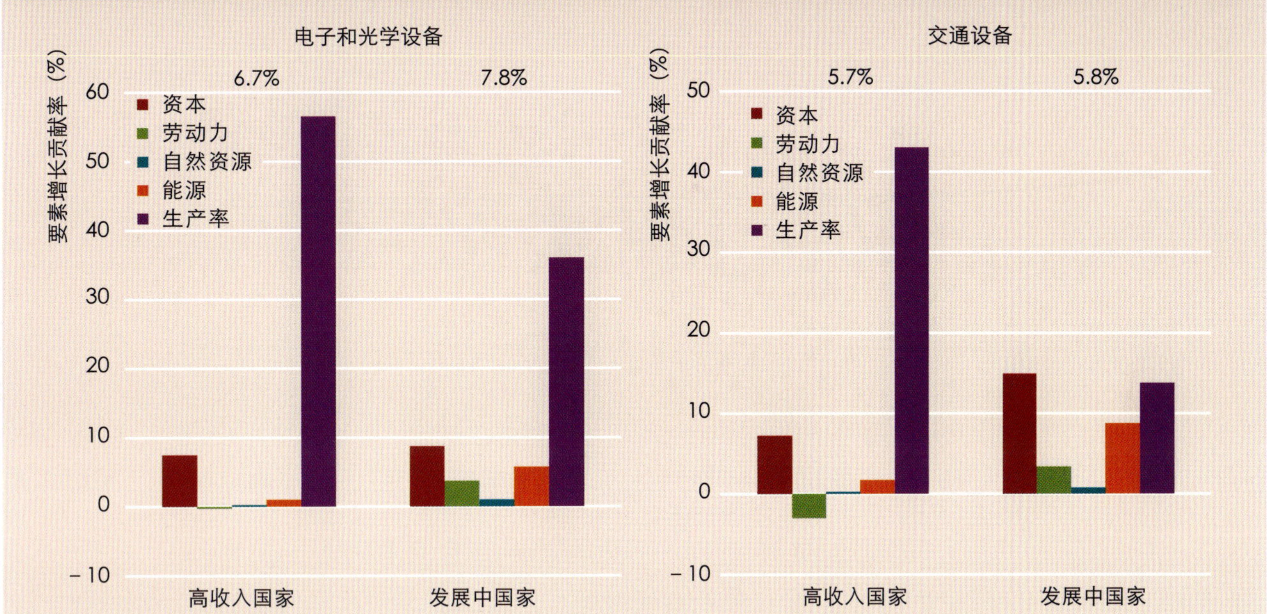

注：收入划分依据附件A1，表A1.2。
数据来源：联合国工发组织根据World Input-Output Database(Timmer and others 2015)加工整理。

更高水平的工业包容性贡献就越大。

$$\frac{\text{制造业包容性}}{\text{制造业产出}}=\frac{(\text{制造业公平工资系数})*\text{制造业平均工资}\times\text{制造业就业总量}}{\text{制造业增加值}} \quad \text{E1}$$

工资与就业的抵消作用导致包容性曲线呈现扁平化趋势（见图 1.16）。正如预期那样，调整后工资随着国家的发展而提高（图 1.17），二者之间的正相关性随着收入达到人均 GDP （以购买力平价计算）2000-3000 美元的水平而愈加清晰。但就业强度（即每单位增加值的制造业就业）随着国家收入水平的提高呈现出首先上升然后逐步下降的趋势（图 1.18）。

制造业就业强度的下降（见图 1.18）源于制造业的结构调整，反映出资本密集型行业的集中度提升以及制造业行业资本投入强度的整体提高。制造业就业的三大主要来源——食品和饮料制造业、纺织业和服装业——劳动投入强度要高于其他行业[20]，但随着国家从中高收入迈向更高收入水平，纺织业和服装业吸纳就业的能力将会停滞（图 1.19）。

在劳动密集型行业开始削减就业后，新兴的资本密集型行业如化工、电力机械和仪器仪表制造业的就业可能仍在上升。尽管这些资本密集型行业对工业增加值的贡献很大（图 1.20），但它们在吸纳就业方面的能力却不如正在缩减就业的劳动密集型行业（图 1.19）。此外，当国家进入更高的收入阶段时，许多制造业行业的资本和技术投入强度也将随之提高（正如图 1.19 中 U 型就业曲线和图 1.20 中许多制造业行业上升的增加值曲线显示的那样）。

制造业的环境可持续性

衡量制造业环境可持续性的方式之一是使用单位制造业二氧化碳排放量 (MCO_2) 生产的增加值（见公式 E2），表示制造业部门价值创造时的排放效率[21]。单位制造业二氧化碳排放量生产的增加值并不能完全代表制造业的可持续性，但它是反映制造业可持续性发展趋势的可衡量的近似指标。

$$\frac{\text{制造业产出}}{\text{制造业的环境影响}}=\frac{\text{制造业增加值}}{\text{制造业二氧化碳排放量}} \quad \text{E2}$$

> “生产力对于发展中国家和高收入国家的高技术产业发展都同样重要。

图1. 16
制造业包容性

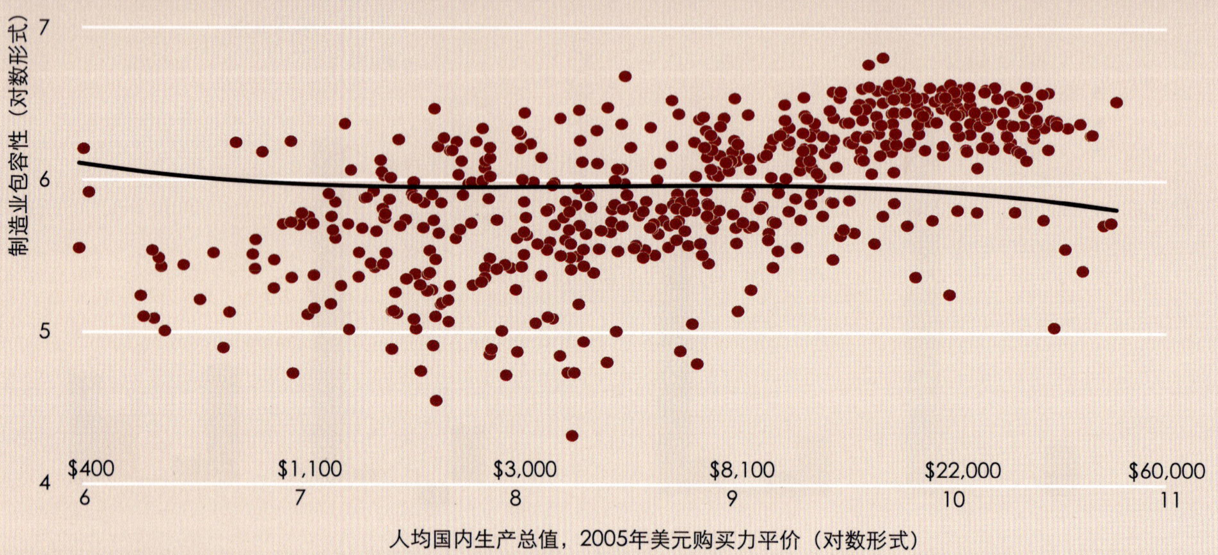

注：数据为五年平均，涵盖1970-2013年间98个国家。制造业包容性定义见公式E1。
数据来源：联合国工发组织根据INDSTAT2（UNIDO 2014c），Penn World Tables (Feenstra et al. 2015)，联合国国民账户统计 (United Nations 2014b)，World Input-Output Database(Timmer et al. 2015)，格罗宁根增长和发展中心10部门数据库 (Timmer, de Vries and de Vries 2014)，ILOSTAT (ILO 2015a)，KILM Database (ILO 2015b)，EU KLEMS (O'Mahony and Timmer 2015)，CAIT Climate Data (WRI 2015b)和 Industrial Pay Inequality Database (UTIP-UNIDO 2015)加工整理。

图1. 17
公平调整工资

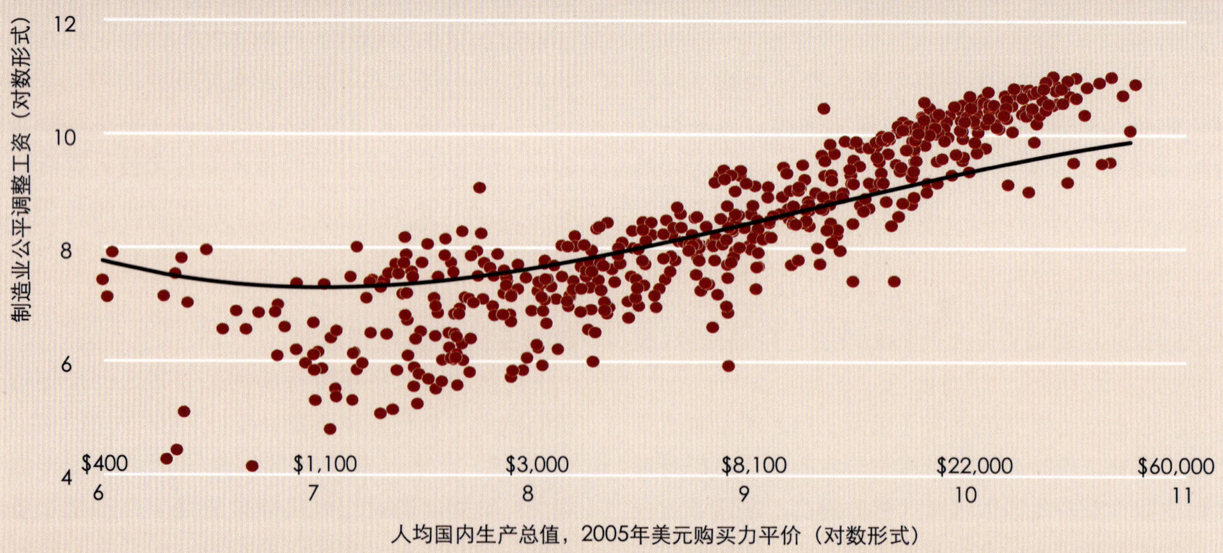

注：数据为五年平均，涵盖1970-2013年间98个国家。制造业公平调整工资是将制造业平均工资水平以制造业部门内部工资分布进行调整。工资为以2005年美元不变价表示的雇员年平均报酬，并以1-工资不公平性的泰尔指数加权，见Industrial Pay Inequality Database (UTIP UNIDO 2015)。
数据来源：联合国工发组织根据INDSTAT2（UNIDO 2014c），Penn World Tables (Feenstra et al. 2015)，联合国国民账户统计 (United Nations 2014b)，World Input-Output Database(Timmer et al. 2015)，EU KLEMS (O'Mahony and Timmer 2015)和 Industrial Pay Inequality Database (UTIP-UNIDO 2015)加工整理。

> **“包容与可持续的工业发展包含互补的三个方面，即持续经济增长、社会包容性和环境可持续性。**

图1.18
就业强度

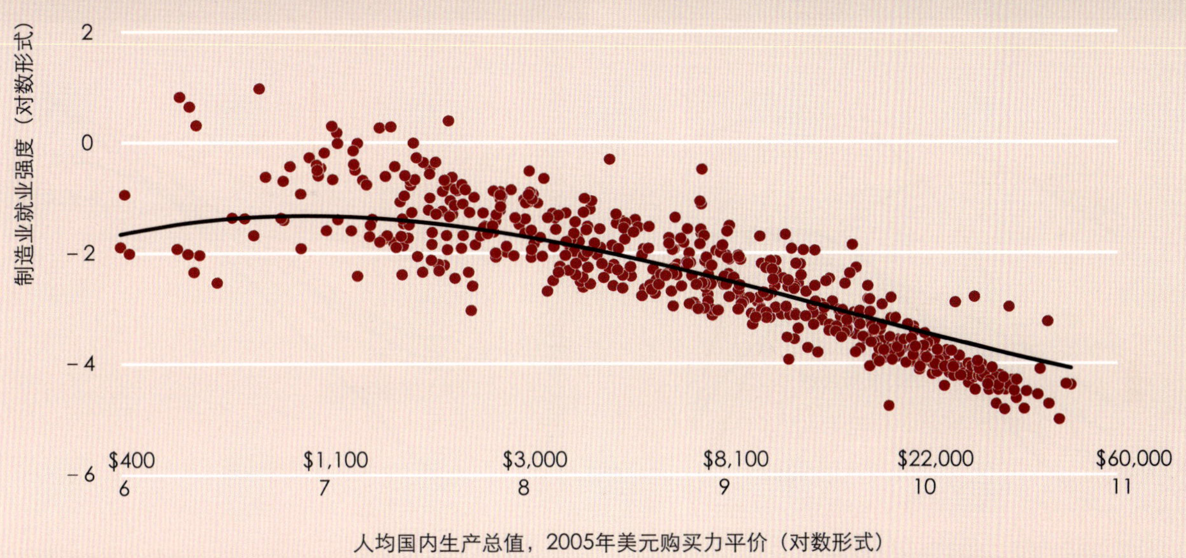

注：数据为五年平均，涵盖1970-2013年间98个国家。制造业就业强度是指创造以2005年美元不变价表示的每单位制造业增加值所需制造业从业者人数。
数据来源：联合国工发组织根据Penn World Tables (Feenstra et al. 2015)，联合国国民账户统计（United Nations 2014b)，格罗宁根增长和发展中心10部门数据库（Timmer, de Vries and de Vries 2014), EU KLEMS (O'Mahony and Timmer 2015)和 UTIP-UNIDO Industrial Pay Inequality Database (University of Texas and UNIDO 2015)加工整理。

在图 1.21 中，可以观察到 E2 所代表的环境可持续性在初始阶段恶化之后，随着收入水平的提高会逐步改善。图 1.22 中制造业子行业的结果揭示出一些更深层次的变化。国家的收入水平提高后，许多制造业行业的排放都有所改善。那些排放并未好转甚至还略有恶化的行业，如食品和饮料制造业、纺织和服装业以及非金属矿物采掘业，多处在相对早期的发展阶段。除非金属矿物采掘业以外，其它行业都不是排放大户。随着国家的发展，化学品制造业、基础金属业以及橡胶和塑料制造业等行业的碳排放量均大幅下降，从重污染行业转变成为相对清洁行业，其单位排放量生产的增加值水平接近机械和装备制造业、汽车制造业等低污染行业。

包容性和环境可持续性的联手：包容与可持续工业发展指数

如公式 E3 所示，将前两节关于制造业的包容性和可持续性的分析综合起来，我们可以观察到制造业的结构调整以及国家收入水平的变化是怎样从整体上影响包容与可持续工业发展指数的。公式 E3 概括了单位制造业二氧化碳排放对应的产出对制造业部门惠及民生（即包容性）的影响。通过 E3 可以得出每一单位环境影响对应的包容性工业发展的实现程度。

图 1.23 展示了随着经济发展，（E3 所表达的）包容与可持续工业发展的趋势。包容与可持续工业发展指数在工业化进程的早期，即人均 GDP 约

$$\underbrace{\frac{\text{制造业公平工资系数} * \text{制造业平均工资} \times \text{制造业就业总量}}{\text{制造业增加值}}}_{\text{包容的工业发展}} \times \underbrace{\frac{\text{制造业增加值}}{\text{制造业二氧化碳排放量}}}_{\text{可持续的工业发展}} = \underbrace{\frac{\text{制造业公平工资系数} * \text{制造业平均工资} \times \text{制造业就业总量}}{\text{制造业二氧化碳排放量}}}_{\text{包容与可持续的工业发展}} \quad \text{E3}$$

“公平调整后的工资随国家的发展而增长。

图1. 19
1963-2010年制造业就业水平变迁

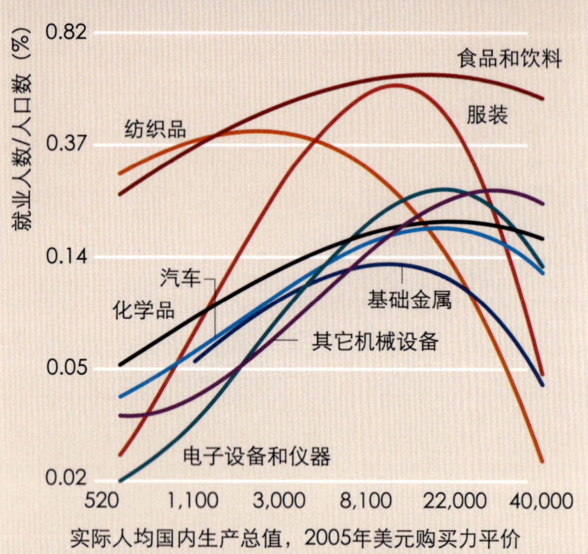

数据来源：联合国工发组织根据Penn World Tables (Feenstra and others 2015)和INDSTAT2 (UNIDO 2014c)加工整理。

图1. 20
1963-2010年制造业就业人均增加值变迁

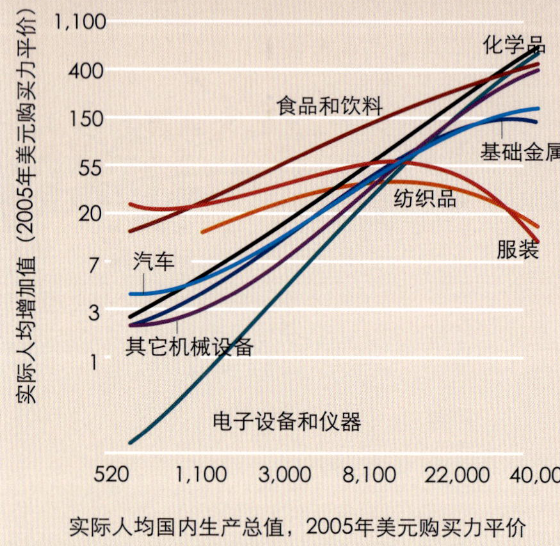

数据来源：联合国工发组织根据Penn World Tables (Feenstra and others 2015)和INDSTAT2 (UNIDO 2014c)加工整理。

图1. 21
制造业环境可持续性

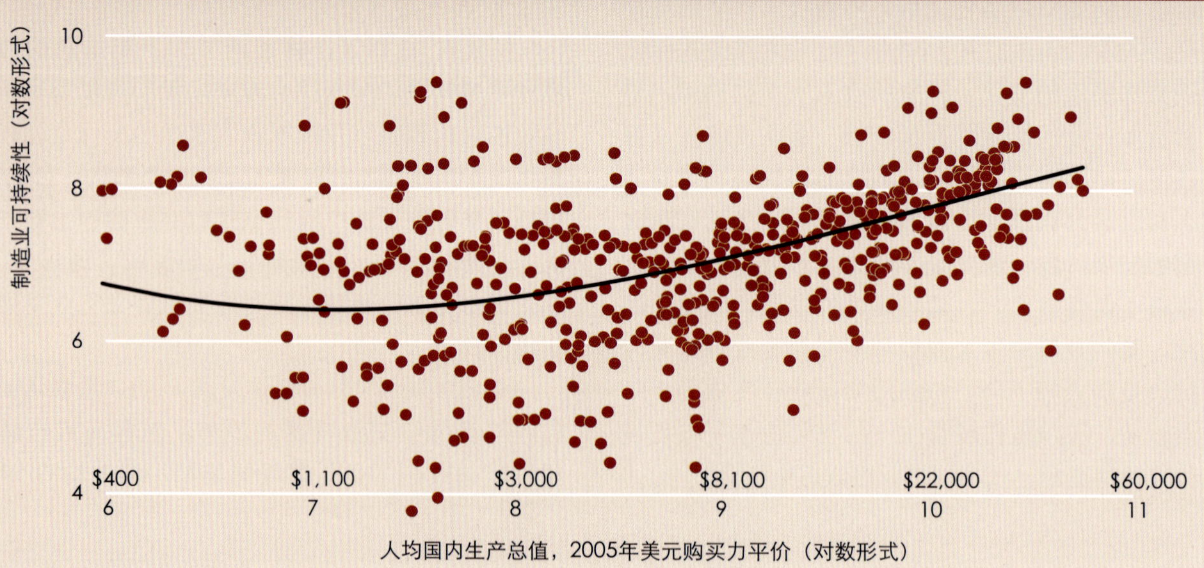

注：数据为五年平均，涵盖1970-2013年间98个国家。制造业可持续性定义见公式E2，是指每百万吨制造业二氧化碳排放所生产的制造业增加值（以2005年美元不变价表示）。
数据来源：联合国工发组织根据Penn World Tables (Feenstra and others 2015)，联合国国民账户统计（United Nations 2014b）和CAIT Climate Data（WRI 2015b）加工整理。

> 制造业就业强度的下降源于制造业的结构调整。

图1. 22
1963-2010年不同制造业行业每单位二氧化碳排放所生产的实际增加值

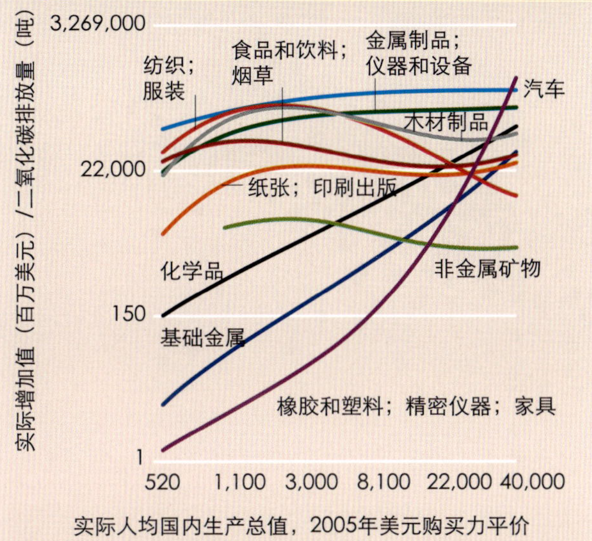

数据来源：联合国工发组织根据Fuel Combustion Statistics (IEA 2015b)和INDSTAT2 (UNIDO 2014c)加工整理。

3000美元（以2005年购买力平价计算）之前，略微呈现下降趋势，之后随着国家收入水平的提高，该指数值将会上升。

包容与可持续工业发展指数的这种U型曲线，是制造业可持续性（即单位排放量对应的增加值增长）的改善和总体保持平稳的制造业包容性共同作用的结果。包容性因素没有明显的随着收入水平变化而发生改变的趋势，但这并不意味着所有国家都有相同的包容性，散点图显示，即使相同收入水平国家之间的包容性也有着显著差异（见图1.16）。

包容与可持续工业发展指数中的可持续性因素在低收入水平下降后，呈现出上扬趋势，这与制造业产出的二氧化碳排放效率先降后升的趋势保持一致（见图1.21）。尽管图1.21显示二氧化碳排放效率在低收入水平时会降到最低点，但即使在人均GDP达到8000美元左右的国家中，二氧化碳的排放效率也大相径庭。但是随着收入水平的提高，二氧化碳排放效率上升的趋势非常明显。

结构调整在不同时点的权衡取舍

包容与可持续工业发展指数有三大要素，即公平调整后的工资、就业强度及环境的可持续性（前两项属于包容性），它们的发展曲线均呈U型或倒U型状态，这意味着这三个方面都有可能发生变化，在三者之间常常需要作出权衡取舍。

当工业化进程开始后，由于其较低工资水平所带来的劳动密集型行业（如纺织和服装制造业）的比较优势，低收入和中低收入水平的国家往往有机会创造出大量正式的制造业工作岗位（见图1.19）。这些劳动密集型行业的工资水平可能大大低于资本密集型行业，因此制造业行业工资差异很大，这降低了包容与可持续工业发展指数里包容性部分中工资平等项目的数值。但是对这些国家而言，推动其从农耕国家发展成为现代经济体的重要举措，是提供大量正规的制造业工作岗位，这些工作的工资比从事农耕或其他自给自足活动的收入更高。为实现这一举措，就需要快速发展出口导向的劳动密集型行业。

当国家处于低收入水平时，由于纺织业、服装制造业、食品和饮料制造业等劳动密集型行业的单位二氧化碳排放带来的增加值更高（见图1.22），低技术制造业行业相对而言更加清洁。因此，从结构调整的角度来说，低收入水平国家的工业化进程对于包容和可持续的发展是有利的，而到了更高发展阶段后往往很难实现。尽管劳动密集型行业排放强度远远低于重工业行业，但由于国家处于由农耕经济向工业经济转变的过程中，国民经济整体的排放量可能依然是上升的。因此，采用环境保护措施降低排放，对于低收入国家也同样重要。

当国家进入中等收入水平后，技能和资本积累的上升，为其打开了通往资本密集型的资源加工业（如基础金属行业和化工行业）的大门。由于劳动密集型行业的进一步扩张、资本密集型行业出现带来的就业增长（见图1.19）以及制造业工资水平的逐步提高（见图1.17），制造业的包容性进一步提升。同时由于制造业增加值的增长，制造业劳动报酬在增加值中的比重保持不变（见图1.16）。公平调整后的工资提升和就业的增长十分重要，因为它们有

> **“包容与可持续工业发展指数的 U 型曲线，是制造业环境可持续性改善的结果。**

图1. 23
包容和可持续工业发展指数和人均国内生产总值的浅U型曲线

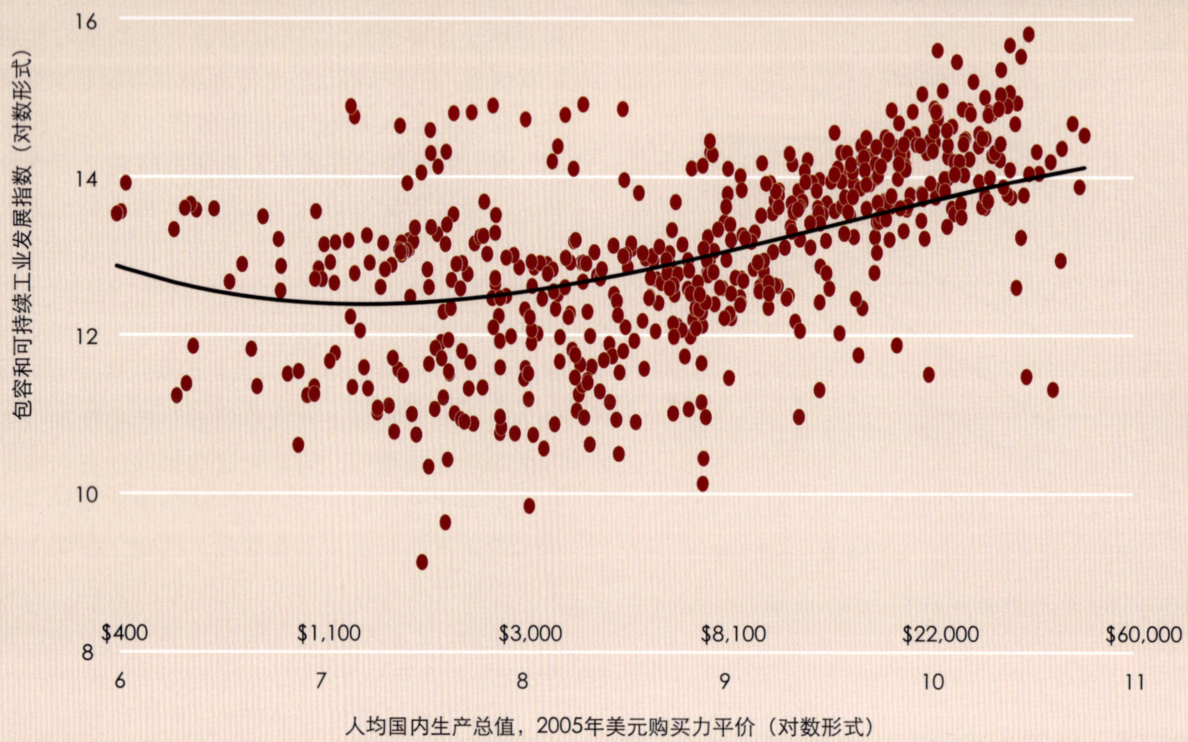

注：数据为五年平均，涵盖1970-2013年间98个国家。ISID指数定义见公式E3。
数据来源：联合国工发组织根据INDSTAT2(UNIDO 2014c) , Penn World Tables (Feenstra et al. 2015) ,联合国国民账户统计 (UNdata 2015),World Input-Output Database(Timmer et al. 2015), 格罗宁根增长和发展中心10部门数据库 (Timmer 2015), ILOSTAT (ILO 2015a), KILM Database (ILO 2015b), EU KLEMS (O'Mahony and Timmer 2015), CAIT Climate Data (WRI 2015b)和 UTIP-UNIDO Industrial Pay Inequality Database (University of Texas and UNIDO 2015)加工整理。

助于提高包容与可持续工业发展指数中的包容性因素（指数公式 E3 的右半部分）。另一方面，由于以资源为基础的资本密集型行业的出现，制造业的可持续性将会下降，这是由于这些行业的排放效率与劳动密集型行业相比较低，至少在这些行业发展的初期是这样（见图 1.22）。这个阶段就是制造业可持续性 U 型曲线最低点（见图 1.21），也是所有国家在达到中高收入水平前的那个阶段。

最后，随着国家经济的进一步发展，逐步进入中高收入甚至高收入水平，劳动密集型行业将会下降，而资本和技术密集型行业的发展机会将会增加（见图 1.20）。更高的收入水平往往意味着更高的排放产出比（见图 1.22），制造业的可持续性也将得到改善（见图 1.21）。但是资本和技术密集型行业每单位增加值产出所需劳动力投入大大小于劳动密集型行业。与劳动力投入相比，在制造业生产中进一步扩大了资本和技术的投入。因此，尽管制造业工资水平随着人均 GDP 的增长而提高，但在高收入水平阶段，制造业的就业强度将逐步下降（见图 1.18）。

随着这种趋势的继续发展，国家最终进入工业化的成熟期（或者说去工业化时期）。在此阶段，由于制造业行业更高的工资水平和更公平的工资分配（见图 1.17），制造业的包容性并不会下降，但由于在吸纳就业方面的能力有限，其对国民经济整体包容性的贡献将会下降。

第二章将更深入地研究科技发展和创新对长期、包容和环境可持续发展的核心作用。

“低收入或中低收入水平国家有机会创造大量正规制造业就业。

注释：

1. 制造业相关服务活动的就业，是指服务业部门基于投入产出关系，为满足制造业部门需求所产生的就业。

2. 正向周期是指对于每个国家而言，在两个连续的自然年中，其当年的人均 GDP 高于上年度。

3. 有重要文献认为，发展中国家的经济发展更脆弱、更易受到中断，部分原因在于其体制上的特点，而这种脆弱性决定了长时期经济增长的差异（Bluhm and Szirmai 2012; North,Wallis and Weingast 2009）。

4. 波动性是指在任何给定时期内经济增长速度的变化程度。波动性可以用增长的标准差、差异系数、基尼系数或泰尔指数来衡量。本文各表中主要使用的是泰尔指数。

5. 某国陷入发展陷阱是指其在一个相当长的时间内始终处于同一个收入水平（如低收入水平、中低收入水平等），比其他国家从该收入水平上升一个档次的平均时间长很多（Lavopa and Szirmai 2014）。

6.1990 年后，该数据库不再包括捷克斯洛伐克、苏联和南斯拉夫，同时增加了一些新的国家，如亚美尼亚、阿塞拜疆、白俄罗斯、波斯尼亚、克罗地亚、捷克、爱沙尼亚、格鲁吉亚、哈萨克斯坦、吉尔吉斯斯坦、拉脱维亚、立陶宛、马其顿、摩尔多瓦、俄罗斯、塞尔维亚 / 黑山 / 科索沃经济体、斯洛伐克、斯洛文尼亚、塔吉克斯坦、土库曼斯坦、乌克兰和乌兹别克斯坦。

7. 相对位置的提升基于相对收入水平的排序，它不同于缩小与领先经济体人均 GDP 之间差距的赶超。即使一个国家与领先经济体之间的差距拉大，其排序也可能提升。

8. 这一结论唯一的例外是从第四区间上升到第五区间的两个国家的增长平均持续时间与仍然处于第三区间国家的增长平均持续时间相同。

9. 该指数汇总了各行业增加值占比变化的绝对值。显而易见，这种比重的变化是这些行业之间增加值增长速度差异所导致的结果。而增速又是生产率改变和要素投入（劳动和资本）改变的结果。

10. 这 10 个门类包括：农业；采矿业；制造业；基础设施建造；建筑业；贸易；餐饮和酒店业；运输、仓储和通讯业；金融、保险、房地产和商业服务业；公共服务业和其他。所用数据来源于该项目创建的数据库，该数据库整合了 GGDC 的 10 部门数据库（Timmer, de Vries, and de Vries 2014）、世界投入产出数据库（Timmer and others 2015），以及报给联合国的国民账户数据（联合国 2014b）。

11. 相对于制造业就业的比重（图 1.17），发展中国家的制造业增加值占比（以不变价计算）上升更快。

12. 总人口数 1250 万是区分大国和小国的分界线。

13. 该测算依据能找到必要数据的行业，涵盖了 60 至 100 个国家。

14. 见注释 12。

15. 这一现象的部分原因在于，即使在很低的收入水平上，纺织业就业的比重也可能很高（正如食品和饮料业一样）。

16. 该研究数据来源于包含 40 个国家的世界投入产出数据库（Timmer and others 2015）。根据收入水平的不同，有 8 个是发展中国家，其余为高收入国家。为了更好地聚焦于包容性、可持续性和生产率等方面，该研究仅评估了能源和采掘业（来源于国内和国际市场）等中间投入对产出增长的贡献，而没有包含其他中间投入。因此，各要素贡献比重之和不等于 100%。自然资源数据来源于世界投入产出数据库中的“采掘业”分类。

17. 制造业行业技术类别划分见附件 A2。

18. 八个发展中国家中没有一个是低收入国家，且仅有印度属于中低收入国家。其它发展中国家均属于中高收入国家。因此，该结论可能不能反映处于早期发展阶段国家的状况。这可能是劳动力对发展中国家劳动密集型行业增长贡献较低的原因。

19. 本文使用泰尔指数来衡量制造业收入的不平等性，因此该处使用的值为 1 泰尔。

20. 由于劳动投入强度会随收入水平的不同而变化，为确定劳动投入强度水平，测算单位增加值的就业量时，采用了人均 GDP5000 美元和人均 GDP20000 美元两个不同收入水平的 18 个制造业行

“处于低收入水平时，各国低技术的制造业行业相对而言更加清洁。

业数据。若某行业的劳动投入强度在任一收入水平均高于 18 个制造业行业的中位数，则该行业被视作劳动密集型行业。若某行业的劳动投入强度在任一收入水平均低于中位数，则该行业被视作相对资本密集型行业。五大劳动密集度最高的行业分别为服装制造业、纺织业、木材制品制造业、金属制品制造业以及食品和饮料制造业。

21. 环境影响不仅包括二氧化碳排放量，还包括其他方面，如废弃物和水污染。但是由于相关数据的缺失，本文仅使用二氧化碳排放量对包容与可持续工业发展的相关概念进行分析。

第二章

技术进步、结构转型和经济增长

关于科技和创新是怎样驱动经济发展的，有这样四个事实：第一，一个国家使用现有科技和创新的能力决定了其通过结构调整促进长期经济发展的状况。但由于开发新的能力来吸收和运用已有科技成果是一项艰巨的工程，因此各国间生活水平差距缩小的过程是非常缓慢的，甚至并不实现。仅有少数国家成功地从贫困走上了发展的道路。富裕发达国家的科技水平很高，而且在科技方面，特别是研发（R&D）方面投入巨大。贫穷国家科技发展水平低得多，而且研发投入也很少。

第二，过去 15 年间，从出口市场可以很好地看出贫穷国家的发展是快速还是缓慢。换言之，一个国家追赶世界领先者的能力与其在世界市场上的表现密切相关。全球化为落后国家追赶先进国家提供了知识传播上的便利，但对外开放并不会自动引发增长。

第三，要利用国际出口市场推动经济增长，需要企业的新产品有更高的科技含量。结构调整主要由不同经济领域中以不同频率发生的技术进步驱动。进入新的出口市场意味着技术进步在一些经济领域的影响大于其他领域，而那些受到影响更大的领域能刺激经济结构调整。

第四，近几十年来快速发展的全球市场正是结构调整程度最高的地方。发展中国家的发展伴随着国际性交易品重要性的提升，特别是自 2001 年以来，满足海外市场需求的产品份额在逐步提升。面向国际市场的制造和市场服务导致了生产全球化的出现，仍旧依赖以资源为依托的增长模式的国家越来越少。

愿景：技术和创新推动生产率提高和经济增长

由于技术进步对生产和就业的最根本和结构性的直接影响难以量化，因此经济学家们一般诉诸于测算生产力水平。本节将探讨促进生产力水平提高的技术进步的两个重要方面：技术进步与结构调整的关系，以及劳动生产力在发展中新兴经济体和发达经济体中扮演的不同角色。

我们将对生产率的两种形态进行研究，第一种是最简单也是最直接的劳动生产率，即平均每个生产者所创造的增加值；第二种更加全面的形式是全要素生产率（TFP），它将机械设备和建筑等其他生产资料也考虑进去了[1]。

结构调整中的全要素生产率

因为更新的速度在不同经济部门大相径庭，技术更新是结构调整的一项重要决定因素，对一些部门的刺激作用明显高于另外一些部门。

结构调整可以通过 Finger-Kreinin 指数进行测算（见第一章的注释 9）。通过将该指数分解成两个部分，一部分与生产力的发展相关联（全要素生产率，象征着技术进步），另一部分与要素投入（资本和劳动力）使用量的变化相关联，我们可以评估在结构调整中，哪些方面是由技术进步所引发的。该指数的技术部分主要研究各部门生产力发展速度和国民经济整体生产力发展速度的加权差分（以增加值占比为权重）。

图 2.1 和图 2.2 展示了结构调整指数值与 Finger-Kreinin 指数中全要素生产率（TFP）的贡献之间的正相关性（黑色回归曲线）。这种正相关性在制造业中非常显著，但就国民经济整体而言，正相关性较弱。

由于大多数数值分布在图 2.1 和图 2.2 右上角或左下角，国内各经济部门间全要素生产率（TFP）的增长速度的差异是结构调整的决定性因素。纵轴表示的较高的结构调整指数值主要得益于横轴所表示的技术进步的贡献值。（若较高的结构调整指数值是受高要素贡献的影响，则数值应分布于图片的右下角，但可以看到，右下角数据分布较少。）

结构调整指数值和科技发展贡献值均较高的国家主要是东欧国家，如斯洛伐克、匈牙利和捷克。瑞典、芬兰和韩国这两项数据也较高。图 2.1 中还

“在发展的初期阶段，科技快速发展和增长的潜力最大。

包括了一些处于左上部分的国家，这些国家主要是一些要素的流动导致了相对较快的结构调整的东欧国家。图 2.1 中还有大量技术进步贡献和结构调整指数值均很低的国家。

图 2.1 和图 2.2 中，黑线为回归曲线，而红线则为 45° 角对角线。在 45° 角对角线以下点代表的 Finger-Kreinin 指数中技术进步贡献部分的数值比 Finger-Kreinin 指数整体数值还要大，这意味着 Finger-Kreinin 指数中生产要素部分的贡献为负。这种情况主要是由于随着生产力水平的快速提高，生产要素从这些部门中转移出去，比如需求与生产力的发展不匹配。这通常表示整体结构调整及科技发展贡献较高，也就是图中的右上部分。

劳动生产率和科技

在发展的初期阶段，科技快速发展和调整的潜力是最大的，但有限的吸收能力往往限制了发展潜力的兑现（在第三章中将详细阐述），因此经济整体发展仍然很慢。在更高的发展阶段，科技快速发展的潜力将会下降，但科技的吸收能力（将在以下讨论）却得到了提高。

处于不同发展阶段的国家在不同的经济部门是如何通过科技进步刺激经济发展的？Kaltenberg 和 Verspagen (2015) 应用了局部加权平滑回归理论，该理论是通过移动一个完整数据集中子集合的窗口进行回归分析，构建出一个变量对另一个变量的非参数平滑图谱。他们研究了以 1995 年人均 GDP 的自然对数表示的，1995-2009 年间不同发展水平下增加值和劳动生产率增速的演变情况。其研究涵盖 14 个制造业部门和 73 个处于不同发展阶段的国家。这 14 个制造业部门依据附件 A2 的定义，被划分为低技术产业、中等技术产业和高技术产业。

低技术产业

在低技术行业中（图 2.3），发展水平较低阶段的劳动生产率增速很低，不同国家间劳动生产率增速的差异很大，但增加值的增速却很高。综合以上因素可以发现，这些国家是以劳动密集型的方式实现增长。在发展水平较低的阶段，增加值增速的差异也很大，尽管要小于劳动生产率的差异。

图2. 1
1995-2007年作为结构调整诱因之一的全要素生产率增长，整体经济中的9个部门

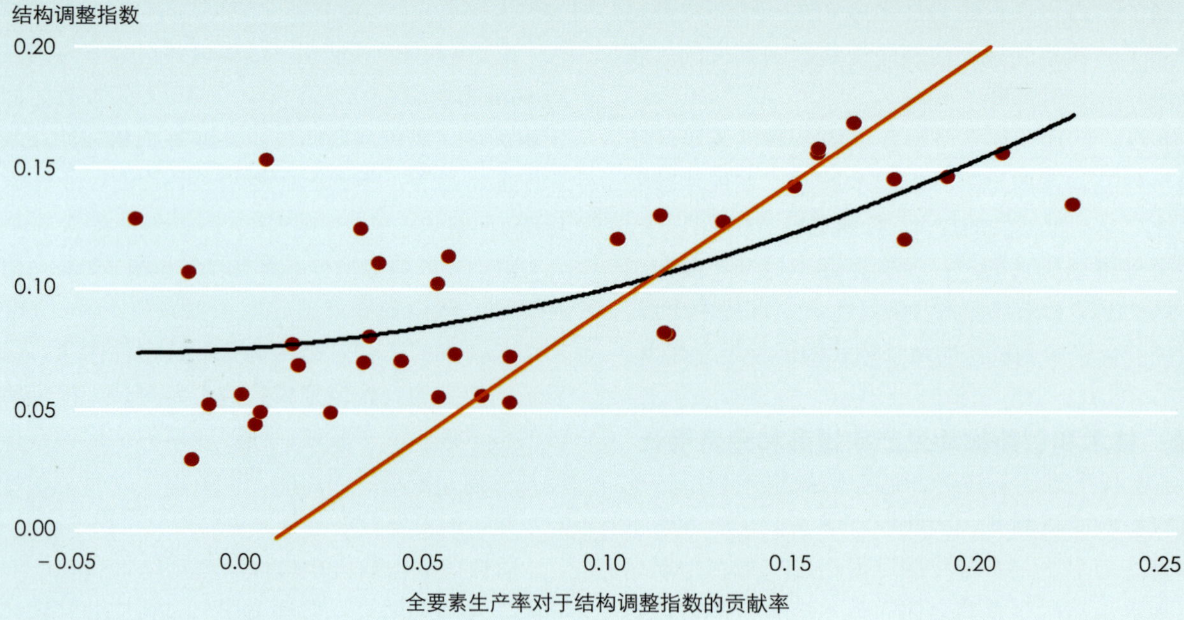

注：数据未包括一个异常值，斯洛文尼亚。
来源：联合国工发组织根据 Kaltenberg and Verspagen (2015)加工整理。

“进入更高的发展阶段后，这种潜力逐步下降。

图2.2
1995–2007年作为结构调整诱因之一的全要素生产率增长，制造业14个部门

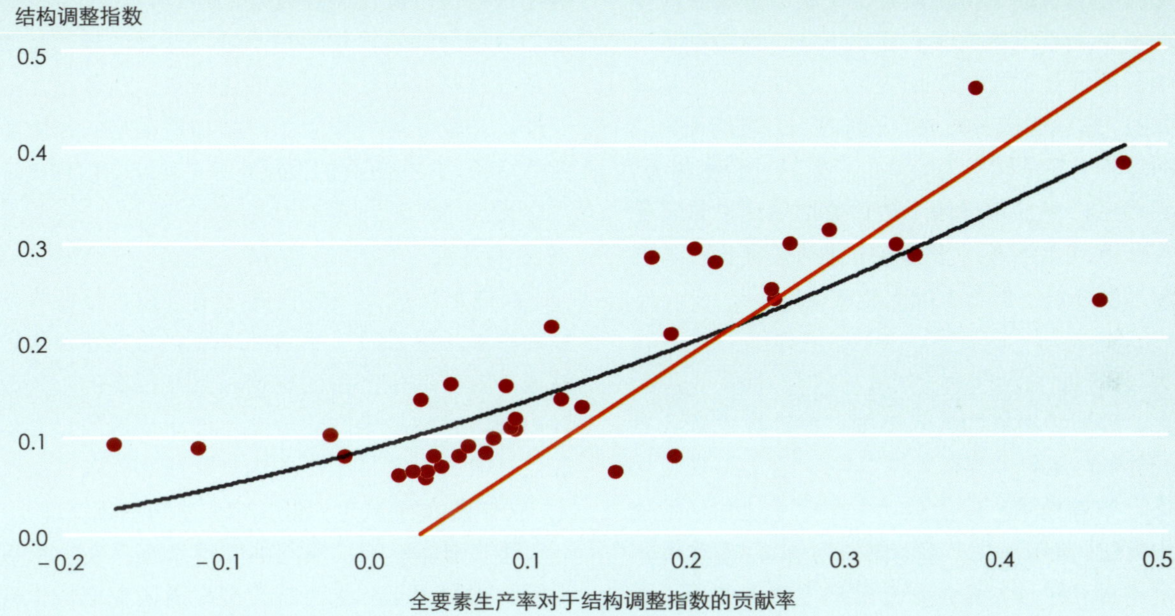

数据来源：联合国工发组织根据 Kaltenberg and Verspagen (2015)加工整理。

图2.3
1995–2009年不同发展阶段的劳动生产率及增加值增长速度（低技术制造业部门）

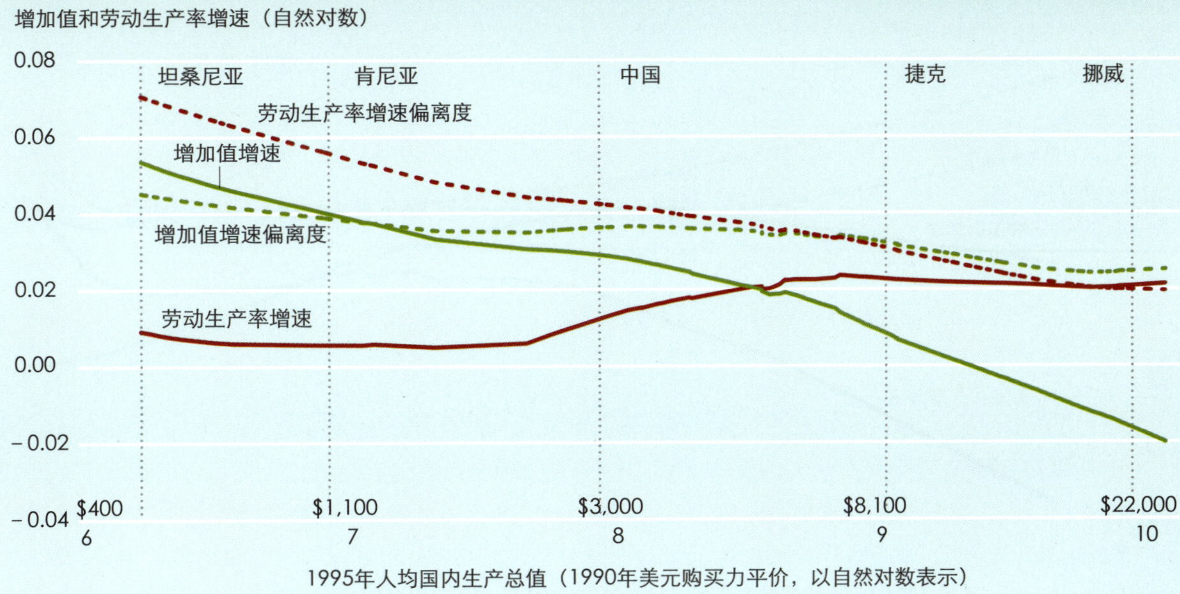

注：在指定的发展阶段，实线表示平滑增速，虚线表示平滑增速的（平均）偏离度。增加值增速曲线和劳动生产率增速曲线的差异即就业人数的增速（要素使用）。为便于参照，图中竖灰线表示选定国家的发展水平。
数据来源：联合国工发组织根据 Kaltenberg and Verspagen (2015)加工整理。

> **对于低技术产业而言，在发展的初期阶段劳动生产力的增速很低；发展的水平是决定增长机遇的重要决定因素。**

在相对较高的发展水平，劳动生产率增长曲线呈S型，在中国所处的发展水平前开始显著上升，在捷克所处的发展水平重新趋于平缓。劳动生产率增速的差异随着发展的深入逐步下降。当劳动生产率的增长随经济的发展而加快时，增加值的增速却是下降的。这说明随着发展阶段的提升，平均而言，经济的增长更多的转变为劳动生产率（科技）密集型，由于劳动生产率的增速快于增加值的增速，最富裕的国家就业开始缩减。增加值增速的差异也随着发展的深入而降低，但是下降的非常缓慢。

中等技术产业

除了极高和极低的收入范围，中等技术行业发展模式与低技术行业类似（图2.4）。在较低的发展水平上，中等技术行业的劳动生产率增速和增加值增速均更低，且劳动生产率的增长为负。这意味着，在发展的最初阶段，增加值和劳动生产率的增长是随发展的深入而上升的。增加值增长曲线在中国所处的发展水平之前达到最高点，而劳动生产率增长曲线在该水平之后变得平缓。劳动生产率和增加值增速的差异在较低发展阶段仍然很大，之后随着发展的深入逐渐降低。在发展的后期，劳动生产率和增加值增速及差异均快速上升。这样的模式反映出少数（富裕）国家发展的最终结果。与低技术产业一样，在较低的发展水平，增加值的增长伴随着就业的增长，但在更高的发展水平，就业会出现萎缩。

高技术产业

高技术行业的发展模式与中等技术行业看起来极为相似（图2.5）。但是在较低的发展水平上，高技术产业劳动生产率的负增长只在很窄的收入范围内出现，且高技术产业劳动生产率增速的最高值远较低技术和中等技术产业为高，而高收入国家高技术产业就业的缩减也比低技术和中等技术产业小。

这三张图显示，不同的发展水平（在这里以人均收入近似表示）是经济发展机遇的重要决定性因素，同时也与发展陷阱趋势（本章后续将继续论述）相关。该结论也显示，与其他产业相比，低技术产

图2.4
1995-2009年不同发展阶段的劳动生产率及增加值增长速度（中等技术制造业部门）

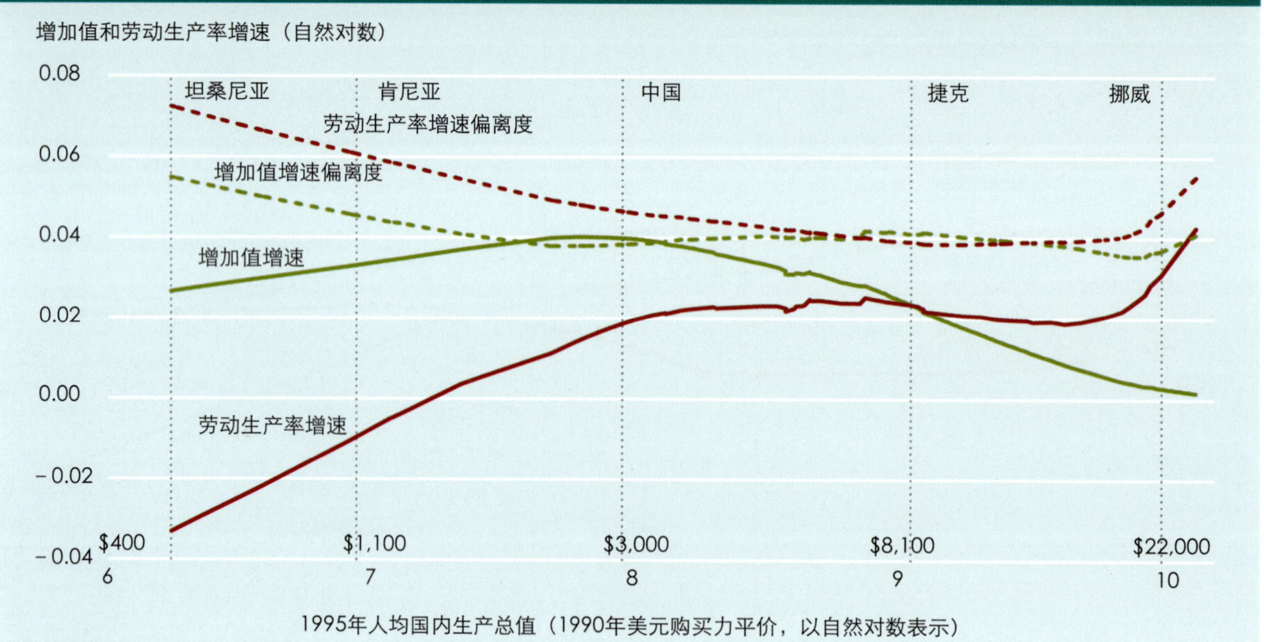

注：见图2.3。
数据来源：联合国工发组织根据 Kaltenberg and Verspagen (2015)加工整理。

> **“不同国家间发展的差异性很大，反映出吸收外来科技成果能力的重要性。**

图2.5
1995-2009年不同发展阶段的劳动生产率及增加值增长速度（高技术制造业部门）

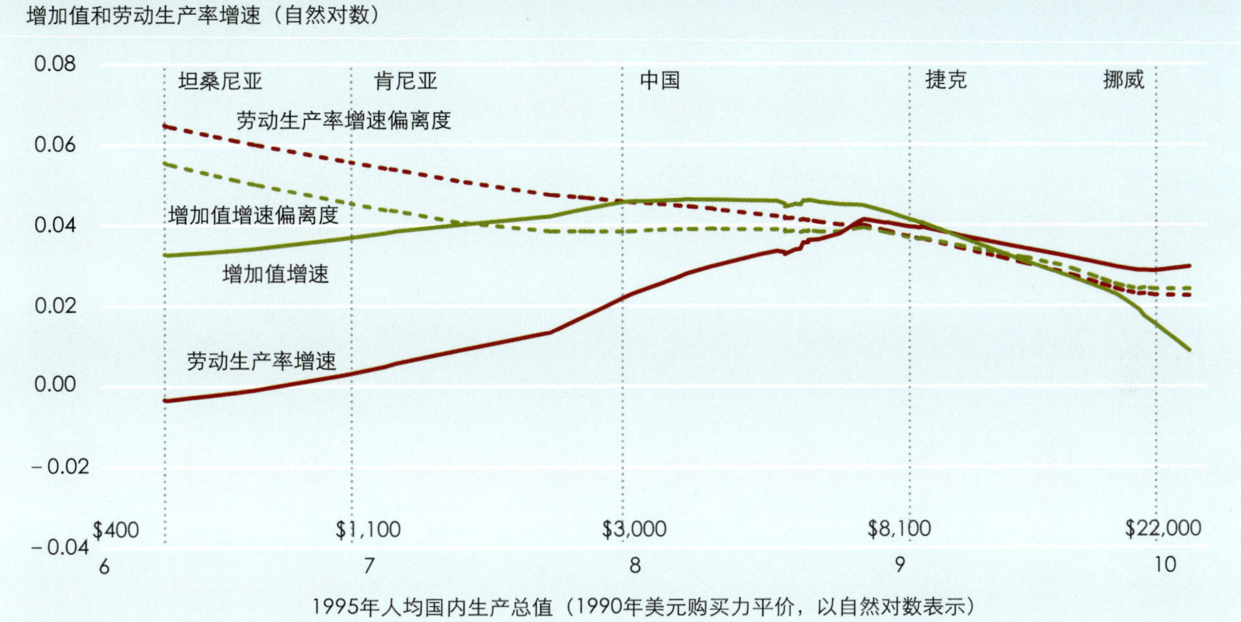

注：见图2.3。
资料来源：联合国工发组织根据 Kaltenberg and Verspagen (2015)加工整理。

业是吸收外来科技更便捷的重要途径。发展并不是命运决定的必然：不同国家之间发展的差异性非常大，即使在很低的发展水平上，也有可能实现生产力的快速增长，这再次反映出吸收外来科技成果能力的重要性。

平均而言，发展中国家上述三种不同科技含量产业的增加值增速均更快，这些国家除了劳动生产率提高的增长外，还有其他优势，特别是其较低的工资水平。即使在中等技术产业和高技术产业中，发展中国家也有一些行业可以通过劳动的密集投入实现增长，但这种增长无法促进生产力的持续发展，因而无法达到更高的发展水平，这也是科技进步为何如此重要的原因。

让技术和创新共同发挥作用

通过颠覆性和渐进式的创新实现技术进步

建立在广泛领域的科学研究（如能源、材料、生物科学和信息技术等）基础上的前沿科技的快速普及，是科技取得突破的明证。这些前沿科技也许正是助推下一波全球经济增长的重要动力。包括移动互联网、云技术、先进机器人、智能驾驶、储能技术、3D 打印、先进材料以及可再生能源在内的诸多经济上具有颠覆性的前沿科技，在未来若干年内将产生巨大影响（Manyika and others，2013）。这些前沿科技有着影响数十亿消费者、数亿就业者和数万亿不同行业经济活动产值的巨大潜力。

专栏 2.1 对一些颠覆性的先进科技进行了详细描述，这只是被经济学文献定义为创新和科技进步典型案例中的一小部分。在极端情况下，颠覆性的创新能够引发熊彼特所说的“科技革命”，集群式的创新能对许多行业甚至国民经济整体产生深远影响。这些科技有时也被称为“通用性科技”，即能影响国民经济整体的科技、能使从家庭生活到企业运作发生根本性转变的科技。

渐进式创新同样也能促进经济的进步，其累积效应在长期经济和社会变革中产生的影响甚至比颠覆性创新还要大（Fagerberg 2006）。事实上，颠覆性创新的红利也要通过渐进改变的积累来实现。渐进式创新问世时尚处于初级状态，需要经历一

“对从发达工业经济体流入的技术进行模仿和改造也需要相当的科技能力。

专栏 2.1

颠覆性的创新驱动颠覆性的变革

颠覆性的创新会驱动生产工序和生活水平方面颠覆性的变革。它对于生产者有利，是由于它能大幅降低生产成本，从而提高生产利润。它对消费者有利，是由于消费者以低廉的价格获取创新成果，提高生活品质。当技术密集型产品供应充沛时，其规模效应将会显现。蒸汽技术的出现很好诠释了科技是怎样改变经济和社会的。

Manyika 和其他学者（2013）对那些能彻底改变生产工艺和未来社会生活的颠覆性技术的潜在影响进行了研究。下表介绍了这些技术的定义和可能产生的经济影响（特别是对发展中国家的影响）。到 2025 年能为发展中国家提供巨大经济潜力的技术包括移动互联网、物联网和云计算。

颠覆性创新给发展中国家带来的巨大潜力

技术	定义	经济影响
移动互联网	移动终端、高速无线网络和相关应用程序的结合	到 2025 年，每年 3.7–10.8 万亿美元，其中发展中国家每年 1.85–5.4 万亿美元。
自动化技术	使用计算机技术，执行复杂的分析、精确判断和创造性思维的任务。	到 2025 年，每年 5.2–6.7 万亿美元，其中发展中国家每年 1–1.3 万亿美元。
物联网	使用数据网络和互联网技术，将传感器、执行器和数据交换技术植入从道路到起搏器等各种物体，实现对这些物体的追踪、协调和控制。	到 2025 年，每年 2.7–6.2 万亿美元，其中发展中国家每年 8100 亿至 1.86 万亿美元。
云技术	通过互联网或局域网技术，将大量单体计算机联结起来，整合成计算机共享池，在需要时可以任意使用共享池内的服务器、存储设备和应用软件。	到 2025 年，每年 1.7–6.2 万亿美元，其中发展中国家每年 1.19– 4.34 万亿美元。
先进机器人	先进机器人有着更高的机动性、敏捷性、灵活性和适应性，同时还具有向人类学习和与人类沟通能力，其潜在用途将大大扩展。	到 2025 年，每年 1.7–4.5 万亿美元，其中发展中国家每年 3000–9000 亿美元。
自动驾驶／近似自动驾驶	自动驾驶车辆是指在无人为干涉或者减少人为干涉的车辆。	到 2025 年，每年 2000 亿至 1.9 万亿美元，其中发展中国家每年 400–3800 亿美元。
下一代基因技术	下一代基因技术是下一代测序技术、大数据分析以及包括基因重组和 DNA 合成在内的基因改造技术的结合。	到 2025 年，每年 7000 亿至 1.6 万亿美元，其中发展中国家每年 1400–3200 亿美元。
储能技术	储能系统能够将电量转变为可存储状态，并在需要时再转换成为电能。	到 2025 年，每年 900–6300 亿美元，其中发展中国家每年 300 –2500 亿美元。
3D 打印	3D 打印技术属于增材制造技术的一种。增材制造程序逐层制造物体，而非铸模或削减技术。	到 2025 年，每年 2300–5500 亿美元，其中发展中国家每年 900–2000 亿美元。
先进材料	任何在 100 纳米级维度以下进行加工和使用的材料可称之为先进材料。	到 2025 年，每年 1500–5000 亿美元，其中发展中国家每年 150 –500 亿美元。
先进油气勘探和开采	无法通过常规钻进法开采萃取的非常规油气资源。	到 2025 年，每年 900–4600 亿美元，其中发展中国家每年 180 –920 亿美元。
可再生能源	可再生能源即可持续补充再生的能源，如太阳能、水能、风能和潮汐能。	到 2025 年，每年 1600–2700 亿美元，其中发展中国家每年 1200–2100 亿美元。

数据来源：联合国工发组织根据 Manyika and others（2013）加工整理。

> “颠覆性的创新通过大幅降低成本增加利润而惠及生产者。

个长期的技术改良和成本降低的过程（Rosenberg 2006）。今天一些人们广泛使用的电子设备，如电视机、手机和电脑就是很好的例子。当这些产品刚问世的时候，其商业价值有限，高昂的成本导致仅有很少一部分人才能用得起。这些产品后来的广泛使用离不开一系列与之相关的渐进式创新。

特别是对于发展中国家来说，渐进式创新的一种值得关注的形式，是对外来技术的吸收和模仿。按照定义，引进一种新产品或一道新工序，本身就是一项创新，需要大量的努力和尝试使之适应本国国情。事实上，对于源自发达工业经济体的技术的模仿和改造，是发展中国家发展和追赶的重要手段之一。对外来技术进行改造使之适应本国国情，也需要相当的技术能力。

模仿和改造的技术能力

Abramovitz (1986) 曾提出科技的进步是有先决条件的，他将其称之为社会能力[2]和科技的适合性。社会能力所涉及的大多是一国自身的要素，而科技的适合性则用以衡量不同国家之间资源、市场、消费者偏好、规模和资本强度间的匹配性和关联性（Abramovitz and David 1996）。

Lall (1992) 曾重点关注过企业和国家层面能力的作用[3]。国家在促进科技发展方面所做的努力很难度量，但是他认为可以通过研发投入、专利和科技人员数量等指标进行量化。他还认为，引进科技非常必要，但是在引进过程中各国也应该学有所获。能力建设需要平衡，需要将影响发展进程中企业能力和国家能力的经济要素和刺激因素相结合。

科技与创新并非公共物品，不可能无偿地瞬间传播到世界各地。尽管知识可以被编成行动计划和操作说明，它的很多内容是隐性的，是要通过人来体现的（Lundvall and Johnson 1994）。因此，科技知识不可能完全照搬，它需要不断的学习和吸收（Lee 2013b），而在此过程中科技也实现了最好的发展（Katz 1995; Kim 1980）。

技术差距理论研究的是科技知识在世界范围的传播如何刺激经济发展，以及吸收和消化科技知识的机构和国家能力的提升。将该理论应用于技术能力分析，我们可以对科技知识的传播，以及它与其他经济要素，如贸易和参与全球价值链的联系进行研究。自 1995 年以来，全球价值链的重要性受到关注。

技术差距理论着重强调了伴随着科技知识运用的发展中经济体的结构调整，并对创新进行了更加严格的规定，即必须运用“硬”科技。这样的创新往往是组织、市场甚至社会的创新。本文所研究的是科技方面的创新，但由于缺乏广泛国家样本中确切的创新指标和我们所感兴趣的特定部门数据，本文主要关注的是科技和创新中的生产力部分。

技术差距理论的先驱是 Abramovitz (1986), Fagerberg (1987) 和 Verspagen (1991)，该理论聚焦于通过企业和公共部门的研发及其他系统性投入所获得的科技成就。该理论将科技作为推动发展的主引擎，认为科技能够通过创造经济的外部效应来提高生产力、创新产品和服务。而一种科技一旦被研发出来，就能获得广泛运用，即使是那些并没有参与研发的经济主体，只要他们有吸收该科技的能力，他们也能够使用。广泛运用能够提高劳动生产力的科技知识，是发展中国家攀登“经济阶梯”的重要手段，这也解释了为什么那些科技知识匮乏的国家，其生活水平与其他国家的差距越拉越大（见第一章）。

世界上最负盛名的通过吸收知识而从较低的发展水平中脱颖而出的经济体是亚洲四小龙[4]（专栏 2.2），当然日本也同样是通过吸收外来知识实现了战后重建。纵观这些国家战后的经济发展史，就是一部吸收外来知识为己所用的历史。通过吸收来自其他国家的先进知识，这些国家发展出全新的制造业部门，从农业国转变成了具备现代制造和服务体系的经济体，增强了国际竞争力。但是很多国家，特别是撒哈拉以南非洲和拉丁美洲国家却没能走上同样的发展道路，而一直深陷低水平发展泥沼。

对世界科技知识的吸收能力很大程度上取决于对基础设施、教育、政治体制、大学和其他科研机构（广义的机构）的前期投入。这些投入数量巨大，需要强大国家力量的支撑。经济战略，特别是产业和创新政策，在填补科技差距方面扮演着重要角色，它决定了一个国家是迎头赶上经济领先者（为数不

> “由经济政策引导的能力建设具有决定性的作用。

专栏 2.2

一头跃起的猛虎：韩国的结构转型之路

韩国在 50 年中转变成了一个具有高度技术活力的高收入工业经济体。由于自然资源匮乏，韩国致力于科技引领增长。通过建立政府主导的科研和教育体系，以及大型企业对研发的高度重视，实现了韩国雄厚的科技实力 (经济合作与发展组织 2009)[5]。制造业和高技术产品出口是韩国发展的核心。

韩国的发展可以分为三个阶段：20 世纪 60 年代和 70 年代以学习外来技术、提升劳动力的教育水平、有选择性地限制外商直接投资、模仿和借鉴外来技术以及技术协议为特征（Gupta and others 2013）；20 世纪 80 年代的主要特征是随着产业复合程度和精细度的提高，对于科技的需求迅速提升（Chung 2011）；20 世纪 90 年代是创新阶段，公共部门和私人部门均投入了大量的研发资金，政府加大了对创新型中小企业和信息通讯技术的扶持力度，建立了许多重要的科研机构（Chung 2011）。

除了不断提高研发支出，政府在创新阶段对研发活动由直接财政支持转为给予税收优惠，并对中小企业的创新活动给予财政补贴。税收优惠是效果最为显著的政策工具，使国内研发支出占 GDP 的比重由 1991 年的 1.7% 提高到 2013 年的 4.1%（Chung 2011）。创新补贴帮助中小企业的增加值首次赶上了大企业，到 21 世纪初，韩国中小企业增加值占比为 50.8%，超过了大企业的 49.2%（韩国中小企业厅 2012）。

图2.6
2013年创新系统和创新体制能力指数与人均国内生产总值

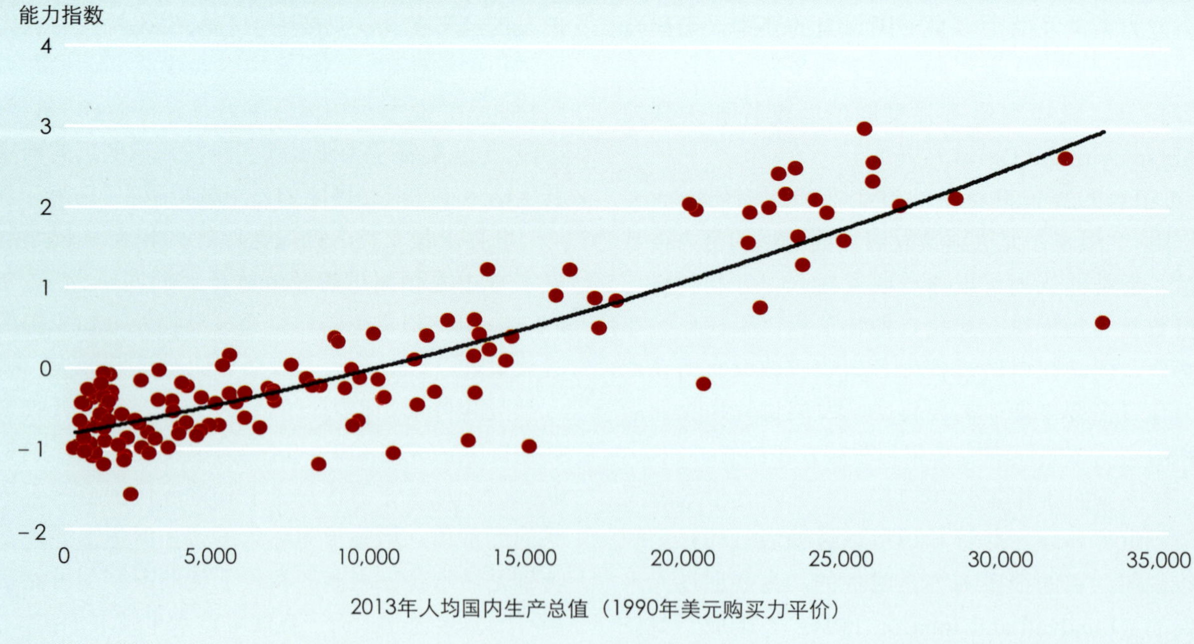

数据来源：Kaltenberg and Verspagen (2015)。

多），还是被甩在后面（这正是大多数发展中国家的命运）。由经济政策所引领的能力建设同样重要。通过能力建设而获得发展的国家通常被称为“发展的国家”。但是能力的提升，或者说成为“发展的国家”，对于基础较差的国家来说是很困难的，它很容易演变成“低水平发展陷阱”。当然，正如下一节将要呈现的那样，通过能力建设获得发展并非不可实现。

"实现赶超所需的创造能力需要大量的资源以及不同经济和社会主体的通力合作。

技术能力、出口和长期经济增长

通过结构转型实现持续的经济腾飞对于发展中国家来说是非常困难的，这是由于实现赶超所需的创造能力需要大量的资源以及不同经济和社会主体的通力合作。发展水平较高的国家其能力通常也较强，这既在于这就是它们能发展的原因，同时也是由于高度发达的经济给它们带来了更多提升和维持能力所需的资源。换言之，能力与发展水平相互影响（Fagerberg and Srholec 2008）。

能力是多层次的，由于不同能力之间的相互联系、不同发展水平多样的要求，以及所需要的无形的强有力的组织结构，对其进行充分度量难度很大。Fagerberg 和 Srholec (2008) 使用主成分分析法对大量数据进行分析，以求确定出将能力量化的指标，如贸易、外商直接投资、专利和科学论文数量、教育程度、信息和通信技术的运用、贪腐、银行业及监管环境等。

Kaltenberg 和 Verspagen (2015) 提出了一个量化科技能力的复合性指标，该指标与 Fagerberg 和 Srholec 的研究类似，但使用了更多最新数据（图 2.6）[6]。此外，他们还提出了一个与之类似的（尽管并不是严格一致）反映科技能力的简化指标，即 GDP 中研发支出（见图 2.7）[7]。该简化指标度量了硬科技投资，反映出运用自然科学与工程学方法开展研发的系统性过程。以这一狭义的能力定义为基础，可以进行国际比较。

图 2.6 和图 2.7 显示，由于在较低的发展水平上进行能力开发是很困难的，因此一个国家所面临的科技差距往往表现为发展陷阱。为了脱离这一陷阱，发展水平较低的国家需要发展能帮助其吸收外来技术、提高国际市场竞争力的相关能力。图 2.8 阐述了这一过程，通过对目前国家能力和出口现状相关研究文献的分析，指出发达国家的专业化模式有如何走出发展陷阱的信息。需要复杂工艺才能生产出来、因而只能在拥有很强能力的国家中生产的产品，正是“潜在的实力”的反映，这些能力包含科技、社会和吸收能力。

图 2.8 再现了第一章中图 1.2 的内容，同时还加入了 Kaltenberg 和 Verspagen (2015) 提出的潜在贸易

图2.7
2011年研发支出占国内生产总值比重和2013年人均国内生产总值

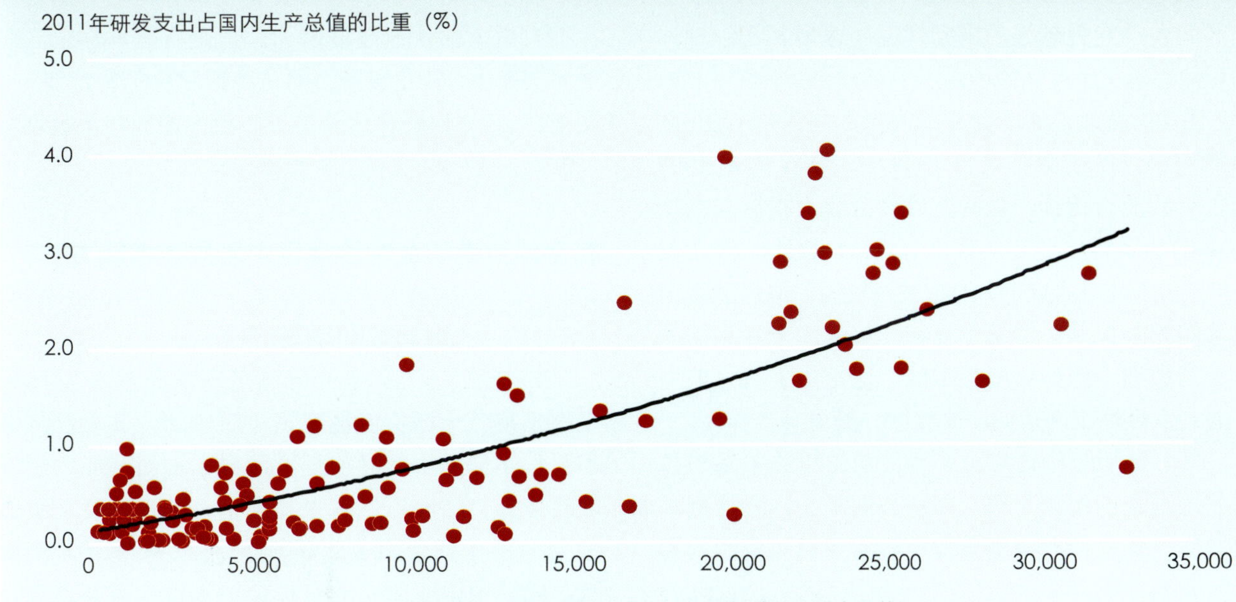

注：研发支出为全部数据，包括企业，高校和公共实验室的研发支出。
数据来源：Kaltenberg and Verspagen (2015)。

> “一个国家所面临的技术差距往往表现为发展的陷阱。

图2.8
1998-2013年不同能力国家人均国内生产总值与国内生产总值平均增长速度

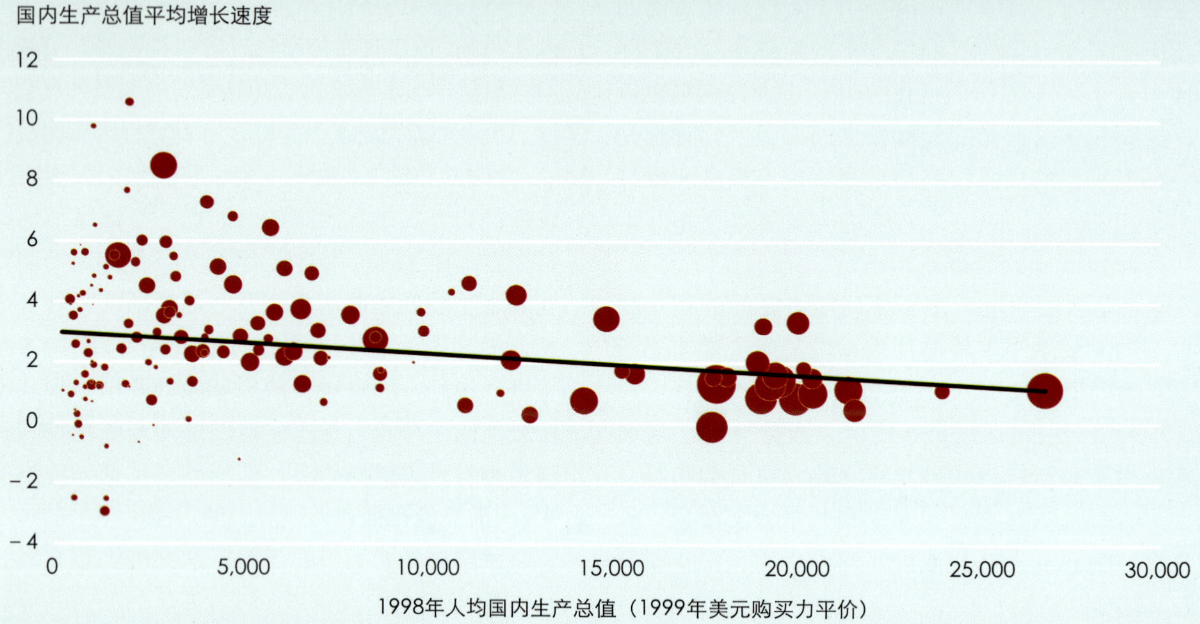

注：样本共包含108个国家。圆点大小代表各国能力大小。
数据来源：Kaltenberg and Verspagen (2015)。

能力指数[8]的相关内容，图中以不同大小的圆点代表不同国家。圆点大小代表着一个国家的能力，由此可见，在发展水平较低国家中，国家能力的强弱与增长速度的差异息息相关：在横轴 0 —10000 美元区间内，能力越强的国家实现高速增长（纵轴）的可能性越大。

图 2.9 描绘了潜在贸易能力指标与人均 GDP 之间的关系。图中数据始自 1998 年，描绘的是 1998 年之后的能力指标。与研发或复合能力指标与人均 GDP 的相关性（分别见图 2.7、2.6）相比，潜在贸易能力指标与人均 GDP 的相关性较弱，但仍表现出显著的相关关系。贸易指标在一定程度上受到国家大小的影响，例如印度和中国。这是由于贸易能力是通过多样性来衡量的，而大国一般更具多样性。

图中显示的科技与发展间长期的相关关系与技术差距理论的结论一致，即从长期来看，要达到高度发达（那些拥有极度丰富的石油等自然资源的国家除外），唯一的方法就是提升科技强度（Fagerberg 1987）。当各国家逐步赶上科技领先者时，它们需要在科技上投入更多的资源，其科技实力必须实现突破才能维持其发展潜力。

与找寻长期相关性相比，国家是否在发展水平上有所提高更难以说清。技术差距理论的前提在于，由于有全球科技蓄水池供其吸收养分，贫穷国家往往拥有更大的快速发展潜力。但是有证据显示，在贫穷国家中，其发展潜力的兑现情况也千差万别（见图 1.1）。如何解释这种差异？根本原因在于吸收知识溢出的能力（见图 2.8 及第三章）。

在全球贸易和全球价值链中发展技术能力

全球化、结构调整和增长

在 21 世纪，全球价值链是有关贸易和发展研究的主角。全球价值链理论相对较新，其在经济学和管理学文献中的高辨识度源自人们对其能为经济发展带来“红利”抱有很高期望。这样的高期望值主要来源于两大观点：其一，通过参与全球价值链，发展中国家的企业有机会进入仅依靠其自身无法进入的市场；其二，全球价值链为实现技术从发达国家企业向发展中国家企业的转移提供了机会。

“当各国逐步赶上科技领先者时，它们需要在科技上投入更多资源。

图2.9
1998年潜在贸易能力与人均国内生产总值

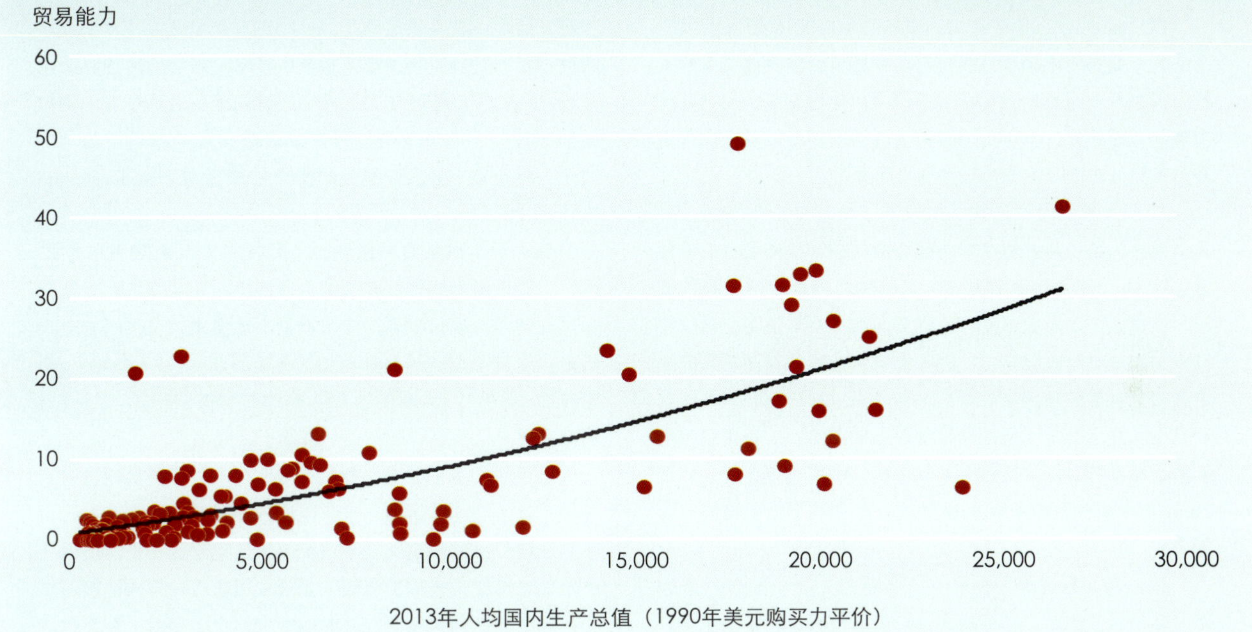

数据来源：联合国工发组织根据Gaulier and Zignago (2010)估算。

Morrison, Pietrobelli 和 Rabellotti (2008) 展示了国际联系在获取科技知识、增强学习和创新方面的重要作用。

从本质上来说，全球价值链是全球性的生产方式，通过全球价值链，中间商品和服务在碎片化、分散式生产过程中进行交易。商品不再在同一个地点生产，取而代之的是其零部件在全球不同地点生产。在国际层面持续的劳动力分工和专业化，减轻了在生产中运用新技术的压力，有利于学习新技术，提高技术能力。

制造业与市场服务驱动全球化进程

让我们对 1995-2011 年间全球化在结构调整和经济增长中所起的作用进行分析。全球化的一个重要方面是，由于来自外部的中间投入或服务使用量的增加，并非所有的出口都能为当地经济带来附加价值。提供中间投入的外国企业同样在价值链中做出了贡献[9]。

在图 2.10 中，全球 GDP 中贸易增加值占比（绿线表示）表示全球 GDP（增加值）中用以满足它国最终需求（投资和消费）部分的比重[10]，这既包括最终产品的直接交易(如日本生产的汽车卖到德国)，也包括所有间接地、与全球价值链相关的增加值（如日本进口中国的钢材用于制造汽车，然后在日本销售）。另一个指标——贸易总额在 GDP 中的比重（红线表示）——考量的是所有出口的总价值，包括最终产品和中间产品。由于并非所有贸易都能带来价值的增长，因此该指标要高于贸易增加值指标（见专栏 2.4）。

1995 年，贸易总额占全球 GDP 的比重约 20%，到 2011 年，上升到约 30%。贸易增加值从 15% 上升到 20%（这一趋势中包括了两次间断，一次是 2001 年后的快速增长，另一次是 2009 年的金融危机）。因此，全球经济的相当一部分是“纯粹本土化”——国内增加值满足国内需求。

哪些部门对 2001 年以后贸易总额和贸易增加值的增长贡献最大[11]？首先是市场服务类部门，其次是制造业部门，有四分之三的贡献是由二者完成的。接近一半的增长（48%）可归功于对制造业产品的最终需求（表 2.1）。

> 并非所有的出口都能为当地经济带来附加价值。

专栏 2.3

跨越技术鸿沟取决于价值链的类型

De Marchi, Giuliani 和 Rabellotti(2015) 为本报告做过一个研究，旨在明确全球价值链对培育处于全球价值链中的发展中国家企业进行创新和学习的作用。他们搜集了与全球价值链的管理模式、全球价值链催生创新的程度以及全球价值链内部和外部的学习方式有关的案例分析。

报告作者们通过这些案例发现了价值链中创新的三种典型模式。第一种是将全球价值链放在技术传播最核心的位置（在 50 个案例中仅有 9 例），可称之为价值链主导的创新。该模式中，企业高度评价创新活动，不断使用全球价值链中的渠道进行强化学习，例如价值链的参与者面对面的交流互动、价值链顶端企业对当地劳动力进行培训、对当地企业直接的技术转让（通常局限于很小范围内），力推采用国际质量标准等。（价值链主导创新模式的代表性案例之一是 Cafaggi 和其它学者（2012) 关于全球价值链中巴西咖啡产业的研究。）

第二种，也是更为普遍的一种模式（50 个案例中有 14 例），是独立创新。这种模式中，创新很频繁而且很重要，但是学习通常在不与价值链直接联系的渠道中进行。在此模式中，企业内部和外部学习是重要的学习机制，包括但不限于研发活动。其他重要的学习机制还有雇佣熟练技术工人，通过授权、合资、兼并等方式获取技术。同一地区的企业也会通过近程互动相互学习。其它还有向竞争对手学习（例如逆向工程）、向价值链以外的供应商和采购商学习等。中国风力涡轮机产业的发展是此模式的典范（Lema,Berger and Schmitz 2013）。

第三种，也是案例最多的一类模式（50 个案例中有 27 例），即无活力创新。在这类价值链中，（非领先）企业很少进行创新，也很少启动学习机制。此模式大量案例中有一例来自于肯尼亚和马达加斯加的服装制造业（Kaplinsky and Wamae 2010），当地的企业从采购商那里获得了一些技术援助，但是这并没有驱动他们开始产品或工艺上的创新。

发展中国家的企业，即使已经成为全球价值链成员，也并不总是将全球价值链作为获取科技知识的特许来源，这意味着全球价值链在缩小技术差距或促进发展过程中的作用并不是那么重要。全球价值链中无活力创新这一模式的普遍出现，表明通过创新实现发展的道路仍旧充满荆棘，需要政府政策为其铺路（见第三章和第六章）。

生产端与需求端的不匹配是派生需求带来的结果。对制造业产品的需求会派生出对服务和资源的需求，反之亦然。事实上，全球化水平提高最大的一部分就是由这类派生需求构成，这也表明了全球价值链的拓展。在 4.8 个百分点的增长中，仅有 1.9 个百分点是同一个大类部门的最终需求，其余的都是由派生需求产生的。派生需求中规模最大的是满足制造业需求的市场服务。

因此，制造业在全球化扩张中扮演了关键角色。当然市场服务的作用也很重要，这既是由于更多的服务业产品可以进行交易，也是由于派生需求。

图2. 10
1995–2011年全球贸易总额和贸易增加值占国内生产总值比重

数据来源：联合国工发组织根据Eora MRIO Database (Lenzen and others. 2012; Lenzen and others. 2013)加工整理。

全球化和趋同化，2001-2011

自 2001 年以来，全球化水平的提高与人均 GDP 水平的趋同化趋势一致，尽管二者之间并没有很强的相关性。我们通过地理位置划分出 8 个国家分组，这样全球 GDP 就可以根据需求来源和生产来源（见表 2.2），按照同样的国家分组表示（若国家分组数量更多，或者直接按照国别划分，这样矩阵就会过

“全球化水平提高最大的一部分是由这类派生需求构成，这也表明了全球价值链的拓展。

专栏 2.4

从宏观经济角度分析生产的分散化

使用投入产出表分析全球价值链的影响，可以将全球GDP分为以矩阵形式表示的两个部分：生产地和需求地。下图通过一个简化的例子，将全球经济简单地分为两个国家：北方和南方，对这两部分进行分析

如果从横行看，将一国GDP按需求地分解，可以看出北方的GDP包括为北方本地市场服务的增加值，加上向南方出口的增加值。纵列则将一个地点的总需求按生产来源进行分解。南方那一列汇总了南方的全部最终需求，可以将这一最终需求分解为从北方进口的增加值和本国生产的增加值。

以一个iPod为例做矩阵分析。假设iPod是由北方公司专利授权，使用部分北方生产的零部件（如芯片），在南方装配，最后交付给北方的最终消费者。在这个例子中，北方的需求列之和为iPod的价值(销售价格)。在北方的需求列中，南方的单元格显示的是装配iPod的南方企业的增加值（包括工资和利润）；而北方的单元格代表的是北方所有企业的增加值，包括专利授权中所包含的知识产权、芯片等零部件的生产等。该方法考虑到了各国间所有的间接联系。

		需求地		
		北方	南方	
生产地	北方	北方当地的增加值	从北方向南方出口的增加值	北方 GDP
	南方	从南方向北方出口的增加值	南方当地的增加值	南方 GDP
		北方总需求	南方总需求	

数据来源：联合国工发组织加工整理。

于庞大，不利于分析）。

图2.11显示的是2001-2011年间，每个国家分组全球GDP占比的增速以及人均GDP，使用现价美元计算，因此GDP数据与目前普遍使用的人均GDP水平数据是不可比的。尽管我们通过统一货币（均使用美元）和使用全球GDP占比进行计算，对全球通货膨胀水平进行了修正，但所得结果并不能完全说明这段时间实际人均GDP的真正趋势，因此图中还列出了人均GDP实际增速（以黑线表示）。

正如预期的那样，中国的增长最快，其全球GDP占比由2001年的4.2%上升到2011年的9.7%。后共产主义国家的占比几乎实现了倍增，使这一组国家的增速排在了第二位。这些国家在人均GDP方面也迎头赶上，它们均进行了较大程度的结构调整。其他国家分组的趋同化趋势较为缓慢，其全球GDP占比也是如此（见图2.11）。印度是个例外，其人均GDP增长很快，但全球GDP占比增长却较慢。拉丁美洲的增长更慢，而发达国家分组的占比下降了20%左右。

最终需求还是国内需求?

图2.11还将总的增速分解为两个部分，一个基于国内需求，一个基于外部需求。其中国内部分占据绝大部分。但这样简单的分解并不能体现出外部需求对国内增长的催化作用。这与出口带动的增长有关，通过增强出口市场竞争力实现的增长对国内增长产生间接影响，这是由于发生在收入以外的支出或者投资。因此，外部增长所扮演的角色不应被低估。

中国和后共产主义国家是两个很好的例子，即从人均角度来看，其增速也很快，这些国家人民的生活水平正逐步赶上处于世界前列的国家，其结构调整的力度很大。在其他的国家分组中，类似的现象很少发生，一部分原因在于人口数量增长也很快。无论是中国还是后共产主义国家分组，其基于外部的增长都很可观。按相对价值计算，基于外部需求的增长在其他亚洲国家分组中贡献最大（占总增长的29%），在撒哈拉以南的非洲贡献最小（占总增长的17%）。

> “2001 年以来全球化水平的提高与人均 GDP 水平的趋同化趋势一致。

表 2.1
2001-2011 年全球化水平的提高，按部门分组

2001-2011 年期间，贸易增加值提高了 4.8 个百分点，其中：	
1.9 个百分点由市场服务部门生产	2.2 个百分点为制造业部门的最终需求
1.8 个百分点是由制造业部门生产	1.3 个百分点为其他部门的最终需求
0.9 个百分点由资源部门生产	1.1 个百分点为市场服务部门的最终需求
0.2 个百分点由其他部门生产	0.2 个百分点为资源部门的最终需求

2001-2011 年期间，贸易增加值提高了 4.8 个百分点，其中：
1.9 个百分点是为同一大类部门出现的最终需求而生产的
0.7 个百分点是由制造业部门最终需求派生的市场服务需求
0.5 个百分点是由制造业部门最终需求派生的资源需求
0.5 个百分点是由“其他”部门最终需求派生的制造业需求
0.5 个百分点是由“其他”部门最终需求派生的市场服务需求
0.8 个百分点是其他派生需求（每个部门小于 0.25 个百分点）

数据来源：联合国工发组织根据 Eora MRIO Database(Lenzen and others 2012; Lenzen and others 2013) 加工整理。

图2.11
2001-2011年全球国内生产总值占比增速和人均国内生产总值增速，按国家类型和需求来源分组

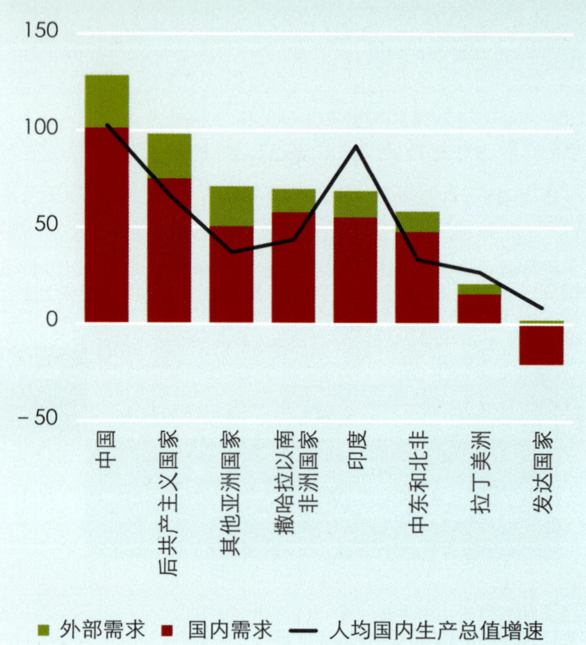

注：图中8个国家分组是全部189个样本国家的集合。这些分组以附件A1，表A1.2为基础，不同之处在于：发达国家还包括希腊、葡萄牙和韩国；其他亚洲国家等同于东亚、南亚和东南亚；后共产主义国家等同于前苏联国家，同时还包括罗马尼亚、保加利亚、斯洛伐克、捷克、波兰、匈牙利、斯洛文尼亚、波黑、阿尔巴尼亚、马其顿（前南斯拉夫共和国）、克罗地亚和塞尔维亚；拉丁美洲等同于中美和加勒比地区以及南美；中东和北非还包括卡塔尔、阿联酋、科威特、伊朗和以色列。“其他”这一分组包括大洋洲及以下国家（地区）：前苏联、不丹、阿富汗、苏里南、弗得角、中国澳门特别行政区、黑山、圣多美和普林西比、圭亚那、塞浦路斯、文莱、朝鲜、吉布提、伯利兹、安道尔、马耳他、百慕大、列支敦士登、开曼群岛、安提瓜、卢森堡、古巴、巴巴多斯、英属维京群岛、塞舌尔、冰岛、阿鲁巴、巴哈马、格林兰、摩纳哥、法属波利尼西亚、荷属安提列斯和圣马利诺。中国和印度因其体量被单独分组。该分类同样适用于表2.2和图2.12-2.18。
数据来源：联合国工发组织根据 Eora MRIO Database (Lenzen and others. 2012; Lenzen and others. 2013)加工整理。

建立相互关系

双边关系？

我们现在分析不同国家分组的双边关系，以进一步拓展对自 2001 年以来的全球化水平提升的相关研究的细节（表 2.2 从双边角度，通过基础矩阵展示了 2001-2011 年期间的相关变化情况）。

除一个单元格外，表 2.2 中其余所有单元格的数值均为正值，这表明全球化水平是提高的。唯一为负的是发达国家为其他发达国家市场创造的 GDP，下降了约 0.5 个百分点。表中最大的那些数值，正如预期的那样，都与中国有关。发达国家为中国的最终需求创造的 GDP，比中国为发达国家的需求创造的 GDP 稍大一些。代表发达国家那行的数值也较大，表明这些国家在全球化进程中的参与程度很高。数值同样很大的还有发达国家为后共产主义国家需求生产的 GDP、后共产主义国家为本组内国家需求生产的 GDP、以及拉丁美洲国家为本组内国家需求生产的 GDP。

在生产端（由横行表示），发达国家和中国的全部增长占总增长（4.8 个百分点）的比重略微超过一半，其中发达国家比中国高 0.4 个百分点。后共产主义国家和其他亚洲国家的总增长紧随其后。由于印度在全球化中的参与程度远不及中国，印度与中国之间的差距非常大。撒哈拉以南非洲国家在分析时期开始时（即 2001 年）的全球 GDP 占比就很低，

> 通过增强出口市场竞争力实现的增长对国内增长产生间接影响。

从全球化生产网络中获利的程度最低。

需求端（由纵列表示）的情况稍有不同。发达国家和中国在总需求增长中占很大比重。发达国家在总生产增长中所占比重比在总需求增长中所占比重更大，而中国则正好相反。

制造业和市场服务业还是其他部门?

图 2.12 显示的是按行业部门划分的全球化增长情况，图中数据与表 2.1 一致，但这里展示的是按生产计算的部门占比情况。在全球化的增长中，有 40% 是由市场服务业创造的，37% 由制造业创造，19% 源于资源部门，剩下的 4% 是其他部门创造的。由于全球化中较大比重是由制造业创造的，参与国际贸易的国家可能在其使用的装备以及生产过程方面经历巨变（Alcorta 1994）。不同国家的分部门的全球化增长比重有何不同，或者说表 2.2 中的那些国家分部门的全球化增长比重有何不同？相关的数据参见图 2.13，该图使用的是表 2.2 中各国产出的 GDP 总量增长数据（即表 2.2 各行的总计数据）。

在这些国家分组中，不同国家的分部门的全球化增长比重与世界总体的分部门的全球化增长比重分布有很大不同。发达国家服务业占比更大，代价是缩小了资源行业，而非制造业。而中国，正如预期的那样，制造业占比较大，但也只是比世界平均水平高 7 个百分点。中国的资源行业占比也较大，与此相应的是其服务业比重较小。后共产主义国家制造业占比与中国一样大，其他亚洲国家的制造业占比水平与全球平均水平一致，而其他分组（包括印度、拉丁美洲、中东和北非、以及撒哈拉以南非洲）的制造业占比相对要低得多。

印度市场服务行业的比重较大，其资源行业的比重同样很大。其他的亚洲国家中制造业和资源行业的占比也很大。正如预期那样，中东和北非国家的资源行业占比在所有地区中是最大的（主要是原油）。拉丁美洲和撒哈拉以南非洲国家资源行业占比同样很大，同时这两个地区的市场服务行业的比重也比较大（尽管比全球平均水平高得不多）。

对全球化发展贡献最大的相互关系

下面我们再分析几组双边关系，聚焦于对全球化发展贡献最大的双边关系。各种双边关系（表 2.2 矩阵中的非对角单元格）影响的总增长实际上比 4.8 个百分点稍高，这是由于代表发达国家供给与发达国家需求对应的单元格中数据为负。在所有的双边

表 2.2

2001-2011 年全球化水平的提高，按国家类型、需求和供给分组（百分点）

		需求									
		发达国家	中国	印度	其他亚洲国家	后共产主义国家	拉丁美洲	中东和北非	撒哈拉以南非洲	其他	总计
供给	发达国家	−0.496	0.872	0.151	0.167	0.308	0.109	0.288	0.076	0.085	1.560
	中国	0.785	0.000	0.038	0.081	0.062	0.061	0.078	0.023	0.017	1.146
	印度	0.082	0.024	0.000	0.020	0.010	0.009	0.041	0.011	0.003	0.199
	其他亚洲国家	0.178	0.120	0.021	0.044	0.015	0.013	0.027	0.007	0.004	0.429
	后共产主义国家	0.220	0.078	0.016	0.012	0.202	0.015	0.055	0.007	0.006	0.612
	拉丁美洲	0.074	0.046	0.006	0.007	0.012	0.122	0.013	0.006	0.036	0.323
	中东和北非	0.140	0.057	0.025	0.019	0.029	0.014	0.058	0.010	0.004	0.356
	撒哈拉以南非洲	0.038	0.030	0.007	0.004	0.007	0.006	0.006	0.022	0.002	0.122
	其他	0.000	0.005	0.001	0.001	0.004	0.000	0.001	0.001	0.002	0.015
	总计	1.021	1.233	0.267	0.355	0.650	0.349	0.566	0.162	0.158	4.762

注：与图 2.11 一样。图中数字为百分点，若某一单元格内数字为 1.000，则意味着该单元格在全球 GDP 中的比重上升了 1 个百分点。表内所有单元格数字之和为 4.8，即图 2.10 中绿色线条所示数值在同一时间段内的增幅。表中对角线代表 GDP 在该类国家间的流动，所有纯国内的 GDP 流动均未在表中显示。

数据来源：联合国工发组织根据 Eora MRIO Database (Lenzen and others 2012; Lenzen and others 2013) 加工整理。

> “外部”增长所扮演的角色不应被低估。

图2.12
2001-2011年全球化水平提高，按生产部门分组

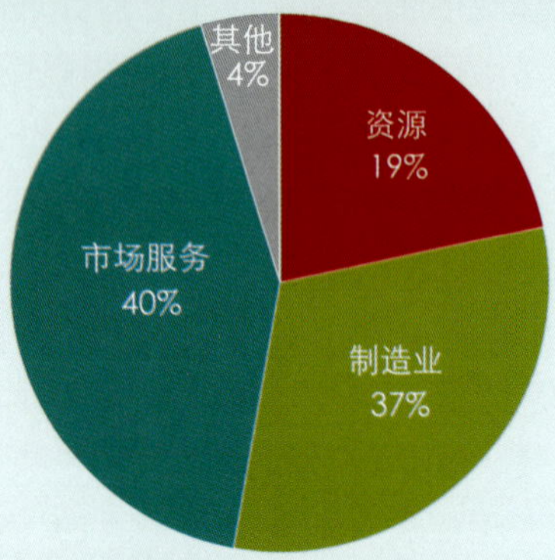

注：分组方式与图2.11相同。
数据来源：联合国工发组织根据Eora MRIO Database (Lenzen and others 2012; Lenzen and others 2013)加工整理。

关系中，从数量上来说，有发达国家参与的是最为重要的。此种经济关系占全球化增长的75%，也就是说，“南南关系”（发展中国家与发展中国家之间的经贸往来）仅占四分之一左右。

中国与发达国家之间的（和发达国家与中国之间的）关系对全球化发展的贡献超过三分之一（4.8个百分点中的1.7个点），主要来自制造业，而且双向均如此（见图2.14）。事实上，发达国家为满足中国市场需求而创造的GDP中制造业部分的占比，高于中国为满足发达国家市场需求而创造的GDP中的制造业占比，尽管这两个方向上，制造业部分的比重都是最大的。资源部门在中国为满足发达国家市场需要而创造的GDP中的比重，要大于发达国家为满足中国市场需要而创造的GDP中资源部门的比重。

发达国家与后共产主义国家之间的经贸关系结构与其同中国的类似（图2.15）。这两组国家之间的经贸往来对全球化发展的贡献略高于10%。同样，制造业部门在双边经贸往来中占比仍是最大的，其次为市场服务部门，发达国家的制造业在GDP中的占比，高于反方向。由发达国家的资源需求创造的增加值的比重远高于由后共产主义国家的资源需求创造的比重。这两个案例说明，按净值计算，主要是发达国家从世界上其他地区进口资源，而对于制造业而言，发达国家与其他地区的贸易则更趋平衡。

图2.16展示了其他一些地区的双边关系。制造业在撒哈拉以南非洲国家的贸易中所占比重较小，而资源部门所占比重则较大，但撒哈拉以南非洲国家与中国的贸易关系，同它们与发达国家之间的贸易往来的结构有所不同。撒哈拉以南非洲国家与中国的贸易往来中，制造业部分比重是其与发达国家贸易往来中制造业比重的两倍。这一差异的代价是资源部门比重的变化。

印度是全球化水平相对较低的典型，其满足中国需求的贸易中主要发生在资源部门。在所有双边贸易往来中，制造业比重最高的是图2.16中的第四个饼图所表示的，后共产主义国家为满足中国市场需要而生产的GDP。

以上结论说明，2001-2011年间全球化水平提高的过程的确也是贸易结构调整的过程，世界不同地区专注于不同经济部门的生产和贸易。制造业和市场服务业在全球贸易中处于领先地位，而资源在一些地区中同样扮演了非常重要的角色：对撒哈拉以南非洲、印度、中东和北非而言，依靠资源实现发展是极其重要的手段。中国与发达国家之间的经贸往来在双方向上都更专注于制造业。

区域维度

区域之间的生产联系与全球价值链（GVC）

在前一节讨论的全球化进程中，跨不同国家的生产网络提高了不同区域间制造业的相互依存度。本节将研究不同区域是如何通过其制造业活动创造增加值，以及制造业如何从其他区域获得投入为本地区制造业创造产出，描述区域之间生产联系的发展变化[12]。

图2.17和2.18阐释了1990和2011年，全球生产系统的后向联系——展示了每个地区制造业产出的增加值是从何而来。图中圆点的大小说明，北美、西欧和东亚这三个地区在全球制造业产出中占据绝对的支配地位：1990年，80%的制造业产出是由这三个地区创造的；2011年，这一比重为73%。在此

“全球化水平的提高，40%源于市场服务业，37%源于制造业。

图2.13
2001-2011年为国外市场创造的增加值增长速度，按经济部门和国家类型分组

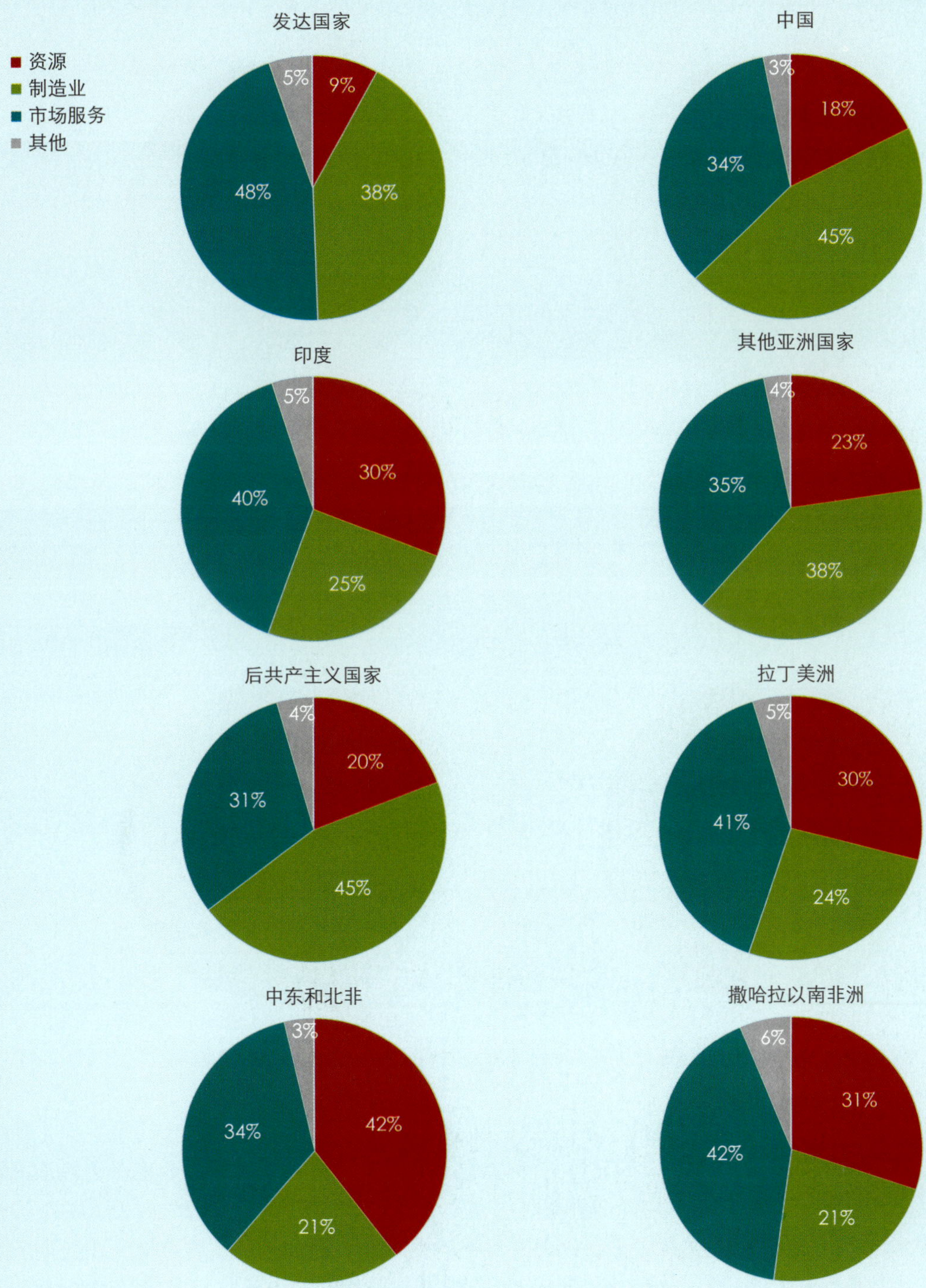

注：分组方式与图2.11相同。
数据来源：联合国工发组织根据Eora MRIO Database (Lenzen and others 2012; Lenzen and others 2013)加工整理。

> “后共产主义国家制造业占比很高。

图2.14
2001-2011年为国外市场创造的增加值增长速度，按经济部门和中国与发达国家双边关系分组

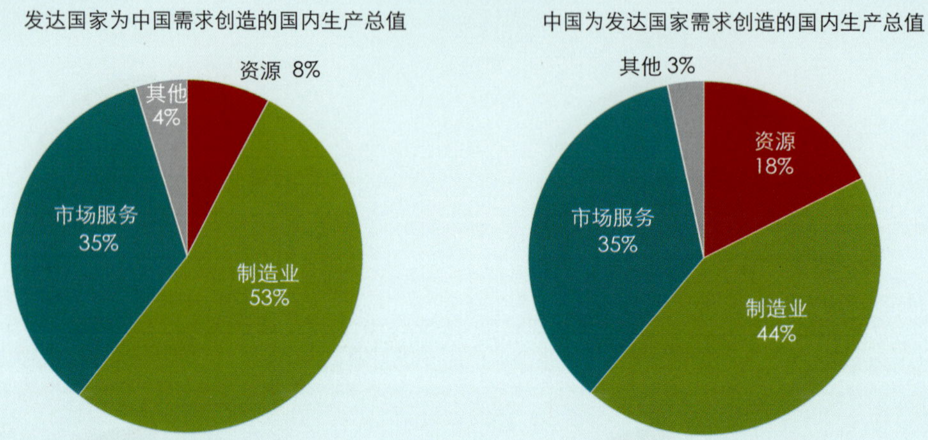

注：分组方式与图2.11相同。
数据来源：联合国工发组织根据Eora MRIO Database (Lenzen and others 2012; Lenzen and others 2013)加工整理。

图2.15
2001-2011年为国外市场创造的增加值增长速度，按经济部门和后共产主义国家与发达国家双边关系分组

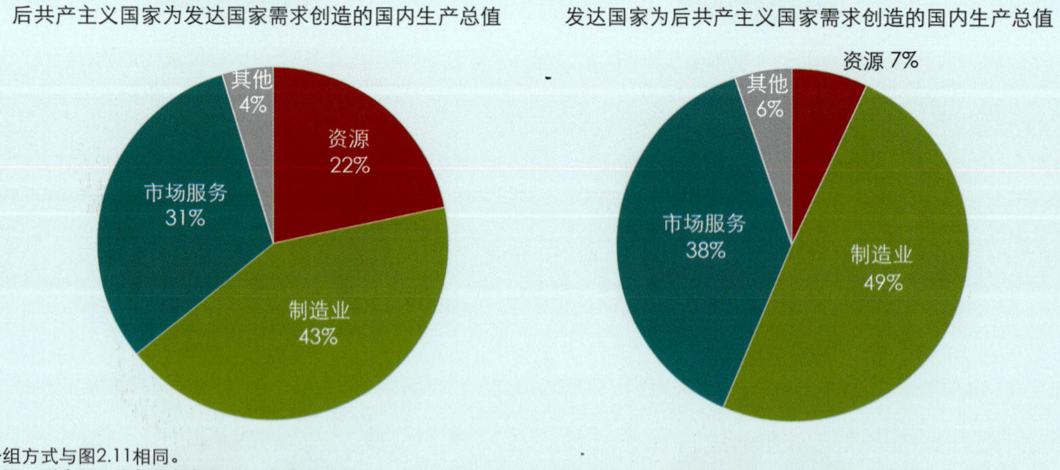

注：分组方式与图2.11相同。
数据来源：联合国工发组织根据Eora MRIO Database (Lenzen and others 2012; Lenzen and others 2013)加工整理。

期间，北美和西欧的产出比重出现了下降，而东亚的产出比重则上升了3个百分点。

主要的发达地区（北美、西欧和东亚）区域内部的增加值对其制造业产出的贡献更高（正如代表这些地区的圆点中数值显示的那样）。在1990年，其全部制造业增加值中仅有10%源于来自其他区域的中间投入的进口，而2011年，该比重也仅为15%。相反，在发展中地区中，特别是非洲和东南亚，其源于其他区域的增加值所占比重更大。在发展中地区中，南美和南亚的制造业生产更趋于区域导向型，其源于进口其他区域的中间投入的增加值比重更小。但大多数发达和发展中地区在此期间均提高了全球生产网络的一体化程度(圆点中的数值下降)。

由于西欧地区向许多不同地区提供中间投入，许多发展中区域与西欧地区的后向联系很强。即使是一些相对偏远的亚洲地区也有大量来自西欧的增

> “发展中国家为中国的需求而创造的 GDP 中制造业的占比，高于中国为发展中国家的需求而创造的 GDP 中的制造业占比。

图2.16
2001-2011年为国外市场创造的增加值增长速度，按经济部门和部分国家间双边关系分组

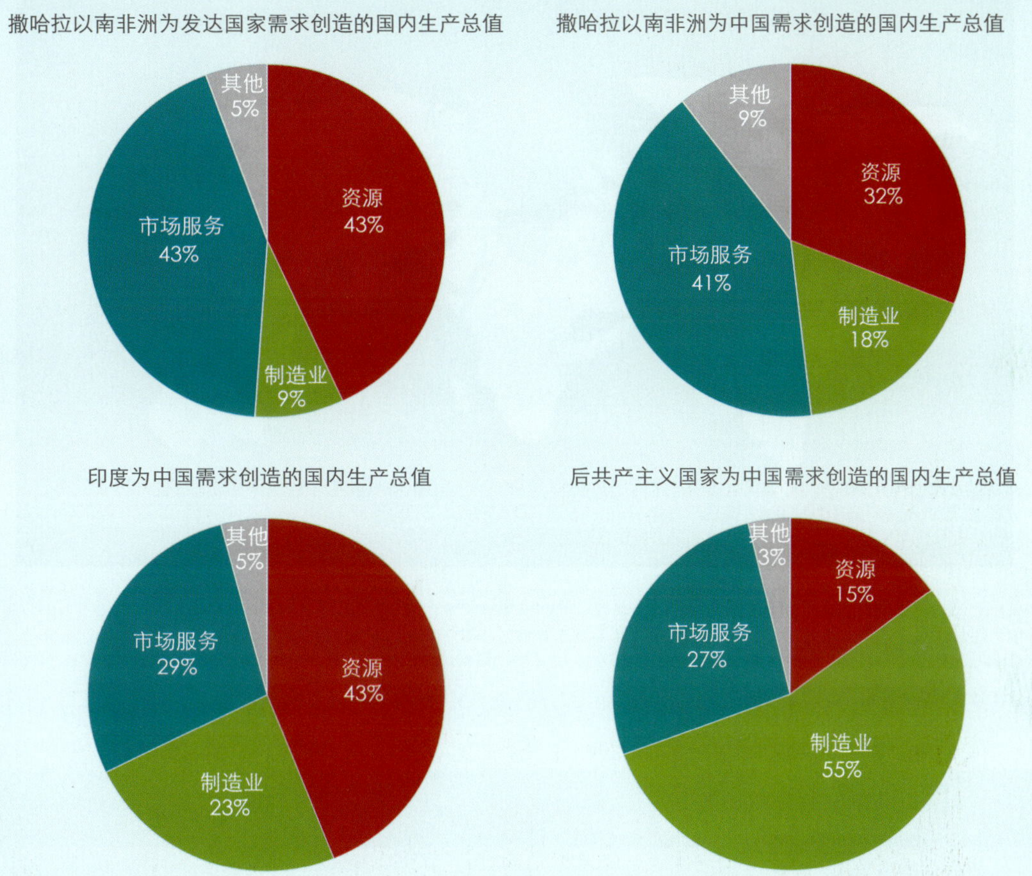

注：分组方式与图2.11相同。
数据来源：联合国工发组织根据Eora MRIO Database (Lenzen and others 2012; Lenzen and others 2013)加工整理。

加值。相反，北美和东亚各自仅有一个地理上相对较近的邻居，分别是中美和东南亚，这两个区域极度依赖于来自北美和东亚的增加值投入。在过去 20 年间，中美和东南亚这两个发展中地区逐步减少了对北美和东亚地区制造业的依赖，而提高了从本区域内获取的增加值的比重。

最后，通过对图 2.17、2.18 以及表 2.3 比较可以发现，制造业生产的全球化和全球生产网络中更高的参与度并不会自动转化为科技的进步以及区域产出在世界产出中比重的提升。为使全球生产联动和全球价值链更好地服务于可持续发展，各国需在创造良好的科技学习条件方面继续做出不懈努力（第三章将讨论与此相关的政策）。

以上两张图揭示了各地区是怎样创造出包含来自不同地区增加值的制造业总产出的。图 2.19 和 2.20 展示的则是区域间的前向联系，描述各地区是怎样创造出其制造业增加值的。这两张图按照增加值的最终去向列示了各区域增加值，不论这部分增加值是为区域内制造业生产而创造的，还是作为中间投入出口到其他地区[13]。与后向联系相比，发展中国家获取增加价值的方式更加多样化，譬如，2011 年，撒哈拉以南非洲的制造业增加值中有很大一部分来自于向西欧、北美、北非和中东以及东亚地区出口中间产品。北非和中东及中亚对三个地区的中间出口同样有很强的依赖性。除了增加值需求的多样化之外，这些国家还大幅提高了出口中间产品的增加

> “ 发达国家主要从其他国家进口资源，但是在制造业中，贸易则均衡得多。

图2. 17
后向联系——各地区制造业产出增加值的来源（1990年）

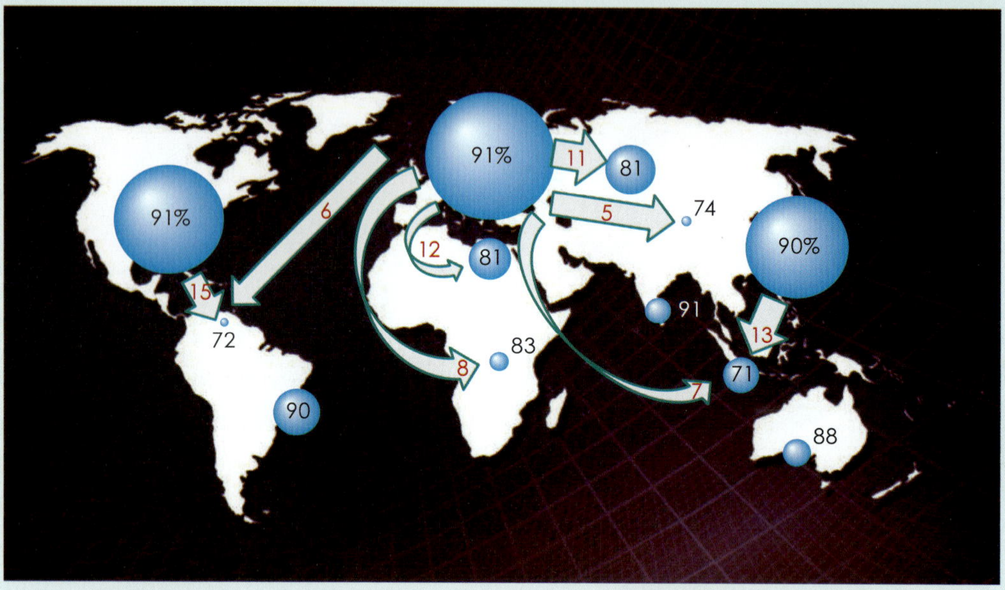

注：箭头表示在生产地区进行制造业生产中来自其他地区的增加值。图中圆点的大小代表该地区制造业产出所创造的全部增加值规模（既包括本地区生产的，也包括在其他地区生产的）；圆点中或圆点旁的数字（白色或黑色）表示该地区制造业增加值在全部最终产出中所占的比重，这些增加的价值既可能是在本区域内使用，也可能出口到其他区域。箭头表示各地区贡献于制造业产出的增加价值的来源。红色的数字表示通过这些交易获得的增加值占区域总增加值的比重（即与全球价值链的后向联系）。（该地区的增加值交易大于5%时才会在图中显示）。区域分组见附件A1，表A1.2。
数据来源：联合国工发组织根据Eora MRIO Database (Lenzen and others 2012; Lenzen and others 2013)加工整理。

图2. 18
后向联系——各地区制造业产出增加值的来源（2011年）

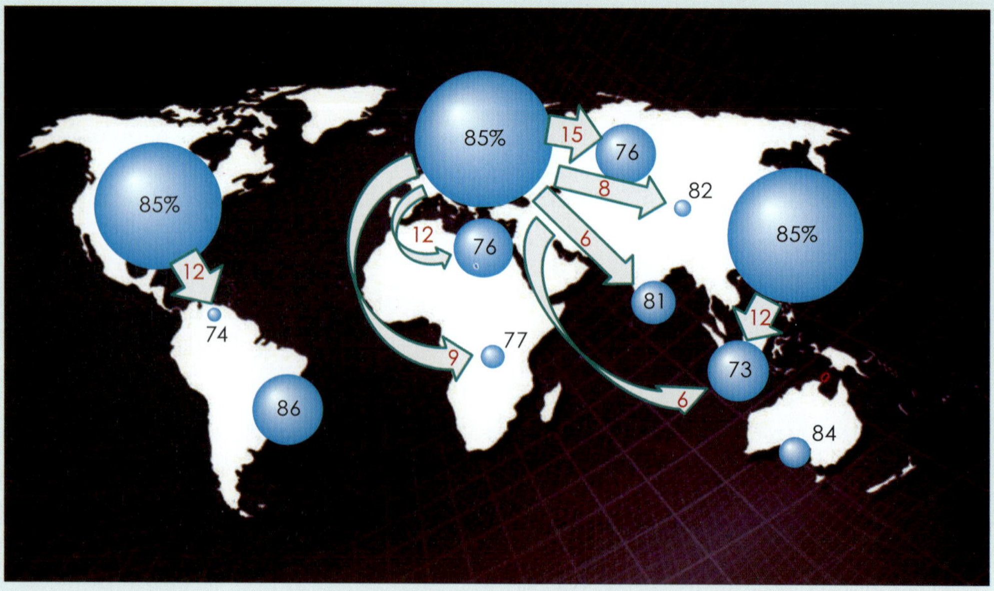

注：箭头表示在生产地区进行制造业生产中来自其他地区的增加值。见图2.17。
数据来源：联合国工发组织根据Eora MRIO Database (Lenzen and others 2012; Lenzen and others 2013)加工整理。

“2001-2011 年间全球化水平的提高，同时也是结构调整的过程。

表 2.3
1990 年和 2011 年地区制造业产出在全球制造业总产出中所占比重及变化（%）

	1990	2011	比重上升或下降
东南亚	2.71	5.2	2.49
南美	4.59	6.9	2.32
中东和北非	3.41	4.77	1.35
南亚	1.39	2.52	1.13
中亚	0.19	0.37	0.18
中美	0.13	0.24	0.1
南非	0.57	0.64	0.07
撒哈拉以南非洲	0.67	0.69	0.02
东欧	4.98	4.75	−0.22

注：地区分组见附件 A1，表 A1.2。
数据来源：联合国工发组织根据 Eora MRIO Database (Lenzen and others 2012; Lenzen and others 2013) 加工整理。

值占比，这些中间产品多与在本地区内销售的制造业产出相关。撒哈拉以南的非洲和大洋洲在这一时期将其出口的中间产品的增加值比重提高了 16 个百分点，南亚、中亚和东欧则提高了 10 个百分点以上。

过去 20 年里，对中间产品的国际贸易和贸易产生的增加值来说，东亚地区的重要性明显提高。2011 年，有四分之一的全球制造业增加值是这个地区创造的。该地区的增加值在全球增加值中的占比在 1990 年排在北美后，位列世界第三，而到了 2011 年，已仅次于西欧，成为世界第二（正如图中圆点显示的那样）。此外，有七个地区高度依赖于东亚，通过向东亚出口中间产品获取增加值。

这些图显示，在北美、西欧和东亚地区的带动之下，世界制造业生产在全球生产网络和全球价值链中的参与程度和在全球供应链中的融合程度大幅提升。尽管撒哈拉以南非洲地区提高了其制造业产出中来自其他区域的增加值的比重(后向生产联系)，以及向其他区域出口中间产品的增加值比重（前向生产联系），但这样的融合并未使该地区快速实现工业化。从 1990 年到 2011 年，撒哈拉以南非洲地

图2.19
前向联系——各地区怎样生产制造业增加值（1990）

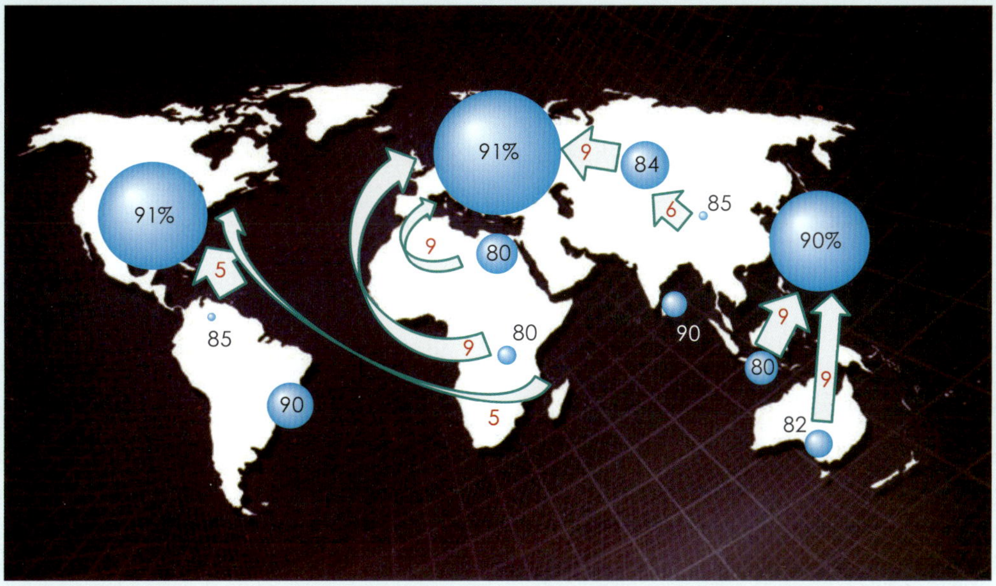

注：箭头表示使用原产地区出口的中间产品生产的增加值。见图2.17。
数据来源：联合国工发组织根据Eora MRIO Database (Lenzen and others 2012; Lenzen and others 2013)加工整理。

“许多发展中地区与西欧有着强烈的后向生产联系。

图2.20
前向联系——各地区怎样生产制造业增加值（2011年）

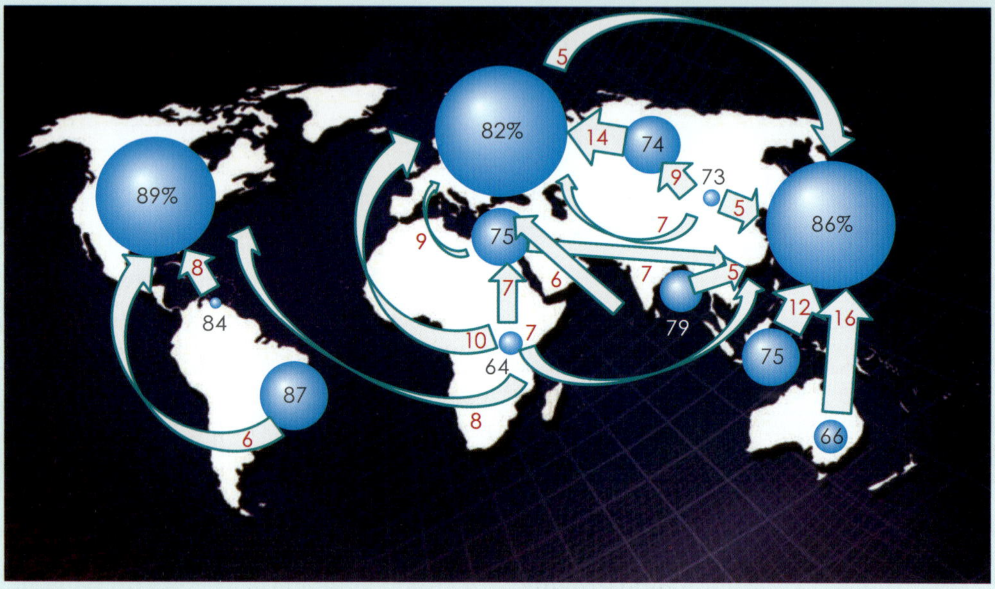

注：箭头表示使用原产地区出口的中间产品生产的增加值。见图2.17。
数据来源：联合国工发组织根据Eora MRIO Database (Lenzen and others 2012; Lenzen and others 2013)加工整理。

区在全球制造业增加值中的比重仅仅提高了0.13%，在发展中地区中，该增幅是最低的。下一节将更深入地探讨撒哈拉以南非洲在全球价值链中的参与程度。

全球价值链中的非洲

总体来说，撒哈拉以南非洲地区的生活水平在这个星球上是最低的，它也是人类发展所面临的最大挑战。Foster-McGregor, Kaulich 和 Stehrer (2015) 通过量化分析，证实整个非洲的贸易量远小于其他地区，特别是在中间产品的贸易中。但是，非洲的出口在全球价值链中仍是重要的一部分，尤其对于上游生产而言。非洲整体在下游生产中参与度很低，尽管个别非洲国家已经在全球价值链的下游生产中占据了一定的位置[14]。

制造业产业链的上游通常包括高附加值的生产活动，但是非洲的上游生产却是低附加值的初级制造活动，学习和升级的机会很少。初级产品是大多数非洲国家中间出口的主要产品，对升级产生负面影响（见图2.21）。

初级部门在全球产业链上游的占比在20%-30%之间（平均为25%）。低技术与高技术制造活动的平均贡献率分别为10%和9.5%，这意味着对全球产业链上游贡献最大的是低技术（28%）和高技术（27.5%）服务。

非洲国家的出口复杂度和产品发现（用以反映全球价值链的升级程度）往往比其他发展中区域低。但是，非洲也在进行升级改造，非洲国家在保持其市场份额的同时，在以更高的价格出口产品。这样的经济升级在许多经济部门中都能看到，特别是电器、机械、运输和其他制造业行业。

尽管对非洲整体而言，全球价值链的参与程度和经济升级都很有限（特别是在上游行业），仍有一些国家进入了下游行业的生产，扮演着车辆和其他制造业产品装配中心的角色（见专栏2.5）。这些国家实现了大量零部件的出口，在本地区高技术产品出口中比重最高，这为他们提供了获取先进科技和结构升级的机会。

“在全球生产网络中更高的参与度并不会自动转换为一个地区的产出在世界产出中比重的提升。

图2. 21
2010年非洲国家参与全球价值链上游程度，按经济部门分组

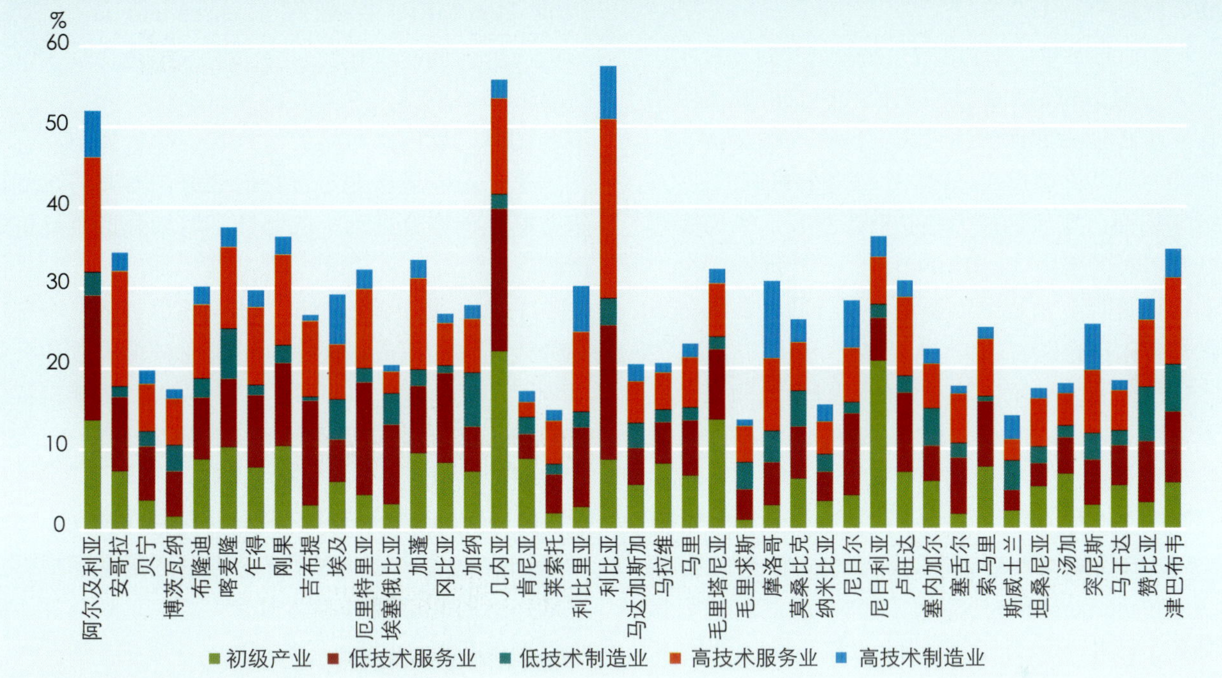

注：技术划分请见Foster-McGregor, Kaulich and Stehrer (2015)。
数据来源：Foster-McGregor, Kaulich and Stehrer (2015)

专栏 2. 5

摩洛哥高科技全球价值链的发展：汽车工业

摩洛哥政府坚持始终如一的部门经济政策以促进新兴产业的发展，譬如汽车产业，已成为经济增长的驱动器和创新的主领域（Mansour and Castel 2015）。在该国发布的《国家产业发展协定（2009-2015）》中，汽车产业被视作是“竞争性优势产业”（Elharouni, Benmoussa and Ouahman 2013）。由于其在地理位置上靠近欧洲，且具有劳动力成本低、财政刺激力度大、技工熟练度高、基础设施完备和政治稳定等优势，摩洛哥从汽车产业价值链中获益良多。该国专门为汽车产业设立了两个经济特区。

到 2012 年，摩洛哥生产汽车及零部件的 Société Marocaine de Constructions Automobiles 拥有 9 万辆汽车的年生产能力，绝大部分出口。此外，雷诺在丹吉尔注资 10 亿欧元设立新厂，形成 40 万辆汽车的年装配能力，创造了 6000 个直接工作岗位和更多的间接工作岗位。摩洛哥评估了超过 600 个汽车零部件的发展潜力，并在其中选择了 100 个左右的零部件作为当地的重点扶持产品（Fine and others 2012）。

2011 年，摩洛哥的汽车制造业部门[15]共有雇员 14466 人，较 2009 年的 7690 人增加了近 1 倍（联合国工发组织 2015b）。汽车及汽车引擎零部件出口额从 2000 年的 2700 万美元上升到 2012 年的 1.51 亿美元[16]。

注释：

1. 全要素生产率（TFP）代表平均每单位 K&L 的增加值，其中，K 代表资本（capital），L 代表劳动力（labor）。一单位 K&L 的价值是依据其投入回报分别在增加值中所占的份额计算得到，计算方法以产出经济学理论为基础确定，在此不做详细论述。

2. 泛指的社会能力包括知识传播、能力条件（教育）、劳动力市场结构和劳动力流动、企业组织（营商环境）、政治稳定性、影响投资和有效需求的宏

“与后向联系相比，发展中国家获取增加价值的方式更加多样化。

观经济条件、以及金融机构融资组织等因素的现状（Abramovitz 1986; Fagerberg, Srholec and Verspagen 2010）。

3. 在企业层面，投资能力包括规划并获取技术、提供人力资源和建立新项目的能力；生产能力包括操作、维护能力和改进生产工艺或产品创新能力；联动能力包括协调投入、信息化、服务和机制的能力。在国家层面，重要的能力包括有形投资、人力资本和开发科技的努力（Lall 1992）。

4. 亚洲四小龙是中国香港特别行政区、韩国、新加坡和中国台湾省。

5. 韩国的大财团已从审慎的科研投入和渐进式创新，发展到以尖端科技为基础的创新，并且成为了韩国研发投入的主要出资者（Gupta and others 2013）。

6.Kaltenberg 和 Verspagen（2015）的能力指数以更新 Fagerberg 和 Srholec（2008）所使用的数据为基础。该指数综合了 Fagerberg 和 Srholec 的创新系统能力指数和创新制度质量指数。

7.Kaltenberg 和 Verspagen（2015）使用的研发投入数据来源于联合国教科文组织（UNESCO）。若其中某一年（如 2011 年）数据无法获得，则使用最近的可获得年份的数据。图 2.7 及其后几张图（除非特别注明）仅包括人口总数在 1 百万以上的国家。

8.Kaltenberg 和 Verspagen (2015) 在他们的研究中使用 BACI 的贸易数据库（见 CEPII 2010），涵盖近 5000 种产品分类和 229 个区域分组。使用的指标来源于 Tachella 和其他学者（2012）的研究。

9. 关于此结论，相关文献中的经典案例是诸如移动电话或音乐播放器（如 MP3）这样的电子产品，许多都是在亚洲装配，但是其大部分出口价值都由提供零部件或拥有知识产权的公司生产。

10. 图中所使用的投入产出数据源自 26 部门版的 Eora MRIO 数据库（Lenzen and others 2012; Lenzen and others 2013）。该数据库涵盖全球 189 个国家的相关数据。本文对基本投入产出表做了一些重新测算，以确保数据的一致性。尽管如此，有一些国家还是表现出非常奇特的趋势，本文将这些国家与其他国家合并为大的整体，以期降低奇异值的影响。

11. 为了便于演示结论，本文将以前的 9 个部门划分为 4 大类：资源类（包括农业、采矿业和公共事业）、制造业类、市场服务类（贸易、酒店餐饮、交通和通讯、金融和商业服务）、其他类（包括再出口，它在数据库中是一个单独的部门）。

12. 此处使用的全球区域划分包括北美（主要由发达国家组成）、西欧（全部由发达国家组成）、东欧（主要是后共产主义国家）、中东和北非、撒哈拉以南非洲、中亚（后共产主义国家的一部分）、东亚、东南亚、南亚、大洋洲、中美和南美洲。

13. 图 2.19 和 2.20 仅包括对区域制造业增加值贡献在 5% 以上的中间出口。

14. 上游生产水平指一国增加值中，以中间投入形式计入其他所有国家的出口增加值部分占该国总出口的比重，而下游生产水平则是一国用于该国自身出口的外部增加值占该国总出口的比重。

15. 汽车制造业部门包括经济活动国际标准行业分类（第三版）（ISIC Rev. 3）中的分类 3410 机动车辆，分类 3420 汽车车身、拖车和半拖挂车，以及分类 3430 汽车零部件。

16. 经济活动国际标准行业分类（第三版）（ISIC Rev. 3）中分类 3430 为汽车零部件及其引擎生产。

第三章
保持经济增长

正在悄然发生的经济结构的调整对于保持增长至关重要。在人均国内生产总值较低的水平上，经济结构的多样化能够减少经济波动，延长经济增长周期的持续时间。随着经济的增长，服务业的地位变得愈发重要，但即使在更高的人均收入水平上，制造业也与服务业相互作用，是保持经济增长的重要动力（正如第二章所述）。

所有迹象均表明，经济结构对于保持增长能力极其重要。科技进步是结构调整的重要动力，使得产品和生产活动持续创新。新的经济部门不断出现，技术过时的经济活动逐步淘汰。生产流程的科技发展，导致生产力水平的快速提高，这与需求的变化一起，引发了生产结构的巨大变化。由科技进步引发的生产力水平的提高，导致一些经济部门的就业下降，这进一步解放了资源，使其流向其他部门。农业是一个典型的案例，农业的就业比重在全球范围内都呈下降的趋势。如果市场需求也在快速增长，生产的创新和生产力的提高能使经济部门的就业和增加值比重上升，现代信息通讯科技就是一个很好的例子。不过在发达经济体中，制造业生产力水平的提高降低了制造业增加值比重，提升了服务增加值比重。

因此，科技进步驱动了结构调整，而科技进步带来的影响又受到诸多因素的制约，如人力资本的投入、创新体系运作的完善、吸收能力的提升、国内产业集群的升级以及全球价值链内容的提升。结构调整增强了经济体保持长期持续发展的能力。（图3.1 是本章重要概念之间关系的框架示意图）

图3.1
概念框架：技术进步推动经济持续增长

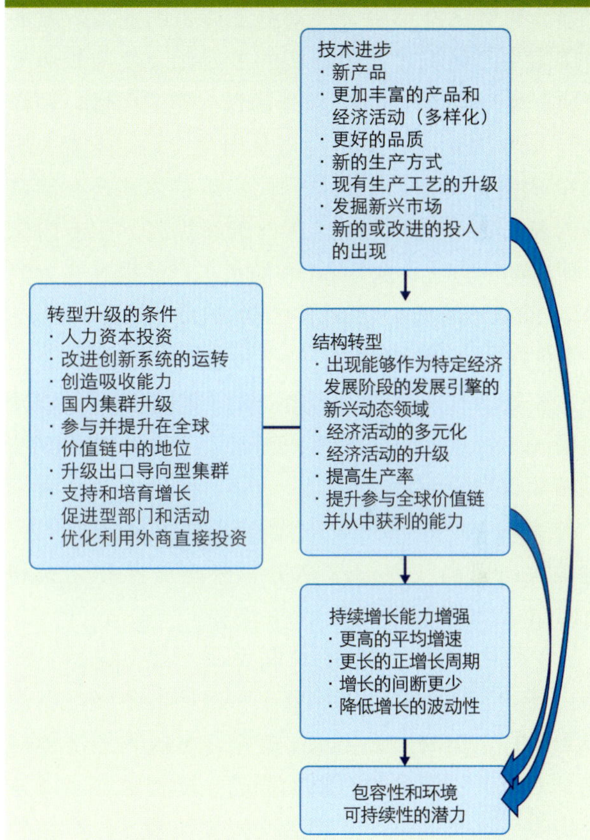

数据来源：联合国工发组织加工整理。

专业化还是多元化？——别把全部鸡蛋放在一个篮子里

所有“结构学派”理论的共同点是经济结构对于经济发展至关重要，原因在于一些经济部门的发展潜力大于其他的经济部门。因此，当一个经济体中，高发展潜力部门的比重提高时，可以提升该经济体的整体增长，反之则降低增长。这促使人们去探索结构的特征：到底是促进经济发展，还是阻碍经济发展。结构特征研究的第一阶段专注于经济结构的一项总体特征——专业化或多元化的水平。

专业化和多元化的选择

“比较优势”贸易理论称，成功的经济发展与小范围的专业化经济活动相关，而其他一些理论则假定经济的增长包含经济部门、经济活动和出口的多元化过程（相关论述请见 Kaulich 2012 年）。过度的专业化会导致经济体抗风险和应对贸易条件变

> 低收入国家能够通过获取技能和知识使其经济结构更加多元化，从而避免其经济地位的边缘化。

化的能力下降（Osakwe 2007）。根据这些研究，一个经济体需要多样的经济活动组合。

Imbs and Wacziarg(2003) 提出了中立的观点。他们发现了人均 GDP 与经济多元化之间的非线性、倒 U 型相关关系。对于低收入国家，多元化与人均 GDP 水平是正相关关系。该结论的假设条件是，由于多元化经济能够提升应对外部冲击的能力，发展中国家生产结构和出口结构的多元化会使增长速度更快。但一旦人均 GDP 水平超过一定的门槛，多样性与人均 GDP 水平则会呈现负相关关系。随着人均 GDP 的继续上升，不论是国民经济整体还是在制造业内部，集中度和专业化往往继续提高。在专门化出现时的拐点上，人均 GDP 的水平已经很高（大约是以 2000 年的购买力平价计算的人均 16500 美元）。

对低收入或中低收入经济体来说，摆脱以农业为主和实现制造业的多元化，往往伴随着人均 GDP 的增长。特别是对于低收入国家而言，通过获取技能和知识实现经济结构的多元化，而非专注于它们“做得最好”的领域，有助于其摆脱经济上的劣势地位。而高收入国家则更有可能从专业化获利（Kaulich 2012）。

多元化往往与复杂性 [1] 联系在一起。这是生产出市场竞争力更强、更加复杂和精密的各种产品的能力，它也驱动多元化水平提高。低收入经济体往往只专注于生产品种有限的产品。随着这些经济体人均收入水平提高，它们会变得更加多元，产品种类变得更多。而当收入水平达到更高层次时，专业化生产又重新占据主导地位。

通过分析出口和部门结构数据，联合国工业发展组织（2012）对这种倒 U 型相关关系进行了深入研究，证实了在较低的人均 GDP 水平上，多元化程度与人均收入的这种正相关关系。但是对于在更高收入水平上专业化生产会再次主导的观点，联合国工业发展组织得出了彼此不一样的结论 [2]，尽管制造业和服务业之间有一些相互作用关系，这一点我们在下面章节会进行讨论。

专业化和持续增长，1960-2010

通过将 1960-2010 年间的经济结构数据和人均 GDP 数据相结合 [3]，我们对结构多元化或专业化与不同维度的经济增长指标（如平均增长、持续时间和波动性）之间的关系进行了分析（Foster-McGregor, Kaba and Szirmai 2015）。我们发现经济结构的多元化与保持增长的能力密切相关。一个经济体专业化水平的提高对于其平均增速、经济正增长持续时间和经济增长的波动性均存在负面影响。

基于以五年周期的增速为因变量，以每个五年开始时的专业化或集中化程度为自变量的面板数据分析，我们证实了专业化程度与增长速度之间存在始终如一的负相关关系（以赫芬达尔指数、基尼系数或泰尔指数测算 [4]）。一个经济体专业化程度越高，，其增速就越慢。图 3.2 是人均增长与（标准化）泰尔指数之间的偏相关散点图 [5]。这种偏相关性说明了在其他相关变量，如一国初始阶段相对于美国的人均 GDP 水平、GDP 中出口的比重、GDP 中资本形成比重以及人口总量等保持不变的情况下，特定变量（这里是通过泰尔指数获取的集中度）对人均增长的影响。

另一种将专业化生产与增长联系起来的方式是对五年周期内，专业化生产的变化（而非专业化水平）与增长进行研究。两者同样表现出非常显著的相关关系：一个经济体多元化水平降低时（即更加专业化），其经济增长趋缓（Foster-McGregor, Kaba and Szirmai 2015）。

研究的下一步是将专业化生产与不间断增长周期的长度（即持续时间）联系起来 [6]。一个经济体的专业化程度越高（不论选取何种指标），其增长周期持续的时间就越短（图 3.3）[7]。

增长周期内专业化生产的变化与增长周期长度之间也有类似的相关关系。若专业化水平提高，则增长周期将缩短；若经济更加多元化，则增长周期将延长（图 3.4）[8]。

在五年周期面板分析中，以泰尔指数或基尼系数度量的专业化程度对经济的波动性也有显著的影响。在五年周期开始时，经济结构的专业化或集中化程度越高，周期内经济的波动性（以标准差衡量）就越大。因此，专业化不仅会影响增长周期的持续时间，还会影响增长的波动性。

“一个经济体多元化水平降低（即更加专业化），则其经济增长趋缓。

最后，我们将对增长周期完结的可能性进行研究。在任意给定年份中，一国生产结构的专业化程度越高，则该国结束一段正增长周期的可能性越大。泰尔指数每上升 0.1，经济增长周期结束的可能性会提升 23%。

潜在能力

在上一章里，提出了一个新的指数来衡量一个经济体潜在能力，即该经济体出口产品的复杂性和多元化水平。出口产品越复杂、越多样，则该国潜在的能力越强（Kaltenberg and Verspagen 2015）。这些潜在的能力对于 1998 年至 2013 年间，108 个国家的平均人均 GDP 增长影响显著（见图 2.8）。

那些发展迅速、逐步向高收入迈进的低收入国家普遍都有较强的能力，而那些能力较弱的低收入国家则往往发展缓慢，被其他国家甩在了身后。当然，高收入国家拥有更强的能力，但是它们的发展仍然相对缓慢，这是由于科技领先者更上一层楼往往比低人均收入国家更加困难。

制造业对持续增长仍然至关重要

“结构学派”争论的第二个问题是各经济部门在经济发展中所扮演的角色——农业与工业、工业与服务业相比哪个更重要？哪些部门能够成为经济增长的引擎，是信息通信的硬件制造、信息通信的软件服务、汽车工业、还是生产资料部门或者高科技部门？经济部门在经济发展中所扮演的角色，随着时间的推移会发生改变，在不同的经济模式中发挥关键作用的部门也不相同。不过，自 1950 年以来，一个重要假设是，对于发展中经济体来说，制造业是低收入国家发展的关键。

包括 Lavopa(2015a), Szirmai(2012a), Szirmai 和 Verspage(2015) 以及 Tregenna (2015) 的研究成果，总结了大量文献，支持上述发展引擎的假设[9]，但是该假设仍然存在争议。一些现代服务部门，如信息通信技术服务业、金融服务业、交通和物流业，对

图3. 2
专业化与增长速度

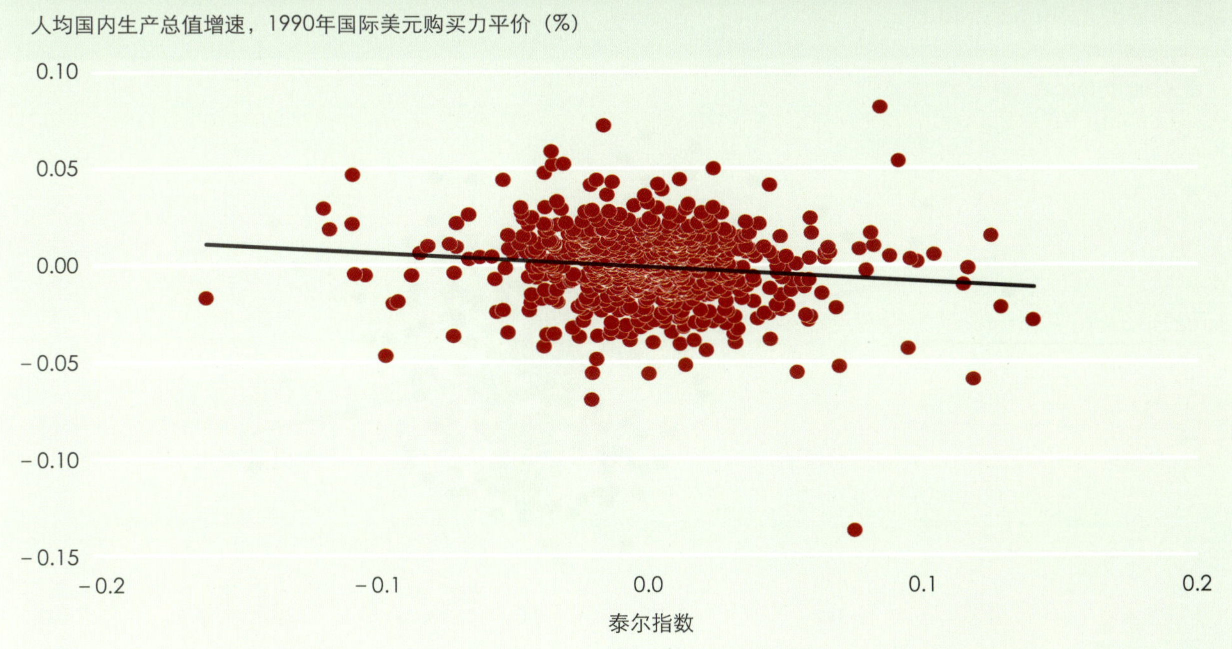

注：增长和专业化之间存在偏相关关系（GDP=-0.058*泰尔指数）。由于图3.2是基于偏相关关系，数值的范围与期望有所不同。这是由于获得偏相关影响的方式（如使用主回归的残差作为Y轴，以其他解释变量的泰尔指数回归的残差作为X轴）。图3.3（泰尔指数）、图3.4（基尼指数）和图3.9（制造业占GDP的比重）使用同样的方法。
数据来源：联合国工发组织根据Foster-McGregor, Kaba and Szirmai (2015)提出的相关方法以及联合国国民账户统计(UN 2014b)和Maddison Project(2013)数据加工整理。

“一个经济体专业化程度越高，其增长周期持续时间越短。

图3. 3
专业化与增长期的持续时间

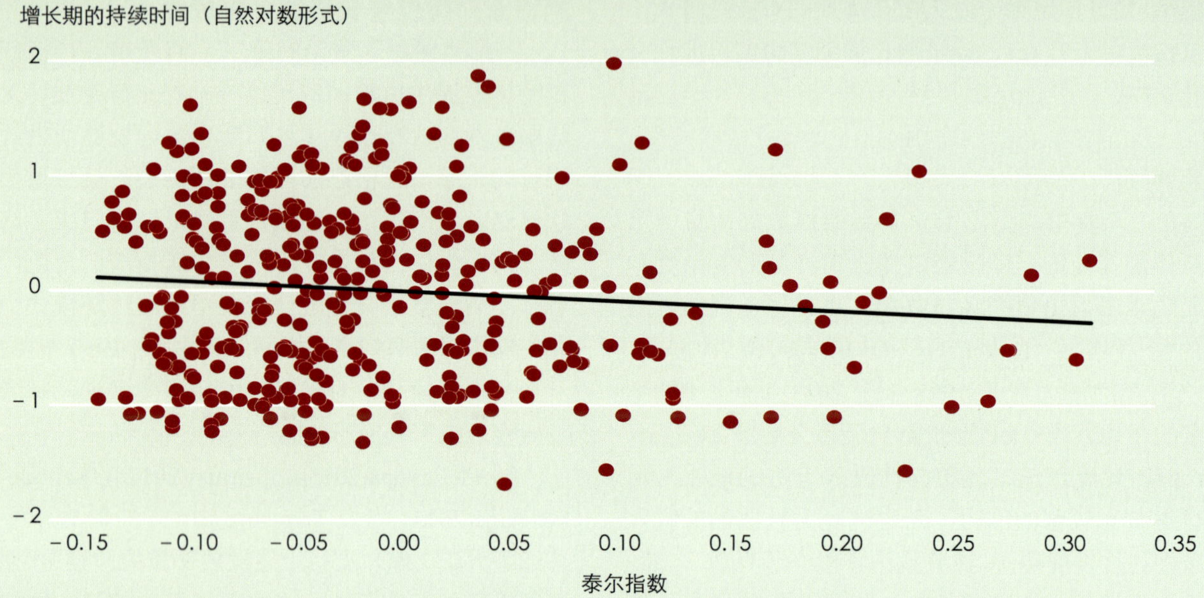

注：标准化的泰尔指数与正增长周期持续时间的对数之间存在偏相关关系。
数据来源：联合国工发组织根据Foster-McGregor, Kaba and Szirmai (2015)相关方法和联合国国民账户统计(UN 2014b)和Maddison Project(2013)相关数据加工整理。

图3. 4
专业化的变化与增长期的持续时间

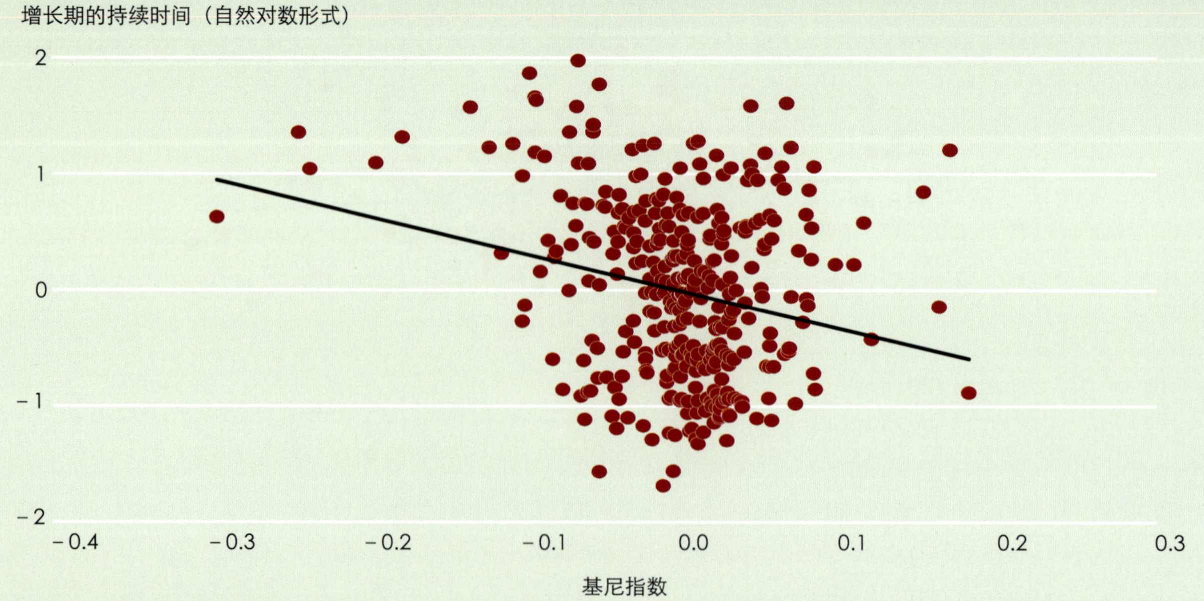

注：一段增长期内专业化的年度变化（以标准化的基尼系数衡量）与该增长周期的对数之间存在偏相关关系。
数据来源：联合国工发组织根据Foster-McGregor, Kaba and Szirmai (2015)相关方法和联合国国民账户统计（UN 2014b)以及Maddison Project(2013)相关数据加工整理。

> **“当发展中国家经济开始增长时，其制造业在增加值和就业中的占比会上升。**

于经济发展的驱动作用与过去制造业所扮演的角色类似（Timmer and De Vries 2009）。20 世纪 90 年代以来印度的发展被视作是服务引领发展的典型案例。

正如第一章讨论的那样，经济发展中一个毋庸置疑的事实是，在发展中国家从低人均收入水平开始发展时，制造业增加值和就业的比重上升。该比重在中等人均收入水平时达到最高点，之后随着服务业在高收入水平经济中扮演越来越重要的角色，制造业的比重逐步下降。图 3.5 所示的倒 U 型曲线是一个很好的例证。

对于制造业与 GDP 之间关系的解释是，由于其特点，在经济发展水平的较低阶段，制造业在经济增长中发挥着独特的增长引擎的作用（Kaldor 1966, 1967; Szirmai 2012a）：

- 制造业的生产力水平比其他经济部门更高，且增长更快。因此，结构调整推动生产资料向制造业部门转移，带来了大量生产力红利。这里的假定是服务业部门的红利较少。
- 制造业为资本积累、空间聚集、经济主体的凝聚和动态规模效应提供了机会。
- 制造业产品可以进行国际交易，因此该部门从国内和国外需求均能获利（(Kaltenberg and Verspagen 2015）。
- 制造业在技术进步中发挥着特殊的作用，该部门有更多的机会在全球科技和知识交流中获利（Cornwall 1977; Kaldor 1966）。
- 最后，制造业的溢出和联系效应比其他部门更强（Lavopa and Szirmai 2012）[10]。

制造业比重对经济增长的影响，1950-2005

Szirmai 和 Verspagen (2015) 以 1960 年以来大样本国家数据为基础，对上述增长引擎假设进行了详细的论证。他们认为这一假设是有依据的，特别是对那些在教育领域投入巨大的低收入发展中国家。但他们也认为，以制造业为增长引擎的发展道路，在 20 世纪 90 年代以来变得越来越艰难。

这一研究的数据基础是 1950 到 2005 年间，89 个国家的四大部门（农业、制造业、其他工业部门和服务业）中现价制造业增加值所占比重的面板数据集。该数据集将 11 个五年期（1950-1955 为第一个五年期，之后以此类推）中每个五年期开始时制造业的比重与该五年期的经济增速进行了关联。

图3. 5
2009年制造业和人均国内生产总值的倒U型曲线

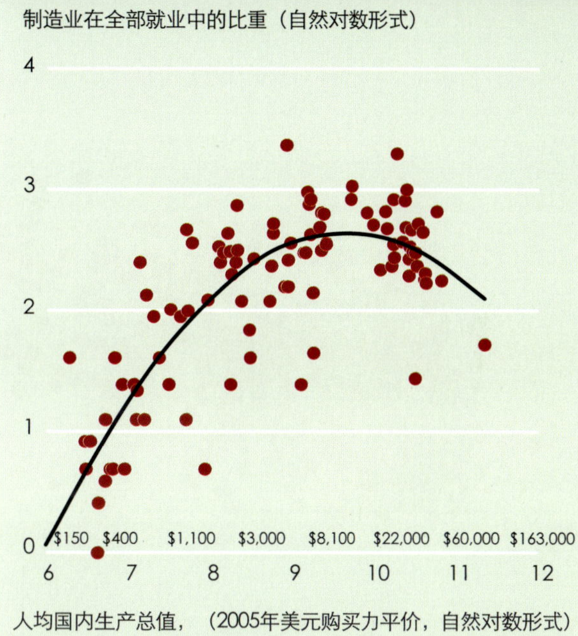

注：图中数据包含103个样本国家。
数据来源：改编自Tregenna (2015)的研究成果。

对 1950-2005 年这段时期整体而言，制造业的比重与增长速度呈显著正相关关系。但是如果具体到每个五年期中，则只有 1970-1990 年有显著的相关性。有两组相互关系值得关注，第一组是制造业占比与该国人均 GDP 占美国人均 GDP 的比重（相对收入指标表示的是国家相对的富裕程度）；第二组是制造业占比与该国教育水平[11]。第一组关系显示显著的负相关性，说明工业化确实对增长影响很大，特别是在较低的人均收入水平上。但是当国家变得越来越富有，工业化的重要性也逐渐降低。第二组关系说明，制造业对那些教育投入最多的低收入经济体的贡献最大。

图 3.6 展示了制造业对经济增长的影响以及制造业对相对收入和教育的间接影响。图中值得特别

> “制造业的比重和经济增长速度之间呈显著正相关关系。

图3.6
1995-2005年制造业占比对增长的边际影响

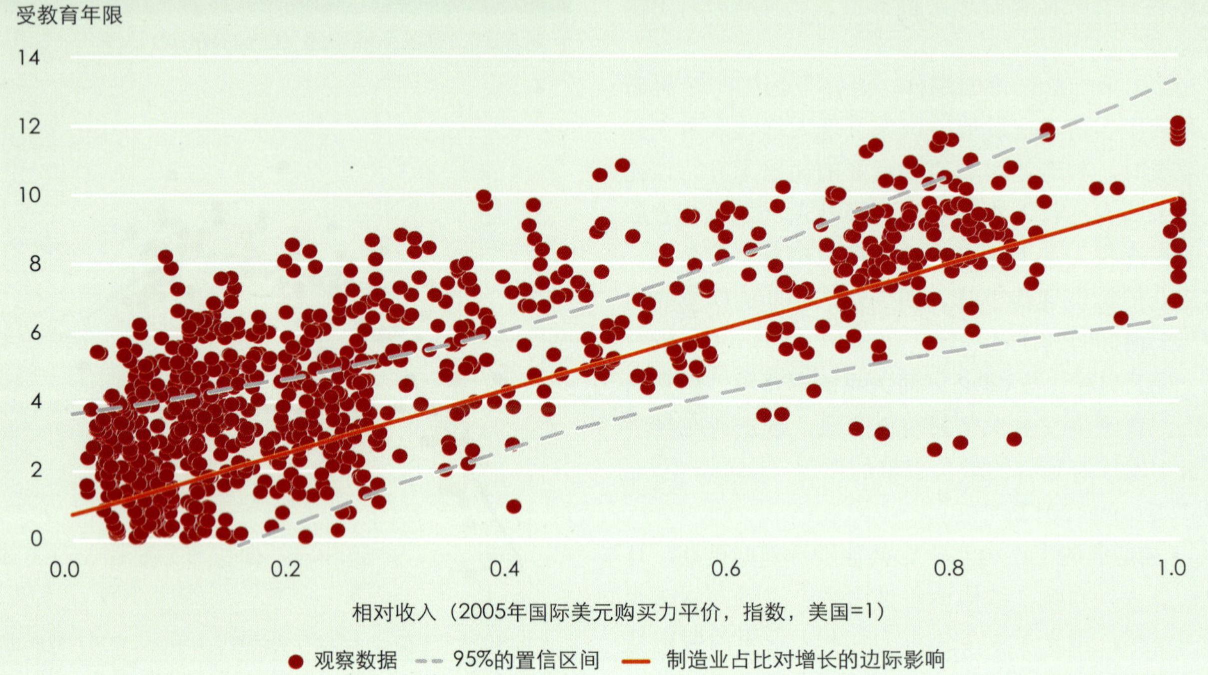

注：本图反映相对收入与15岁以上人口平均受教育年限之间的关系。相对收入为与美国收入之比。红线是教育与相对收入的结合，红线上的点表示制造业对增长没有明显影响，红线以上或以下的点（各国的观察值）分别表示正面或负面的边际影响，点离红线越远，表示影响越显著。虚线是显著性的分界线，在虚线以外则表示有制造业对增长显著影响。
数据来源：Szirmai and Verspagen (2015)。

关注的是位于左边的那些在顶部虚线以上的点，这些点所代表的国家（地区）有着较高的教育投入和较低的人均收入水平，制造业在它们赶超发达国家的过程中扮演了重要角色。所有那些众所周知的通过工业化实现赶超的典型案例，如韩国、中国台湾、新加坡和中国大陆，均处于这一区域。

将同样的分析运用到三个较短的时间段，即1950-1970,1970-1990 和 1990-2005，可以得到类似的结果，不过红线的位置上移，并且时间段离当前时间越近，红线越陡峭（即斜率变大）。一个国家若想保持在置信区间以上的位置，在教育领域的投入就要比过去多很多，这样才能在制造业推动经济增长的效应中获得红利。这种发展之路已变得更加困难（图 3.7）。

制造业和保持增长的能力，1960-2010

下面我们通过使用 1960-2010 年间的部门占比数据集，继续对部门占比和不同维度的增长之间的关系进行研究。该研究建立在 Szirmai 和 Verspagen (2015) 研究的基础上，但是国家样本更多，时间序列也更长。与之前一样，这里研究的重点依然是作为解释变量的制造业增加值在 GDP 中的比重。但是不同的是，上一节中强调的是平均增长速度，而本节关注的重点是部门结构与经济增长持续时间和增长的波动性之间的关系。

研究中一个引人关注而重要的发现是制造业占比与增长持续时间的关系。在增长期开始时制造业部门所占比重越大，则增长期持续的时间越长[12]（见图 3.8）。

使用制造业在附件 A3 所示的现代部门分类中的比重也可得出类似结论，该比重与增长持续时间同样有显著的正相关效应。

与对增长持续时间的影响相呼应，随着增长期开始时制造业增加值占 GDP 比重的上升，增长期结

“第二组关系说明，制造业对那些在教育领域投入最多的低收入经济体经济增长的贡献最大。

图3.7
1950-2005年不同时期制造业对增长的边际影响

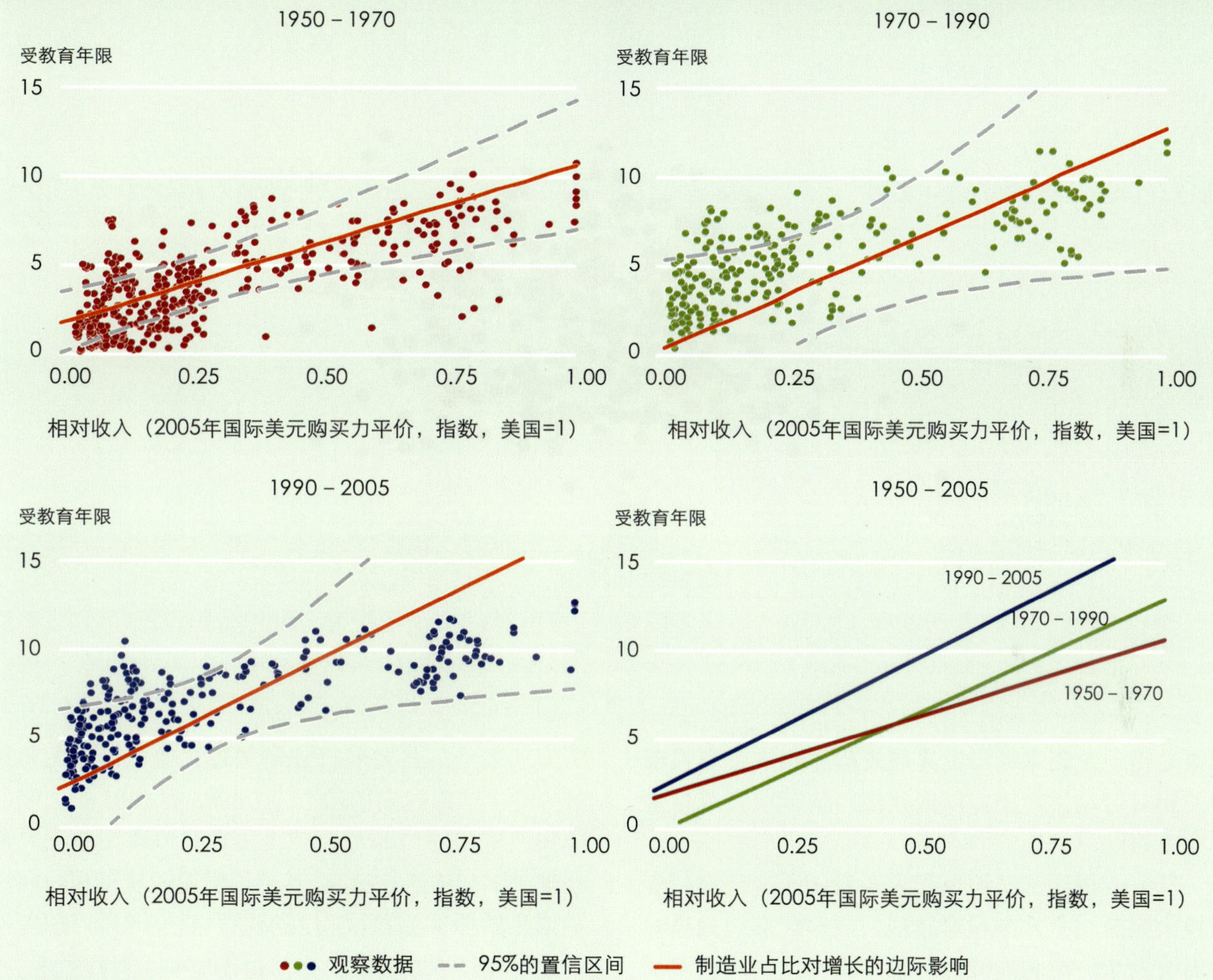

注：见图3.6的注。
数据来源：Szirmai and Verspagen (2015)。

束的可能性持续下降（见图3.9）。虽然，任何增长期持续的时间越长，其结束的可能性也越大。但是，当增长期开始时制造业占GDP的比重越大，分摊到每年的增长结束的风险就越小。

研究中还有一个有趣的发现，即工业化对增长持续时间的影响比其对年均增速的影响更大[13]。持续时间，即维持增长的能力的确非常重要。

作为增长驱动力的现代市场活动和科技进步

制造业增长引擎假设的批评者认为，在现代经济中，一些服务业部门有着同过去的制造业部门一样的动态增长促进特征。Lavopa和Szirmai(2014)以及Lavopa(2015a)尝试扩展经济增长动力，将包括其他拥有较大生产潜力的部门，如金融服务业、商务服务业、交通和物流业（附件A3）与制造业部门一道进行研究。

Lavopa和Szirmai(2014)以及Lavopa(2015a)的研究结果显示，落后国家对于发达国家的持续追赶，取决于现代部门在就业增长中占比提高和由于科技进步导致的国家现代部门与世界先进水平之间的生产力差距缩小这两者同时发生。为了反映以上情况，这里引入“结构现代化”指数的概念。结构现代化

“在增长期开始时制造业部门所占比重越大，则增长期持续的时间越长。

图3.8
制造业在国内生产总值中的初始占比与增长期的持续时间

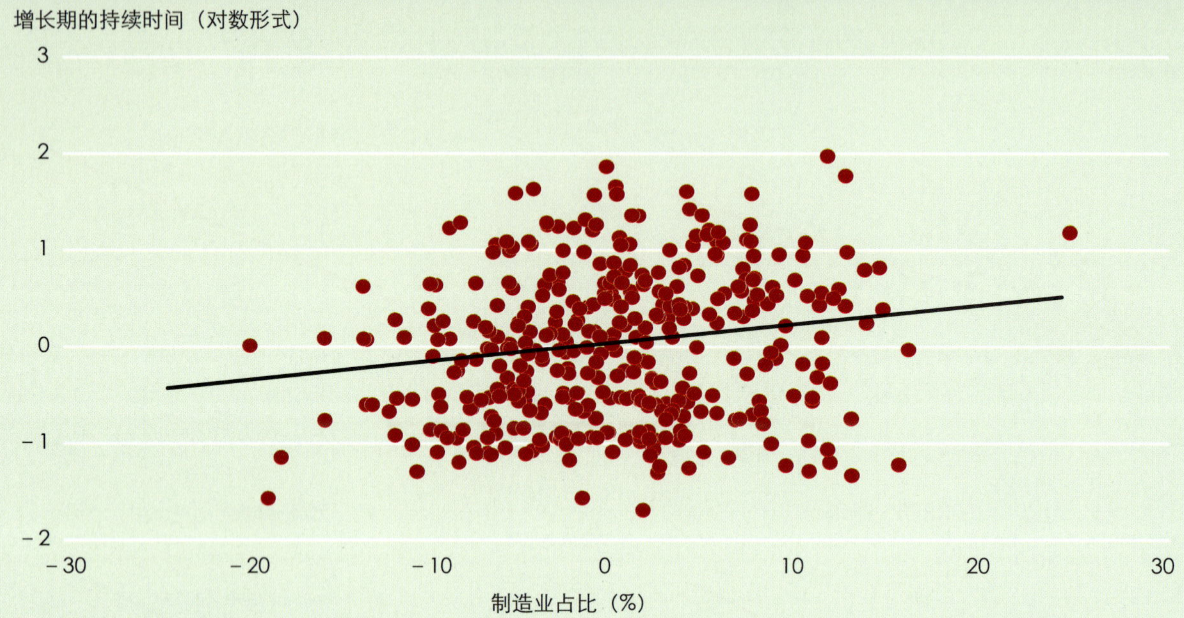

注：保持人口规模、出口与国内生产总值之比和人均国内生产总值等变量与美国相关变量水平的比例不变，则一段增长期开始时的制造业占比与增长期持续时间的对数之间存在偏相关关系。GDP值为1990年美元国际购买力平价。
数据来源：联合国工发组织根据Foster-McGregor, Kaba and Szirmai (2015)相关方法和联合国国民账户统计（UN 2014b)以及Maddison Project(2013)相关数据加工整理。

指数是指一个国家（与世界领先国家相比）现代部门的相对劳动生产率，以现代部门在劳动力总量中的比重加权。

图 3.10 描绘了结构现代化示意图。现代部门规模较大而劳动生产率相对较低，或现代部门规模较小而劳动生产率相对较高，都可以实现相同程度的结构现代化。绝对和相对劳动生产率均很高，但就业规模却很小的行业的典型代表是采矿业。成功的经济发展会使曲线向图的右上方移动，在该区域，国家的现代经济部门实现了扩张，与领先国家之间的科技差距缩小。图 3.10 还说明不同国家可以通过不同的方式实现现代化。在图中若由 a_0 移动到 c_1，代表科技差距缩小；而若从 a_0 移动到 a_1，则代表现代经济部门的规模扩张，但生产力差距并没有发生变化。

依据结构现代化示意图，可以绘制出国家经济发展轨迹。图 3.11 是韩国的经济发展轨迹示意图。韩国是极少数在 1960 到 1985 年之间，由低收入（图中 3.11 中 I 部分）发展到高收入（图中 IV 部分）的国家之一。其发展轨迹是现代就业规模扩大和相对劳动生产率提高的结合。在 1985 到 2005 年之间，韩国的现代部门的劳动力占比增长停滞，但相对劳动生产率却依然在提高。与韩国的发展轨迹相对的，是那些始终深陷在低收入水平上的经济体，既没能实现现代经济部门的扩张，也没能缩小科技差距。

图 3.5 展示的是制造业占比和人均 GDP 之间倒 U 型的关系曲线。还可以导出一个类似但又有些不同的现代部门关系曲线（图 3.12）。首先，在低收入水平上，现代部门与人均 GDP 之间的关系曲线更加陡峭（斜率更大），表明结构现代化与人均收入之间的紧密联系。其次，曲线峰值的人均收入水平更高。二者之间最大的区别是，现代部门与人均 GDP 之间的关系曲线在达到峰值后并没有出现下降，现代部门的整体比重保持稳定。不过，在发达经济体的现代部门中，工业的比重是下降的，而现代服务业的占比是上升的。

Lavopa(2015a) 分析了现代化指数的两大组成部分——相对生产率和现代部门在就业中的比重——

> “不同国家现代化发展的轨迹各不相同。

图3.9
制造业规模对正增长期结束的风险率的影响

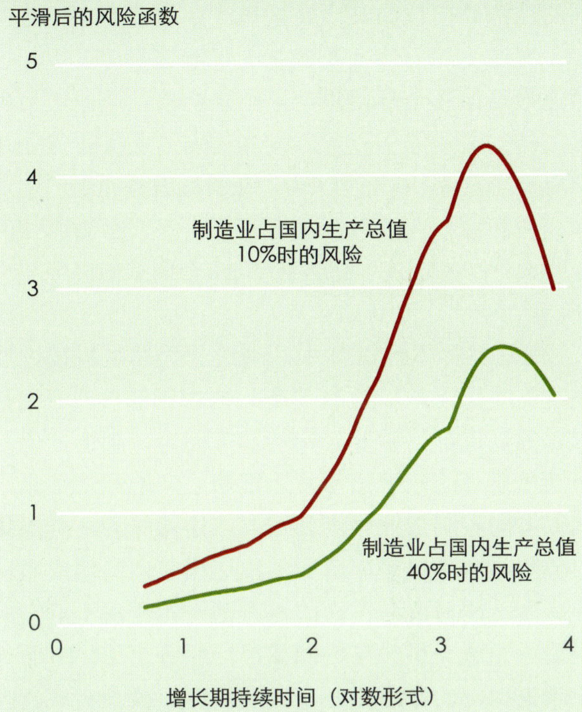

备注：横轴是增长期持续时间的对数形式。纵轴是风险率（即一段增长期在给定年份结束的机会）。较低的曲线代表一段增长期开始时，制造业增加值占GDP的比重为40%的情况下，增长结束的几率。较高的曲线代表假设情况——即制造业增加值占GDP的比重为10%的情况下，增长结束的几率。回归模型为COX比例风险模型。
数据来源：Foster-McGregor, Kaba and Szirmai (2015)。

图3.10
结构现代化

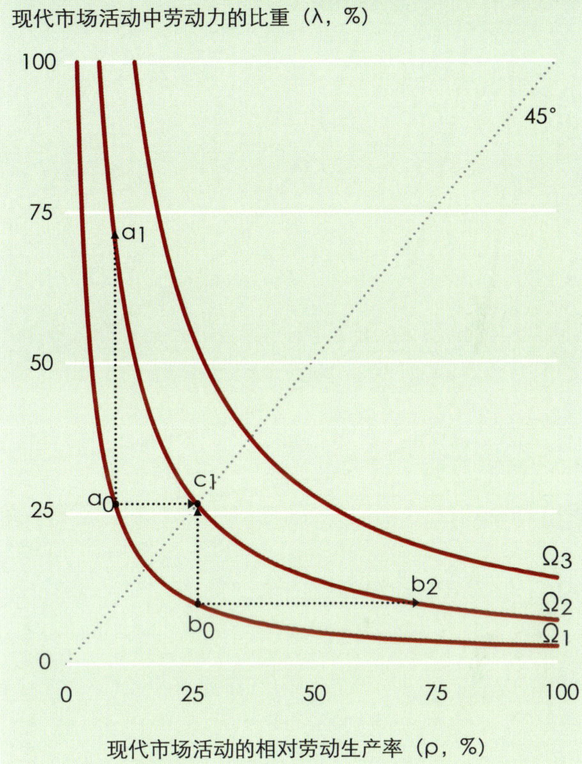

注：纵轴表示现代经济部门劳动力的比重（λ），横轴表示与世界最佳水平相比的相对劳动生产率（ρ）。三条Ω曲线给定结构现代化水平下两个要素的不同组合（即ρ*λ）。
数据来源：Lavopa and Szirmai (2014)。

对经济增长的贡献。这两个部分与经济增长之间的均为负相关关系，说明结构调整和科技进步在低收入水平上贡献很大，但是随着国家的经济水平逐渐赶上世界领先者、国家的经济结构变得与最先进经济体相似，二者的贡献逐渐减弱。

研究中一个最重要也是最意想不到的发现与现代部门中制造业就业的比重有关。将现代部门中制造业就业的比重加入增长回归分析中后，总能得出高度显著的正相关关系。但若把现代部门中服务业就业的比重加入到增长回归中，得出的却是相反的结果，其对经济增长显著的负面影响表明，即使在成熟的经济体，现代部门中服务业的较大占比也往往与经济增长速度放慢联系在一起。

对上述发现的解释是，由于成熟经济体经济增速往往比处于追赶状态经济体的增速要慢，因此当收入水平提高，结构调整的增长促进作用是下降的。但如果将现代部门中制造业就业的比重纳入分析中，可以发现现代部门中制造业比重较大的国家经济增长往往更加迅速。这一发现与现代制造业和有活力市场服务业之间的良性互动是一致的。

出口增加值在GDP中的比重是经济增长最重要的决定因素之一（Lavopa 2015a）。其中出口结构至关重要。由于制造业出口对经济增长始终如一的促进作用，制造业出口比其他任何经济部门的出口都更为重要。

制造业及其他产业的技术进步机会

一些服务业部门扮演着与过去制造业同样的充

> “ **当收入水平提高时，结构调整对于增长的促进作用是下降的。**

图3.11
1960–2009年韩国的现代化轨迹

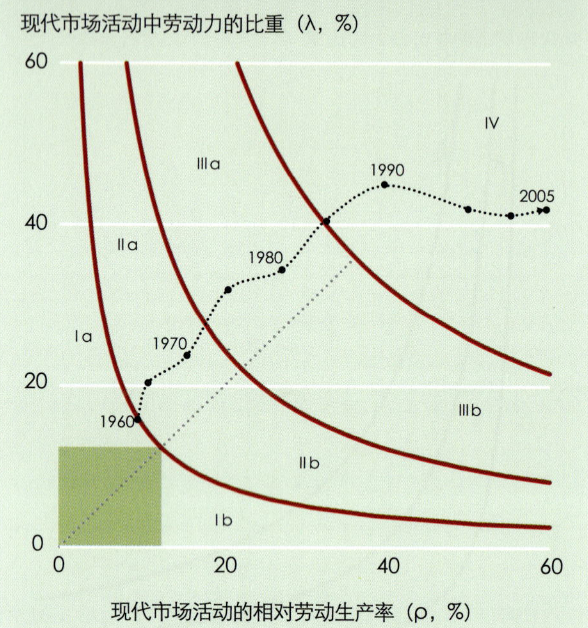

注：图中数据为五年平均。虚线的等量曲线划分出低、中低、中高、高收入等不同的收入水平的经济体，划分标准依据世界银行分类标准（具体请见附件A1，表A1.3）。这三条收入分界线分别代表每个收入群体中结构现代化水平的最低标准。
数据来源：Lavopa and Szirmai (2014)。

满活力的角色，不过它们之所以能扮演这样的角色，是因为与复杂的制造业活动的互动（Tregenna 2015; UNIDO 2013a）。在更高的发展水平上，制造业与服务业部门有着很强的联系，正如在发展的早期阶段农业与制造业那样（Szirmai and Verspagen 2015）。服务业活动很大程度上依赖于制造业的投入，同时制造业又是金融服务、交通和物流以及商业服务等现代中间服务投入需求的重要来源，正如在之前章节全球投入产出分析中研究的那样（Park 1989; Park and Chan 1989）。服务业部门和制造业部门都会使用对方的产品作为投入，但是相比之下，服务业对制造业的依存度更高。此外，现代服务活动的出现取决于制造业的结构。知识密集型制造业部门，如办公和计算机产品制造业、电气设备制造业和化工原料制造业等，是生产型服务业的主要服务对象（Guerrieri and Meliciani 2005）。

有些行业更加重要

表 3.1 列出了 1995-2007 年间，37 个样本国家[14]全要素生产率（TFP）增速的概要统计数据。不同的经济部门按照其全要素生产率增速的中位数排序。制造业部门的全要素生产率增速整体上更高。增速最高的五个部门中，一个是全部制造业，另外四个是制造业的子行业。排名最高的服务业行业是交通和通讯业，排在第 6 位。在所有服务业部门中，除交通和通讯业以外，仅有贸易、餐饮和酒店业的全要素生产率增速中位数高于 37 个国家国民经济合计。

在这些样本经济体中，制造业仍然是科技进步最主要的受益者。在 21 世纪，对中国和后共产主义国家等以追赶为主要目标的国家而言，制造业仍然极其重要。这些国家与发达国家之间的经济关系，从双方向看制造业强度都很高。这意味着，全球化的最新趋势不仅是制造业从发达国家向其他国家转移，而是任何贸易往来的双方都开始专注于特定的制造业领域。那些在资源或市场服务全球化方面处于领先地位的地区正好是发展缓慢、很难实现赶超的地区，如印度、撒哈拉以南非洲以及拉丁美洲。这些国家的全球化是通过高度资源密集型的方式实现的，它们无法强有力地、系统地实现对发达世界的赶超。

对经济部门按照平均增速排序的结果与按照中位数排序的结果类似，但也有不同之处。农业的平均全要素生产率增速较高，但中位数低很多。采矿业、焦炭、炼油和核燃料制造业以及商务服务和金融业在某种程度上也是如此。

概括来说，不同部门之间科技机遇的差异巨大。制造业的科技机遇更多，部分市场服务业也是如此。与传统服务业相比，交通和通讯业以及贸易等服务业的全要素生产率增速更接近制造业。

研发投入和外商直接投资的部门分布

表 3.2 是高收入经济体研发投入的部门分布概况（Jacob and Sasso 2015），它证实了制造业是国民经济中科技密集度最高的部门。平均来看，全部研发投入中有 60.3% 发生在制造业部门，服务业部

> “制造业仍然是科技进步最主要的受益者。

图3.12
1950-2009年现代部门和工业在国内生产总值中的比重（以人均收入表示）

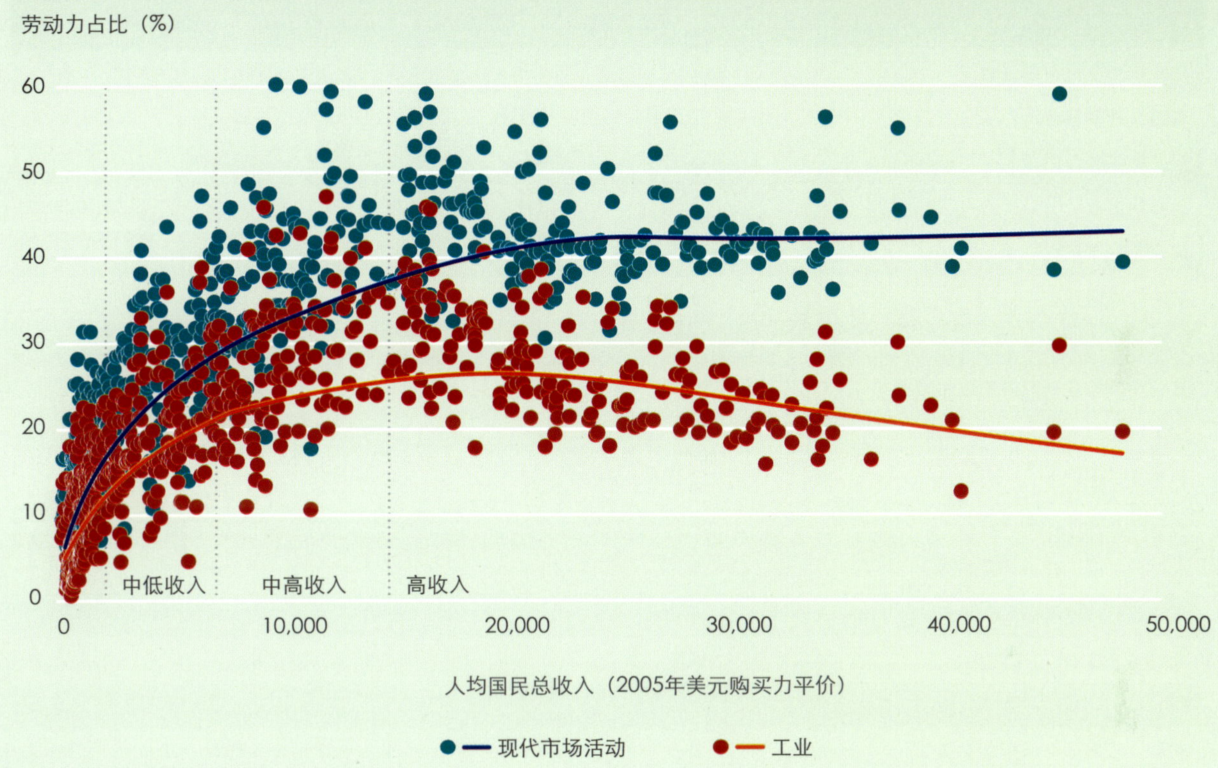

注：图中数据为97个国家5年平均数据。收入水平划分请见Lavopa and Szirmai (2014)。
数据来源：Lavopa and Szirmai (2014)。

门排在第二位，所占比重为35%。研发强度（即研发投入占增加值的比重）的部门差异更加明显，制造业的平均研发强度近6%，而其他部门仅约0.5%。

外商直接投资的部门分布与研发投入类似（Jacob and Sasso 2015）。在2003到2011年间，制造业吸收了42%的全部新建投资，紧随其后是采矿业、建筑业和公共事业，三者一起所占比重为29%，服务业的外商直接投资占比为28.6%。但是，在最不发达国家以及其他发展中经济体中，采掘业在外商直接投资中的占比最大。在制造业行业中，47%的新建项目投资于电子、电气设备、机械和汽车制造业（表3.3）。

以上数据证明了这样一个观点，即制造业的确是科技进步的关键领域所在，而部门间的差异也确实存在。

高技术部门普遍助推了经济增长，但低收入国家除外[15]

技术密集型行业对增长的贡献是否比其他行业要大？结构主义理论认为制造业是国民经济和社会发展的重要引擎，其助推作用不仅仅表现在其直接影响，同样也通过对整个经济更大的规模经济效应和正向的外部效应影响表现出来（Kaldor 1966, 1967）。GDP的增长与制造业的增速息息相关。为了验证此观点，Lennon, Cantore和Clara（2015）使用包括1970-2011年间146个国家制造业增加值和GDP数据的面板数据集，分析了制造业整体和其中技术密集型行业的增速对GDP增长的影响。

Lennon等人的研究中最重要的发现是高技术制造业部门的专门化生产产生了重要的增长溢价。在描述增加值总量增长的模型中加入高技术增加值的

“科技机遇的差异巨大。

表 3.1
1995-2007 年分部门全要素生产率增长的分布情况（%）

经济部门	均值	中位数	峰度	偏度	标准差
电器和光学设备制造业	15.3	9.5	600.1	240.9	22.6
运输设备制造业	7.1	4.4	235.7	122.1	11.5
未分类机械制造业	6.2	4.0	28.1	42.0	6.5
全部制造业	4.7	3.4	–25.4	62.0	4.6
其他非金属矿物	4.6	3.2	117.4	113.6	5.1
交通和通讯业	4.0	3.2	79.9	97.0	5.4
橡胶和塑料制造业	7.8	3.1	715.2	277.2	15.5
基础金属和金属制品制造业	5.0	2.7	669.9	229.8	9.2
化学产品制造业	3.1	2.5	84.0	43.2	4.6
贸易及其他	2.9	2.2	502.8	144.8	3.5
纺织品及其产品制造业	2.5	2.0	1479.3	324.9	3.9
木材及木质、软木产品制造业	2.7	1.9	63.9	17.8	7.1
未分类制造业和循环利用业	3.7	1.9	694.0	79.0	14.2
国民经济合计	3.0	1.9	564.9	188.4	2.7
纸张、印刷和出版业	1.9	1.7	1320.8	–211.2	7.2
皮革、皮质产品及鞋类制造业	0.8	1.4	1504.7	–326.5	3.7
农业	4.0	1.3	2144.6	442.9	10.1
食品、饮料和烟草制造业	1.3	1.0	182.0	73.7	3.7
金融和商务服务业	2.2	0.9	145.5	82.7	4.8
公共事业	1.0	0.4	309.3	65.7	6.2
公共和其它服务业	0.8	0.1	1361.2	321.6	3.2
采矿业	1.2	–0.2	1325.0	144.5	12.2
建筑业	–0.2	–0.4	305.4	8.5	4.1
焦炭、炼油和核燃料制造业	3.0	–0.7	1264.2	278.6	23.1

注：根据 37 个样本国家数据计算，包括除三个国家以外的所有欧盟国家，以及美国、日本、俄罗斯、韩国和较大的发展中国家，如巴西、印度、中国、土耳其和墨西哥。
数据来源：改编自 Kaltenberg and Verspagen (2015)，World Lnput-Output Database（Timmer and others 2015）。

增长时，高技术增加值的增长对于总体增速有着显著的推动作用。相反，模型中低技术和中等技术活动的系数并不显著。若保持模型中制造业增速不变，专注于高技术生产的国家的增速比专注于低技术生产的国家要快。特别是对于 1991 年以后的中等收入和低收入国家，这种现象更加明显。

对低收入国家而言，由于其高技术生产活动的比重较低，出现这种情况令人担心。过去 20 年间，高收入国家的制造业增加值中有三分之一是高技术部门创造的，中等收入国家是五分之一，而低收入国家只有十分之一。高收入国家和中等收入国家的经济结构有明显的高技术化倾向，高收入国家高技

“制造业是国民经济中科技密集度最高的部门。

表 3.2

2011 年研发支出，按部门和收入水平分组

	农业			制造业			采矿业、建筑业和公共事业			服务业		
	10 亿美元（购买力平价）	部门研发支出占总研发支出比重（%）	部门研发强度（%）	10 亿美元（购买力平价）	部门研发支出占总研发支出的比重（%）	部门研发强度（%）	10 亿美元（购买力平价）	部门研发支出占总研发支出的比重（%）	部门研发强度（%）	10 亿美元（购买力平价）	部门研发支出占总研发支出的比重（%）	部门研发强度（%）
低收入和中等收入国家												
中国	0.48	0.26	0.04	162.47	86.56	3.78	12.69	6.76	0.64	12.05	6.42	0.21
波兰	0.01	0.77	0.06	0.95	49.15	0.7	0.05	2.76	0.05	0.91	47.32	0.19
土耳其	0.01	0.27	0.01	2.59	53.34	1.23	0.07	1.36	0.06	2.19	45.04	0.30
高收入国家												
澳大利亚	0.13	1.04	0.56	2.98	24.57	4.29	3.51	28.94	1.85	5.51	45.46	0.86
奥地利	0.00	0.03	0.04	4.34	63.69	7.02	0.09	1.29	0.27	2.38	34.98	1.04
比利时	0.03	0.46	1.09	4.21	62.93	7.13	0.14	2.14	0.40	2.30	34.48	0.75
加拿大 *	0.11	0.83	0.55	6.03	46.62	4.41	1.05	8.11	0.48	5.75	44.44	0.63
捷克	0.01	0.33	0.13	1.46	56.23	2.19	0.04	1.50	0.11	1.09	41.94	0.66
丹麦	0.01	0.14	0.21	2.48	51.94	9.34	0.05	0.99	0.21	2.24	46.92	1.43
芬兰	0.01	0.10	0.11	4.27	76.83	12.06	0.12	2.17	0.64	1.16	20.90	0.90
法国	0.18	0.52	0.44	17.00	49.75	6.82	0.81	2.37	0.44	16.18	47.36	0.94
德国	0.16	0.25	0.65	55.77	85.62	7.93	0.35	0.53	0.15	8.86	13.60	0.42
意大利	0.00	0.03	0.01	10.36	73.60	3.43	0.15	1.07	0.09	3.56	25.30	0.25
日本	0.03	0.02	0.05	100.35	87.87	12.35	1.56	1.37	0.47	12.26	10.74	0.39
韩国	0.04	0.09	0.12	39.11	87.54	8.81	1.57	3.51	1.58	3.96	8.85	0.47
挪威	0.08	3.14	1.98	0.98	37.07	4.66	0.35	13.08	0.37	1.23	46.70	0.78
葡萄牙	0.00	0.24	0.09	0.70	35.48	2.16	0.05	2.42	0.21	1.21	61.86	0.64
斯洛文尼亚	0.00	0.08	0.07	0.76	72.08	7.07	0.02	1.69	0.35	0.27	26.15	0.81
西班牙	0.14	1.32	0.40	5.85	55.70	3.10	0.68	6.44	0.42	3.84	36.54	0.38
瑞典	0.02	0.25	0.38	6.59	71.86	9.91	0.05	0.51	0.13	2.51	27.38	0.98
英国	0.02	0.07	0.13	9.18	36.90	4.39	0.35	1.40	0.16	15.33	61.63	0.95
美国	—	—	—	201.36	—	10.56	3.79	—	0.30	88.95	—	0.73

注：相关列计量单位：（1）10 亿美元，购买力平价；（2）部门研发支出占总研发支出的比重（%）；（3）部门研发强度（%）。* 为 2010 年数据。部门研发强度计算公式为部门研发支出（以现价当地货币表示）除以部门增加值（以现价当地货币表示），即研发强度 i,j = Ri,j/ Yi,j，式中 Ri,j 表示国家 j 中部门 i 的研发支出。

数据来源：Jacob and Sasso (2015)。

> 高技术增加值的增长对于总体增速有着显著的推动作用。

表 3.3
2003-2011 年制造业部门吸收外国直接投资新建项目，按经济体分组（%）

	新兴工业经济体	工业化国家	最不发达国家	其他发展中经济体	全部
电子、电气设备、机械和汽车	48.9	47.0	28.1	38.0	47.0
化学品、橡胶、塑料、燃料和矿物	26.8	26.5	28.7	29.1	26.8
金属	9.2	8.2	12.9	10.4	8.8
食品、饮料和烟草	6.9	6.6	21.3	13.7	7.4
家具、修理和装配、其他	3.9	5.6	2.4	3.1	4.7
纺织	2.2	2.9	4.9	3.7	2.7
纸张、木材和印刷	2.3	3.1	1.7	2.1	2.7
总计	100.0	100.0	100.0	100.0	100.0

数据来源：Jacob and Sasso (2015)。

术部门比重提高了 4.4 个百分点，中等收入国家提高了 3.2 个百分点，但低技术国家却没有这样的结构变化。

短周期还是长周期技术？

正如前面分析的那样，一些经济部门在国民经济发展中扮演了特殊的角色，最适宜促进经济的持续发展，但是我们还没有分析其中的科技因素。以科技为基础的专业化生产对中等收入国家保持经济增长、避免陷入中等收入陷阱，是非常必要的（Lee 2013a）。短周期技术带来最高程度的国内知识传播和创新，传统生产者的优势不再重要。

相对于长周期技术较多地使用传统知识，短周期技术知识淘汰速度更快，技术的变化也更快。对于后起的新兴经济体来说，进入一个短周期技术行业更加容易，不再需要掌握旧的知识。赶超的机会也更多。以短周期技术为特征的新知识频繁产生，提供了更高的增长预期和较低的进入门槛。应用短周期技术，减少了对发达国家控制的传统技术的依赖，有助于本土化知识创新。

哪些部门里短周期技术更多呢？对专利数据的详细分析表明，信息通讯技术部门，如半导体、电视 / 显示器、信息存储和通讯等行业往往技术周期极短，而纺织、服装、食品和饮料等行业的技术周期较长（Lee 2013c）。

短周期技术较多的部门正是那些成功实现赶超的亚洲经济体（如韩国和中国台湾）目前所倚仗的专业化部门。韩国在 20 世纪 60 年代最初发展的是劳动密集型行业（也是长周期行业），如服装和鞋类制造，以后逐步向周期较短的行业（中等技术周期）转移，如 20 世纪 70 年代和 80 年代的家用电子产品和汽车装配。到了 20 世纪 90 年代，韩国开始向技术周期更短的行业转移，如通讯设备、存储芯片和数字电视等。这种由科技驱动的结构调整，使韩国在很长一段时间内实现持续发展，进而摆脱了中等收入陷阱。

相反，那些发展陷入困境的中等收入国家（如阿根廷和巴西）则没能完成向短技术周期部门的过渡，采取了直接复制战略，集中发展长周期部门（如水井、水泵、液压工程、食品和饮料以及金属加工业）。这是这些国家为什么没能保持增长，而陷入了韩国已经避免的陷阱的重要原因（Lee 2013a）。

以上分析与第一章关于结构调整的分析一致。低技术部门（技术周期较长）在发展的初始阶段增长较快，之后随着国家变得富裕，其增长逐步下降。只有高技术制造业才能保持高速增长，即使在中上或者高收入水平。

由此可见，不同部门之间不同的技术特点是经济结构和保持增长能力的关键所在，因此执行促进经济结构向短技术周期部门倾斜的政策非常重要（见第六章）。

为技术创造良好环境促进经济增长

首先，全球化为竞争提供了一个移动的目标，

“应用短周期技术有助于本土化知识创新。

固步自封只能导致生活水平下降。其次，技术升级及其实现过程中的配套政策需要因地制宜，而且会随着时间的不同而发生变化。当年韩国和日本可以在实现科技进步的同时与外国企业保持距离，但在当今的国际秩序中，外商直接投资和跨国公司是获取全球技术无法绕过的关键所在（Szirmai 2015）。第三，很多例子都说明，获取科技的能力与生产者是否能够有效进入全球价值链密切相关。最后，在既定的全球价值链结构中，是否能够成功地实现技术升级，既取决于在经济部门内的位置变动，也取决于能否通过多元化进入新的行业。

正如本章之前深入讨论的那样，发展那些能够促进增长的合适的经济部门是结构转型的关键。在较低经济发展水平上，需要构建工业的生产能力，通常是劳动密集型工业，以及有发展潜力的劳动密集型服务业部门。在更高的人均收入水平上，成功的发展则需要在部门内部进行技术升级，转向甚至跃向更具技术活力的经济活动（Lee 2015）。在认清国情和发展阶段的前提下，选择适合的发展部门，无论对于企业还是对于国家的产业政策，都是重要的挑战。

持续增长必备的科技能力

成功的发展不仅意味着资源（主要是劳动力）向优质经济部门的再分配，更意味着缩小与优质部门内领先技术的差距，这正是本章前面介绍过的 Lavopa 和 Szirmai (2014) 现代化指数的主要内涵。韩国的发展之路是最好的注解，清楚展示了现代部门的扩张并缩小与世界领先国家差距（见图 3.11）。

国家的科技实力主要与国民受教育程度以及科研领域的人力资本和其他投入相关，而这些要素的投入又取决于国家的发展水平。在早期发展阶段，由于可以吸收来自全球的科技知识，与发达国家之间的科技差距反而为加快结构转型提供了潜力。这种潜力是否能够兑现很大程度取决于国家、行业和企业对先进科技的吸收能力（Lall 2000, 2002）。在所有科技吸收能力的决定因素中，最重要的是人力资本的投入。雄厚的初等和中等教育实力和专业化人才是吸收新技术的根本：任何新科技的运用都需要以基础教育为根基，因此受教育人口越多，该国接受新科技的速度就越快。

但是光有基本受教育水平是不够的，吸收新科技还需要与技术相关的技能。有时候可以通过对基础教育的改进获得这种技能，有时则需要职业教育的专门培训。在中期发展阶段，除了继续吸收来自世界的科技知识以外，创造本土化的新科技变得同样重要。在此阶段，完备的自然科学和工程学高等教育体系以及规模更大的正规研发扮演着重要角色（Dahlman 2010）。事实上，向技术密集型制造业和服务业转型很大程度上依赖“高技术基础设施”，包括能够培养科学家和工程师的高等教育和培养熟练技术工人的科技专科教育（Narula 2004）（见专栏 3.1）。

最终，科技能力很大程度上孕育于本土企业中。因此，实现科技进步需要拓宽企业获取先进科技的渠道，提升企业自身科技能力。获取先进科技的渠

专栏 3.1
墨西哥克雷塔罗的人力资本和航空航天工业

克雷塔罗的航空航天工业发展很快。庞巴迪，这家加拿大籍的世界领先的航空工业公司，于 2006 年进驻了克雷塔罗。法国 Safran 集团和西班牙著名机身制造商 Aernnova 2007 年起也开始在克雷塔罗开展业务。到 2012 年，先后已有超过 30 家外国企业在克雷塔罗州运营。墨西哥航空航天工业的出口，由 2004 年的 13 亿美元上升到 2011 年的 45 亿美元（Gereffi 2015）。

克雷塔罗州航空航天工业的发展离不开州政府的大力支持，特别是 2007 年克雷塔罗国家航空航天大学（UNAQ）的创建。由于大学的出现，克雷塔罗的公共和私人部门提出了大量配套的科技项目。截至 2009 年，克雷塔罗州政府共向大学投资 2100 万美元。大学中许多教师都是来自于当地的相关企业，并在加拿大和西班牙接受过教务培训。到 2012 年，国家航空航天大学共培养了 488 名科技专业人才。大学还进一步加强了已经非常雄厚的工程教育培训，为国家人力资源开发进一步做出贡献（Gereffi 2015）。在墨西哥，41% 本科毕业生的学位是工程学，65% 的硕士研究生课程与工程学相关（Casalet and others 2011）。2007 年，墨西哥国家技术培训学院在克雷塔罗开设了飞机维护专业的课程，每年能培养 90 名专业技术人员（Gereffi 2015）。

> 吸收新科技需要与技术相关的技能。

道主要包括与外商合作、专利授权、战略联盟和共同开发等（Lee 2013b），根据国家的发展水平又各有不同。在早期发展阶段，科技知识主要从进口的设备中获取，能力建设主要依靠从实践中学习。在中期发展阶段，国内企业更多地意识到系统性学习和科技发展的重要性，并开始积极寻求他国企业的专利授权，或通过外国直接投资实现技术转移，同时逐步提升企业内部的研发能力。在发展的后期，依靠专利授权和向他国商业伙伴学习获取技术的途径已无法满足需求，国内企业更多地依靠公共部门和私人部门的合作研发、已有的理论文献、海外研发中心、与他国企业的共同开发协议和国际并购来实现技术升级。

学习和吸收科学技术可能发生在不同企业内部，而每个企业个体的成功与失败都发生在“系统”内（Lall and Narula 2004）。因此，一个国家科技实力的提升同样离不开国家创新体系[16]。从这个角度来说，学习和创新涉及到企业及其所处环境之间的复杂互动，这种互动不仅包括企业自身的客户和供应商网络，还包括机制和组织结构、科技基础设施以及科技创造和传播体系。随着创新体系的升级，一个国家可以充分利用国际科技知识库，从而提升本国的科技实力。在高效的创新体系中，先进技术并不局限在少数领先企业中，而是在企业与企业之间，商业活动与商业活动之间快速传播。

技术升级离不开知识在整个经济体中的广泛传播。这种传播需要强大的配套公共政策和基础设施建设，包括技术信息服务、扩展服务、生产力组织、方法标准、质量控制和产业集群。提升技术能力还需要完善的科技成果商业化转换机制，将政府研究实验室和大学中产生的新知识付诸实践。科技成果的商业化转换机制应包含强有力的知识产权保护体系、大学和科研机构中的技术转让事务处、科技和工业园区、企业孵化器、初创科技的风险投资机制等（Dahlman 2010）。

发展本国科技能力是保持经济增长最重要的因素之一。以中国为例，20 世纪 80 年代，中国的中等和高等教育水平还很低，但是国家在各级教育方面的大力投入从根本上改变了这种状态。到 2007 年，中国高校毕业生人数已超过美国，其中有 40% 的高校学生是理工科专业[17]。这对获取和使用新知识至关重要。同时，巨大的投入还带来从事研发的科研人员数量和研发投入占 GDP 比重的上升。2007 年，中国已成为世界第三大的研发投入国，研发投入占 GDP 的比重达到 1.42%。

除了教育上的投入，中国在创造良好的科技成果商业化转换机制方面也做出了很大努力，设立了数量庞大的科技园区和企业孵化器，还出台了许多措施鼓励大学科研成果转化。除此之外，中国政府还实施了促进农村创新的“星火计划”[18]和促进高科技创新的“火炬计划”[19]，这些政策极大地促进了前沿科技的传播（Dahlmann 2010）。

中国在培育本国科技实力的同时，还大力发掘、借鉴国际科技资源，打造了培育本国能力与利用国外知识相结合的“开放的国家创新体系”（Fu 2015）。中国开拓了许多发展中国家很少使用的非传统手段，吸引国际先进科技资源，如对外直接投资、国际创新合作以及吸引高技术移民等（Fu 2015）。此外，中国还出台了很多政策，加强本国企业与外国企业的联系，有效促进先进技术的转让，如在一定时期内，将成立合资企业作为外商直接投资的准入条件之一，在特定的行业内实施地方需求条款，对进入中国的跨国企业实施培训要求条款（如对摩托罗拉）等（Fu, Pietrobelli and Soete 2011）。

中国的这些政策，都是在对外开放的前提下才能达成的。在生产分散化不断加深的环境下，技术升级与产业集群和全球价值链的升级密切相关。

产业集群的技术升级

实现技术升级的一个重要条件是发挥产业集群的功能[20]。正如前文所述，产业集群有助于科技知识的广泛传播，为本国经济带来重大利好。这些利好主要包括三个方面的内容（Ketels and Memedovic 2008）。一，产业集群能提高生产率。由于资产专业化和供应商反应时间缩短，企业运营的效率将大大提升。第二，企业与科研机构之间能建立联系，更好地实现学习和创新。产业集群带来的科技溢出和与消费者之间的密切联系，能够激发企业、风险

> “发展本国科技能力是实现持续增长最重要的因素之一。

投资者和科技密集型服务提供者的创意，产业集群环境有助于降低科技转化试验成本，进一步促进创新。第三，产业集群的经营模式更佳。在产业集群中更容易找到初创公司所需要的外部供应商和合作伙伴。由于创业者失败后能在本地区相同领域的其它企业找到工作机会，产业集群发展分散了创业失败的成本。

在发展中国家中，产业集群还可以带来另外两个重要影响。大多数（不是全部）低收入和中等收入市场的产业集群使用规模不大的劳动密集型生产技术，满足国内和低收入消费者的需求。因此，这些国家的产业集群不仅是经济增长的重要动力，同时也是社会包容性的重要载体。大多数的发展中经济体都存在这样一个问题，即在大量的小微企业和非正规企业与大型正规企业之间，缺乏中型企业。有活力的产业集群在这些经济体的发展路径中，可以起到进阶石的作用。但如果产业集群仅仅成为粗放型发展的一种形式，只是对现状的简单复制，它也无法扮演保持经济平稳可持续发展的角色。因此，产业集群内部的升级进化能力是维持经济增长的重要条件之一。

产业集群的升级面临着来自最终市场、流程升级、组织架构和企业间分工（包括在价值链中的定位）等方面的诸多挑战（见专栏 3.2）。

扩展最终市场。无论要扩展的是国内市场还是海外市场，满足顾客新的需求和应对竞争对手的挑战是产业集群进化升级的首要驱动力。强化消费者和生产者之间的互动并扩展市场，是实现产业集群升级改造的路径。

流程升级。大多数在竞争中存活下来的有活力的产业集群规模都不大，使用的通常都是比较基础的二手技术。这些产业集群所针对的最终市场规模小，无法支撑其使用大型的有规模效益的技术，或者成本较高的尖端技术。这些产业集群（特别是非正规部门）的升级所面临的挑战比较复杂。有时可以通过购买新设备或者设备改良实现升级。另一个方案是通过寻求新的生产资料来源，即改进所使用的物资来完成升级。这些生产资料的质量可能比知名度更高的供应商提供的设备质量略差，但有利于南南国家之间的技术转让。

> 专栏 3.2
>
> **肯尼亚家具制造业的升级改造**
>
> 产业集群升级改造所面临挑战的一个典型案例是肯尼亚家具制造业的升级（Attah-Ankomah 2014）。近年来，许多家具制造产业集群都开始使用价格更加低廉的中国机械设备来替代原来使用的工业化国家的设备。整体而言，这些设备的可靠程度和生产质量不如来自发达国家的设备。使用中国设备的生产流程的劳动密集度更高，单位成本更低。
>
> 在这种情况下，肯尼亚本国非正规部门的机械制造商做出了回应，或者开始在当地生产更加廉价的家具制造设备，其产品质量更差，或者尝试组装中国设备和发达工业国设备的混合体，即使用发达国家的马达。其结果是提高了肯尼亚家具制造业生产力水平和产品质量，而且至少有一个使用中国设备和混合设备的家具制造产业群进入了高端家具市场。
>
> 类似这种使用中国或印度设备获益的案例还有坦桑尼亚的农机行业（Ageyi-Holmes 2014）和乌干达的服装制造业（Botchie 2014）。
>
> 来源：Kaplinsky（2015a）。

组织架构升级。由于组织架构的游离特点，那些非正式部门集群的升级改造空间更大，门槛也更低。所谓组织架构包括工作流程、质量控制、原材料存储、机器维护和商业策略等方面。这些流程技术中“软”的方面通常只是在撰写商业计划、向政府和非政府组织争取金融支持时才有体现。在实际执行中仅仅满足了组织流程升级要求中有限的目标。东非那两个使用中国和印度设备的产业集群（见专栏 3.2）案例里，并没有迹象显示采取了措施来解决技能开发、设备维护和工作流程等方面的问题。似乎升级只是个别企业家的责任，这些产业集群的变化很小。

企业间分工和功能升级。生产力发展的一个重要驱动力是企业内专业化水平的提高和企业间分工的出现，这些都是动态化集群的自然结果，正如 Schmitz 研究巴西西诺斯谷的鞋类制造工业区时所介绍的那样（Schmitz 1995）。企业间分工的深化对产业集群的升级提出更多挑战。企业间分工主要表现为零部件的专业化生产和总体装配的分散进行。而

“有活力的产业集群是发展中经济体发展路径中的进阶石。

这种专门化生产与总体装配的脱钩对专业化的商业服务供应商提出了更高的要求，例如扩展价值链的标准以及提供金融和市场支持。

一旦企业进入了全球价值链，它们还需要在功能上升级，即改变在价值链中的位置，也许从低技能的简单装配升级到技术含量较高的零部件制造，甚至开始进行产品设计、独立的品牌和市场拓展等。功能升级只有在产业集群整体位置提升时才能实现更大的经济效益。如果只是单个企业在价值链中位置的变化，只会反映作为个体的经济单位的盈亏，并不会带来产业集群的整体提升。

全球价值链中的科技升级

进入全球价值链。在全球价值链的“治理”（协调）方面，跨国企业扮演着重要角色[21]，因此，全球价值链的扩张与全球外商直接投资总额的增长息息相关。全球外商直接投资额由1970-1974年间的年均650亿美元（1995年价格）上升到2011-2014年间的年均1420亿美元（UNCTAD 2015）。其中，流向发展中国家的外商直接投资比重从1970-1974年间的21%上升到2009-2011年间的45%（Szirmai 2015）。全球价值链的升级与外商直接投资紧密相联。

从发展中国家的角度看，全球价值链提供了工业化和科技进步的机会。发展中国家可以集中力量进入全球价值链的部分优势领域，而不需要提高国民经济全领域的工业化水平（Baldwin 2011; Szirmai, Naudé and Alcorta 2013）。但如果发展中国家在全球价值链中仅专注于很窄的领域，则会变得过于专业化，对经济的增长影响不大。

许多国家特意设立经济特区，为之配备完善的基础设施，制定各种优惠政策，以吸引外资的方式进入全球价值链。其中最好的例子就是中国（专栏3.3）。

对于那些从事外包生产的企业（通常是发展中国家的企业），有两种完全不同的发展策略。其一，是那些新进入全球价值链或某一经济领域的企业，其策略可称为“淡入”，即它们只为最终产品贡献很小一部分增加值，并以此进入价值链中。那些新成立的从事基本的服装剪裁、缝制的代工企业就是很好的例子。另一种是那些已经在经济部门内经营了很久的供应企业所采用的策略，可称之为“淡出”策略，即削减其长期从事的生产活动的范围。还是以服装行业为例，那些已入行很久，但放弃了自主设计和品牌，而专注为行业领先的外包买家提供缝制服务的企业采取的就是这种策略。

影响价值链升级机会的机制。在一些价值链中，领先企业会限制其他企业升级的机会。因此，全球价值链升级的一个重要目标是使企业进入有提升机会的价值链。不同的市场对进入其中的企业有不同的要求。发达国家市场的环境和健康标准对于进入

专栏3.3
中国的经济特区

中国的产业集群在其历史、规模、外向型定位和政府职能等方面有诸多独特之处。中国产业集群的发展有着很长的历史，而当前的活力主要来自于政府政策的驱动（Enright, Scott and Chang 2005）。1978年以来，通过总结前期经验，中国设立了一系列的经济特区，在这些特区中，中国政府推行优惠的税收政策等诸多措施，以期通过吸引外资和（日益增多地）成立合资企业刺激出口[22]。

1980-1984年间，中国建立了最早的5个试验性质的经济特区，1984年又设立了14个经济特区，其后特区的数量越来越多。中国对产业集群，特别是对经济特区的支持，并非只来自于中央政府。省、市、乡等各级政府都很积极。一直到20世纪末，乡镇企业和村办企业都是中国工业发展的支柱。

在开始阶段，中国的产业集群集中于劳动密集型产业。尽管在中国经济中的重要性逐步降低，这些劳动密集型产业集群依然对中国的产出、出口和就业做出了巨大贡献。它们大多位于经济特区中。据推算，到2007年，这些特区（既包括劳动密集型产业，也包括高技术产业）大约生产了22%的GDP和60%的出口产品，并创造3000万个工作岗位。近年来，中国的经济特区逐渐向高技术产业方向发展，1995-2010年期间，这些高技术产业集群创造了中国一半的高技术产业产出和三分之一的高技术产品出口（Zeng 2014）。

来源：Kaplinsky（2015a）。

“ 一旦企业进入了全球价值链，它们还需要在功能上升级。

者来说是一个很大的壁垒，但同时也对进入者产品质量的提升和生产工艺的进步提出了挑战和激励。采购者和最终零售商集中度的提高，导致新进入行业的企业没有多少讨价还价和升级改造的空间。但是另一方面，根植在当地经济中的外国企业越多，就越能帮助当地的供应商实现升级改造。

垂直专业化价值链和附加价值链。从分析角度看，全球价值链可以分为两类：垂直专业化价值链和附加价值链（Kaplinsky 2015a）。垂直价值链来源于价值链的分裂，即企业专注于其核心业务，而将非核心业务外包。这种分散化方式将生产流程拆分成很多可以同时（并联）进行的子流程，分散到全球。苹果手机就是一个众所周知的例子。附加价值链指的是在价值链每一环节依次（串联）产生新的价值的生产流程，就像对自然资源进行加工的过程。可可豆的加工价值链就是依次产生新价值的一个例子（Kaplinsky and Morris 2014）。服装制造业也遵循这种价值链的模式。

无论是上述价值链中的哪种类型，其升级均要求国家或者企业专注从事科技含量更高、且能从中获取（或学到）先进技术的生产活动，实现在最终产品的全部增加值中获得更大份额（专栏 3.4）。但是针对这两种价值链的具体政策措施又有所不同。

垂直价值链。由于垂直的全球价值链中非核心的外包业务主要是以离岸方式外包给发展中国家经济体的企业，因此，用以促进垂直专业化全球价值链的政策措施（特别是短期的政策措施）应主要针对贸易领域。其主要目的是消除贸易壁垒（如进口关税和进口配额等），通过政策措施鼓励出口，以及去除“边境口岸”体制机制上的障碍。其中，补充贸易是使贸易机制运行更为顺畅的重要手段。此外，若一个国家希望进入由其它国家的领军企业所主导的出口市场，则设立经济特区是一种常用的手段。

除了贸易，还需要努力加深价值链高租金环节上的影响。在企业层面，其升级一般最先表现为加工、生产、运营流程等方面的改进（Humphrey and Schmitz 2000）。这样的升级轨迹在那些于全球价值链中成功实现了垂直专业化的亚洲经济体中表现得尤为明显。仅仅通过为全球领先企业所设计的产品进行代工装配，当地企业就能进入全球价值链（例如，在中国组装的 iPhone 4）。在此阶段，企业的科技升级主要是工艺的进步。企业最开始专注的是效率的提升，之后随着能力的积累，会逐渐由简单地装配转向制造，并逐步提高自产产品或本地采购的零部件的比例（Kaplinsky 2015a）[23]。

专栏 3.4

印度汽车零部件产业中小企业的发展：混合过滤系统

20 世纪 90 年代前期以后，伴随着市场自由化时代，印度汽车零部件产业迅速发展，从业人数从 1998 年的 16.2 万人增加到 2009 年的 46.2 万人，产出提高了 700%，达到 210 亿美元，占 GDP 的比重达到 2.1%（Borgave and Chaudhari 2010）。

虽然印度汽车零部件产业的研发中有很大一部分是在国外完成或是由跨国公司进口的，但中小企业的技术创新同样在该行业销售和就业的快速发展中扮演了重要角色（Krishnaswamy, Mathirajan and Subrahmanya 2014）。在印度汽车零部件产业中，中小企业主要作为转包商为大的汽车制造商服务，或是服务于价值较低的二级市场（India Brand Equity Foundation）。

紧密的客户关系对于过滤系统供应商规划和执行新产品生产非常重要。大企业与中小企业之间的联系因特定的设计要求、专业援助、生产图纸和新产品样品而得到了强化，这同样提升了该行业创新的目的性和市场的接纳程度。用铝替代钢铁，使得产品重量更轻；优化过滤比，使得过滤器的寿命更长。产品的创新导致生产增长，并进一步促进了就业的增长。中小企业中一些相对较大的企业设置了研发小组，并给予小组成员（最多可由 4 人组成）高度的创新实验自由。

中小企业的科技创新是一个动态的过程，其第一要务是达到行业标准，之后是通过产品和工艺的逐步创新，建立起企业的公信力，最后是通过加强企业的科技能力拓展新的市场。印度的制造业总产出中 45% 是由中小企业创造的，中小企业为印度的 技能较低的工人阶层提供了稳定的收入来源，对印度实现持续和包容性的发展至关重要（Goyal 2013）。

> “对于那些新进入全球价值链或某一经济领域的企业而言，其策略应为“淡入”。

3

保持经济增长

专栏 3.5

全球服装制造价值链中的尼加拉瓜

尼加拉瓜的服装出口在2005年到2011年间基本实现了翻番，出口值从7.16亿美元上升到14亿美元（Bair and Gereffi 2014）。尼加拉瓜在服装制造价值链中承担的主要是附加值较低的“裁剪 - 缝制”环节的生产。得益于该国工资水平较低的比较优势，2010年，尼加拉瓜的服装制造业的从业人数超过了51300人（(ILO and IFC 2010; Portocarrero Lacayo 2010)。在2009年，尼加拉瓜出口的服装绝大多数（89%）都销往美国，得益于多米尼加 - 中美自由贸易协定，该国自2004年起在美国某些细分市场（如机织西裤、棉布衬衣等）中的份额就不断上升（Bair and Gereffi 2014）。大多数尼加拉瓜的服装制造商生产牛仔服装、斜纹长裤和T恤。

尼加拉瓜绝大多数服装制造商都是外资企业，只有少量本土企业。外资企业大多数来自韩国和美国，也有一些来自萨尔瓦多、洪都拉斯、墨西哥和中国台湾省。这些企业中大多数都处于全球或区域（特别是中美洲）经营网络中，通过跨国经营，它们能够为客户提供全流程服务。生产针织衣物的企业将产品出售给沃尔玛、塔吉特、拉尔夫劳伦等大型企业。而生产机织衣物的企业则更专注于区域市场，在洪都拉斯、危地马拉和墨西哥等邻近国家开展业务，这些企业的主要买家是科尔士、李维斯、辛塔斯等公司（Gereffi 2015）。

在2005年到2010年间，尼加拉瓜服装出口上升了8.6%。尽管出口总量增长显著，但尼加拉瓜在服装价值链中的地位并未发生根本改变，仍在低附加值的服装剪裁制作市场竞争。由于出口很大程度上仍依赖于美国的贸易政策，特别是关税优惠水平例外条款禁止其从东亚地区进口纺织品，尼加拉瓜的服装制造业仍然十分脆弱。

随着企业自身能力的增强，企业的生产活动逐步转向产品的升级，并开始设计其自主产品。在这个阶段，企业甚至会扩展其业务范围，通过两种方式建立自身的品牌效应：或是创建自己的品牌（如三星），或是并购已有一定知名度的企业，从而获取其品牌（如联想收购IBM的计算机业务，并借此推出了Thinkpad）。企业也可能在竞争者壮大并占据产业链的主导地位之后而转向其他产业链的业务。在这个发展阶段，科技要求的提升和非实体生产活动比重的上升是主要的特征（Kaplinsky 2015a）。

附加价值链。附加型全球价值链中，发展中经济体的发展策略主要是“增加厚度”，即通过建立联系在部门中获取更大比重的附加价值。这主要发生在资源部门，但正如前文提到的那样，在一些制造业部门，如服装制造业中，也存在这样的价值链（专栏3.5）。

从传统意义上来说，能源开采通常被看作是与国内经济联系很少的“飞地”。而现在，能源开采与国内经济之间的联系正被重新评估。究其原因，其一是能源开采与国内经济之间的联系比过去所认识到的更加普遍；其二，深化这种联系的潜力比过去认识到的更大。

与资源部门的联系在许多工业化国家的工业化进程中扮演了重要角色（Wright and Czelusta 2004），包括19世纪的加拿大和美国，20世纪的挪威和英国，以及在21世纪初期处于“水力压裂时代”的美国。近期关于非洲资源部门的生产联系的研究发现了以往被人们所忽略的联动发展，有些情况令人相当吃惊（Kaplinsky and Morris 2014; Morris, Kaplinsky and Kaplan 2012）。

最明显且在意料之中的联动发展是南非的采掘装备和服务业（Kaplan 2012）。南非在该行业的全球专利获取方面表现十分突出，并实现了贸易的正平衡。尼日利亚的石油和天然气部门的联动发展也同样突出，石油和天然气部门与服务部门存在高度知识密集型的后向联系，其中一些服务是由雇佣了工程和信息通讯专业毕业生的本土公司提供的（Adewuyi and Oyejide 2012）。加纳正在兴起成为西非采矿业服务中心，逐步取代过去南非在非洲大陆资源部门中的地位（Bloch and Owusu 2012）。博茨瓦纳也在大力发展其钻石贸易、切割、抛光产业（Mbayi 2011）。

随着时间的推移，联动发展也显现出受市场驱动的演变过程。在开始阶段，联动发展会比较顺利，如同采摘低垂的果实一样唾手可得，之后随着更加困难阶段的来临，联动发展也会变得缓慢。这样由市场驱动的演变过程，既可能因为核心竞争领域的领先企业的发展而加速，也可能因为政策环境而减缓。

“对于那些在某一经济部门经营了很久的供应企业而言，进入全球价值链意味着某些经营活动的“淡出”。

非洲资源部门所展现的联动发展不仅是后向的，同时也有由全球价值链运营驱动的前向和横向联系（Kaplinsky and Morris 2014; Morris, Kaplinsky and Kaplan 2012）。但是需要针对相关联部门的专门政策和战略干预措施，以获取更深的附加价值[24]，有时此类政策也需要国际组织或领先企业的参与。

外商直接投资贡献的最大化

自20世纪70年代以来，贸易政策逐步从内向型转变为出口导向的外向型。战略性进入国际贸易市场和全球价值链成为结构转型的重要部分（Westphal 2002）。在进入出口市场的过程中，外商直接投资能提供国内所需的技术、品牌价值和全球市场，并有为本土经济实现外溢效益的可能。

通过外商直接投资促进技术升级和国际知识流通的可能机制包括：

• 跨国公司的外国子公司与所在国供应商和客户之间的关系（这是知识的垂直流通，比科技知识溢出的流通渠道更通畅）。

• 通过模仿和逆向工程实现向当地竞争者的知识溢出（横向溢出）

• 技术工人流动造成的知识溢出。

• 员工离开原公司自己创业带来的知识溢出。

• 跨国公司所在行业的竞争性提升。

但是，外商直接投资优势的发挥并不会自动产生，而是与当地政策等因素息息相关（Jacob and Sasso 2015）。经济部门内部的横向溢出是有限的。有时，当生产力更高的外国企业在竞争中超过国内企业时，带来的可能是负面影响。跨国企业能通过后向联系形成垂直的知识流通。一般来说，外商直接投资正面影响的发挥和外国跨国企业的进入很大程度上取决于与当地企业、行业和国民经济吸收能力相关的中介因素。另一方面，它们也受外商投资政策的影响。如果缺乏足够的吸收能力和适当的政策，外商直接投资和参与全球价值链反而不利于当地企业的发展。

重要的缓解因素包括当地企业的吸收能力、人力资本和研发的充分投入、本国与外国企业之间的技术差距、中等收入国家知识产权的保护、外国企业与当地企业业务之间的关联程度以及与当地分包企业之间关系的发展。努力实现外商投资正面效应最大化的目标，是为了增强吸收科技知识的能力。

注释：

1. 见 Kaltenberg 和 Verspagen (2015)。

2. 联合国工业发展组织（2012）认为，仍无法确定这些观点和证据。特别是，这些发现仍然受不同国家专业化程度数据中许多始终存在的差异的影响。

3. 第三章中相关数据主要来源是1960-2010年间108个国家9个经济部门的现价增加值的数据集（具体请见 Foster-McGregor, Kaba and Szirmai 2015）。该数据集来源于联合国的国民账户统计（UN 2014b）、格罗宁根增长与发展中心的10部门数据库（Timmer, de Vries and de Vries 2014），以及世界投入产出数据库（Timmer and others 2015）。人均经济增长数据来源于麦迪逊项目（Maddison Project 2013）。

4. 这三个指数是衡量给定变量分布集中度最常使用的三个统计指标。

5. 图3.2以偏相关关系为基础，其数值可能与预期不符。这是由于获取偏相关影响的方法（使用Y轴表示的主回归残差和X轴表示的泰尔指数与其他解释变量回归残差）。图3.3（泰尔指数）、图3.4（基尼指数）和图3.8（GDP中制造业占比）也是通过同样的方法获取。

6. 正增长周期定义如下：对每个国家而言，若连续的两年内，其本年的人均GDP高于上一年，则本年可认为是正增长周期中的一年（见第一章）。

7. 见注释6。

8. 见注释6。

9.Nicholas Kaldor 对英国经济增长缓慢原因研究的研讨会论文（Kaldor 1966）开始了这一传统说法。

10. 认为制造业对于经济整体技术进步起着关键作用的观点是支持实施工业发展政策最重要的依据。

11. 受教育水平以指15岁以上人口接受教育的平均年限。

12. 见注释6。

“外商直接投资优势的发挥并不会自动产生，而是与当地政策等因素息息相关。

13. 事实上，在增长期内，增长速度甚至与增长期开始时制造业占比成反比，尽管随着国家变得越来越富有，增速与制造业的关系会逐步变为正相关。

14. 样本国家包括除了三个小国以外的所有欧盟国家，以及美国、日本、俄罗斯、韩国和较大的发展中国家，如巴西、印度、中国、土耳其和墨西哥。

15. 结论来自 Kaltenberg 和 Verspagen(2015) 的研究。

16. 根据 Freeman（1987）的研究，国家创新体系是指由从事开创、进口、完善、传播新技术的公共和私人机构组成的网络体系。

17. 当然，高校学生数量与国家的人口基数有很大关系。2010 年，中国的高等教育入学率与发达经济体相比仍有很大差距。

18. “星火计划”始于 1986 年，旨在通过运用科学技术，促进农村经济的发展。该计划资助了大量使用农村资源、资金需求量较小、运用符合农村地区实际情况的技术并可获取前期收益的项目。详细情况见经济合作与发展组织（2015）。

19. “火炬计划”始于 1988 年，旨在促进高技术产业的发展。该计划资助了大量运用先进科技生产高技术产品、探索适合高技术产业发展的先进管理模式和运营机制的项目。详细情况见中国商务部（2012）。

20. 本部分内容建立在 Kaplinsky (2015a) 研究的基础上。

21. 本部分内容建立在 Kaplinsky (2015a) 研究的基础上。

22. 经济特区并不一定等同于产业集群。一个企业可以因为基础设施和税收优惠入驻经济特区，但并不参与集群的生产。但在实践中，中国的经济特区的设立确实产生了发展产业集群的结果。

23. 例如，在 2011 到 2013 年间，中国出售 iPhone 电池的企业由 8 家上升到 16 家，当地企业还开始生产过去需要依赖进口的手机部件，如电声原件等（Mishkin 2013）。尽管没有确实证据，每生产一部 iPhone 5，中国企业所获得的附加价值远高于前款 iPhone 4 的 6.5 美元（(Kaplinsky 2015a）。

24. 此类政策措施包括地方性政策（尼日利亚和安哥拉）、为满足资源部门特殊需求而建设的基础设施（博茨瓦纳的钻石产业）、促进国内加工生产的市场机制（加纳的可可产业）、提高当地增加值的出口关税（埃塞俄比亚的皮革制造业）、为加强当地制造商与行业领先企业之间联系而设立的工业园区（赞比亚的铜供应商和埃塞俄比亚的皮革鞣制和鞋类制造），在欧盟的帮助下进行政府机构改组，提升地方政府的认证能力，以满足欧盟良好农业操作标准（乌干达的尼罗河鲈鱼产业），以及为满足资源部门需求的人力资源项目（安哥拉和尼日利亚）。

第四章

促进社会包容性

科技的进步推动了结构转型和经济现代化发展，提高了人们的生活水平。但同时，科技进步也能引发破坏力量，使经济发展红利集中到部分社会群体手中。哪些条件能使得科技驱动的结构调整能有助于提高社会的包容性呢？

结构调整能带来社会科技水平和经济效率的提升，从而改善提高人民收入、社会财富和主观幸福感。而由收入水平和科技水平提高引起的人口转型，又能推动健康、教育和城市化水平的提升。

制造业是这一过程的根本，它在这一过程的早期阶段提供了生产性就业，是更深层次科技创新的催化剂。随着时间的推移，一个国家制造业通常会从劳动密集型发展为资本和技术密集型，从而创造出对高技能劳动力的需求。而高技能劳动力又是科技创新的激励因素，因此形成教育、创新和生产力水平提升的良性循环。

但并不是每个人都能把握住出现的机会。因此，要实现社会包容性的工业发展，需要能满足相关条件的国内能力和技术，这样才能更加公平地分配经济发展的成果。

包容性和工业化

概述

社会包容性基本等同于人们“充分参与到社会生活的各个方面”，是“社会排斥性”的对立面，后者指的是“阻碍包容性的情况（机制或壁垒）”（联合国经社事务部 2009, 第 12 页）。包容性的工业化能使每个人都有平等机会享受工业化所带来的发展成果，并最终为实现包容性的和谐社会做出贡献。这样的社会超越了“种族、性别、阶层、代际和地理位置的差别，确保机会均等和包容共享，确保所有社会成员有能力决定社会治理体系和机制”（联合国经社事务部 2008）。

因此，社会包容性是多维的（de Haan 2015）。没有任何一个单一的方法能够衡量一个社会是否具有包容性。从最低限度来说，具有包容性的社会至少应消除贫困和不平等，为社会中最贫穷的弱势群体创造就业机会。要判断工业化发展是否具有社会包容性，不能只考虑制造业行业的包容性（见第一章的包容和可持续发展指数），同时还应考虑社会整体更宽泛的福利的水平、平均度及分布的变化。这种变化可以通过贫困率（如家庭收入水平在贫困线以下的人口比例）、收入分配指标（如基尼系数以及工资在全部 GDP 或行业 GDP 中所占比重），以及不同技术水平、不同年龄、不同性别群体的就业分布状况等来度量。

探讨科技驱动的结构调整和社会包容性之间的联系，需要研究新兴科技是怎样促进更广泛领域的包容性。正如前面章节提到，技术创新是社会结构调整的中心，对改善社会包容性意义重大。

1995 年的社会发展世界峰会（哥本哈根峰会）认识到“新的信息技术和贫困人口获取并使用科技的新方法对于实现社会发展目标很有帮助”。近年来所谓的“阿拉伯之春”深刻说明了社交媒体是怎样提高普通民众在社会治理领域的参与度的。

新科技能改善贫困人口的生活条件，如健康、消费、信息获取以及就业的种类和质量，但科技红利并不是平等或者公平分配的。正如联合国教科文组织（2014）指出，无论是国家与国家之间，还是国家内部各地区之间，都存在“数字鸿沟”。如果不能被恰当的使用，技术创新还可能导致发展模式和结构调整的负面变化，增加收入分配不公。

通过实施技术进步促进经济结构调整，提高社会包容性的渠道大致可以分为两个领域：创造就业和收入分配（图 4.1）。在创造就业方面，新科技到底是创造工作岗位还是减少工作岗位？在收入分配方面，新科技到底是改善社会收入分配还是使其更不均衡？

在高收入的工业化发达国家，科技进步主要是

> “要实现社会包容性的工业发展，需要能满足相关条件的国内能力和技术。

指新兴科技的孕育，而在发展中国家，则是指吸收外部科技。对社会包容性而言，这样的发展意味着什么，主要取决于一个国家自身的国情以及科技发展的路径。

一个国家的国情特征，包括其要素和技术禀赋、吸收能力、科技发展的类型和方向以及国际环境。有些技术可以更好地利用国家的这些要素和技术禀赋，在创造新的工作岗位的同时又不削弱收入分配的公平性。但如果国家的状况无法与新技术应用的要求相匹配，则可能带来负面影响。

基于同样的原因，一项特定创新对于创造就业的净效应很大程度上取决于创新的类型。一般说来，产品创新对于创造新的就业机会有着积极的影响，而工艺创新则有可能削减就业（联合国工业发展组织 2013a）。此时，国家的特殊国情，如市场结构、投资行为和要素之间的替代等，决定了补偿机制是否能有效削弱劳动节约型工艺创新对就业的负面影响。

此外，运用新兴科技（以及结构调整的方向）会要求在多种目标之间进行取舍。有些能促进社会包容性的技术可能需要以牺牲环境为代价，而有些能够提高环境可持续性的技术又可能不利于创造就业和实现收入的公平分配。

我们通过图 4.1 对其中的要素进行更详细的分析，聚焦发达国家与发展中国家的不同。

结构调整和社会包容性

一旦具备了恰当的能力，科技驱动的结构调整能促进现代工业以及与工业相关的服务业部门的发展，可以吸收农业和非正规服务业部门中未充分就业的劳动力。制造业在产生和传播新技术方面能起到重要的促进作用。此外，制造业部门的前向和后向联系及其溢出效应能进一步促进区域和国家的发展，其反馈回路又能起到积累人力资本和改良现有体系的作用。制造业和制造业相关部门所产生的直接和间接的就业能使更多人参与到发展的过程中，同时还能提升社会平均生产力、工资水平和家庭收入，从而降低贫困（专栏 4.1）。

但这一过程有可能在短时期内加剧收入分配不公（Kuznets 1955; Kaldor 1957）。Kuznets 研究提出了人均 GDP 与收入分配不公平性之间的倒 U 型关系，即库兹涅茨曲线。根据他的研究，收入不公平在发展的初期阶段处于较低水平，即大多数人从事传统经济部门（即农业）的生产活动，每个人的生产力和工资水平都很低。然而，当劳动力向制造业部门转移后，至少在转移的开始阶段，（部门之间）收入不公开始加剧。之后，随着时间的推移，农业部门的生产力和工资水平也开始提高，因而，收入差距最终又会缩小。收入不公平还有可能因出现新型“现代”经济部门而降低，这是因为新型“现代”经济部门能够吸收应用新技术而产生的剩余劳动力。在此情况下，长期来看，科技创新最终导致的将会是工作岗位的替代，而非就业的削减。一个典型的例子是，内燃机出现后，大量马车运输行业的工作岗位逐渐消失，取而代之的是汽车行业新的工作机会。因此，科技创新不仅在劳动力的一次性再分配方面产生静态效应，还有促进现代城市经济行业生产力和产出提升的动态效应（Frey and Osborne 2013）。

现代正规经济部门的发展为政府提供了更大的

图4. 1
概念框架：技术进步促进包容性结构转型

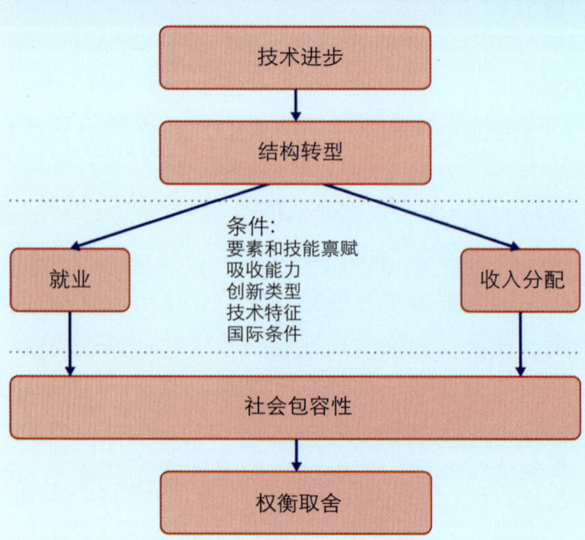

资料来源：联合国工发组织加工整理。

> “制造业在产生和传播新技术方面能起到重要的促进作用。

税收基础，公共部门提供的更高的财政收入，让政府有足够的能力改善经济、管理、政策体系和社会保障措施。同时，劳动市场中妇女的参与度也大幅上升。随着收入水平的提高，父母希望子女接受更好的教育。此外，现代经济部门的增长还可能导致生育率的下降，使更多的资源向提高教育水平、提升人力资本形成和提高劳动生产力等领域聚集。不断成长的现代经济部门是生育和人口转型重要的决定因素（Galor 2012; Gries and Grundmann 2014）。

所以，从这个角度看，即使新技术对收入分配和创造就业有负面影响，但这种负面影响只是暂时的。社会不公的持续上升最终会反映为制度和政策的失败，导致未能有效缩小部门、区域和国家之间的技术差距[1]，未能在巨变时期提供充分的缓冲（Naudé, Santos-Paulino and McGillivray 2009）。

创新和就业

探寻科技创新与就业之间的关系，应考虑产品创新和生产流程的创新[2]。产品创新产生了新的市场，从而创造出更新的工作岗位，而生产流程创新则通过新机器的引入，达到节约劳动力的效果，即用更少的工人生产同样数量的产品（联合国工发组织 2013a）。

事实上，生产流程创新在节约劳动力的同时，也有对就业减少的补偿效应（联合国工发组织 2013a），主要包含以下几个方面：

• 新机器。生产流程创新在引入新机器取代人工而在生产行业中造成工作岗位削减的同时，能在生产新机器的生产资料行业创造出新的工作岗位。

• 低价格。尽管创新包含了人力的替代效应，但这样的创新能够降低单位生产成本，在竞争市场中，成本降低带来的更低的价格能够刺激对产品的新的需求，从而带来生产和就业的增长。

• 新投资。技术进步带来的成本降低和随之而来的价格降低，能为创新企业积累更多的利润，如果这些利润能够投资到合适的地方，就能创造出新的产出和工作岗位。

• 低工资。在有劳动力需求的地方，削减工作岗

专栏 4.1 加纳树脂黄油加工改良带来的妇女赋权

生产树脂黄油是加纳北部农村妇女主要的收入来源（联合国粮农组织 2006b）。在加纳北部，有超过 60 万妇女以此为生，树脂黄油的生产是她们主要甚至是唯一的独立收入来源，因此这是她们获取自身权益的重要依靠。改良树脂黄油的加工工艺，不仅能提高妇女收入，改善她们的健康状况，同时还能节约时间和资源（联合国开发署 2015）。树脂黄油提取自非洲酪脂树的坚果，主要用在烹饪和化妆品制造等领域。加纳是非洲最主要的树脂黄油出口国，出口量增长迅速，由 2010 年的 41200 公吨提高到 2012 年的 96200 公吨（加纳粮食和农业部 2012）。

传统的树脂黄油生产工艺需要投入大量的木柴、水和劳动力，经过改进后，通过使用碎壳机、改进的烘焙机、混合机或液压螺旋压榨机和机械桥压机，能实现半机械化生产。半机械化生产工艺能使每 25 公斤酪脂树果核中树脂黄油的提取效率提高 20% 到 35% 甚至 40%，用水量由 2.5 头载（盛水计量单位）下降到 1.9 头载，加工用时由 8 小时下降到 22 分钟（Jibreel and others, 2013）。机械化桥压是另一种在加纳应用的改良技术，与传统加工工艺相比，加工 25 公斤果核的时间从 9.5 小时减少到 3.5 小时，用水量由 90 公升下降到 1.7 公升，而且不再使用木柴（Swetman and Hammond 1997）。

加纳科技咨询中心还与加纳北部的社区妇女组织合作，一同开发改良技术，并取得了与半机械化技术类似的效果（联合国粮农组织 2006）。一项关于改良的树脂黄油加工技术应用情况对加纳北部妇女生计状况以及妇女微型企业发展状况的研究显示，与那些使用传统工艺的企业相比，完全机械化技术为其使用者的收入、储蓄、就业、投资和信用水平带来了全方位的提升。使用新技术的从业人员最高收入由之前的 160 加纳赛地提高到 360 加纳赛地。

加纳的平均收入由采用新技术前的 23 加纳赛地提高到 145 加纳赛地。质量也有大幅提升（Mohammed, Boateng and Al-Hassan 2013）。此外，改良后的技术大幅削减了水的消费，减少或停止了木柴使用，防止了加纳的水资源和森林资源恶化。由于烟气污染和长期暴露在火焰前，传统的树脂黄油生产方式会造成工人脱水和呼吸困难，而经过改良后的生产技术则减少甚至防止了这样的伤害（Jibreel and others 2013）。

> “产品创新产生了新的市场，从而创造出新的工作岗位。

位的新科技会对劳动市场产生补偿效应。假设劳动和资本之间存在着自由竞争和完全替代效应，由于技术进步导致的失业意味着工资的降低，工资降低又将引发劳动密集型科技的兴起。

• 高收入。工会会将部分创新带来的收入重新分配给从业者，因此创新带来的成本降低也意味着更高的工资收入和更多的消费。需求的增加又将提高就业，从而补偿最初的就业下降。

但上述机制并不会自行生效，其运行需要一些前提条件。价格和收入机制能平衡生产流程创新导致的直接的就业缩减，但其效果取决于以下参数：竞争度、需求的价格和收入弹性以及经营预期形成方式等（联合国工发组织 2013a; Vivarelli 2013, 2015）。

创新和收入分配

除了节约劳动效应，技术进步还表现出技能偏向。创新带有技能偏向，传统上由技能较低的工人完成的工作将被高技能工人才能完成的工作取代（Vivarelli 2013）。因此，如果一个地区熟练技工人数很少，则新技术的采用和传播将受制约，无法达到充分就业。另外，应用新技术带来的红利可能只能惠及部分社会群体，这将降低收入的公平性。

现在让我们来研究生产的分散化。新的技术，特别是信息技术，可以改变企业的结构以及不同类型的工作人员所能享受的生产力提高带来“红利”的程度。特别是，新技术促进了企业层面任务分工的出现。生产工序被分割成制造网络中一个一个的节点，既可在企业内部也可由其他企业乃至海外完成。当这些生产节点依照比较优势组织起来以后，劳动密集型的工序通常在劳动力资源丰富的国家完成。那些劳动密集型且技能要求不高的工序，通常在工资水平较低的发展中国家完成，以降低成本。因而，依据比较优势确定的全球化生产分工，可能加剧高收入国家工资水平的不平等和工作市场的两极分化（Alderson and Nielsen 2002; Krugman 2008）。

类似的现象也发生在国际贸易领域，因为国际贸易不仅连接了产品市场（或者说任务市场），还连接了世界劳动力市场。标准贸易理论（即新古典贸易理论）预测，在其他条件不变的情况下，全球化引发的贸易开放度越高，技能充裕型（即高收入）国家收入差距将会拉大，而技能短缺型（即发展中）国家收入差距将会缩小。在自由贸易的环境中，国家会专注于利用自身相对充裕的要素进行生产和贸易，这会提高这些要素的相对需求。贸易壁垒的消除，促成了国际化的生产分工，发达经济体通过离岸外包，将低能工作转移到其他国家（Baldwin and Venables 2013;Blinder 2009）。由于低技术工作离岸转移到发展中国家，发达经济体中低技能工人的工资将会下降，收入不公加剧。许多学者认为全球化是发达经济体去工业化的一个原因[3]（Wood 1998）。

在发展中国家中，生产的分散化产生的主要是积极的影响，它带来了进入国际市场、发展现代（出口）部门的机会。事实上，全球价值链对低收入和中等收入国家而言尤为重要，低技能和中等技能工作（从发达经济体）的分离，创造了大量工作机会，尤其是在中国和中美洲国家（Chataway, Hanlin and Kaplinsky 2014）。由于这类工作的重新安排涉及到此前很少获得有偿工作机会的女性群体，因而对性别平等有着重要意义。

最终的结果很大程度上取决于发展中国家融入全球价值链的途径。进入全球价值链的制造业部分是最有利的结果。在发展的早期阶段，国民经济结构以农业和半农业为主，面临着两大问题：在需求端，大部分人都没有足够的生产力和收入来购买现代工业部门生产的产品；在供给侧，即使一些产品有市场，国家也没有足够的技术能力、产品质量以及组织能力向国内消费者提供具有竞争力的产品。因而市场和技术能力的同时缺位成为发展国内现代经济部门的阻碍。

进入全球价值链可以解决这两大问题。首先，只要国家能够满足必要的技术标准和品质要求，世界市场可以提供近乎无限的产品需求。其次，通过满足世界市场对技术和品质的要求，可以提高本国的技术能力。打通与国际价值网络的联系，能够促进发展中国家的现代化进程（Gereffi, Humphrey and

> 以制造业进入全球价值链是最有利的结果。

Kaplinsky 2001; Makki and Somwaru 2004）。

发展中国家加入全球价值链的获益很大程度上还取决于监管。全球价值链在完全竞争的市场环境中是不会产生作用的。通过网络中各种安排可以探清纯租金（Davies and Vadlamannati 2013）。了解这些租金是全球价值链中商业模式形成的重要目标之一，事关贸易和外商直接投资收益的分配。例如，一种机器可能在高收入经济体中已经过时，已经出现了成本更低的新一代替代型号，但是对于工资水平较低的发展中经济体而言，这种机器可能仍然能盈利。因此，面向发展中国家技术转让，可能是在较低工资水平上实现盈利的投资。在发展中国家，市场工资甚至比使这种投资获利的要求更低。因此，这样的工资差距产生了特别租金，而全球化的包容性则很大程度上取决于这些租金的分配。

通过贸易和劳动政策，政府可以对技术转让和租金分配施加影响。譬如，中国的贸易政策旨在鼓励国际投资者尽可能多地向当地传播知识技能。跨国企业必须让当地企业介入到科技和租金环节中来。政府还可以通过强制规定工作条件，如最低劳动标准，影响技术转让和租金的分配。

对于这些贸易和劳动市场政策，需要在限制国际投资和从投资者那里获取知识技能之间进行取舍。因此，国家之间为吸引外商直接投资进行技术升级，实现工业化而开展的竞争，可能导致税收、劳动安全或环境法规等方面的“逐底竞赛”，最终使得不公平加剧，社会包容性下降。

社会包容性的总体趋势

包容性指标

本节将结合本文的理论框架，对过去几十年社会包容性的一般趋势进行实证分析。

Lavopa (2015b) 聚焦于四大指标：非贫困比例[4]（NPR），即 1 减去贫困人口的比重；人类发展指数（HDI）；公平指数（EI），即 1 减去基尼系数[5]；以及包容性工业化发展（IID），即对不公平性做调整后的制造业工资比重。图 4.2 展示了 1980 到 2014 年期间不同发展中区域这些指标的走势。

很明显，图中不同发展中区域的指标差异很大。东欧和拉丁美洲地区的贫困和人类发展指数比亚洲和非洲好很多。收入分配方面，拉丁美洲无论是在总体经济（以 EI 指数表示）还是制造业领域（以 IID 表示）均排名垫底。东欧则是公平度最高的地区。

大部分地区、大部分指数均呈正趋势，虽然差异很大。与预期一样，亚洲地区的消除贫困和人类发展指数显示出最佳的趋势，特别是 1995 年以后，其非贫困比重（NPR）和人类发展指数（HDI）上升很快。但收入分配方面的表现（EI 和 IID）却不是很好。非洲在消除贫困、人类发展以及总体收入分配方面也取得了长足的进步，但包容性工业化发展（IID）出现了急剧下降。拉丁美洲在消除贫困和改善收入分配方面成果显著，特别是 2000 年以来。同时，其人类发展指数（HDI）也稳步上升。

结构转型和社会包容性之间的正相关关系

根据 Lavopa(2015b) 的研究，结构调整（广义地定义为全部就业中制造业就业的扩张）与社会包容性指标之间的基本相关性为正相关关系（见图 4.3）。

在四项社会包容性指标中，除了公平指数（EI）以外，非贫困比重（NPR）、包容性的工业化发展（IID）和人类发展指数（HDI）的正相关关系均随制造业就业比重的上升而减弱，但仅有人类发展指数（HDI）出现了拐点（即出现了下降趋势）。因此，可以看出工业化带来的红利包括较低的贫困、更好的收入分配和更高的人类发展指数排名。

这四种基本相关关系初步证实了制造业对社会包容性正向驱动作用。此外，这种正向基本相关还显示出一些其他因素，如收入因素：富裕国家制造业比重往往比非常贫穷国家大（尽管这与中等收入国家类似）；同时，富裕国家的社会包容性指标明显好于贫穷国家。

通过计量经济学面板数据方法，可以很好的控制其他变量的影响，得出更可靠的分析结果。Lavopa(2015b) 使用该方法，以制造业在全部就业中的比重（MEMPSH）作为其中一个解释变量，对每个社会包容性指标的主要决定因素进行了分析（见表 4.1）。其他解释变量还有人均收入（y 值）、对

“加入全球价值链的获益很大程度上还取决于监管。

图4. 2
1980–2014年社会包容性指标的主流趋势，按发展中区域分组

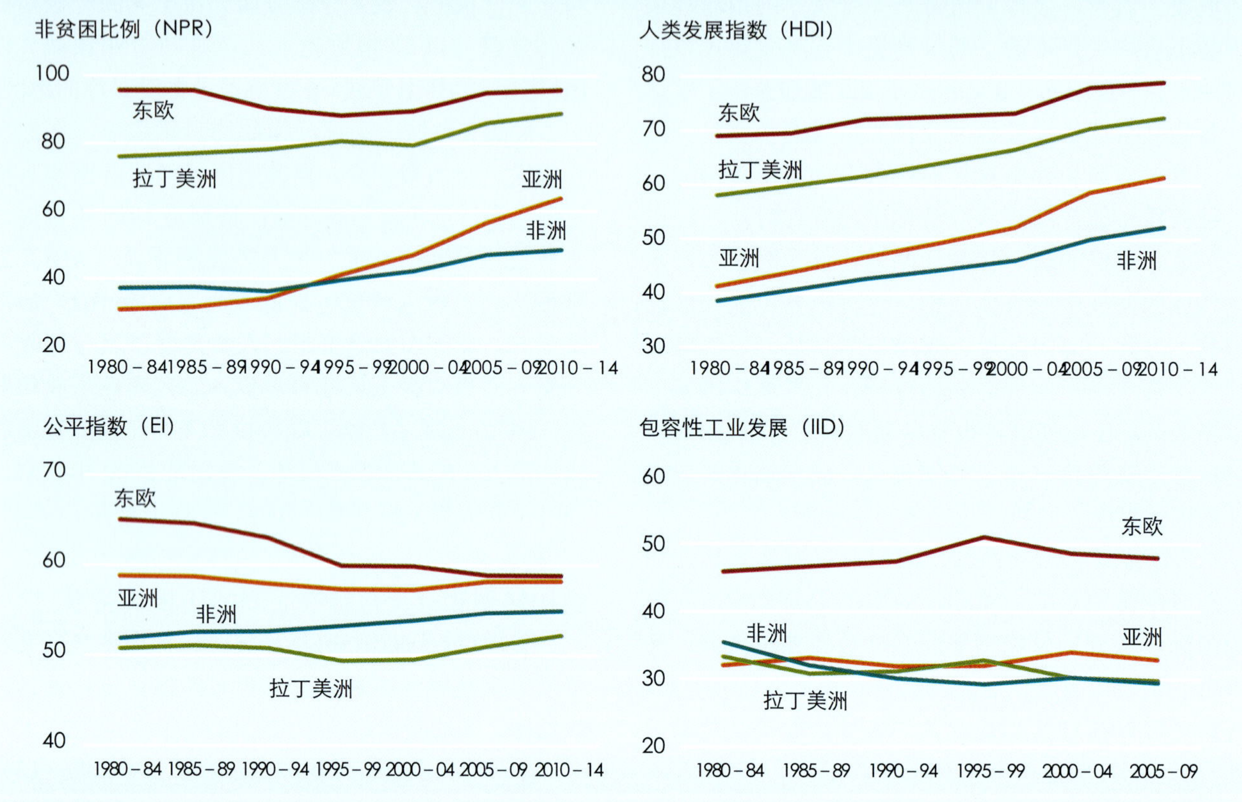

注：地区的数值为地区内国家在全部时间段内可获得数据的非加权平均。发展中国家为依据世界银行的定义，在1990年收入水平为非高收入的国家（见附件A1，表A1.2）。这些发展中国家又根据区位的不同被划分为四组：即非洲（包括中东）、亚洲（不包括前苏联各共和国和中东）、东欧（包括前苏联各共和国）和拉丁美洲。数据为五年平均，以实现观察数据量的最大化，同时将极值年份的影响最小化。
数据来源：Lavopa (2015b)。

外开放程度（OPEN）、GDP 中投资占比（INV）、平均受教育年限（EDU）、65 岁以上人口比重（OLD）、自然资源禀赋（NNRR）以及气候区（CLIMATE）[6]。

表 4.1 中纵列表示的是相应包容性指数的回归结果。在所有情况下，即使控制了其他变量，全部就业中制造业就业的比重也均为显著正向效应。全部就业中制造业就业的比重也是唯一一个在所有模型中均有显著正系数的解释变量。由于这些回归模型已对收入进行了控制，因此，除了富裕国家包容性更强这一事实以外，我们得出了一些关于制造业的“特殊”结论。

我们可以加入不同类型的制造业行业在制造业总就业中的比重，对表 4.1 中的模型进行扩展，以探寻不同技术特点的制造业行业在驱动社会包容性中所起的作用。在加入了高、中、低不同技术含量的制造业行业的上述比重作为解释变量后，结果[7]显示，高技术行业的占比越大，工业化在收入公平性（EI）以及更广泛的社会发展（HDI）等方面，对社会包容性的积极影响越显著，但高技术行业的比重对于贫困（NPR）和工业的包容性（IID）没有显著影响。

只要技术的进步导致制造业的扩张，那么可以预期，从长期看，它对社会包容性应该有着积极的影响。该假设能否实现取决于技术的选择、创新的类型（产品创新还是流程创新）以及要素和技能禀赋。这些条件将最终决定技术进步与创造就业和收入分配之间的联系。

“工业化带来的红利包括较低的贫困、更好的收入分配和更高的人类发展指数排名。

图4.3
1970-2010年制造业就业占全部就业比重的包容性指标

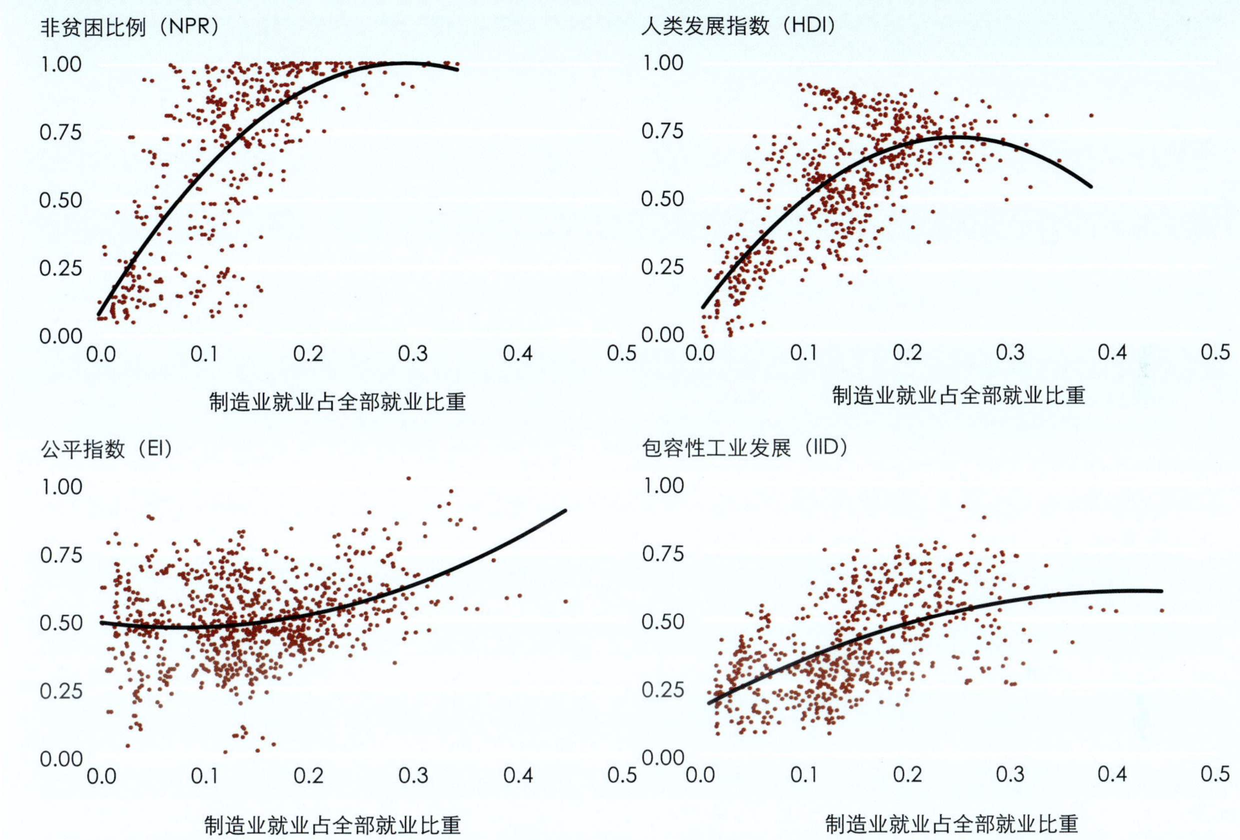

注：包含近100个样本国家。图中的点表示一个国家5年时间内的平均值。以上四张图中还包括二次趋势，以揭示包容性的总体趋势。
数据来源：Lavopa (2015b)。

创造就业

有关就业与创新之间关系的实证研究大多聚焦于高收入经济体，并通常得出以下结论，即产品创新往往与就业增长联系在一起，而生产流程创新则会对就业产生负面影响（如联合国工发组织2013a）。

分析这种关系不是没有难点。需要考虑技术进步的不同形式、它们对劳动力的直接影响、不同的补偿机制以及这些机制可能遇到的阻碍等(Vivarelli 2013)。但很少有研究考虑过补偿机制的有效性，因而其说服力值得怀疑。通过使用美国的数据，Sinclair (1981) 的研究倾向于支持降低工资而非削减价格的机制。而通过使用意大利和美国的数据进行分析，Vivarelli (1995) 发现更有效的补偿机制是降低价格。由此可见，大多数实证研究是基于部门或微观研究进行的，并不能完全解开所有补偿机制的影响[8]。

但这些研究均显示，研发支出对就业有着积极的影响，特别是在高技术部门[9]。净就业通常随着创新而增加，政府对于产品开发的扶持会进一步促进就业的增长。

一项对2002-2006年期间覆盖71个国家26000余家企业的世界银行企业调查数据的研究，证实了就业与创新之间的联系（Dutz and others 2011）。研究结果表明，在其他因素不变的情况下，与未进行创新的企业相比，进行了产品创新和生产流程创新的企业（根据调查中企业自身的回复判断其是否进行了创新），就业分别提高了2.9个和2.1个百分点。总的来说，生产流程创新对于除大企业（员工人数200人以上）以外的其他企业的就业有着积极的影

> 从长期看，技术进步会对社会包容性产生积极影响。

表 4.1

1970-2010 年工业化在不同包容性指标中的作用，Hausman-Taylor 估算

	非贫困比例	人类发展指数	公平指数	包容性的工业发展
常量	−1.269*	0.000	−0.009	0.506
气象区	0.035	0.029	−0.017	0.023
自然资源禀赋	0.049	0.069**	−0.005	0.039
ln(人均收入)	0.544***		0.125***	0.126
ln(人均收入)2	−0.028***		−0.008***	−0.008
ln(对外开放程度)	0.029***	0.000	−0.009**	0.027***
ln(GDP 中投资占比)	0.040**	0.014***	−0.002	−0.015
ln(平均受教育年限)	0.063		0.045***	−0.037
ln(65 岁以上人口比重)	0.195***	0.078***	−0.029*	0.087**
ln(制造业在全部就业中的比重)	0.038**	0.024***	0.014*	0.028*
欧洲 (发达)	0	−0.028	0.013	−0.054
亚洲 （发达)	0	0.007	0.016	−0.14
非洲 (发展中)	0.051	−0.216**	−0.05	−0.234**
拉丁美洲 (发展中)	0.126*	−0.106	−0.106*	−0.291***
亚洲 (发展中)	−0.109	−0.196**	−0.022	−0.277***
欧洲 (发展中)	0.000	−0.102	0.011	−0.164*
大洋洲 (发展中)				
d77	0.000	0.000	0.000	0.015
d82	0.003	0.968***	0.008	0.014
d87	0.000	0.989***	0.005	−0.009
d92	−0.028*	1.010***	−0.005	−0.014
d97	−0.048**	1.026***	−0.018	−0.018
d02	−0.062**	1.042***	−0.017	−0.022
d07	−0.041	1.077***	−0.010	−0.031
d12	−0.031	1.093***	−0.008	0.000
Rho	0.799	0.938	0.738	0.640
Obs.	434	577	798	644
国家	69	89	97	95

注：* $p<0.05$, ** $p<0.01$, *** $p<0.001$。数值为五年平均。收入和区域分组依据附件 A1, 表 A1.2。
数据来源：Lavop (2015b)。

响。产品创新对于就业的正面影响大于流程创新，且对任何规模的企业影响均很明显。研究还发现，与守成企业相比，创新企业雇佣了更多的非熟练工人和女性员工。

生产流程创新与非熟练工人就业增长之间的联系弱于产品创新，而且有证据表明，非流程创新更有利于非熟练工人就业的增长。发展中国家的女性就业与创新密切相关，对于全部国家样本而言，仅在新企业和中等规模企业中，创新对女性就业有促进作用。

收入分配

技术方向[10]。有技能偏好的技术进步，包括资本深化和组织变革，是对技能水平和受教育程度更高的劳动力相对需求上升的主要驱动因素[11]。这与“资本 - 技能”和“技术 - 技能”的互补性以及行业和企业内部对于技能相对需求的上升保持一致（Katz and Autor 1999）。

最初的研究一般区分了两大类技能等级，即低技能和高技能，而近期的研究则引入了就业两极化的概念[12]，着眼于高、中、低三个技能等级，并

“研发支出对就业有着促进作用。

对例行工作和非例行工作进行了区分（Autor, Levy and Murnane 2003）。非例行工作往往比例行工作需要更高的技能。当技术进步倾向于对例行工作进行替代时，相对于高技能岗位和低技能岗位而言，对中等技能岗位的需求将会下降。这会在行业内部以及行业之间的劳动力市场中造成两极分化（Goos, Manning and Salomons 2014）。图 4.4 展示了过去 30 年间美国的相关数据。

在 20 世纪 80 年代，就业的增长与技能等级呈正相关（见图中绿线）。中等技能岗位（分布的中间三分之一）和高技能岗位（分布的顶部三分之一）迅速扩张。教育产生的包容性使更广泛的群体得到就业。但是这种趋势在 20 世纪 90 年代发生了巨大改变，顶部 30%，就业仍然持续上升，且技能等级越高，就业上升幅度越大（见图中红线）。底部 10% 工作岗位的份额也在扩张，但其上升幅度小于顶部的 30%。最重要的是，与 80 年代相反，90 年代曲线中部呈凹型，这意味着中等技能工作开始消失。

图4. 4
1979-2007年美国就业增长与技能等级（按职业平均工资排序）

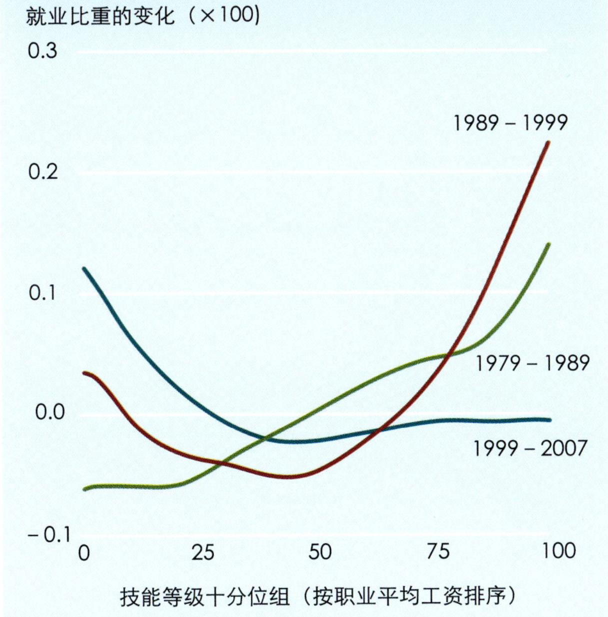

注：技能等级以职业平均工资近似表示。
数据来源：Acemoglu and Autor (2011)。

这种变化在 21 世纪初更为明显（见图中蓝线），仅有底部三分之一（即低技能）工作的比重在上升。中等技能岗位比重继续下降，甚至高技能岗位的比重也出现停滞。欧洲也出现了同样的两极分化现象（见图 4.5）。

有技能偏好的技术进步似乎进一步扩大了收入差距，与发展中国家相比，这种现象在美国更为明显。对高技能工人相对需求的强劲上升，与技术工人供给增长的波动相结合，可以基本解释美国由教育引起的工资差异的演变状况，如 1980 到 2005 年间，大学毕业从业人员的薪酬上升（Goldin and Katz 2009）。工资结构的变化很大程度上反映出就业结构的变化（见图 4.6）。

直到 20 世纪 70 年代前期，各种技能等级的就业均分享了经济增长的红利。从那以后，只有大学及以上教育程度的就业者的收入增速进一步提高。从 20 世纪 90 年代初开始，高中辍学就业者的绝对收入急剧下降。萎靡的就业市场中竞争的加剧导致了工资分布两端的变动。

至于发展中国家，上述情况表现不如发达国家明显。在许多经济合作与发展组织（OECD）以外的国家，特别是拉丁美洲国家，技能溢价（以受过高等教育人群的个人薪酬衡量）在近年来出现了下降。从 Montenegro 和 Patrinos (2014) 编制的受教育程度与个人薪酬关系的国际可比数据库可以看出，技能溢价的下降在发展中国家的大样本中确实存在。当然也有一些例外，譬如技能溢价在南非等一些国家在上升，而在阿根廷、巴西等其它国家则在下降（见图 4.7）。图 4.7 还表明，技能溢价与收入不公之间存在正相关关系（但俄罗斯是一个例外，该国的收入差距显著扩大，但受高等教育人群的收入却大幅下降）。

Los, Timmer 和 de Vries (2014) 使用世界投入产出数据库 [13] 定量分析了部分高收入和新兴国家样本中，科技、贸易和消费的变化对高、中、低技能人群就业水平变化的贡献程度。研究过程中，他们导出了一种新的全球价值链中技术进步的度量方法。同时，他们发现，在 1995 年到 2008 年期间，大多数国家对于高技能从业者的需求普遍上升，而对于

“与守成企业相比，创新企业雇佣了更多非熟练工人和女性员工。

图4.5
1993-2001年部分欧洲国家就业增长模式，按劳动薪酬分组（%）

注：最低/中等/最高薪酬职业划分依据欧洲职业平均工资。具体分组请见Goos, Manning and Salomons (2014)。
数据来源：Gries and others (2015)。

低技能从业者的需求则普遍下降(印度和印尼除外)。他们的研究说明，有技能偏好的技术进步也发生在新兴国家。各种实证研究得出了不同的结论，因此很难说清，全球化（以及生产分散化）是否将有技能偏好的技术进步传递到了发展中国家。

进一步提高高等教育的质量和范围，以增加技能供给，是应对有技能偏好的技术进步造成的不公平的一个很好的政策手段。很多人认为，许多发展中国家中技能溢价的下降反映出高等教育的改善。高等教育培养人员数量的增加，使企业能更多地从投资和使用新科技中获利，从而反过来又进一步提升了对高知识人才的需求。若教育水平跟不上经济发展的需求，这种“技术与教育的竞赛”造成的工资差距将进一步拉大（Acemoglu 2003;Bénabou 2005; Mishel, Shierholz and Schmitt 2013）。但是，目前许多发展中国家似乎成功避免了上述情况的发生，究其原因，或者是由于国内高等教育的快速发展，

图4.6
1964-2008年美国不同技能人群收入变化

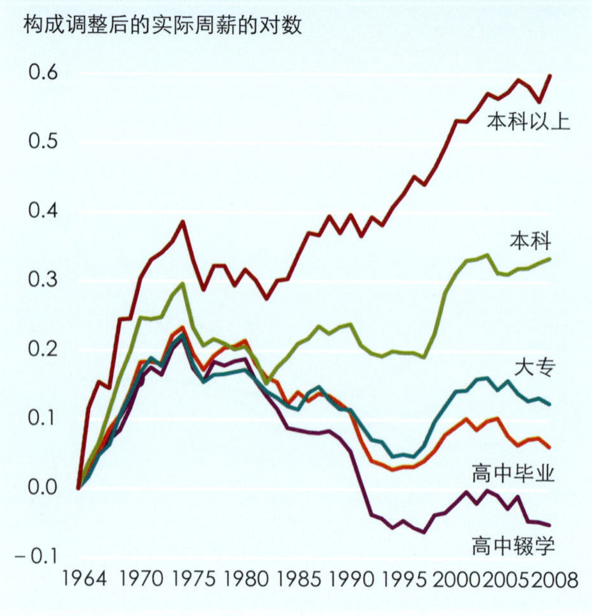

数据来源：Acemoglu and Autor (2011)。

> 有技能偏好的技术进步扩大了收入差距。

或者是由于对有技能从业者需求的下降（这折射出一些国家自然资源驱动型的经济发展）。

生产分散化。正如第二章和第三章所述，全球价值链通常为发展中国家提供了促进制造业发展和获取国外技术的机会。发展中国家可通过进入现有的供应链，开始本国制造业的发展，而无需完全建立本国自身的供应链（Baldwin 2011）。这使发展中国家在建立起完整的制造业体系之前（甚至无需建立完整的制造业体系），发展某些特定领域的制造业能力，他们可以从小处开始学习（Milberg, Jiang and Gereffi 2014）。此后，如果发展中国家能够提高其制造业企业在全球价值链中所处位置，即通过生产结构调整，由全球价值链中的低附加值部分转移到高附加值部分，就能更进一步享受全球价值链的红利（Jiang and Milberg 2012）。

尽管都有进口技术的机会，国家之间的发展差距还会存在，这是因为并非所有的发展中国家均能以同样的强度吸收新技术（见图 4.8）。从技术中获利的经济主体（工人或资本单位）数量上的差距（技术引进的“内涵边际”）随着时间逐步被拉大，80% 的国家间发展不均衡的原因可以此来解释（Comin and Mestieri 2013）[14]。

许多研究和政策建议所关注的是发展中国家越来越多的引进和采用外来技术，需要发展国内能力来吸收技术。引进和采用外来技术最根本的障碍并不总是缺乏技能，还有市场规模不足。制造业创新取决于已确定的成本，要从规模效应中获利，需要提高专业化程度。

如果一个国家有丰富的廉价和低技能劳动力，其发展水平还会从内部限制技术的普及和国家的研发能力。在较低的工资水平上，要采纳应用国家自身研发的、或是进口机器引进的新技术，并非总能

图4.7
1992-2012年部分新兴国家高等教育回报率和收入不平等

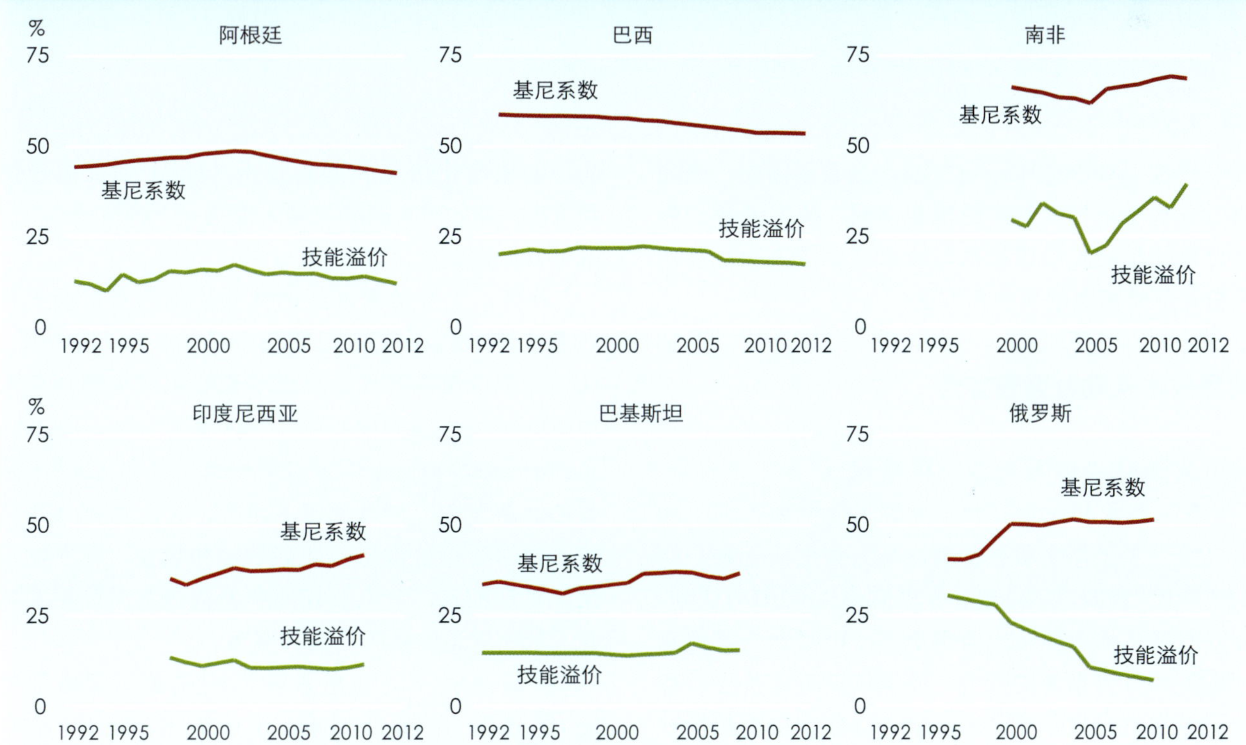

注：不平等基尼系数为均衡的（平方根）家庭市场收入（税前转移支付前）。
数据来源：联合国工发组织根据标准化的世界收入不平等数据库（Solt 2009, 2014）和Montenegro and Patrinos (2014)加工整理。缺失值外推法取得。

> 进一步提高高等教育质量和范围以增加技能供给，是一种很好的政策手段。

图4. 8
18世纪80年代至今重要技术创新市场化：发达国家和发展中国家间的平均差异

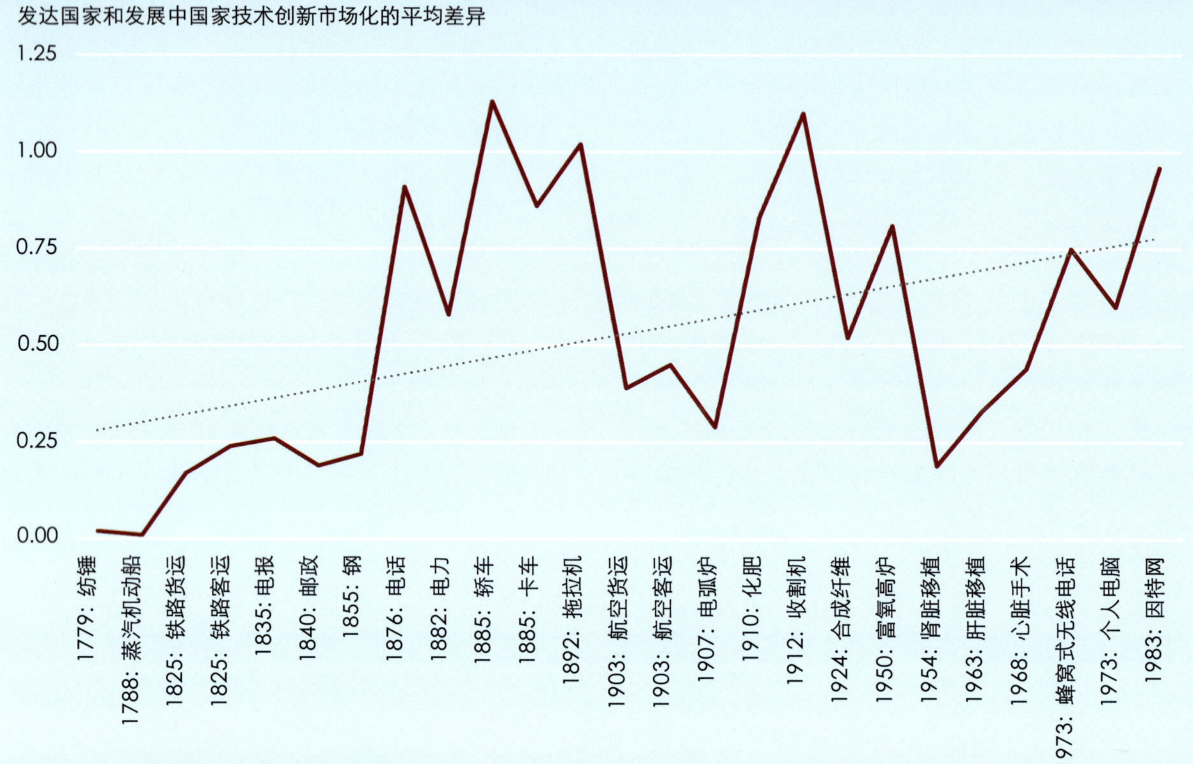

注：市场化定义为吸收每一项新科技的集约边际。详见Comin and Mestieri (2013)。
数据来源：联合国工发组织根据 Comin and Mestieri (2013)加工整理。

带来效益（Allen 2012）。相反，在富裕国家，更高的工资水平是技术创新的重要诱因。接下来我们将要讨论的是发展中国家在与技术进步带来的社会不平等斗争时需要的条件和方法。

利用技术推动社会包容性

技术发展轨迹以及选取适用技术

政策监管和激励有助于把握科技发展方向，还可以做更多工作去引导创新，与人类形成互补，而不是替代。譬如，Brynjolfsson 和 McAfee (2014) 认为，在发明新技术方面可以做得更多，以帮助人类提高创造新的价值来源的能力，而非仅仅对那些已经存在的工作进行自动化。Cowen (2014) 秉持类似的观点，呼吁对能提高劳动生产率、提升低技能劳动力工资水平的技术创新进行更多的引导和规范。他认为，如果简化信息和通讯技术（ICT）的获取和使用方法，譬如对机器和机器人能进行“简易操作”，就可以促进就业。

此外，支持技术创新的体制机制的变革也十分必要，例如扁平化管理和权责分散。Marsh (2012) 认为，工业革命开始是“以少数国家产生的新技术加新的组织方式为中心”（241 页）。Brynjolfsson and McAfee (2012a) 认为信息和通讯技术（ICT）领域的创新发明，创造出很多机会，使人类的某些技能“变得更有价值”。要把握这些机会，需要创新组织管理模式，使人类技能和新的技术手段相互补充，从而创造出新的产品和服务。

有许多关于“适用技术”的文献，聚焦于发展中国家的创新（Jéquier 1976; Kaplinsky 1990; Schumacher 1973）。简单来说，适用技术是指实现一国资源最优配置、达到其发展目标的技术（Stewart

> 许多发展中国家技能溢价的下降，反映出高等教育的改善。

and Ranis 1990，第 4 页）。这既包括产品创新也包括生产流程创新。一国的适用技术由该国自身特征所决定，包括资源和机会，以及随着资源和技能积累而实现的发展变化。

由高收入国家向发展中国家进行技术转让，由于其未必适合发展中国家的发展环境，会引起一系列问题，如工作机会、收入和消费模式的不均等以及较高的不充分就业。高收入经济体通常资本更充足，市场也更大，消费模式不同，技能更加普及。

相反，发展中国家的适用技术更倾向于劳动密集型，规模更小，更多地使用当地的原材料，包含农业生产所需的产品和技术。产品特性更适合低收入和中等收入消费群体（Stewart and Ranis 1990）。各国应该尝试使用最适合本国国情的技术，以反映其要素、技能和禀赋（Lin and Zhang 2009）。近年来，这种观点已日益被发展议程接受（见专栏 4.2）。

由于科技知识与创新的“发展道路依赖”特性，选取适当的方式对于一个国家的长期发展至关重要（Chataway, Hanlin and Kaplinsky 2014）。农业在东亚和拉丁美洲不同的发展方向就是一个很好的例子。东亚主要走小型、机械化程度相对较低的农业发展之路，其包容性较主要走大规模、资本密集型农业发展之路的拉丁美洲更强。与此类似，专业化程度很高、走资本密集型与规模化发展之路的采掘业（基础金属、石油、天然气）采用更多的是排他性的技术，譬如在南非，高度资本密集型的矿物 - 能源综合体带来的是高度的排他性和高失业率（Chataway, Hanlin and Kaplinsky 2014）。

因此，创新和产业政策是促使创新之路向更具包容性的方向转变的根本，它决定了价格结构、要素成本、基础设施和替代技术的可获得性（以及企业了解的关于这些技术的知识），而这些都将影响企业选择其发展技术的投资决策（Stewart and Ranis 1990）。

专栏 4. 2

发展中国家适用技术的范例

从 21 世纪初起，韩国的发展机构开始支持适用技术（韩国国际协力团 2014），重点聚焦于现有的技术和资源，鼓励提高本地区的生产能力。其领域涵盖农业（有机肥生产、小规模灌溉、作物改良），能源（生物能源、智能电网系统），水和公共卫生（雨水收集和净化装置、水处理），以及小型制造业（废料回收利用、暖棚、皮革涂饰和印染）。韩国知识产权局也积极在木炭制造（乍得）、实心砖制造（尼泊尔）和简易净水器（柬埔寨）等领域与其他国家开展合作（韩国知识产权局 2015）。

一些国际机构，包括联合国南南合作办公室（UNOSSC），也在发展中国家大力培育包容性创新。2008 年，该办公室启动了全球资产和科技交流的虚拟和实体化平台，使得发展中国家企业能获取技术、资产和金融支持（联合国南南合作办公室 2015）。

劳动节约型创新的补偿机制 [15]

即使科技发展的方向是劳动节约型生产流程创新，补偿机制也能够缓解其带来的就业压力。但是补偿机制的效用很大程度上取决于一国的实际情况。

譬如说，价格机制的效果依赖于竞争，而寡头垄断帝国会消弱这一补偿机制的作用，因为节约下来的成本并非总是转化为较低的价格。投资机制的效果取决于企业的投资行为，因此当企业对未来持悲观预期时，新的投资就很难形成（即使创新为其带来了大量投资积累）。同样，工资机制的效果取决于资本和劳动的替代程度。

一项强有力的竞争政策有利于就业调整，从而抵消生产流程创新导致的最初的就业衰退，而扩张性政策能抵消失业人员增加带来的需求下降，鼓励投资，从而加快补偿效应的实现。相反，在依赖发展路径的技术变革意味着极低的劳动 - 资本替代弹性的情况下，下降的工资弹性将会失效，这时若采取降低工资的经济政策作为技术发展导致失业的补偿机制，也难发挥作用。

最后，技术发展对于增长和就业的最终效应通常受一个国家吸收能力的影响（第二章）。换而言之，只有充分发挥内生研发和创新能力的发展中国家，才能充分开发新技术带来的增长和就业潜力。

技能和要素禀赋

正如之前章节所述，许多文献指出，作为吸引外来科技和提高吸收能力的补充，需要促进教育，

> “科技发明应该更多地帮助人类提高创造新的价值来源的能力。

专栏 4.3

教育要面向尚未出现的工作

Frey (2011) 断言，“未来 10 年中有可能出现的工作，有 60% 还未被创造出来”。同时，在那些计算机还难以代替人类的工作领域，就业的需求仍将上升，例如那些需要社交能力或创造性思维的工作，以及和艺术、娱乐有关的工作（Brynjolfsson and McAfee 2012a, 2012b; Autor and Dorn 2013）。也有人预测，未来人类劳动力将仅仅只是作为机器和机器人的补充。

无论未来对劳动力需求的方向怎样，我们需要开发面向新兴技能和职业的新课程，或者发展能使机器和机器人变得更易操作的技术（Coven 2014）。

形成技能，并培育创新能力（如开展研发）。

当技术进步具有技能偏好的特征时，与之不匹配的技能会抵消科技驱动的结构调整的积极影响，导致社会不平等的净增。因此，促进教育培训事业的发展（特别是在信息通讯技术及相关领域），制定与劳动力市场需求相适应的教育政策意义重大。非洲经济委员会（UNECA 2013）认为，包容性差、失业上升的增长是近年来非洲经济现状的主要特征，究其原因就在于“教育课程体系的定位与劳动力市场需求不符”。其他一些经济体也受困于此。制定符合尚待出现的工作岗位需求的教育课程体系难度更大（见专栏 4.3）。

由于教育成本高、需要固定的投入，通过高效的金融市场资助教育，对于劳动者有机会获取新技术至关重要。对于低收入国家而言，农村贫困地区欠发达的金融市场和缺少信贷阻碍了劳动者获取新技术。信贷市场的不完善会限制就业选择和低技能从业者的流动，从而进一步抬高社会不公。如果低技能劳动者没有能力负担昂贵的教育，即使是最温和的科技创新也将导致社会不平等的上升（Canidio 2013）。

在正规的教育体系之外，根据产业发展需要提高职业技能非常必要，这包括在职培训和可预见的职业阶梯，但在创新引领的工业发展中，这些却没有得到足够的重视。譬如，Lazonick 等人认为，集体进行的积累性学习对于技术创新十分重要，应在企业组织中有所体现（Lazonick and others 2014）。

专栏 4.4

基础条件依然重要

由于高收入国家以及像中国这样的新兴国家越来越多地替换制造业中低技能或中等技能的常规工作，拥有丰富低技能劳动力资源的国家通过装配性制造业实现工业化的前景变得越来越暗淡。但那些取代常规工作的技术为创业者提供了新的机会，包括网络化生产和增材制造。

南非是世界第二大钛矿供应商，那里的企业与政府和研究机构一起开发 3D 打印系统，以促进钛金属零部件（包括人工髋关节）的增材制造，从生产时间上看，其效率比以往技术的快了 8 倍（Wild 2014）。

要把握住这些机会，企业生态系统需要高品质的基础设施、交通和物流服务，以及信息通讯技术。在这些方面，改变还未发生。

按照他们的观点，在累积的职业生涯中，不同的个体同步发展，运用各自的技能，这是形成根基雄厚的中产阶级的关键所在。因而，无论是在发达国家还是发展中国家，通过政策更好地构建职业发展框架至关重要。

创业时代即将到来？

大量中等技能水平劳动者的存在和价格更低廉的技术给企业家提供了得天独厚的机遇，“为全世界的人类提供未被满足的需求”（Brynjolfsson and McAfee 2012a）。而这离不开支持创业精神的政策导向（见专栏 4.4）。

创业活动对发掘一个国家的比较优势至关重要。尽管创业活动的社会收益可能会很大，当地的条件也许无法提供足够的创业者（Hausmann and Rodrik 2003; Naudé 2010）。创业和企业家精神在当下全球生产分散化日益增长的情况下，显得尤为重要。企业家有责任引导企业的生产，使其产品与国际生产网络的需求相适应。还需要引导企业进行模仿性学习，这比仅仅作为一个受总部监管引导的外包节点更加困难（Szirmai, Naudé, and Goedhuys 2011）。这种学习能提高通过全球价值链带给地方经济的技术外溢（如果当地企业能够掌握这些技术），兑现持续的技术转移的机会。

> 创新和产业政策是促使创新之路向更具包容性的方向转变的根本。

图4.9
2009年基尼系数：纳税和转移支付前后

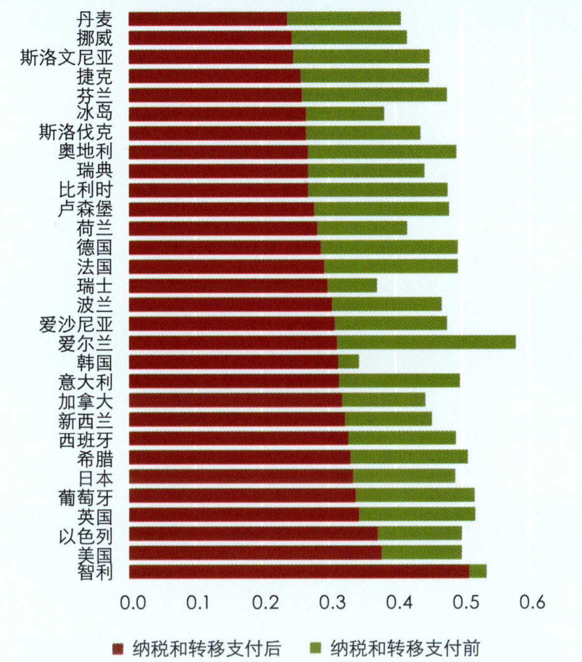

资料来源：联合国工发组织根据经济合作与发展组织社会和福利统计数据库（OECD 2014)加工整理。

图4.10
1960–2011年美国收入不平等和工会密度

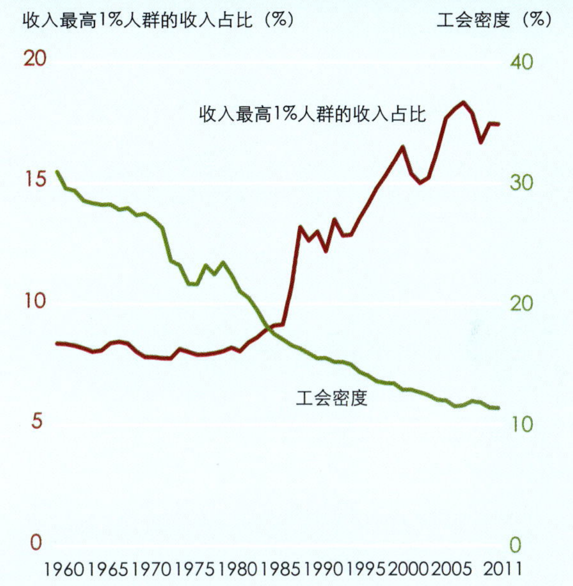

注：工会密度定义为全部有酬雇员中工会成员的净比重。
资料来源：联合国工发组织根据Database on Institutional Characteristics of Trade Unions, Wage Setting, State Intervention and Social Pacts (Visser 2013)和World Top Income Database (Alvaredo et al. 2014)加工整理。

对于企业家和创业者的支持要充分考虑国家工业化的水平，如果没有精心设计的政府政策和干预，只靠市场独自作用，会导致对知识和创新的投资不足（Ács and Naudé 2011）。正如前文中提到那样，国家的创新体系越完备，发展中国家就越有可能利用全球科技，当地经济中的科技传播也越迅速，科技升级的步伐会越快。这不是一件普通的工作，可能需要对现有体系进行彻底的革新。

再分配和社会保障

好的社会保障是实现包容性的结构转型的关键，它有助于实现劳动力从生产率较低的部门向较高部门的再配置，从而极大地提高效率。正如 Atkinson (2013) 所说，社会保障对于“提高社会包容性的同时，促进经济转型”至关重要（p.5）。社会保障还能够在经济下行时，起到总需求周期稳定器的作用。

再分配的税收政策能够缩小收入和财富的不公。Piketty, Saez，Stantcheva(2011) 以及其他一些学者认为应该提高课税，征收遗产税和全球财富税，以实现社会财富向普通劳动者的平衡。通过使用美国数据进行模拟，Piketty, Saez 和 Stantcheva(2011) 认为即使实行最高达 83% 的边际税率，也不会遏制经济发展。Baker (2012) 对于征收金融投机税提出了充分的理由，他认为美国经济的金融化是收入和财富不公最重要的原因之一。在许多国家，更高的边际税率和转移支付都对缩小收入不公起到了重要影响（见图 4.9）。

在许多国家，特别是发展中国家，实施分配的税收政策都不是一件容易的事。对富裕群体征税（或再征税）往往是一件困难的事情，因为他们会通过政治、行政和法律等各种手段，反对类似的政策变化（Tanzi 2014）。在发展中国家，由于存在盘根错节的权贵精英，以及更便捷的离岸资产转移途径，使得向富裕群体征税变得更加困难。再分配政策的选择还受结构、文化甚至历史因素的影响，这使得再分配的税收政策的实行变得更为复杂。

“通过政策更好地构建职业发展框架至关重要。

4

促进社会包容性

图4.11
2000–2011年部分发展中国家收入不平等和工会会员

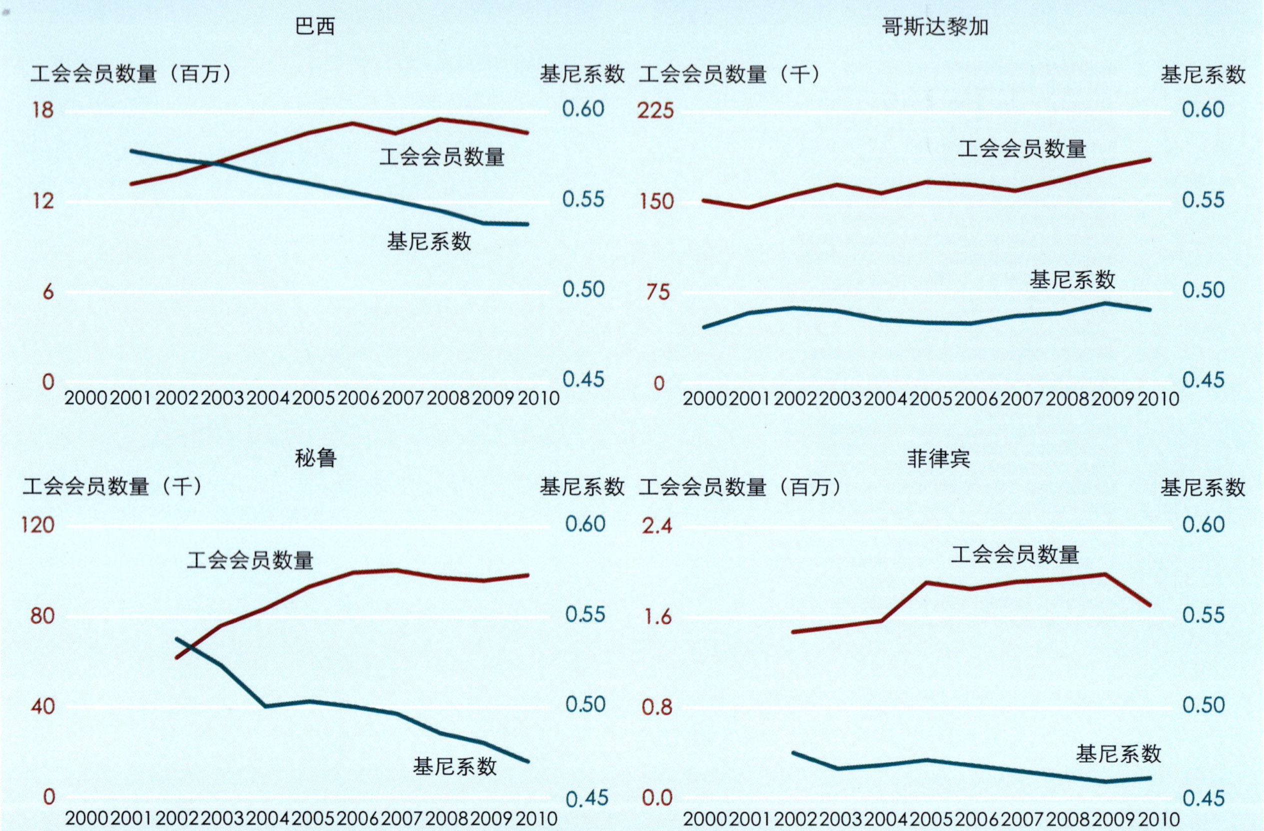

注：不平等的基尼系数为均衡的（平方根）家庭市场（税前，转移支付前）收入。
资料来源：联合国工发组织根据Trade Union Membership Statistics Database (Visser, Hayter and Gammarano 2015)和Standardized World Income Inequality Database (Solt 2009, 2014)加工整理。

最后，通过劳动市场监管，保证跨国公司采取体面的劳动用工做法（如工作和健康保障，以及禁止使用童工等），具有重要意义。消费者导向的品质标准许可制度，可以帮助强化这一方法，为消费者提供更多的“公正”“非剥削”的产品。

收入不平等的上升。Piketty (2014) 将收入不平等的上升归因于资本和劳动者之间的斗争。国民收入中劳动者分配的份额越来越小，日趋弱化的工会力量、贸易政策以及因缺乏有效需求导致的高失业率，使劳动者在“斗争”中的讨价筹码减弱。一些有争议的证据表明，最低工资标准和工会力量的降低，使得20世纪80年代以来一些高收入国家工资不平等现象的上升（Bénabou 2005; Card and DiNardo 2002）。在美国，工资的不平等与工会强度之间存在着强烈的反向联系（见图4.10），而部分发展中国家中工会会员人数方面也存在着类似趋势（见图4.11）[16]。

建立还是重置社会契约。一个国家颁布强化劳动者与资本“议价能力”的政策、控制资本偏好型创新、实施再分配的税收政策的能力，很大程度上取决于其社会凝聚力和已有社会契约的力量。Posen (2014) 认为北欧国家的社会契约反映了其相对较低的社会差异。公平的社会契约和强大社会凝聚力可能是一切发展的先决条件，很难想象一个没有凝聚力的社会能取得诸如社会公正[17]等方面的任何进步。

注释：

1. 有关案例请见 McMillan, Rodrik and Verduzco-

“再分配的税收政策能缩小收入和财富的不公。

Gallo (2014); Szirmai (2012b) and Verspagen(2004) 等人的相关文献。

2. 专栏 1.1 使用了一个更宽泛的定义，但此处专注于科技创新。

3. 这同样适用于拉丁美洲的一些中等收入国家以及南非，来自于单位劳动成本相对较低国家（如中国）的制造业进口渗透，在一定程度上加速了去工业化进程（见第一章）。

4. 此处贫困人口指日均生活成本在 2 美元（以购买力平价计算）以下的人群。该信息来源于世界银行 WDI 数据库。

5. 计算该系数的主要数据来源于标准化世界收入不公平性数据库（SWIID）5.0，并以 van Zanden（2014）等人的数据作为补充。基尼系数代表均等化的家庭市场收入（以开平方根表示的税前、转移支付前收入）上的不平等。

6. 相关变量的具体解释和使用的方法请见 Lavopa (2015) 相关文献。由于原始变量呈现高度的偏态分布，因此所有的解释变量均使用对数（log）形式。

7. 见 Lavopa (2015) 相关文章。

8. 见 Vivarelli (2013) 和 (2015) 相关文章。

9. Bogliacino, Piva and Vivarelli (2012) 使用欧洲企业的面板数据发现了在这些部门中研发对于就业的积极影响，但这种积极影响在技术上更加成熟的制造业部门中并不显著。

10. 本节请参考 Gries 及其他学者 (2015) 相关著作。

11. 详情请见 Katz 和 Autor (1999) 相关著作。

12. 有关美国的情况请见 Autor and others(2003)，Autor and others (2006, 2008)，Autor 和 Dorn (2013) 相关著作；德国的情况请见 Spitz-Oener (2006)，Dustmann (2009) 相关著作；英国的情况请见 Goos 和 Manning (2007) 的相关著作；其他西方国家的情况请见 Goos、Manning 和 Salomons (2014), Michaels and others (2014) 以及 Van Reenen (2011) 相关著作。

13. 若需了解该数据库是怎样计算得出，请见 Timmer and others(2015) 相关著作。该数据库中技能水平以受教育程度衡量。

14. 技术引进的外延边际是指一个国家引进一项新技术的时机；内涵边际则是指在给定规模的经济体中，引进的新技术在多大程度上能够落到实处。具体请见 Comin 和 Mestieri (2010) 相关著作。

15. 本部分吸收了 Vivarelli (2013) 的研究成果。

16. 在一项相关研究中，Card, Lemieux 和 Riddell (2004) 在美国、加拿大和英国发现了工会会员主要集中在“技能分布的中部”的证据。

17. 社会公正包括平等获取机会（如通过教育）、便利的社会迁移（如通过创业和包容性融资）、对贫困人口的补偿收益（如通过社会保障和劳动力市场政策）。

第五章

努力实现绿色结构转型

在怎样的条件下，各国会推动科技的进步以实现环境友好型的增长？当今世界，各国需要为追求工业化和经济增长付出环境污染的沉重代价。现在的问题是，低收入和中等收入国家的工业化进程在21世纪能否实现跨越，将经济增长与环境污染和过度使用自然资源脱钩？许多企业已进行了技术方面的投资，以提升其能源和资源的使用效率、在利润最大化的同时降低污染。但此类技术的进步并不足以抵消全球生产增长所带来的（环境污染的）规模效应。更多的环境友好型技术，如污染治理技术、碳捕获与封存系统以及那些成本更高但污染更少的资源投入（譬如可再生能源），应该得到应用，尽管应用这些技术从经济角度看不尽合理。只有通过补贴、碳排放税等经济手段的支持，才能使得以上技术的推广在经济上可行。

纵观历史，人类的发展是以牺牲环境为代价。经济的增长需要投入，但几乎所有的资源都是有限的，而且将要耗尽。此外，生产满足消费者需求的经济产品，同时会产生“废品”，如温室气体和废料等。根据人道主义研究机构DARA和气候变迁脆弱国家论坛（Climate Vulnerable Forum）（2012）的测算，气候变化在2010年造成了全球1%的GDP的流失，其中最不发达国家受创最大，流失的GDP超过7%。

最不发达国家和所有其他处于工业化进程中的国家都面临着同一个难题：它们需要推进工业化进程，刺激经济发展、改善生活水平，但工业化进程又会造成污染、带来巨大的资源压力，具体表现为国内原材料消耗[1]。1970到2010年间，工业增加值和人均二氧化碳排放之间，以及人均GDP和国内原材料消耗之间，呈现出很强的相关性[2]（图5.1和5.2）。

三大因素决定了污染的产生。其中之一为经济增长带来了污染的增加，经济增长离不开更大规模的生产，而生产中又包含着大量导致污染的流程。可以通过技术进步减少增长带来的污染，也可以通过结构调整，随着人均收入的增长，提高国民经济中污染较少的部门（如服务业部门）的比重，减少污染[3]。

随着时间的推移，技术进步和结构调整可以抵消继续产生污染的规模效应。科技进步在任何发展阶段都能起到减轻规模效应的作用，并且不会造成发展的停滞。联合国工发组织的工业发展报告（2011）显示，人均GDP水平最高的那些国家，恰恰也是能源使用强度（以排放量和GDP的比重表示）最低的国家。1960到2011年期间，世界人均GDP水平不断上升，而排放强度却在下降（图5.3）。尽管在这期间环境友好型技术不断发展，但仍不足以将经济发展与环境污染完全脱离开来。市场拉动力量刺激着环境的改善，但这种拉动作用并不足以减少排放和整体环境污染，甚至仅仅使排放和污染保持稳定也力有未逮。

技术进步促进环境的可持续性，主要作用于两个方面：生产流程和生产结构，需要在环境、经济和社会发展中做出权衡（图5.4）。

生产流程变革

科技进步从两个渠道推动生产流程的改进，分别是利润驱动（反映市场拉动因素）和非利润驱动（监管和国际协定）。

利润驱动渠道

利润驱动渠道通过提高资源使用效率促进环境的可持续性。这种观点认为追逐利润的企业本质决定了其有改进生产流程的自然冲动，争取在投入最小化的同时实现产出的最大化。

通过改进生产流程，更高效使用自然资源（如不可再生能源和原材料），能提高企业的成本竞争力。在理想的条件下，可再生资源投入的成本与化石能源有了可比性。一些污染治理技术能在低成本的条件下实现生产流程的重组，实现资源消耗最小化。过去被看做是生产过程中“坏”产出的废弃物，变成了通过物料回收、废料-能源转换技术可以直

> “环境可持续型技术进步主要通过生产流程和生产结构实现。

图5.1

1970-2010年人均制造业二氧化碳排放与人均实际制造业增加值，按国家收入水平分组

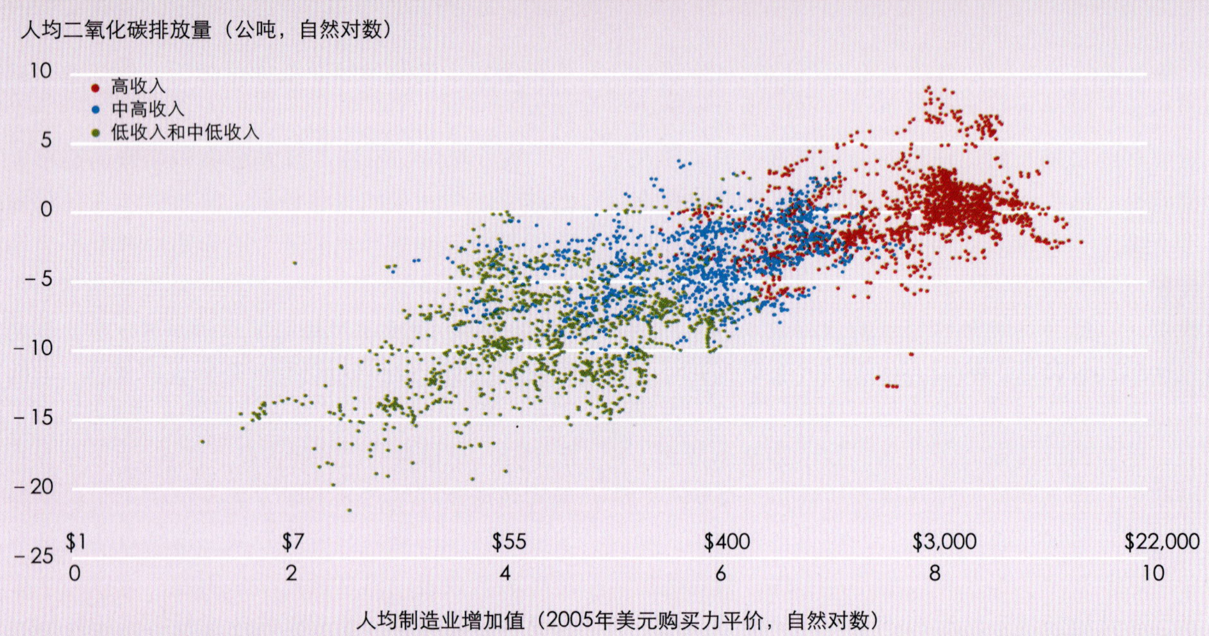

注：包含70个样本国家。收入水平分组见附件A1，表A1.1。
资料来源：联合国工发组织根据Fuel Combustion Statistics (IEA 2015b), World Development Indicators (World Bank 2015a)和Manufacturing Value Added Database (UNIDO 2014d)加工整理。

图5.2

1980-2009年人均本地原材料消耗与人均国内生产总值，按国家收入水平分组

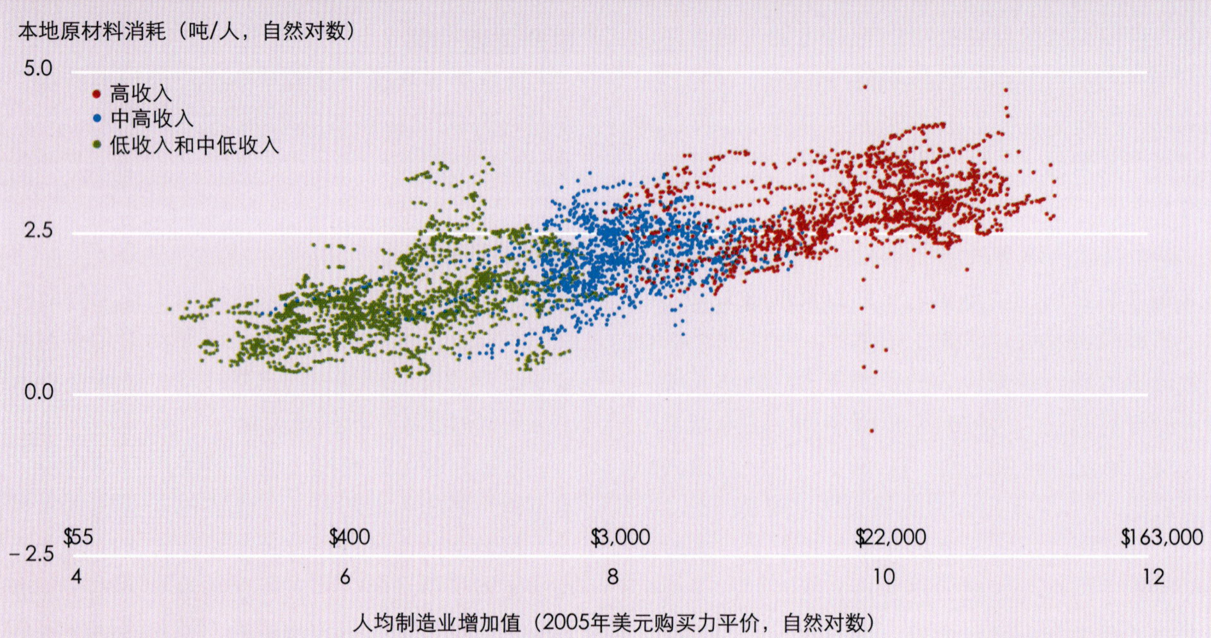

注：包含70个样本国家。本地原材料消耗（表示为吨/人）数值位于[0，1]区间时，转换为对数形式为负值。收入水平分组见附件A1，表A1.1。
数据来源：联合国工发组织根据Material Flows Database (SERI and WU Vienna 2015)和World Development Indicators (World Bank 2015a)加工整理。

“通过改进生产流程，更高效使用自然资源。

图5.3
1960–2011年全球二氧化碳排放强度与人均国内生产总值

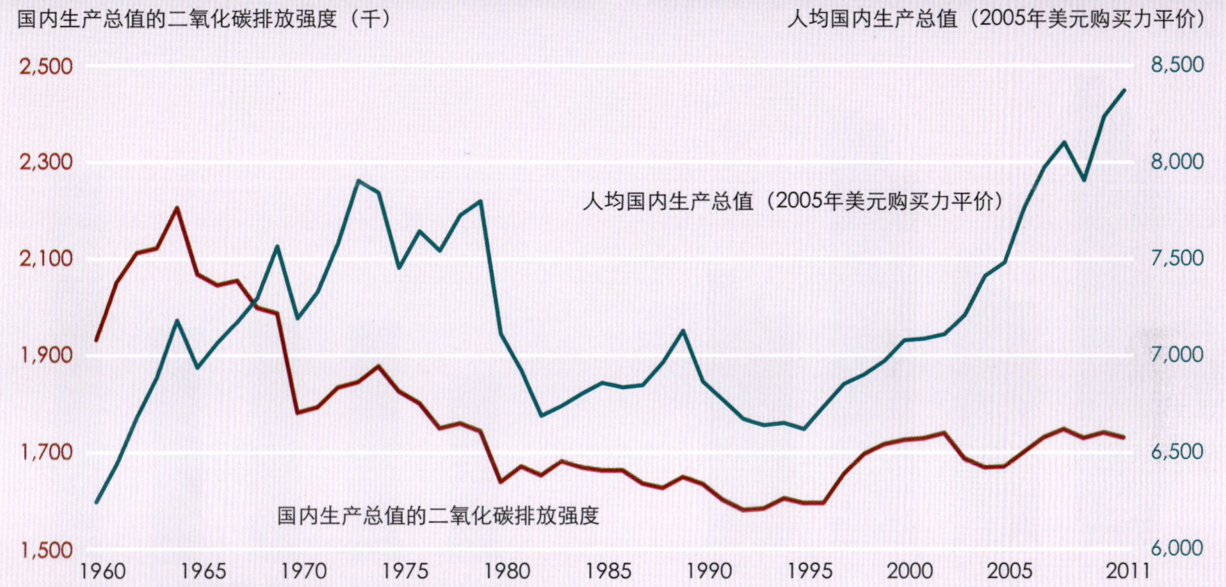

注：二氧化碳排放强度为排放量/国内生产总值。
数据来源：依据World Development Indicators (World Bank 2015)采用Mazzanti and others (2015)的方法计算。

图5.4
概念框架：技术进步促进环境可持续性

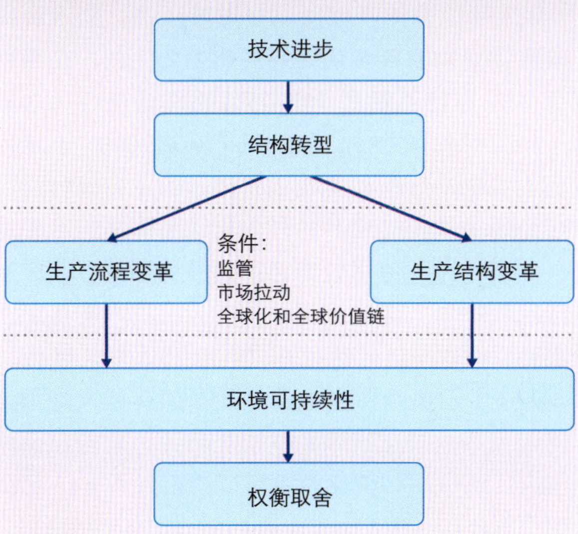

数据来源:联合国工发组织加工整理。

接再利用的关键投入。类似的转变只有在环保科技不断发展、相关条件完备（包括生产者需要面对的相对价格），足以引导生产流程向环境友好方向发展的情况下才有可能实现。有些转变，如可再生能源的全球化推广或污染治理技术成本的降低，还远未成熟，但对企业来说，提高能源投入的使用效率是其天然的追求，即使没有政府政策的驱使也不会受到影响。

从中长期来看，提高能源价格是促进环境友好型创新的重要手段，能源价格的上涨可以刺激企业加大在节能技术方面的投资（Porter and van der Linde 1995）。企业的天性是降低投入、扩大产出。更具创新性的部门，如制造业，就更容易受到利润驱动型措施的影响。但从短期看，特别是对于那些能源进口国来说，能源价格的上涨将导致实际 GDP 的下降（Cantore, Antimiani and Anciaes 2012）。

全球排放量在 1995 到 2009 年间上升了 29%，但制造业仅上升了 16%。图 5.5 所示的四个指标（包括排放强度和能源强度），制造业的增长均最低。制造业的能源消耗可以分解为五项要素，即能源效率、中间投入的使用、中间投入的贸易结构、制造业在全球经济中的比重以及最终需求的改变（图

> “制造业的全球碳排放仅上升了 16 个百分点，与之相对应的是整体经济碳排放上升了 29 个百分点。

图5.5
1995-2009年全球能源消费、能源强度、总排放和排放强度变化，经济部门分组

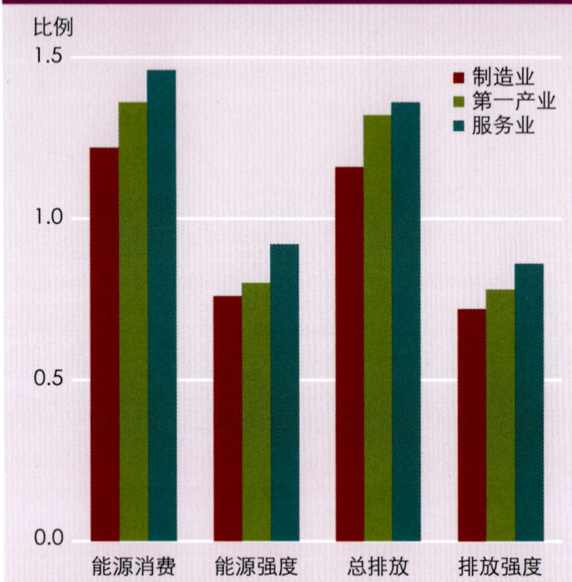

注：数值小于1表示排放减少，数值大于1表示排放增加。彩柱的高度表示各指标2009年数值与1995年数值之比，譬如制造业能源消费值为1.22，表示制造业能耗上升了22%。
数据来源：联合国工发组织根据Zhong (2015)加工整理。

图5.6
1995-2009年全球制造业能源消费分解

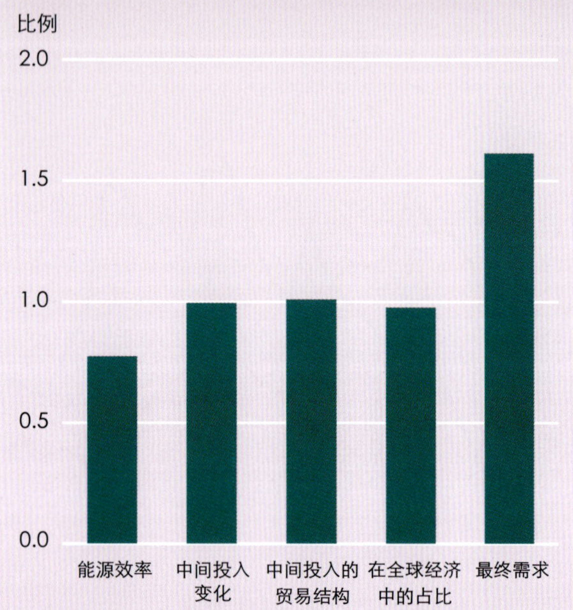

注：见图5.5。
数据来源：联合国工发组织根据Zhong (2015)加工整理。

5.6），而其中最重要的推动因素是能源效率（导致经济体总能耗下降）和最终需求的上升（导致经济体总能耗上涨）。在 1995 到 2009 年期间，后者的影响大于前者，但能源效率的提高为能耗下降做出了巨大贡献。

能源效率还可以通过企业更换折旧资本的惯常偏好表现出来（Diaz and Puch 2013）。当企业淘汰旧设备时，它们通常会购买技术上更先进的设备，这些设备往往生产率更高且不会增加能源负担。

能源效率还会推动企业加大对废弃物和原料回收再利用技术的投资。越来越多的企业意识到科技能帮助企业在生产流程中实现原料再利用。过去十年中原材料价格大幅上涨，反映出资源的稀缺性以及实现资源可持续利用的迫切性。在很多时候，与直接排放或废弃相比，回收利用的经济效益更大。通过从过去所谓的“废料”中获取价值，生产逐步转变为一个循环的过程（专栏 5.1）。

通过降低原材料和废弃物处理成本，更合理地配置资源，使用尚未充分利用的原材料，以及出售副产品，原材料的高效利用能够直接转化为企业成本的明显降低（专栏 5.2）。

化工部门的流程创新同样发展迅速。蒸汽裂化是碳氢化合物原料转化为烯烃的主要工艺，在西欧有 95% 左右的乙烯和 70%-75% 的丙烯是通过这种方法制造出来的（Ren, Patel and Blok 2006）。烯烃是制造塑料、纤维和其他化学制品的主要原材料，对烯烃的需求预计比其它任何化学品都高。尽管近几十年来能源的使用效率已得到了大幅改善，但通过蒸汽裂化生产烯烃能耗依然巨大。蒸汽裂化工艺的主要原材料来自原油（如石脑油）和天然气制品，。

在技术发展蓝图中，催化技术拥有巨大潜力，可以取代蒸汽裂化技术。据乐观估计，若能在全球范围内广泛应用，催化技术可节约相当于 1.43 亿公吨的二氧化碳（IEA, ICCA and DECHEMA 2013）。通过对石脑油和甲醇催化裂化完成烯烃生产，可实现节能 10%-20%（Ren, Patel and Blok 2006）。在中国，最先进的石脑油催化裂化设备能节能 20% 左右（IEA, ICCA and DECHEMA 2013）。

> “原材料的高效利用能够直接转化为企业成本的明显降低。

专栏 5.1

印度制革业中的液体零排放系统和铬回收

制革业在印度历史悠久，具有创造就业的重要作用，近年来印度的一些制革企业已经开始使用现代化的污染处理技术。液体零排放系统可以实现制革废水的回收和循环利用。对废水的高效回收（回收率可达 90%-95%）、更趋合理的工厂管理、以及回收处理后的废水可提供给工业和市政再利用，成为该系统运营成本高昂但仍能投入使用的正当理由（Hussain 2014）。

对制革过程中使用的重金属铬，也实现了直接（排出的铬鞣废液在经过简单地过滤之后即可作为下一批次的制革鞣液）和间接（将通过碱沉淀后的浆液融入硫酸中，获得的溶液可作为制革鞣液）的回收利用。

Vaniambadi 地区 130 家制革厂所排放的废水中，铬的总含量由处理前的 165 毫克 / 升，降低到还不足 2 毫克 / 升。铬的循环利用技术对于印度工人和制革厂附近居民的健康和安全有着重要意义（Environmental Compliance Assistance Centre 2015）。

从传统或者重质原料中生产烯烃的其他替代技术还包括气流技术、乙烷氧化脱氧、丙烷氧化脱氧和石脑油加氢热解等。这些技术也同样具备降低能耗的潜力（Ren, Patel and Blok 2006）。

非利润驱动渠道：可再生能源

可再生能源目前还不具备成本竞争力，需要大幅降低其生产成本才能与常规能源竞争。即使能源效率已达到获利的水平，市场失灵、特别是信息缺失或投入要素的不完全定价、也同样会影响节能技术的应用。在有些国家，政府需要通过政策推动企业提高化石能源的使用效率，或以激励措施鼓励企业使用可再生能源。例如，政府征收碳排放税，将导致使用污染性投入要素（如煤炭和石油）的企业付出更高的成本。作为应对，企业将会加大在能源技术方面的投入力度，将有污染能源的使用降到最低。如果在 2010-2030 年期间，征收高达每吨 300 美元的碳排放税，将会提升能源价格，减少能源需求（见表 5.1）。各国也将降低能源使用强度，提高产品的附加值，特别是在创新性部门，如制造业和信息通讯技术行业。

在可再生能源的价格高于化石能源时，政府可以对可再生能源的使用者进行补贴。按照经济学的观点，补贴是对市场外部效应的必要调整（专栏 5.3）。由于企业使用碳源能源对大气造成污染，清洁的空气正成为短缺的公共物品。通过公共干预促进可再生能源的需求可以产生超越时间的正向外部效应。例如，Bosetti, Carraro 和 Galeotti(2006) 认为，随着经验的积累，可再生能源的生产成本会逐步降低，并且可以刺激无碳化生产资料的推广。

尽管尚未形成一致的看法，但国际可再生能源机构（IRENA 2014）认为，生物能、水能、地热能（专栏 5.4）和风能目前已经能够提供有竞争力的能源供给。特别是太阳能光伏，其平准发电成本在 2010 到 2014 年间下降了一半。以太阳能光伏为代表的可再

专栏 5.2

一些生产流程创新和技术的介绍

- 传感技术——包括材料和结构状态监测、移动电子监控、反馈控制技术、自主分布式微系统技术。
- 表面处理技术——包括表面细化、通过纳米技术实现的表面功能化、摩擦学系统最优化以及新型涂料技术。
- 加工工艺——包括振动清洗技术、干燥技术（如模拟法）、新型钢材转换技术、无废弃物加工等。
- 流程强化技术——包括微加工技术、新型催化技术、常规加工技术和生物加工技术组合等。
- 用水管理技术——包括特殊应用的膜技术、流程水循环、分散式用水管理等。
- 循环利用的基础设施和技术，例如复杂产品（如船）的循环利用、复合材料的分离技术等。
- 材料科技——包括高度功能整合材料、地壳运动的次生原料利用、轻型结构多样性材料的利用等。
- 可再生原材料利用技术——作为生产平台和原材料供应商的植物，特别是藻类和生物塑料。
- 能源供应技术——包括节能科技和存储媒介、供热和制冷技术、有机光伏、可再生能源（如海上风力发电厂）等。

来源：源自 Lang-Koetz, Pastewski 和 Rohn (2010) 的相关研究。

“污染治理技术应该被提高到更加重要的位置。

表 5.1

2010-2030 年全球征收每吨 300 美元碳排放税的影响（%）[4]

经济部门 / 行业 增加值						世界能源		
农业	能源	材料	制造业	服务业	信息通信技术	价格	需求	强度
0.16	-9.10	0.04	0.23	-0.91	1.29	22.55	-8.54	-7.70

数据来源：联合国工发组织使用国际期货模型（见 http://pardee.du.edu/）模拟。

专栏 5.3

资源政策的重要性

正如 Bleischwitz(2009) 论述的那样，资源政策通过产品、流程和系统层面的创新创造出更多机会的同时，对于降低不可持续的资源使用模式带来的负面外部效应具有重要意义。

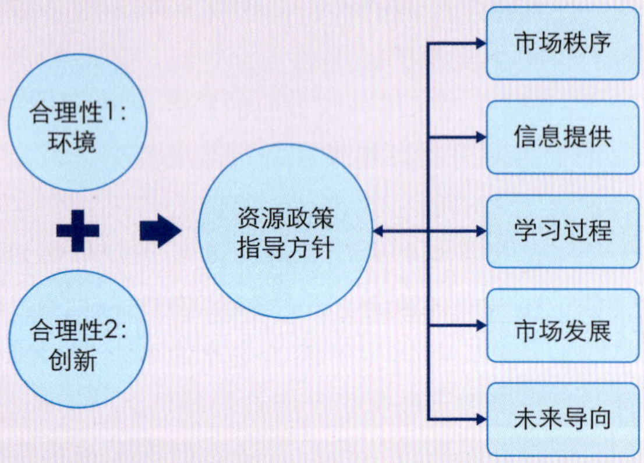

来源：Bleischwitz(2012)。

市场秩序 搭建起资源高效利用的框架条件。市场秩序的建立需要通过基于污染者出钱原则和全球范围预防性原则的管理体制，将外部效应内在化。还需要确定一些工具来促进生态友好型产品设计，明确贯穿产品（或服务）生命周期的生产者责任。

信息提供 需要解决信息和数据缺陷，这些缺陷会阻碍资源的高效利用，不利于更好地理解由于不可持续的资源管理模式导致的环境影响和健康危害。

学习过程 扩展资源利用的持续实践方面的知识积累，促进当地的知识转移和能力建设。没有学习过程，数据来源就不充分。通过正规的程序，例如改进教育体系、在技术课程设置中增加可持续性和资源管理等内容，有助于提高学习效果。此外，学习的过程也离不开企业之间、行业之间的相互协作，如标杆管理、报告指南、审计工具和商业平台等。这些活动对于低收入和中等收入国家来说尤为重要。

市场发展 可以通过产业政策促进制造业的可持续发展、获取突破式的创新。同时，市场发展还能推动向循环经济的转型。

未来导向 是指全球和区域层面的可持续和资源集约型发展的长期愿景。它可以明确政策方向，引导政策设计和目标制定。

专栏 5.4

肯尼亚的地热生产政策

在 2010 到 2014 年期间，肯尼亚实现了经济的持续增长，但是增速低于其《2030 年愿景规划》中设定的 10% 的目标，而且制造业的比重从 12.5% 下降到了 11%。肯尼亚的制造业厂商对高昂的电价非常不满，特别是与南非和埃及企业的用电成本相比。

在肯尼亚，电力的三个主要来源是水力发电、化石能源发电和地热能发电。由于气候干燥，降雨不稳定，因此水力发电并不是一个可靠的电力来源，而化石燃料的进口又被征收了高昂的进口税。由于以上原因，肯尼亚政府出台了包括上网电价在内的政策，大力倡导地热能发电，以刺激该领域新的投资。

到目前为止，政策效果斐然。从 2010 年到 2015 年，肯尼亚的地热能发电量从 202 千兆瓦时上升到 504 千兆瓦时，装机容量从 1430 兆瓦上升到 2848 兆瓦。肯尼亚地热发电的装机容量（占全球的 5%）和发电量（占全球的 3%）均位居世界前十（Bertani 2015）。

地热能的进一步开发，极大地促进了该国经济的发展和工业化的进程。地热发电量的上升使得消费者和生产商的用电成本大幅降低（最高达到 30%），每月最高可节约电费 2400 万美元（Richardson 2015）。科技的进步帮助实现了生产成本的降低。在传统工厂建立起来以前就可以实现前期发电的井源发电机，极大地促进了电力的生产，降低了投资者的风险。

“生态型创新既可能是渐进的，也可能是突破性的。

> **专栏 5.5**
> **中国的太阳能光伏产业**
>
> 中国目前在世界太阳能光伏部门中处于领先水平。2013 年全球 10 大太阳能电池板的制造商中有 7 个是中国企业。2013 年，在已有 20 千兆瓦容量的基础上，中国又新增了 13 千兆瓦容量，到 2017 年，预计将达到 70 千兆瓦的总容量（IRENA 2014b）。相关预测指出，到 2050 年，中国占世界光伏总容量的比重将达到 37%，继续巩固其光伏市场领跑者的地位（国际能源署 2014b）。
>
> 在 2008 到 2012 年期间，太阳能光伏电价从 4 美元 / 瓦下降到 0.8 美元 / 瓦。若按照现有趋势，继续提高光伏发电装机容量，预计到 2035 年光伏电价将进一步下降到 0.4 美元 / 瓦（国际能源署 2014b）。中国的太阳能光伏行业吸收就业人数，从 2011 年的 30-50 万人，上升到 2013 年的 160 万人（IRENA 2014c）。

生能源（专栏 5.5），最终将会成为广泛运用于各个领域的利润驱动和环境友好型技术。

国际能源署（IEA 2013）认为，如果化石能源在各国的能源组合中仍占有较大比重，则提高污染治理技术就应成为首要任务，这样才能完成各国一致达成的将全球气温升高控制在 2 度以内的目标。国际能源署预测，污染治理技术 (碳收集与储藏) 需要为 2050 年的二氧化碳减排目标贡献六分之一的减排量，为 2050 年的累计减排目标贡献 14% 的减排量。不幸的是，目前碳收集与储藏还不是一项成熟的技术，还无法大范围推广。只有将其中期和长期的经济影响通过价格来反映，这项技术的发展演化才有经济上的意义。

生产结构变革

根据推进的变革程度不同，生态型创新可能是渐进式，也可能是突破式的。渐进式创新在改良产品、工艺和组织结构的同时，并不会对制造业体系产生大的改变。随着时间的推移，不断积累的渐进式创新所带来的改变，可能会带来实质性的改变，要求整个生产体系适应这种改变，甚至进行重新定义。而突破式的绿色创新则会导致思维模式的转变和系统性的变革，这意味着建立新的制造业部门、重构制造业体系、引进新的产品和服务，乃至整个技术体系的深刻变革（Eco-Innovation Observatory 2013）。

经济进程的“自然”趋势

科技的进步能够降低污染，因其改进了生产流程，同时，企业也不断改良生产技术以增加产出、减少投入。当然，经济结构也需要宏观层面的改变。

各国都有通过工业化向排放低的高技术部门转型的自然趋势。[5] 低收入国家低技术部门的增加值占比往往最高，但从 20 世纪 70 年代以来，低技术部门的占比逐步下降。中等收入国家的中等技术行业占比往往最高，而高收入国家的高技术行业占比最高。高技术部门的比重在不同收入水平国家中呈现出上升的趋势（见表 5.2）。

然而，从低技术行业向高技术行业转移的自然趋势带来的还有污染增加的自然趋势。中等技术部门的环境生产率（以增加值与污染的比例表示）最低（图 5.7）。中等技术行业在二氧化碳以外的污染物上，同样表现出最强的污染强度，如粉尘、二氧化硫和二氧化氮等，尽管其减轻污染的成本也比其他部门低。

低技术和高技术部门的环境生产率较高，换言之，其产出 1 美元增加值的排放量较少。经济部门向高技术部门发展的专业化过程可以降低排放强度[6]。总之，这种自然的经济趋势有利于包容和可持续的工业发展。

单靠低技术向高技术转变带来的环保能力提高，并不足以将经济增长与环境污染完全脱钩。各国需要采取措施减少对环境的损害，即便这些措施与生产过程并没有直接关联。不过非利润驱动的科技进步有可能更加昂贵（图 5.8）。

高昂的治理成本，是企业不会在超越“自然趋势”边界之外过多参与污染减排、各国也不愿接受排放限额的主要原因之一。由于成本过高，可能影响经济发展，很多低收入和中等收入国家并不愿意采用环境友好型技术。根据排放的测度方式不同，不同收入水平国家对全球排放的贡献也不尽相同（专栏 5.6）。

全球污染问题错综复杂，譬如温室气体排放，

> “各国都有通过工业化向低排放的高技术部门转型的“自然趋势”。

表 5.2
1970-2010 年部分年份制造业增加值分布，按技术水平和收入水平分组（%）

		低收入	中低收入	中高收入	高收入
1970	低技术行业	79.4	53.0	45.1	33.4
	中等技术行业	5.8	17.4	23.0	19.8
	高技术行业	14.8	29.7	31.9	46.8
1980	低技术行业	64.6	47.7	38.5	31.9
	中等技术行业	10.4	17.0	25.0	19.9
	高技术行业	25.0	35.3	36.5	48.2
1990	低技术行业	63.9	45.1	28.8	30.2
	中等技术行业	10.7	20.3	22.7	19.7
	高技术行业	25.4	34.6	48.5	50.1
2000	低技术行业	68.4	42.9	35.4	26.6
	中等技术行业	8.0	18.4	21.7	19.8
	高技术行业	23.6	38.8	42.9	53.6
2010	低技术行业	59.6	32.8	28.5	23.0
	中等技术行业	19.3	22.8	25.8	21.2
	高技术行业	21.2	44.4	45.7	55.9

注：收入分组见附件 A1，表 A1.1，技术等级分组见注释 5。
数据来源：Mazzanti and others (2015)。

图5.7
1970-2010年全球制造业部门环境生产率（增加值/二氧化碳排放），按技术等级分组

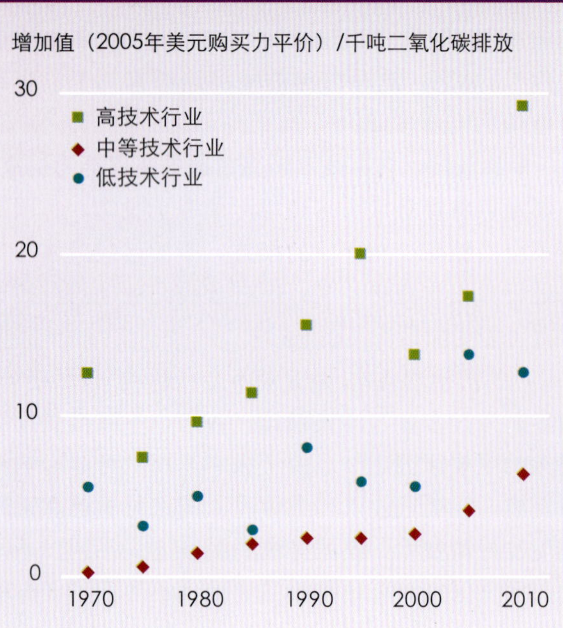

注：技术等级分组见注释5。
数据来源：Mazzanti and others (2015)。

需要在广泛的国际层面立即采取行动。其要求远远超过了市场通过奉行利润最大化原则的企业能够做到的程度。对于正处于工业化进程中的国家而言，它们并没有承诺致力于降低主要由高收入国家产生的大气中过高的二氧化碳浓度。此外，对不同国家而言，通过采用环境友好型技术为治理排放所做出的努力并不对等。那些已经在京都议定书框架下承诺实施减排政策的国家，已经使用了低成本的方案，而未来的排放治理行动成本将非常高昂。不同国家在公平和国际义务方面存在矛盾，使得目前国际上在降低排放方面无法达成一致。因此，任何治理污染的努力，都必须与一国的结构调整现状相契合。

分摊污染治理成本

在给定 GDP 水平和投入消耗的情况下，一个国家在何种程度才算达到了高效的排放？1995-2009 年间，全球排放技术效率最低的国家是中国、美国、印度和俄罗斯（见图 5.9），这四个国家占 2013 年全球碳排放总量的 55%。

“高昂的治理成本是阻碍企业大规模减少排放的主要因素之一。

图5.8
不同技术等级工业部门污染强度与治理成本

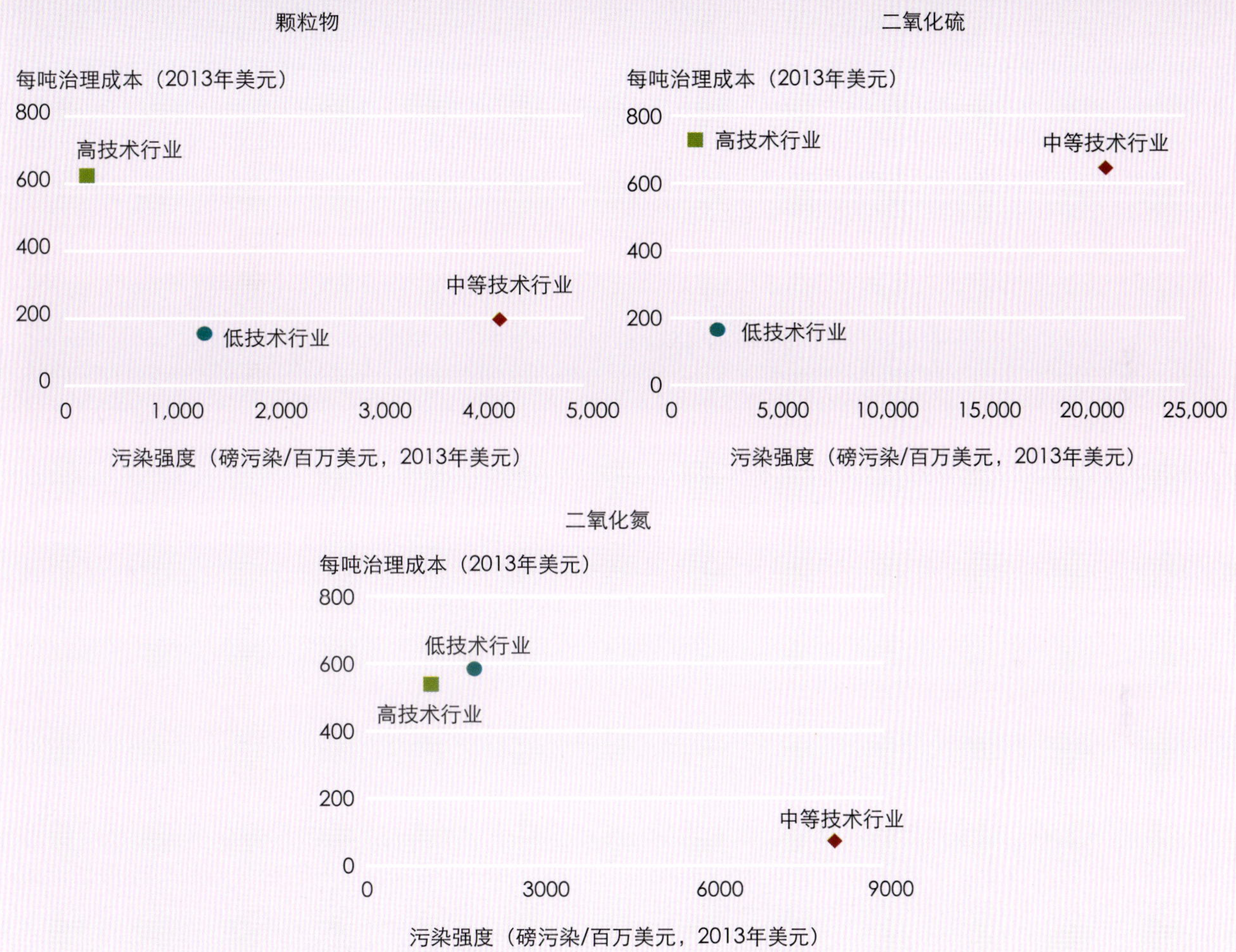

注：以上各图根据Hatzichronoglou (1997)按照国际标准行业分类（ISIC)第二版部门31-39（2，3，4位码）制成。该分类可转换为国际标准行业分类第三版，见联合国统计司(2015)。污染强度的货币价值（1987年美元）和治理成本的货币价值（1994年美元）已通过标准价格平减法包括了通胀影响。图中包含的81个被观测工业行业中有15个数据缺失，使用的是与之相对应的3位码行业数据。
资料来源：联合国工发组织根据世界银行的 IIPS 污染强度和治理成本数据库(Hettige and others 1995)加工整理。

尽管这四个国家对全球二氧化碳排放的责任最大，但在分摊减排义务和贡献时，理想的做法是要考虑其所处的发展阶段，而非仅依据碳排放的绝对量（专栏 5.7）。

全球排放总量占比最大的美国、俄罗斯、中国和印度四个国家，各自可持续的现代化水平差异很大（图 5.10）。拿中国和美国来说，如图 5.10 所示，美国的排放效率差低于中国，但二者可持续的现代化水平是相似的。美国的经济现代化程度远高于中国，其农业领域就业水平很低。美国若要实现比中国更可持续的发展，在缩小排放效率差方面所付出的努力要比中国更大。作为一个有着成熟经济结构的高收入国家，要实现可持续的发展，需要相应地在环境科技领域投入比中国更多的资源。尽管印度的排放效率差很高，但由于其仍以农业经济为主，印度是四国中可持续性最高的国家。俄罗斯的可持续性最低，尽管非农就业很多，但其排放效率差依然极高。

使用调整后的可持续现代化指数（ASMI）所得结果与可持续现代化指数（SMI）差异很大，特别

“结构调整程度较低的国家应该承担相对较少的减排负担。

专栏 5.6

国际减排协定中治理成本的分摊：各国的生产和消费状况是否重要？

由于高收入国家普遍存在“环境倾倒”的倾向，即将环境污染最大的生产活动转移到低收入国家，因此生产型而非消费型指标就会产生误导，即高收入国家可以仅仅通过将环境问题转嫁到其他国家，就可以变得更加绿色环保。

Mazzanti 和其他学者（2015）使用投入产出法分析了国内制造业产品消费与制造业部门国内直接生产排放之间的比率。由于高收入国家制造业发展水平普遍更高，该比率随国家收入水平的降低而不断升高。不过，低收入国家与高收入国家之间的比重逐渐呈现出收敛状态，这是由于前者工业生产上升导致该比率下降，而后者因产业迁移和离岸生产导致该比率上升（专栏表）。

消费型与生产型排放率

收入水平	消费角度 / 生产角度					全球制造业直接碳排放（生产角度）占比（%）				
	20 世纪 70 年代	20 世纪 80 年代	20 世纪 90 年代	21 世纪前 10 年	1970-2009 年	20 世纪 70 年代	20 世纪 80 年代	20 世纪 90 年代	21 世纪前 10 年	1970-2009 年
低收入国家	14.9	11.5	9.4	10.0	11.1	1.0	1.0	1.0	1.0	1.0
中低收入国家	6.2	4.4	2.7	2.3	3.1	3.0	5.0	10.0	12.0	8.0
低收入和中低收入国家	8.1	5.7	3.4	2.8	4.0	4.0	6.0	11.0	13.0	9.0
中高收入国家	2.0	1.7	1.5	1.3	1.5	21.0	27.0	35.0	42.0	32.0
高收入国家	1.4	1.6	2.0	2.3	1.8	75.0	67.0	54.0	46.0	59.0
中高收入和高收入国家	1.6	1.6	1.8	1.8	1.7	96.0	94.0	89.0	87.0	91.0
总计	1.8	1.9	2.0	1.9	1.9	100.0	100.0	100.0	100.0	100.0

注：消费性排放是指对应于制造业产品最终需求的环境压力。生产型排放是指生产产品直接导致的环境压力。收入水平分组依据附件 A1，表 A1.1。

数据来源：Mazzanti and others（2015）。

是对比美国和中国。使用调整后指数后，美国变成了可持续性最低的国家，之后是俄罗斯、中国和印度（见图 5.11）。与使用未经调整的指数相比，最大的差别在于美国的排放效率差，单位排放量生产的人均收入很低。同样是产生一个单位的碳排放，中国创造出的人均社会福利比美国要高得多。从结构变化的角度来看，由于其农业就业情况，印度依然是可持续性最高的国家。从结构变化的角度来看，俄罗斯依然是可持续性最低的国家，其以最高的污染代价换回的却是最小的人均 GDP 回报。

因此，相比美国和俄罗斯，结构调整程度较低的国家（如印度和中国），在 Paris21 议程之前的国际协定的框架下，应该承担相对较少的减排负担。无论是根据 SMI 指数还是 ASMI 指数，中国和印度的排放效率差均与俄罗斯一致。但中国和印度仍处在由农业经济向现代化经济的转型阶段，理应在增长和发展方面有投入更多资源的机会。美国较低的排放强度被其较高的现代化程度所抵消，这应使美国愿意承担最大份额的环境治理成本。这一结论可以通过 ASMI 指数公式中的社会福利指标得到证实。

从治理措施中寻找机遇

从中长期来看，昂贵的治理措施意味着新的市场、工作和贸易机会。低收入国家要打破陈规，实现跨越，从新兴的环保产品市场中发掘机遇。

联合国工业发展组织的工业发展报告（2011）指出，在企业中采取环保措施，例如使用能源高效利用科技，对于制造业企业可能带来盈利。不过仅靠这种商业利益驱动的环保措施，并不会对通过结构调整实现包容和可持续的工业发展作出太大贡献。从生产和出口的角度来说，对环保产品的需求还没大到足以引发相应的结构调整。Steenblick (2005) 提出了一种“绿色产品”分类方法，这些“绿色产品”定义了绿色发展之路[7]。全球范围内环保产品的出口比重依然很小，而且主要集中在高收入国家（表 5.4），但该比重可以通过在全球范围内实施更加严格的环

“治理措施同时意味着新的市场、工作和贸易机会。

图5.9
1995-2009年部分国家二氧化碳排放的低效率

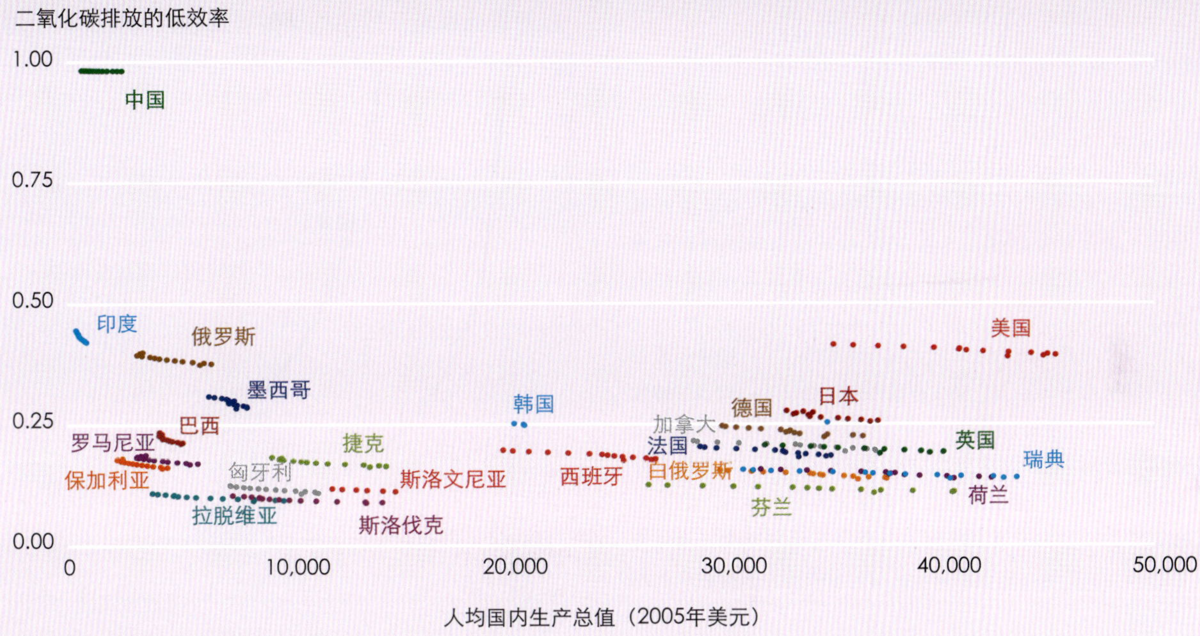

注：图中所使用的随机前沿分析法具体请见附件A4。
数据来源：联合国工发组织根据Fuel Combustion Statistics (IEA 2015b), World Development Indicators (World Bank 2015a)和World Input-Output Database (Timmer and others 2015)整理。

表 5.3
2013 年使用化石燃料二氧化碳排放大国

国家	吨 / 人	千吨
美国	16.6	5,300,000
韩国	12.7	630,000
俄罗斯	12.6	1,800,000
日本	10.7	1,360,000
德国	10.2	840,000
中国	7.4	10,280,000
印度	1.7	2,070,000
世界	4.9	35,270,000

数据来源：联合国工发组织根据全球大气研究排放数据库(European Commission, Joint Research Centre and Netherlands Environmental Assessment Agency 2014) 加工整理。

保监管得到提升。

从出口的分布来看，人均 GDP 水平较高的国家目前在环保产品出口方面更加活跃（图 5.12），出口的对象也多是高收入国家（图 5.13），要实现跨越还有很长的路要走。低收入和中等收入国家应该遵循绿色工业化之路，绿色科技则应该在全球范围内传播，让那些贫穷国家能更好地把握住新兴环保经济中的商机。

应用生态型创新

生态型创新。生态型创新产品具有可修复性、可降解性、可循环性、可回收性，因而可以降低全生命周期内对环境的影响。环境标准有助于提高产品在国际市场上的吸引力。在很多情况下，这些新产品作为其他制造行业生产流程中的投入要素，能起到提高竞争力、促进生产的作用。

钢材和化学品。提高资源使用效率的一项创新是在制造钢梁的过程中减少金属的使用量，从而产出“轻质”钢材。这种新产品平均节约金属 30% 左右，且其性能不会受到任何影响（Allwood and

> “对环保产品的需求还没有大到足以引发相应的结构调整。

专栏 5.7

可持续现代化指数

可持续现代化指数（SMI）定义为：

$$SMI_{it}=\left(1-\frac{\dfrac{GDP_{it}}{CO_{2it}}}{\dfrac{\text{基准国 }GDP_{it}}{\text{基准国 }CO_{2it}}}\right) * \text{非农就业}_{it} \qquad E_1$$

该公式可以分为两个部分。第一部分代表排放效率差——某个特定国家与人均 GDP 碳排放表现最好的基准国家之间的差距。第二部分代表结构调整，即非农部门的就业占比 。[8]

SMI 指数相同的国家位于同一等量曲线上，如本专栏图中的国家 A 和国家 B。SMI 曲线向右外侧移动，代表可持续性下降[9]，因为向右外侧移动时，排放效率差变大，现代化程度的提高，意味着生产的增长，要素投入和污染也随之水涨船高。譬如，国家 A 的排放效率差大于国家 B，但 A 与 B 有着相同的 SMI 指数。国家 B 的现代化程度和工业化发展程度均高于 A，它可以以极低的排放效率差维持较高的现代化水平。

在同一条 SMI 曲线上，排放效率差越低，一个国家在可持续水平不变的情况下，能达到的现代化程度就越高。国家 C、D、E 的可持续性不如 A。由于工业和服务业就业的比重更高，国家 D 的现代化水平高于 A，但其排放效率差与 A 相同，鉴于其更高的现代化程度，国家 D 需要更高的效率才能保持可持续的发展之路。因此，尽管现代化程度比 A 高，但相对 A 而言，D 并没有通过现代化的优势改进其排放强度技术。国家 C 的可持续性显然不如 A，因为虽然其现代化和工业化的程度更高，但从环境的角度来说，C 的效率更低。国家 E 的排放效率比 A 更高，但其现代化水平也比 A 高得多，因此 E 的排放效率水平不足以支撑其能源需求。

以等量曲线表示的结构调整可持续性指数的说明图

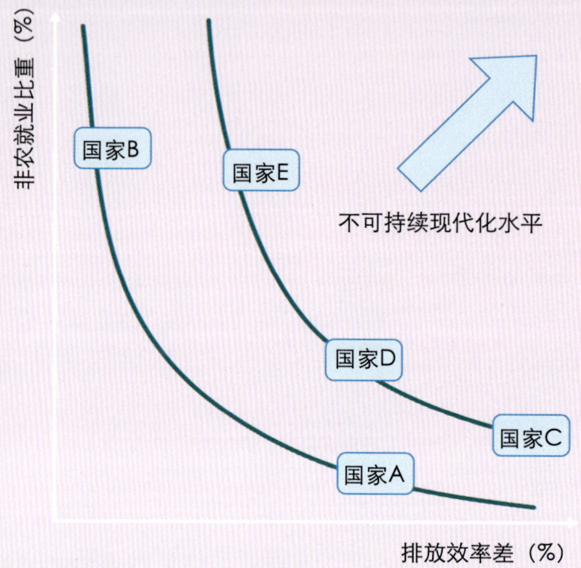

调整后的可持续现代化指数（ASMI）是另一种替代的指数：

$$ASMI_{it}=\left(1-\frac{\dfrac{\text{人均 }GDP_{it}}{CO_{2it}}}{\dfrac{\text{基准国人均 }GDP_{it}}{\text{基准国 }CO_{2it}}}\right) * \text{非农就业}_{it} \qquad E_2$$

ASMI 指数与 SMI 指数的区别在于 ASMI 使用的是人均 GDP 与二氧化碳排放之间的比率，而 SMI 指数使用的是 GDP 与二氧化碳排放之间的比率。ASMI 指数代表的是每单位排放创造的社会福利，而 SMI 指数代表的是每单位排放创造的 GDP。前者是通过每单位排放创造社会福利的能力来衡量效率差，后者衡量的则是排放生产率。

others 2013）。提高资源使用效率的另一项创新是在水泥生产、石膏工艺和环境技术领域中利用炼钢产生的高炉矿渣。水泥行业中使用矿渣生产能减少潜在有害物质的排放、提高经济效益。对于钢铁企业来说，废渣的再利用能够帮助其降低废料管理成本，增加收入。而对于水泥企业来说，废渣的再利用可以减少能耗（制造矿渣水泥的能耗比普通水泥减少 75%），大幅降低生产成本（Yüksek 2012）。

通过化学制品创新生产的新型绝缘材料，能有效提高家庭的能源使用效率。轻质且坚固的材料，以及生产过程中的替代燃料，使运输业从中受益。食品残渣能够用于生产高价值的化学品。橘皮废物通过热水低温微波工艺加工，可以用来生产柠檬烯、果胶和介孔纤维素（Pfaltzgraff and others 2013）。这一工艺的试验型应用预计，花费超过 720 万美元成本生产的 1232 吨产品，市场销售总价值超过 1840 万美元（Pfaltzgraff and others 2013）。

除此之外，通过以质谱分析法为化学表征的快速热解，可以使麦秸发生化学反应，提取出精细化学品，如氧化钾和二氧化硅，该技术已被广泛应用于生产生物粘合剂（Schnitzer, Monreal and Powell 2014）。上述例子说明，生态型创新的大量涌现，

“环境标准有助于提高产品在国际市场上的吸引力。

图5. 10
2009年美国、俄罗斯、中国和印度可持续的现代化指标分析

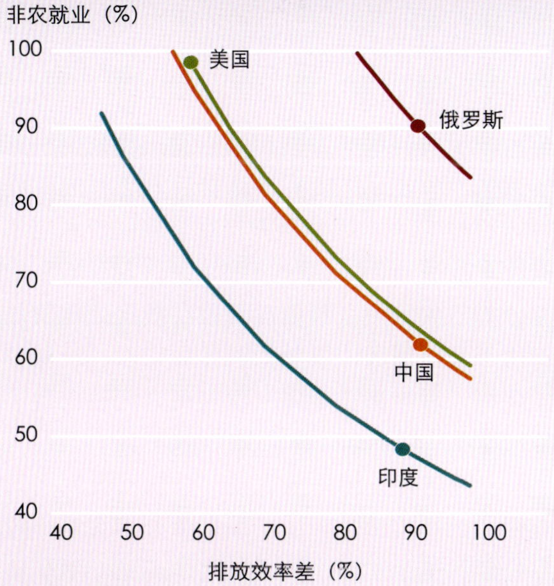

注：参见专栏5.7。
数据来源：联合国工发组织根据World Development Indicators (World Bank 2015a)加工整理。

图5. 11
2009年美国、俄罗斯、中国和印度调整后的可持续的现代化指标分析

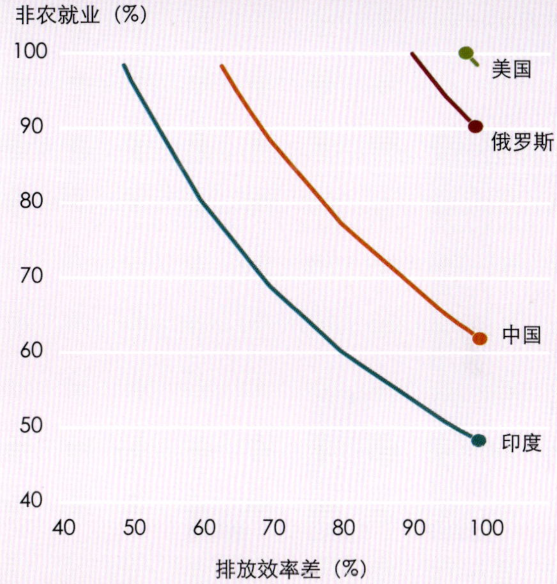

注：参见专栏5.7。
数据来源：联合国工发组织根据World Development Indicators (World Bank 2015a)加工整理。

图5. 12
2013年人均国内生产总值与环保产品出口关系

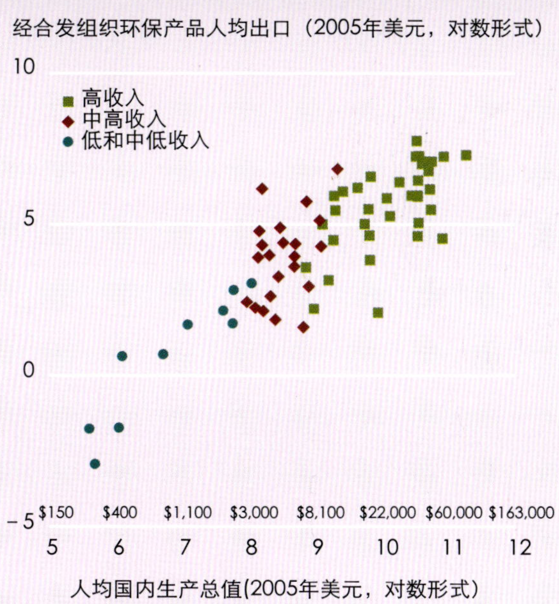

注：收入分组见附件A1，表A1.1。
数据来源：联合国工发组织根据World Development Indicators(World Bank 2015a)和United Nations Comtrade Database(UNSD 2015a)加工整理。

表 5. 4
2003 年和 2013 年不同人均国内生产总值水平的绿色产品出口占比（%）

	低收入	中低收入	中高收入	高收入
2003	0.2	1.2	2.8	4.6
2013	0.1	1.9	3.9	4.5

注：由于个别产品类别数据缺失，这里收入水平分组中仅包括那些所有产品类别均有数据的国家，共 70 个样本国家。收入分组见附件 1，表 A1.1。
数据来源：联合国工发组织根据 United Nations Comtrade Database (UNSD 2015a) 加工整理。

为低收入和中等收入国家带来高效生产化学品的机遇。

废弃资源的回收利用

废料处理是一种典型的传统污染治理活动。但如果可以将废料作为生产过程中的投入要素，则展现了很有意义的新的市场。

一些生态型创新并不仅仅只是对生产流程的改

> “将废弃物作为生产过程中的投入要素，展现了很有意义的新的市场。

图5.13
2013年高收入国家环保产品主要出口目的地，按收入分组

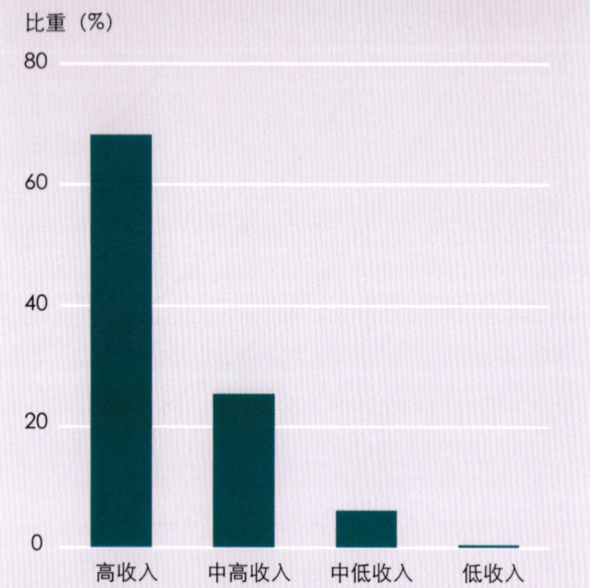

注：收入分组见附件A1，表A1.1。
数据来源：联合国工发组织根据United Nations Comtrade Database 的(UNSD 2015a)加工整理。

进，它们更创造出改变制造业格局的新的产品线，比如像废弃资源回收利用业。2012 年，全球出口的废弃资源价值超过 1.5 亿美元，占全球贸易总额的比重从 1993 年的 0.5% 上涨到 1%（图 5.14）。到 2020 年，全球废弃资源管理行业的市场价值预计将翻番，达到 1 万亿（Bank of America 2013）。

通过回收技术，可以提取出废弃资源中仍有利用价值的部分，使其继续在生产环节流通，带来巨大的经济价值和资源节约。废弃资源回收利用行业使用不同技术，对各种废料进行加工处理回收，主要包括金属废料、废弃的电子电气设备、废纸、玻璃和塑料等。

金属废料的回收利用具有重要的经济和环保价值。它减少了对原生矿石的采掘和提炼，极大地降低了环境压力和相关成本（Bigum, Brogaard and Christensen 2012）。同时，对金属废料的回收利用还将金属生产的能源需求降低了 10 到 20 倍（根据金属种类，能耗降低也有所不同）（Rankin 2011, Reck and Graedel 2012 引用）。

在现代工业生产中被大量使用的金属通常被称为“关键金属”[10]。这些金属可以通过提纯的形式进行开采，其回收工艺非常简单。

那些通常作为大型矿山副产品而小批量生产的特种金属数量也在不断增加。这些特种金属包含 35 种元素，其中 16 种可以归入稀土元素。那些被广泛使用的金属材料（如钢和铝）的回收利用率可达 85%-90%，即便是报废后（消费后）废料的回收率也可达 50% 以上，而特种和贵重金属回收利用率则不确定（Reck and Graedel 2012）。金属回收利用的工序分为收集阶段、预处理阶段和最终处理阶段。尽管由于经济原因，成熟的科技如切丝、机械分离仍然盛行，近年来在金属回收利用方面也出现了许多新兴技术（Reck and Graedel 2012）。

除了经济效益和资源效益，金属回收利用同样具有极大的环境效益。由于原矿中金属含量一般较低，初级生产活动（开采）会产生大量的二氧化碳，而最先进的回收设施能够有效减少温室气体的排放。比如电气和电子设备生产每年对黄金的需求量为 300 吨，而每开采 1 吨黄金会产生约 17000 吨二氧化碳。因此，仅为满足电气和电子设备生产需求而进行的金矿开采就会产生510万吨的二氧化碳排放。与此类似，由于电气和电子设备每年大量的铜材需求，铜矿的开采会导致1530万吨的二氧化碳排放（每吨铜开采产生 3.4 吨二氧化碳）。电子垃圾累计导致了 23.4 兆吨的二氧化碳排放，占全球二氧化碳累计排放量的比重约 1/1000。

金属的初级生产同样会使用大量的土地资源，产生废水和二氧化硫。例如，通过回收利用生产 1 公斤铝的能源消耗仅仅是通过开采生产的十分之一，而且避免了 1.3 公斤铝土残渣的产生和 11 克二氧化硫的排放。对于终端加工材料而言，最环保的生产方式是湿法冶金术，因为该方法可以避免有害含硫气体的排放和其他的温室效应（Liew 2008）。通过使用现有技术，仅仅少量投资就可以完成对有害气体和废水的回收利用。

推进应用环境友好型技术的条件

市场条件和市场组织方式对驱动（或妨碍）生

“金属回收利用具有极大的环境效益。

图5. 14
1993-2012年废品贸易累计平均增速

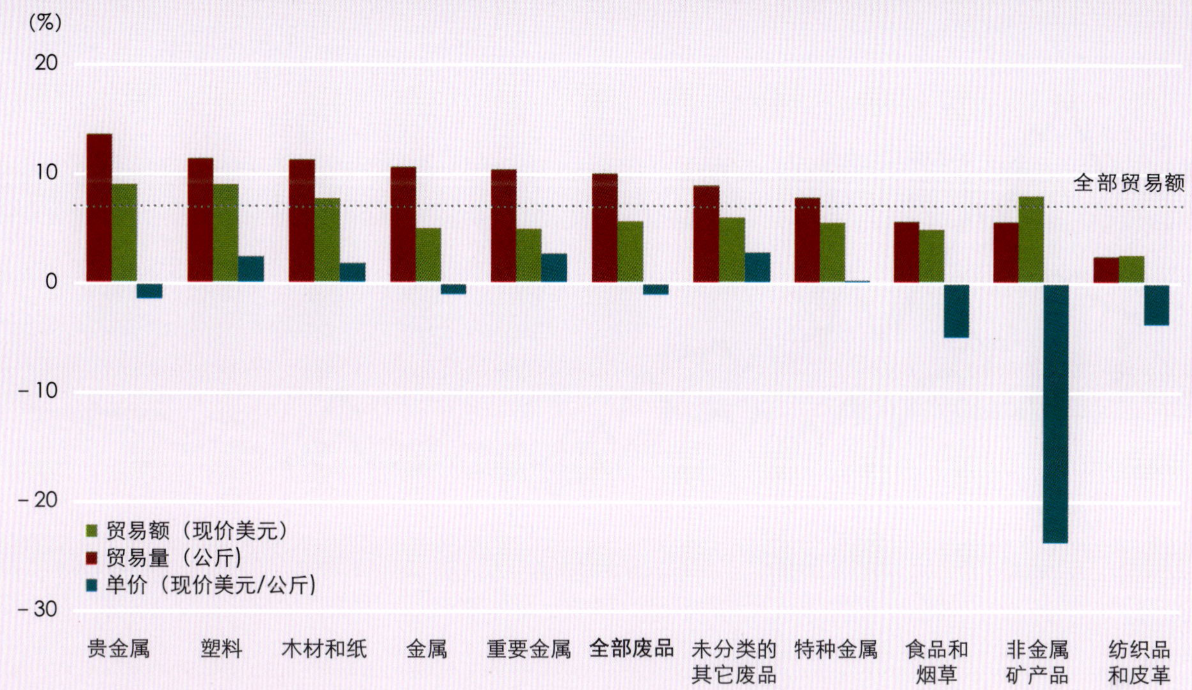

数据来源：联合国工发组织根据United Nations Comtrade Database (UNSD 2015a)加工整理。

态型创新起着重要作用。对于新产品和逐步将环境特点融入现有产品的需求，驱动着生态创新的应用和传播（Rehfeld, Rennings and Ziegler 2007）。根据消费者对产品和服务的环境预期制定的政策的进展，决定着市场需求。譬如金属产品价格的上涨，会成为建筑中金属元件循环利用的诱因。

企业可能仅仅因为能够盈利而对污染治理活动产生兴趣，但市场的外部效应会阻碍其发掘商机。在这种情况下，政策的制定者需要纠偏并营造良好的市场环境。但企业最高管理层的作为，则比政策措施更有可能促使企业在提高能效上投资（Cantore 2011）。只有在有足够的灵活性，允许企业寻找替代方案的情况下，环境监管才能起到效果（Luken, Van Rompaey and Zigová 2008）。如果一个企业已经在提高能效方面进行过投入，则有可能继续下去（Cantore）。

监管

监管是生态创新的关键因素，其他决定性的因素还有外部市场条件和内部社会技术因素（Ghisetti, Marzucchi and Montresor 2013）。在美国、日本和德国，国家的规章制度是创新决策的主要驱动力（Popp 2006）。对于生态创新决策而言，其主要驱动因素是监管的压力和严厉，而非具体的监管类型（Arimura, Hibiki and Johnstone 2007; Frondel,Horbach and Rennings 2007）。监管措施和监管压力不仅构成了当前监管的框架，更引导着社会对未来监管方向的认知（Khanna, Deltas and Harrington 2009）。

不同的监管方式会催生出不同类型的创新。监管标准会催生出污染治理解决方案，而环境管理体系或综合监管体系则能刺激清洁和资源高效利用技术的出现（Frondel, Horbach and Rennings 2007）。而对于促进资源高效利用的生态创新和清洁技术而

> “政策的制定者需要纠偏并营造良好的市场环境。

图5. 15
2011-2014年碳排放许可价格

数据来源：Knopf and others (2014)。

言，监管压力和降低成本都是其发展的关键所在（Horbach, Rammer and Rennings 2012）。

监管对于环境的影响在不同的环境领域有所不同。环保标准可能会对产品、包装和其他环保设计设置最低循环利用标准，而经济工具则能解决市场失灵的问题，如与资源利用相关的环境影响的外部效应。垃圾填埋税被证明对于转变垃圾的处理方式（从填埋转变为回收再利用）非常有效。一些欧洲国家，如英国和捷克，引入了综合税，以鼓励降低原材料的消耗、刺激二级市场的形成。

一般来说，低收入和中等收入国家在环境问题上缺乏综合性的监管体系，多数局限于解决区域性的环境问题。近年来，这些国家也逐步开始实施绿色发展战略、建立规章制度，以更好地促进资源的高效利用。环保监管的强度同样与当地污染风险加剧有关，例如中国的空气污染。

国际协定

针对“后京都议定书”时代的全球污染，最重要的问题是需要各国就减少全球排放达成共识。即使是京都议定书这样温和的减排协定，对所有缔约国意味着成本。对欧洲国家，这种成本约占 GDP 的 0.31%-1.5%；而对美国，该成本则为 GDP 的 0.41%-1.96%（联合国环境署和 GRID-Arendal 2005）。即使是灵活有效的机制，如碳排放权交易市场，也不能完全消除这种成本。该市场允许卖方通过出售排放权获得收入，而购买国家也可以通过购买排放权减少总支出。通过这种方式，欧洲可以将成本降低到 0.13%-0.81%，美国则可以降低到 0.24%-0.91%。

欧盟是世界最大的排放权交易市场，二氧化碳排放许可的价格一直很低，约为每吨 5 欧元（Knopf and others 2014），如此低廉的价格很难起到促进污染治理技术创新的作用。需求对于许可证价格变化的影响很小，仅为 10% 左右，更重要的是其他因素，如监管和政治公告等（专栏 5.8）。到 2020 年，排放权交易市场预期价格甚至将低于每吨 5 欧元，尽管欧盟委员会宣布将通过战略性解除或取消许可，建立市场稳定储备机制（图 5.15）[11]。

一些环境经济学文献认为，通过搭便车而获得高收益，给全球环境协定的达成带来了巨大困难。

> “公平性在环境协定谈判中至关重要。

Barrett (1994) 认为，只有在不合作者与全面合作者之间的净收益差距很小的条件下，自我约束的国际环境协定才能够保持大量缔约国的参与。如果不用承担环保成本就能获取很大收益，各国会有强烈的意愿退出协定，从而在享受污染减少所带来的利益的同时不承担任何成本。建立恰当的资金转移支付系统，可以吸引不愿意加入协定的国家参与到国际环境协定中来（Carraro, Eyckmans and Finus 2006）。

公平性是环境协定磋商过程中另一个无法回避的问题。许多贫穷国家不愿意加入到国际协定中来，是由于富裕地区在大气中碳排放物浓度问题上的历史责任。而另一方面，富裕国家也认为，稳定排放政策只有在发展中国家充分承担减排义务的条件下，才能起到效果。由于意识到发展中国家会继续产生排放，富裕国家也不愿意签署协定，背上沉重的包袱。只有当发达国家与发展中国家之间工业科技差距和环境友好型技术的差距同时缩小，二者才有可能就减排和人均排放的共同目标达成一致（Cantore and Padilla 2010）。前面关于可持续现代化指数（SMI）和调整后的可持续现代化指数（ASMI）指数分析表明，即使各国消除了排放效率上的差距，现代化水平上的不均衡性将仍然是阻碍减排成本分摊的重要问题。

影响气候变化磋商的第三个因素（除了遵守成本和公平性以外），是过去各国在采用环境友好型技术上的不对称行为，这对于边际成本产生影响。签署了《京都议定书》的那些富裕国家已经摘完了容易采摘的果实，它们需要为环保领域进一步的提升支付高昂的账单。而对于其他地区来说，很容易有机会获取那些低成本的环保技术。

技术转让

促进资源高效利用的生态创新需要不同层次的物料流通知识。许多描述性和分析性的工具，如物料流通分析和生命周期评估能够详细说明各种原材料在生产过程中是怎样被使用的，但这些描述分析工具需要一些目前还很难获取和充分解释的数据，特别是在商业领域。对于企业而言，它们肯定需要获得这些工具并从中获益，但如果新的技术并不是非常复杂，很多企业（特别是低收入国家的企业）会选择吸收引进这些技术。

在德国，进行资源高效利用研究的机构网络帮助中小企业进行环境审核，提供最佳实践和技术指导，提升资源的使用效率。有些生态创新文献已经深入研究了知识和信息是怎样作为技术外溢（Mazzanti and Zoboli 2005），与新兴的企业协同合作文化（De Marchi and Grandinetti 2013）一起，在不同企业集群、区域和部门之间流动传播。

但令人惊讶的是，无论是专利授予还是技术外溢，对于各大洲的排放强度都没有太大影响，其中技术外溢仅仅在亚洲有比较显著的影响和相对重要的意义，但仅在使用消费导向而非生产导向的排放强度指标时才会出现（Mazzanti and others 2015）。由此可见，科技知识在不同国家、不同大洲间的传播中依然存在很大的阻碍，影响了各国使用先进科技提升其环保能力。

距离越大，知识和技术流动的概率越低（Verdolini and Galeotti 2011），而两个国家的国情越接近，知识和技术流动的可能性就越大。知识和技术的流动更有可能发生在领先的创新者之间，而非创新的跟随者之间。知识和技术流动在两国之间的流动性越大，这两个国家也就越接近创新的前沿。此外，知识和技术的输送国和接受国之间语言的相似性和贸易关系也在科技流动的过程中发挥作用（专栏 5.8）。

通过全球价值链、环境标准和消费者偏好实现绿色发展

全球价值链。全球价值链的绿色发展能够为生态创新的合作创造更多机会，从而惠及所有参与者。越来越多的企业开始使用更加严格的方法鉴别原材料的来源，并参与到认证计划的指定过程中，以保证不同原材料的可持续供给[12]。在这种情况下，为获取特定技术提供便利，帮助企业（特别是小企业）引进、使用甚至开发新技术的区域级和国家级支持体系就显得尤为重要。

特别是在环境监管较弱的情况下，垂直关联的企业通过价值链传导获取绿色科技（Ghisetti and

“ 如果新的技术并不是非常复杂，企业会选择吸收引进。

专栏 5.8

南南国家之间的离岸环境服务：哥斯达黎加的机遇

哥斯达黎加因其独特的环保方法而享誉世界。由于20世纪80年代出台的保护措施，今天热带雨林覆盖了这个国家一半以上的国土。非法的耕种活动占比已下降到15%，政府向农民支付报酬以鼓励他们管理和保护周边的自然环境（国际自然保护协会 2012）。不过迄今为止，哥斯达黎加在环保方面积累的知识和经验主要用于促进本国环保事业的发展。专家们为国家的非政府组织和基金会工作，哥斯达黎加政府还没有抓住机会，将过去多年积累的卓有成效的专业知识进行商业化应用。

由于其雄厚的专业技术人才储备足以维持这一细分市场，哥斯达黎加在出口高需求的环境服务方面（如自然资源管理、环境影响研究、濒危物种和保护区评估以及环境教育和培训等）处于非常有利的地位（Chassot 2012, Rodriguez 2012）。

包括中国在内的多达18个以上的国家，都曾就自然保护方面的政策向哥斯达黎加进行过咨询（国际自然保护协会 2012）。但是与许多发展中国家一样，由于对潜在市场和开拓技能的了解有限，使将这些国际咨询转化为可获利的服务出口的机会白白丧失（Chassot 2012）。要促进这一产业的发展，需要进一步提高当地企业的国际化水平，并吸引外国环境企业以哥斯达黎加为平台出口环境服务。加强本国企业与外国企业的联系对于这种专门服务产业的发展至关重要。

来源：Gereffi 2015。

Quatraro 2013）。在充分融合的价值链中，由于企业社会责任战略的存在，以及对未来环境监管预期的需要，下游企业要求上游企业进行绿色创新。

领先企业制定管理机制以进一步改善企业在商业网络中的环境绩效，从而引发了价值链中的环境技术转让（De Marchi, Di Maria and Ponte 2013）。有时供应企业会缺乏环境知识，而购买端的大型企业却在如何解决环境问题方面有深入了解。在这种情况下，购买端企业通常会为供应端企业提供生产、工艺和组织方面的知识，有时甚至会提供金融帮助。

环境标准。与中小企业相比，大企业更有可能构建环境绩效监测系统（联合国环境署 2014）[13]。但是这些承诺、声明、目标企业环境和行动之间很不匹配。此外，大企业也并不总是能够为价值链中的中小企业设定环境标准，即使设定了环境标准，如何监控标准的实施对它们来说也有不少问题。

定义环境标准在提升供应端竞争力方面至关重要。对于可可粉的认证就是这种做法及所带来效益的一个很好例子。作为其庞大的可持续生活计划的一部分，联合利华致力于从源头上实现可持续的可可生产。他们提出了可可生产认证计划，以确保生产商使用可持续性的方式进行可可豆的种植。他们还发起了地方贸易商、非政府组织、国际批发商和可可加工制造企业之间的新型合作，以提高可可种植的生产率、减少或控制杀虫剂的使用、引导新型管理和知识转让（Afrane and others 2013）。

对于企业而言，运用环境友好型科技最直观的优势在于在供应链中实现资源的最优化配置。相比那些未注册企业，ISO 14001(环保管理体系认证)注册企业在减少浪费和提高成本效率技术的使用方面进行了更多系统性的投入，也因此获得了比非注册企业更高的回报（Curkovic and Sroufe 2011）。

消费者偏好。经理和高级管理者们普遍将品牌建设和企业声望作为提升企业竞争力最重要的杠杆因素，其次是降低生产成本和供应链成本最优化（Berns and others 2009）。因此企业品牌价值和企业声望评判机构的信誉就显得尤为重要。对供应链的经济、环境和社会影响进行分析评判，是一切精准的品牌政策的基础所在（Seuring 2013），但不幸的是，进行评判的科学工具仍然非常有限。

在有机农产品市场，市场权利机制的重要性不仅表现在决定供应链中生产商和零售商的利润分配上，更表现在对消费者偏好的塑造上（Richards, Acharya and Molina 2010）。零售商和制造商的品牌声誉，以及零售商推广有机产品的意愿是吸引消费者的关键因素（Llorens, Puelles and Manzano 2011）。但目前消费者对于绿色产品的需求还不足以产生环境压力的大幅提升。

企业谋求提高要素投入的使用效率以实现利润的最大化（生产流程技术变革），以及各国制造部

> “消费者对于绿色产品的需求还不足以引发环境压力的大幅提高。

门向更加环保和技术含量更高的方向发展的“自然趋势”（生产结构的技术变革），推动了环境友好型科技的发展。人们注意到，新的环保产品世界市场已经产生并不断扩张（特别是在发达国家），人们对于废弃物的理解发生了根本变化，由过去的无用之物转变为生产过程中的投入。在国际上，废物回收再生产品市场呈现出一片欣欣向荣的景象，已成为科技领域屈指可数的多赢成功案例之一。尽管当前这些发展还不足以证明世界正行进在可持续发展的道路上，但通过政策干预为包容和可持续工业发展创造条件，是发展中国家实现跨越的关键所在。通过监管和国际协定控制或限制温室气体的排放势在必行，同时还应进一步改善市场条件以纠正其外部效应，将消费者偏好引向全球价值链生产的、与需求相匹配的环保产品。

注释：

1. 此类消耗包括所有进入生产和消费过程的固体、液体和气体原材料（包括废弃物）。

2. 用人均二氧化碳排放和国内原材料消耗作为反映更广阔领域的环境恶化和威胁的指标。

3. 本章后面的内容将具体论述，在一些案例中，污染较少的经济部门比重的上升可能仅仅只是因为污染最厉害的行业被转移到了其他国家。

4.Stern(2006) 预测，要将外部排放内部化，最佳碳排放税应在每吨 300 美元以上，尽管从实际操作看，这一数字并不现实。

5. 经济合作与发展组织的分类（第三章和第四章采用的就是这种分类）使我们能划分出低技术、中等技术和高技术制造业部门。为与国际能源署对于排放的分类保持一致，本章采用的是国际标准行业分类（ISIC）第三版，与经济合作与发展组织的分类标准略有不同。国际标准行业分类中的 15-37 大类是全部制造业的大类，我们定义的高技术经济部门，也包括通常被认为是中等技术行业的第 28 大类（金属制品制造业）。我们定义为中等技术行业的经济部门中，也包含了高技术行业：第 33 大类（医疗药品制造业）和低技术行业：第 36 大类（家具制造业）和第 37 大类（循环利用业）。

6. 该结论是对第三章中“高技术部门能够促进经济增长”以及第四章中“高技术部门的专业化能促进社会包容性”的结论的补充。

7. 这些是经济合作与发展组织分类：*污染管理：*大气污染管理、废水管理、固体废弃物管理、消除和清理、噪声和振动污染、环境监测、分析和评估；*更清洁技术和产品：*更清洁 / 资源效益技术和工艺、更清洁 / 资源效益产品；*资源管理组：*室内空气污染控制、供水（Steenblic 2005）。

8. 该方法借鉴自 Lavopa 和 Szirmai(2015) 的相关研究，并做了调整，使之适用于环保内容。

9. 在做本项分析时，我们仅通过分析排放的路径来探讨环境的可持续性，同时我们确认，可持续性包含了更广泛的污染物。

10. 此类金属包括铁、铝、铜、锌、铅和锡、钛、铬、锰、镍和钼。由于地球上 14% 的电力生产都离不开铀，因此铀也被认为是“关键金属”。

11. 路透社（2015）对该预期持有异议。他们认为，到 2020 年，通过改革，许可证的价格将上涨到 20 欧元左右。

12. 根据欧洲环境署的报告，在 2003-2010 年期间，使用环境管理系统的组织机构数量增长了 50%。

13. 该结论依据对 113 个国家 1712 个对象调查获得。

第六章

制定和执行包容与可持续工业发展政策

工业政策制定者在制定和执行政策框架时，面临着巨大的挑战，因为这些政策需要适应本国资源禀赋、经济和政治制度、新产品和工艺，以及不断变化的国际生产和消费形势。前几章讨论了技术和创新的重要性，其作为结构转型的关键驱动因素，以及促进增长的推动因素，不仅要求效果持久，而且还要兼顾环境边界和社会包容。本章将详细阐述一个非常特定但很有前景的政策框架：可以促进处在工业化进程中的国家技术发展和创新的政策。

本章将研究工业政策工具，提供实现结构转型最便捷的途径：技术政策，创新政策和竞争力政策。竞争力政策对于从全球价值链中吸收创新能力，以及在整体经济中实现可预期的溢出效应最大化，是至关重要的。

在经济、社会和环境方面可能的权衡中，一些告诫的措辞可能会提醒政策制定者他们所面临的障碍。一些技术解决方案，特别是那些具有“多赢”特征的解决方案，能够协调包容和可持续工业发展中经济、社会和环境三个方面。但是，这一章并没有提供关于如何决定经济、社会和环境三方面优先顺序的指导。关于如何最优地定义目标与权衡优先级的战略决策，留给了政策制定者，因为这很大程度上取决于各国的具体实际。

创新在发展的各个阶段都至关重要。第一，它是发展中国家和新兴国家政府以及国际捐助者必须关注的重点。第二，创新过程在发展的各个阶段各不相同，因此政策措施应反映这一点。第三，政府应该参与学习，以建立当前发展阶段所需的体系和能力。为此，创新政策应激励符合国家发展阶段的创新类型，该政策应由公共和私营部门对话产生，它的效能要经过评估，并与其它工业政策措施相协调。

只有遵循公认的良好实践，政策制定才能有效，包括确保实施的透明度，衡量、监控和评估政策效果，以及在不同的国家和全球利益攸关方之间建立强有力的协调和协作。技术和创新在可持续发展目标中的关键作用是朝这一方向迈出的可喜一步。

管理权衡

权衡之一，是与快速升级相联系的生产率的增长，往往会减少对劳动力的需求 (Massa 2015 年)，但这一削减并非不可避免，因为在人均收入水平较低的情况下，制造业往往会变得更加劳动密集型。如果生产率增长与产出的快速增长协调一致，那么对就业的净影响会是有利的。此外，如果结构转型和工业化通过联动和溢出效应促进了整个经济的快速增长，就会增加就业，增加对劳动力的吸收能力。持续增长和包容发展间的协同效应最为突出的表现是在减少贫困方面加速发展并且迎头追赶的国家，如中国、印度、毛里求斯和越南，可以借此实现大幅减贫（Naudé， Szirmai 和 Haraguchi 2015; Ramani 和 Szirmai 2014）。

经济之利与社会和环境之弊

可持续增长和收入不平等之间的权衡是非常明显的。在几乎所有经历了持续增长和追赶的国家中，基尼系数显示的不平等都在加剧。这与有技能工人的供给和需求间的平衡有关。当技术变革更加偏向技能，而劳动力供给未能满足对有技能工人的需求时，不平等就会加剧。这个结果并非不可避免，但是这却是过去几十年里大多数发展经历的特征。

最终的权衡是持续增长与环境的可持续性之间的取舍。到目前为止这方面的记录都令人失望，增长带来的二氧化碳排放和全球变暖对环境的负面影响，已经大于技术进步带来的正面影响。

社会之利与环境之弊

当引入新的技术时，可能会出现社会和环境方面潜在的权衡，但也可能会出现协同效应 (专栏 6.1)。

生物技术 在发展中经济体中，生物技术是技术创新带来社会效益、但却造成环境损害的一个典型例子。生物技术农作物可以通过提高小农户的收入

> “可持续增长和收入的不平等之间的权衡是非常明显的。

专栏 6.1

社会和环境效益的协同发展：乌干达水果和蔬菜的太阳能干燥技术

低成本的太阳能食品干燥技术提升了乌干达妇女的权益，它不仅增加了新鲜水果和蔬菜的价值，相比传统阳光干燥方法，该技术还大幅提高了生产效率和生产质量。

使用传统的干燥方法，如户外晾晒，水果和蔬菜大约会损失30%-40%的重量。雨水、尘土和污垢的污染，以及昆虫、啮齿动物和其它动物的侵扰，都会影响晾晒生产的数量和质量。此外，传统的晾晒方法耗时很长，需要大面积的区域进行晾晒，最终难以保证产品的质量符合标准。

经过精心设计的太阳能干燥系统能大幅提升产品的质量、数量和生产效率。它提高了烘干速度，降低了污染和变质的风险，可以在低成本的条件下使用当地产的材料进行建造，投资成本低且无需燃料成本。

在乌干达，传统的干燥方式仍在广泛使用，但主要的干果出口商已经使用太阳能干燥机。乌干达最大的干果出口商在 Mbarara 和 Kayunga 的 85 个地区部署了 110 台太阳能干燥机（Ribbink, Nyabuntu and Kumar 2005）。这 110 台干燥剂需要 139 组工人进行操作，其中 70% 为妇女。每组通常配备 1-5 名工人帮助完成水果的准备工作。这些工人来自约 930 个农户。大部分农户使用简易的木柜进行水果的干燥，每个柜子可烘干 20-30 公斤新鲜水果，获得 5-12 公斤干果。

来缓解贫困，但是采用转基因农作物可能也会对环境造成不利影响。首先，这些改性活生物体的存在可能会对生物多样性带来严峻的挑战 (Kaphengst 和 Smith 2013)。其次，转基因农作物可能对土壤和土壤生物有不良影响 (Kaphengst 和 Smith 2013)。第三，开发抗药性和除草剂抗性更强的生物技术作物可能导致杀虫剂用量增加。例如，Wang 等人（2009 年）认为，在中国转基因棉花的使用和相关低浓度杀虫剂的喷洒已导致次生虫害，并因此导致杀虫剂的使用量增加。

生物燃料生产 同样，生物燃料生产会促进农村就业，尽管影响程度取决于种植原材料的种类，以及农业机械化的程度（Diop 等人 2013）。使用生物燃料替代化石燃料会改善空气质量，从而带来重大的公共健康效益（美国国际开发署 2009）。然而，如 Timilsina 和 Shrestha (2010) 报告指出，生物燃料可能导致一系列负面的环境影响。将大量自然景观转变为生物燃料种植园和加工厂，可能会对生物多样性造成不利影响。在印度尼西亚和马来西亚，棕榈油种植园已经取代自然森林（Koh 和 Wilcove 2008）。在巴西，马塔阿特兰提克雨林（生物多样性热点地区）和席拉多热带高原草原（全球生物最多样的草原）的部分地区正转变为甘蔗和大豆种植园（Timilsina 和 Shrestha 2010）。

生物技术创新 这也可能增加最贫困小农户的脆弱性，因为他们被鼓励从多样化的种植转变为种植单一的生物技术作物，因此，一旦出现歉收，将增加其已经不稳定的社会经济状况进一步恶化的风险。南非就出现了类似的情况，引入生物技术棉花加剧了贫困农户的脆弱性，以及社会经济的不平等 (Witt，Patel 和 Schnurr 2006)。然而，生物科技可能会有助于改善环境，因为它能减少杀虫剂的使用。这是有依据的，例如，在阿根廷、中国和印度，引入生物技术棉花，使棉田的杀虫剂使用量降低高达 75%（Carpenter 2011）。

可再生能源 风力发电机的噪声可以导致头痛、睡眠紊乱和听力损伤，甚至会损伤人类用于保持平衡的前庭系统（Pedersen 2011; Punch， James 和 Pabst 2010）。但是放在另一个权衡中，可再生能源工业可以减少温室气体的排放，促进就业（Panwar，Kaushik 和 Kothari 2011）。

环境保护与经济增长经常相互冲突，但是，“自然的”环境友好型技术变革已成为事实，而“人造的”或政策诱导型技术变革可以成为商机。

环境之利与经济之弊

生物燃料技术 如同第四章中讨论社会和环境影响一样，生物燃料技术是环境和经济权衡的一个例子。相比于化石燃料，生物燃料可以显著减少温室气体的排放，与汽油相比，减少排放高达 90% (经济合作与发展组织 2008)。但是生物燃料的生产常给食品带来价格上涨压力 (联合国粮农组织等 2011)。

> “引入新技术可能会出现社会和环境方面的权衡，但也可能出现协同效应。

纺织与服装 在一些发展中经济体中，这两个产业提供了大量的出口和就业，但是却带来了严重的环境问题，包括使用有害化学剂，大量消耗能源和水，产生大量的固体、液体和气体废弃物，排放污染以及剥削动物（使用动物毛皮）。不只是纺织和服装生产，消费者后期对纺织品的清洗也会消耗大量的水和能源（Sherburne 2009）。

钢铁 钢铁产业为其它产业提供基础产品，是中级发展阶段的重要产业。但是它的生产技术会对环境产生负面影响，如来自高炉、平炉或氧气顶吹转炉的大量废水和气体排放。直接还原炉和电弧炉虽然减少了污染，但是仍会产生大量的粉尘和一氧化碳排放，并且耗电很高。

协调经济、社会和环境三个维度

碳捕获和存储 [1] 钢铁工业中使用的这项创新技术减少了钢铁生产中二氧化碳的排放，为协调环境和经济提供了一个案例。

可再生电力 环境、经济和社会三个目标可以协调一致。Cantore， Nussbaumer 和 Kammen(2015) 调查了在非洲电力生产中更广泛普及可再生电力的成本和提供的就业。他们对 一个假设实施当前政策的对照方案，以及两个更积极的提高能源效率和可再生能源普及率的气候变化缓解方案进行了分析。更加环保的方案是将二氧化碳的大气浓度控制在每百万单位 450 的水平上，这里需要从经济与环境角度权衡排放减少与发电成本上升之间的关系。但是从社会的角度看，最高能源效率和最高再生能源占比的方案带来了最高的就业水平，并且单个就业的发电成本最低（随着能源效率和再生能源的增长，就业的涨幅超过成本上升的幅度）。

政策框架和分类法

再重复一遍，本章的目的不是指导政策制定者如何处理上文详述的权衡取舍，而是讨论处理权衡过程中的各种挑战。在很多情况下，技术可以带来多赢的解决方案，同时满足对于增长、环境和社会问题的关切。当技术不能协调这三方面时，也不会有替代的社会一致意见来决定这三方面的优先顺序，以及发展何种技术，因为总是会顾忌到潜在的负面影响，至少短期内会是这样。

创新的技术和工业政策需要辅之以宏观经济、商业支持、贸易和投资、产业代表和基础设施政策，为一国的竞争力提供支撑 (图 6.1)。这些政策是融入全球价值链的先决条件，但应该有更激进的宏观经济方针和更具战略性的投资政策相补充。此外，还需要制定补充性政策来解决各种权衡，并在经济、环境和社会三方面取得平衡。

技术政策：初期、中期和后期

经济合作与发展组织（OECD）所定义的技术指的是关于将资源转化为产出的方式的知识状态（经济合作与发展组织 2011）。考虑到技术专利的间接可衡量产出，我们将经济合作与发展组织的定义限定为“将资源转化为可以获得专利保护的产出的知识状态”[我们的重点]。

政府实施技术政策促进私营企业和公共企业技术能力和基础设施的发展，有三个目标：扩大和加速技术进步以提升生产力，提升社会福祉水平；满足如国防、教育、卫生和环境等社会需求；改善技术产生、传播和应用的过程（Steinmueller 2010)。

技术政策因一个经济体的发展阶段不同而异。Weiss 2015 年提出的分类法将工业发展（或世界银行的收入水平）分为连续的三个阶段：初期、中期和后期。每一阶段的特征都有一定的规律性，如市场结构的复杂性、技术内涵、生产力、专业化程度和劳动力的技能水平等。在每个阶段，都可以选择全行业通用的横向措施，或是选择针对特定目标（无论是对子行业还是对具体公司）的纵向措施。此外，还可以采取基于市场的干预和公共投入措施：前者影响价格和税收，通过价格链起到调控作用；后者则反映了对企业自身无法充分提供的商品或服务的供给，其原因要么是这些商品或服务无法市场化，要么是它们涉及到巨大的外部利益。

初期阶段包括那些收入相对较低的国家，他们正经历第一次结构转型 (低技能工人从农业转移到劳动密集型的产业活动)，使用简单的技术。在从农业到制造业的过渡期，通常通过模仿来获取技术，

“技术可以带来多赢解决方案，同时满足对于增长、环境和社会问题的关切。

图6.1
针对包容和可持续工业发展的政策

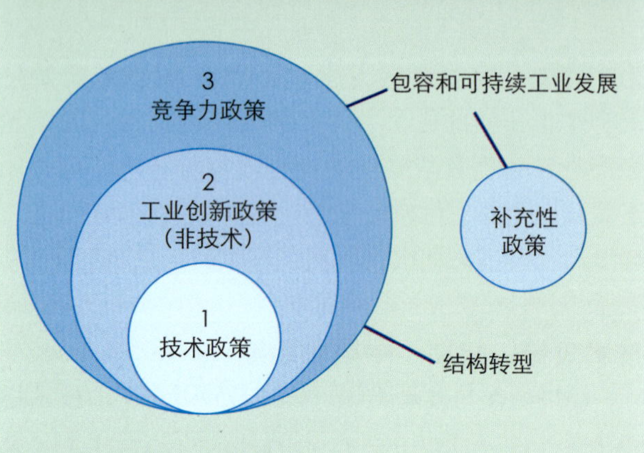

来源：联合国工发组织加工整理。

这是必要的。因此，技术政策可能要将重点放在确保企业引进技术上，这主要通过两个途径来实现：一是外国的直接投资，这样当地企业可以直接使用母公司的技术和产品设计，二是通过许可，将技术具体化为装备，技术提供方的人员对其使用提供建议。政府政策需要对促进其中一种或两种途径提供支持。

一旦企业达到了起码的竞争力水平，决策者就应该更多地关注鼓励和促进其掌握技术，提高使国外技术适应本地情况、并对其进行修改和完善的能力。在这个阶段，基于市场的干预措施还为时过早，因此应更多地关注公共干预，如支持与外国公司签订投资协议和技术许可合同，公共投资促进机构可以在初期协助公司寻找合作伙伴或在后期帮助公司进行谈判。此外，国家技术机构的一些技术推广项目，特别是相关领域专家可以为如何应用已了解的技术提供培训和咨询服务。

中期阶段包括那些拥有更加复杂的生产能力和较高实际工资的经济体。这个阶段工业化的特征是劳动密集型和资源依赖型制造业的占比下降，向中等技术含量的经济活动或从事高科技产品生产的那一部分劳动密集型企业转移。随着当地对外国技术的吸收不断发展，需要推广高增加值的中等技术和高技术产品，还需要推动在研发活动、研究基础设施和人力资本等方面的公共投入，对私营部门的研发活动给予激励。

政府各部门间进一步的协调，以及建立公共和私营间某种形式的协调关系，可以确保技术政策的战略方向。因此，鼓励私人投资的市场措施，要么是直接补贴创新公司，要么是对研发支出给予税收减免。公共产品投入包括直接资助大学的研究，公共和私营机构合作研究 (两者都寻求创造知识，或将知识本地化) 和技术推广项目，以减少搜寻现有技术信息的成本。

后期发展阶段的特点是对有前沿技术的开发活动、对教育和科学基础设施提供支持。在本阶段，支持对“夕阳”产业（不再有竞争力的产业）的改造，以及支持赶超政策都很重要。可以使用与之前两个阶段相同的工具，借助具体的措施支持创新，包括为研究提供国家资助，以及为高风险的创新投资提供信贷。一些不太富裕的欧盟国家利用外国投资引入了最佳的技术和管理方式。当前高收入经济体的模式通常基于这样一个前提，即在技术前沿或接近技术前沿的经济体的增长，必须由创新驱动，这对长期竞争力至关重要 (Weiss 2015)。

产业创新政策

产业创新政策是将技术和非技术创新政策结合起来的一个宽泛概念，我们提供了一个产业创新政策分类 (表 6.1)，以及一个在不同发展阶段中不同创新类型的框架 (表 6.2)。出于分析的目的，这个分类区分了五个不同概念的市场领域。但是，这种区分不代表不同市场领域的政策不能相互补充（与可相互替代不同）。有效的政策制定需要将不同的政策工具整合为清晰连贯的政策组合，以解决各种各样会妨碍创新和技术变革的市场失灵。本节中有一些这种整合的范例。

创新 (见专栏 1.1 的定义) 是一种差异很大的现象，其特征取决于各种不同层面的条件 (公司、行业、地区、国家或世界)。企业层面创新的潜在决定性因素包括研发支出水平，行业创新机遇的程度，融资的便利程度，技术工人的招聘，市场条件（如竞争程度和需求条件），知识产权的法规以及知识溢

> “政府实施技术政策促进私营和公共企业技术能力和基础设施的发展。

表 6.1
创新政策分类（包括技术和非技术产业政策）

政策领域	以市场为基础	公共产品 / 直接供应
技术市场	研发补贴、赠款	技术转让支持，技术推广项目，公共和私营合作研究联盟，公共研究机构
产品市场	创新投资免税，吸引外国直接投资，研发税收激励，进口关税，退税，税额减免，投资 / 外国直接投资激励	利用公共采购支持创新，保护知识产权，采购政策，出口市场信息 / 贸易展览会，项目对接，外国直接投资国营销，一站式商店，投资促进机构
劳动力市场	工资税收减免 / 补贴，培训补助	培训机构，技能委员会
资本市场	创新公司的信贷补贴，定向信贷，利率补贴	贷款担保，技能委员会
土地市场	租金补贴	推广技术和产业集群，建立科技园区，建立经济特区，出口加工区，厂房，基础设施，司法改革，孵化器项目

数据来源：根据 Weiss（2015 年）和 Warwick（2013 年）相关文献整理。

表 6.2
发展中国家和新兴国家不同发展阶段的创新

国家类别	创新目标	创新类别 / 来源	主要涉及机构
初期	提高生产力和改善加工技术	基于采用国外创新和技术的渐进式创新；创新需要与特定的“当地”条件相适配	大学和研究机构，私营企业，特别是那些与国外市场有接触的机构和企业
	支持包容性创新，以改善福利和获取商机	基于国外技术和 / 或当地传统知识相结合的渐进式创新	非政府组织，政府组织，小企业，通过网络传播知识的公共和私营社团
中期	发展创新能力以达到世界技术前沿	与世界领先的创新国家相竞争的渐进式和激进式创新能力	私营企业，大学和研究机构，公共机构
	具有瞄准市场的能力	基于战略性地应用国外创新和技术的渐进式创新，以支撑工业发展	处理协调问题的公共机构，包括外国公司在内的私营部门
中期和后期	逐步提高在全球价值链中的位置	可以产生不同贡献的渐进式和激进式创新能力	公共机构、中介机构、海外侨民和大企业支持的私营部门
	在前沿工业领域保持竞争力	创新与发达国家在全球市场上的创新相同	与公共研究机构、大学和大企业相互交流的私营部门

来源：根据经济合作与发展组织（2012b）相关文献整理。

出的程度等。

决定创新活动出现、发展和扩张的一个关键因素是政府干预。发达国家和发展中国家的政府越来越多地把创新作为一个关键问题，认识到它促进经济增长、解决社会和环境问题的潜力。

“从 20 世纪 90 年代末期开始，各国就开始设计和实施国家创新战略，以增强它们的经济潜力，实现一连串商业上成功的创新。它们对创新进行投资，希望创新能驱动经济增长和竞争，从而把经济和就业增长带动到一个持续的高水平，而这越来越依赖各国创新生态的力量”(Atkinson 和 Ezell 2012，第 133 页 f.)。

政府支持的主要依据是市场经济不能自发地达到创新投资的最佳水平，这是因为存在市场失灵：由溢出效应和信息不对称产生的局部专属，导致出现资金缺口。这些市场失灵意味着私营企业在创新

> 有效的政策制定需要将不同的政策工具整合为清晰连贯的政策组合。

活动上投资不足，从而剥夺了经济持续增长的一个关键杠杆。

为了应对这个问题，政府常借助政策工具向企业的创新投资提供不同形式的支持（见表 6.1）。表 6.2 列出了各发展阶段这些支持的目标、来源和相关机构。

为了确定最佳的干预措施，第一步就是要了解目标创新的类型。这是因为，产品创新和流程创新对于企业和整体经济情况的影响是不同的。引进新产品或扩大出口产品范围，更需要进行技术创新，而不是非技术创新。（非技术创新涉及表 6.1 所列的产品、劳动力、资本和市场。）创新政策习惯倾向于促进技术创新，然而有证据表明，要取得成功同样也依赖相关的非技术创新。因此，政策制定应该扩大范围，将非技术创新纳入考虑。

最后，政策制定者应该考虑到，同一项措施会对不同类型的创新产生不同的影响。比如，促进创新需求（如供应商合作）的措施更有可能促进渐进式创新，而不是激进式创新，后者常常出现在大型公共资助项目和供给推动政策的实施过程中 (Nemet 2009; 经济合作与发展组织 2009)。

阻碍创新的情况也会因创新的类型和阶段的不同而异。譬如，成本因素可能与所有类型的创新有关，而诸如对创新产品需求的不确定或知识产权的弱点等市场因素则可能会影响产品创新，而不是流程创新。相反，工程和技术能力羸弱往往与缺少流程创新有关，这在发展中国家尤为明显（Hirsch-Kreinsen 2008)。进取的、全面的政府政策是构建创新政策总体框架的先决条件，同时也是企业创新者和相应政府机构之间进行交互的需要，在地方层面更是如此，这是因为创新主要在具有一定知识、人才和企业家的局部环境下出现 (世界银行 2010)。

中等收入国家的追赶

中等收入国家追赶的两个案例研究—巴西进入航空航天工业领域，马来西亚从农业转移到棕榈油生产领域——体现了表 6.1 所列出的五个政策领域中政府干预的特点。如上文所述，不同政策工具之间的区别是有意为之，目的是为了更全面地理解为实现这两个目标而采取的政策决策。在相关内容中，将着重强调一些政策工具之间的互补性。

巴西—进入航空航天工业领域

巴西的情况是需要提高制造能力和技术竞争力，以跻身拥有飞机装配工业的国家行列（专栏 6.2）。在实现专业化设计和系统装配之前，巴西必须对飞机的生产制造进行全面学习和了解。为避免技术依赖，巴西采取了非常规的策略，限制使用外来技术许可，以获得当地飞机装配所需的技术实力——国家的支持对于获取任何当地缺少的技术和组织能力都是至关重要的。巴西航空工业公司 (EMBRAER) 现在是全球第四大飞机制造商。在巴西，出口导向的追赶策略有助于更加灵活的创新体系发展，强大的教育和研发体系为新兴的航空航天工业在面对全球环境变化时实现平稳调整提供了相关人才。专业化领域的选择也是重要的，如巴西专注于支线飞机的商业化。巴西航空工业公司在小型商用和军用飞机中发现了商机。

从技术市场的角度来看（见表 6.1），巴西航空航天工业的崛起多亏了国外伙伴的合作生产和许可协议，因为这些协议帮助提高了市场占有率，同时未产生技术依赖。对于产品市场来说，使用了发展本土航空航天工业的传统策略，包括大量的公共资金，政府的飞机组装许可和采购合同（通常与军用相关），这些都促进了对飞机需求的增长。巴西政府威胁要强征或提高进口关税，目的是迫使国外商

专栏 6.2

巴西建立航空航天创新体系的要素

- 找准目标市场（在本例中是能够服务于基础设施落后机场的支线飞机）。
- 开辟金融和设计渠道，在目标市场中开发新产品。
- 建立企业，保证创新发明的商业化应用。
- 拓宽融资渠道（包括政府支持、政府委托制造和采购大量新型飞机、实行公司税收激励计划引导民间资本）。
- 拓宽获取技术渠道（通过独家合作生产、许可协议、支持航空航天领域的研发及相关活动）。

来源：Vértesy (2011)。

“第一步需要了解目标创新的类型。

用飞机生产商接受合作协议，国外企业被迫提供装配飞机成品的技术和组织知识。这些协议使得巴西成为全球一些主要飞机制造商某些飞机零件的独家供应商。

应对劳动力市场失灵的政策工具与应对技术市场失灵的政策工具互为补充，并且同提供长期核心竞争力与满足短期技术需求的教育政策间的平衡有关。实施追赶需要在自然科学和工程领域建立强大的知识基础，以在航空、材料科学、电子、信息技术、甚至是管理领域保持领先 (Vértesy 2011)。从工业发展的早期阶段开始，就要努力促进大学与专业培训机构和行业间的密切合作和信息交流，因为这可以使教育体系更早地反映和满足工业发展的需求。在资本市场，尽管单独依靠公共资金难以克服在航空航天领域面临的技术和资本障碍，但公共资金曾经是（并且依然是）必要的。政府既是投资者，又是消费者。巴西通过各种政府机构为航空航天工业提供了一套复杂的筹资机制，包括建立发展银行、进行研发融资、短期和长期融资、建立优惠的所得税制度等等 (Goldstein 2002; Pritchard 2012) 。

此外，在土地市场，航空航天公司倾向于聚集在那些有着著名知识产出机构的区域，因为这些机构会加速知识溢出效应和技术变革 (Martínez 2011)。因此，政府通过建立航空航天商业园区，提供税收优惠和研发支持来吸引航空航天供应链中的企业入驻 (Santiago 2015)。

马来西亚——棕榈油生产转型

第二个案例研究是一个自然资源驱动的中等收入国家，马来西亚作为全球主要的棕榈油生产商和出口商，已处于技术前沿地位。它的棕榈油产业不只是引领行业创新，同时也控制了这个行业的价值链 (Rasiah 和 Azmi 2006)。

公共干预在促进经济增长、提高私营企业和研究机构参与度方面发挥了催化作用。这些机构同其它机构之间的互动，使得该行业能保持长期转型，从农业活动转变为活跃的加工业。马来西亚有工业总体规划（IMP），能在一个更广泛的工业化和缓解当地贫困及不平等的框架下，推动棕榈油产业的工业化、技术进步和升级 (Rasiah 和 Azmi 2006)。

在技术市场中，政府控制了从初始原材料到最终消费产品的价值链，是新产品开发的驱动力。借助增值产品的开发，提升了当地工业的能力，使其具有国际竞争力，这是渐进式创新的一个成功案例。很多工业总体规划对制造业研发都有丰厚的激励，包括在十年里对符合要求的研发费用及很多其他支出减免 50% 的税费 (Rasiah 和 Azmi 2006)。设立了一个面向大学和研究机构的研究基金。

此外，在产品市场，借助推广策略，包括成立棕榈油推广委员会和实施国家主导的工业总体规划，提高了新出口市场的占有率，在产品链中获取更高价值。最初的两个规划确定棕榈油是优先产业，为在价值链不同阶段的发展设定了目标 (Rasiah 和 Azmi 2006)。具体目标包括提供机构支持以改善棕榈油精制技术，鼓励棕榈油研发，并且发展包括生物燃料在内的国内互补产业（Abdullah 等人 2009）。随后的重点转到提高生产力和寻找投入供应商，因为当地加工能力超过了当地的投入供给能力。向劳动密集型农业加工企业提供了激励，通过提高产品增加值做强下游产业 (Rasiah 和 Azmi 2006)。接下来的工业总体规划面向“新农业”，包括大规模的商业化种植、更广泛地应用现代技术、生产高品质高附加值产品、生物科技，以及创业型农户和技能型劳动力的参与 (马来西亚人力资源部 2008)。通过在油脂产品、膨化设备、研发领域引入国外投资，在农业投入如化肥和杀虫剂方面进行集中采购以降低投入成本，马来西亚也注意降低日益上升的生产成本，在上游产业中降低对国外劳动力的依赖 (EPU 2010)。

作为技术和产品市场的补充，在劳动力市场，马来西亚政府设立了人力资源发展基金进行市场干预（Rasiah 和 Azmi 2006)。该基金对雇主进行财务激励，让他们可以获得最高 100% 的培训费用补助，以此来提升工人的技能水平。此外，通过“先前学习认定”计划，虽没有正规教育经历但有着丰富的实操经验和知识的雇员可以凭借他们的技能水平获得经验认证。还建立了马来西亚棕榈油协会，该协会是棕榈油行业公共和私营部门协调进行高级培训

> 应对劳动力市场失灵的政策工具与应对技术市场失灵的政策工具互为补充。

专栏 6.3
在棕榈油产业中实现赶超的建议

- 良好治理：全面、多层次、跨部门、多年份计划。
- 一体化立法、研究、教育政策、融资和投资、法律体制、税收制度、基础设施、农村发展和土地分配。
- 与资助机构、非政府组织和大学加强合作，促进研究。
- 支持国内市场发展的财政政策。
- 推动出口导向、行业整合和出口多元化的积极战略。
- 积极推动技术多元化。
- 采取环境保护措施以确保长期可持续发展。

来源：联合国工发组织根据 Craven (2011)，Rasiah 和 Azmi(2006) 相关文献加工整理。

的关键机构 (Rasiah 和 Azmi 2006)。借助在资本市场实施的相关政策，前述政策都得到强化。通过税收制度、研究基金和其它与当前工业发展阶段相匹配的机制，为棕榈油行业提供融资支持。在土地市场，在更好地确定土地所有权方面取得了一些进步，包括政府可以利用的土地非常充沛。政府还在基础设施、大规模生产活动的组织、公共灌溉方面进行了早期投资 (Santiago 2015)。联合国工业发展组织关于在棕榈油产业方面实现赶超的建议参见专栏 6.3。

根据其授权职责，联合国工业发展组织多年来一直致力于帮助成员国，特别是低收入国家培养技术吸收能力，以及促进绿色技术向高、中、低收入国家转移。更多关于传播创新技术的措施实例可参见相关出版物，如 UNIDO (2011b，2015b)，UNIDO 和 UNU-MERIT (2014)。

表 6.3
投入指标及衡量

政府对私营部门研发的支持	研发补贴和税收激励总量
国外技术转让	许可协议数量、资本物品进口量、与国外公司合资的企业数量
技术类高等教育质量和数量	公共财政中用于高等教育的比重、政府出资的培训项目中工程师的比重、对大学和研究中心的公共支持
国内研究机构数量	国内研究机构数量
创新人力资本	拥有科学和技术资格证书的雇员数量
创新基础设施	研发支持活动、用于技术装备的资本和投资
劳动力市场	创造性行业就业在整体就业中的比重
新技术传播	移动互联网的商业使用，3G（或以上）覆盖率，互联网强度指数

来源：联合国工发组织根据 Amsden (1989)，Guadagno (2013)，Holbrook 和 Godin (2011) 和 Hall and Jaffe (2012) 相关文献加工整理。

表 6.4
产出指标及衡量

新产品数量
引入新生产流程数量
专利数量
创新企业在经济中的比重
进入新兴行业和高科技行业的企业数量、全国高科技出口的比重

来源：联合国工发组织根据 Amsden (1989)，Guadagno (2013)，Holbrook 和 Godin (2011) 和 Hall and Jaffe (2012) 文献加工整理。

“公共干预在促进增长、提高私营企业和研究机构参与度方面发挥了催化作用。

衡量、监测与评价：技术、创新以及国际合作

政府若要促进创新，需要对创新战略的实施情况进行调查获取相关信息，以便了解这些战略如何增强特定企业的竞争力，以及如何在更大程度上巩固经济和社会的发展 (World Bank 2010)。对所有国家而言，这些衡量、监测和评价措施在政策制定中都是必不可少的，因为这不仅可以学习过去经验，还有助于说服某些对继续执行这些政策措施持怀疑态度的民众 (Georghiou 和 Roessner 2000)。[2]

衡量技术进步

由于直接衡量产品和生产流程的科技含量有困难， Keller (2010) 提出了三种间接的衡量方式：投入法（衡量研发数据），产出法（衡量专利数据）和影响法（衡量生产力提高）。一般来说，特别是在低收入和中等收入国家，更加倾向于用专利来衡量科技含量，而不是研发费用或生产力提高。专利数据通常都有更长时间，更加明确的记录，但它的局限性也不能忽视，因为少数专利就贡献了全部专利的大部分价值，并且很多创新都没有获得专利 (Keller 2010)。

因此，某些学者提出了其它的方法和相关指标 (Georghiou 和 Roessner 2000)：

• 评估在大学和公共研究机构里由公共经费支持的研究，包括研发费用、专利数、授权数，发明的承包报告数，文献引用数，消费者 / 生产者盈余的变化。

• 重点评估相关联系，包括在专利申请中科技论文的引用数。

• 评估研发支持项目，重点关注产业合作。

• 评估创新传播和推广项目。

衡量创新政策

可以借助不同数据、指标和解释，通过很多方式衡量创新政策。对不同类别的创新（即生产流程或产品创新）需要用不同类型的指标（表 6.3 和表 6.4）。专栏 6.4 进一步讨论了如何改进衡量方法。

衡量创新的国际合作

同样，国际创新政策制定必须借助衡量、监测和评估机制来确保国际合作处于正轨。事前和事后评价都很必要，还要尽可能高的透明度 (欧洲委员会 2012b)。这些合作可以使用表 6.5 中的指标进行衡量。

特别是在提高国际评估的可能性方面，国际性的行动非常必要：开发与经济现状的综合指标挂钩的创新指标，投资建立高质量的覆盖全面的统计基础设施，分析企业层面创新活动，在公共部门和公共政策评估中推行创新指标，以及在社会目标和创新的社会影响评价中推行创新的衡量方法 (经济合作与发展组织 2010)。

专栏 6.4

发展中国家提高创新的衡量、监测和评价能力的措施

由于创新政策的长期性、缺乏衡量标准和资金、以及相对薄弱的统计体系等原因，发展中国家创新政策的衡量和评价常常面临着挑战 (Rood 2013; 经济合作与发展组织和欧盟统计局 2005)。

政府统计部门必须参与到创新调查中。建议安排熟练的工作人员进行面对面的调查，因为这样可以提高数据质量、填报率和调查结果质量 (经济合作与发展组织和欧盟统计局 2005)。世界银行同时强调，定性和定量的调查都很重要 (世界银行 2010)。

经济合作与发展组织强调，发展中国家对创新进行调查时应注重创新过程而不是创新结果。对于企业和组织来说，创新活动和创新能力至少应与创新结果同样重要。此外，还需要关注其他方面，如人力资源、信息和通讯技术以及它们的融合和应用、创新活动的支出和组织变革。经济合作与发展组织还建议发展中国家每 3-4 年进行一次创新调查，特别是与其他主要的国际创新调查同步进行，以便对调查结果进行基准比较 (经济合作与发展组织和欧盟统计局 2005)。

> “政府需要有关其创新战略实施情况的信息。

表 6.5
衡量国际合作

国际合著科学出版物数量
研究人员、培训班和研讨会数量、海外研究人员回国占比、博士流动情况
科学和技术合作协议数量
国际合作项目、开放项目数量
“请进来”和“走出去”奖励提供数量
用于提升当地大学和研究机构吸引力的措施数量
共享研究型基础设施
双边协议，外国专家和评论员数量
设在国外研究机构数量、从国外招募人员数量
非国家资源的预算总量及在总预算中的比重

来源：联合国工发组织根据 CREST Working Group (2007)， Edler (2010) 和欧洲科学基金会 (2012) 文献整理。

竞争力政策和全球价值链整合

拓展传统的竞争力政策工具

经济合作与发展组织和世界贸易组织《2013 年贸易援助报告》强调，发展中国家经济增长和私营部门扩张的主要约束是缺乏竞争力政策，这限制了企业在全球价值链中整合和升级它们的生产流程和产品。由于传统的政策工具不总是有效，政府需要借助技术和创新工具来拓展传统的竞争力政策，以达到结构转型（见图 6.1）、更便捷地与全球价值链整合以及提升发展潜力的目的。一个健全的包含技术、创新和竞争力政策在内的政策组合是必要的，单靠竞争力政策远远不够。

经济合作与发展组织和世界贸易组织列出了发展中国家经济增长的主要约束，包括基础设施不足、融资不畅、以及不能达到应有的标准。私营企业也列出了五项约束：海关程序、缺乏技工、许可要求、运输成本、监管和商业环境缺乏对私营部门的支持。经济合作与发展组织和世界贸易组织提出了促进贸易和贸易便利化的传统竞争力一揽子计划：增强人力资源、机构和基础设施能力建设，改善制度，使政策和规章更加贸易友好化，营造一个可以获得支持的经营环境(特别是有稳定的宏观经济政策)和有吸引力的投资环境。

Rodrik (2014) 针对以上传统计划提出了另一个方案，他认为有上述约束的不良经营环境对发展中国家的投资者来说是挑战（特别是在非洲），因为这些障碍会提升这些投资者开始或扩大制造业生产时的商业成本。不过，他认为，如果这些成本相当于可进行市场交易的行业的税费，那么可以借由汇率来解决。举个例子，实际汇率降低 20%，相当于给所有市场交易行业进行 20% 的补贴。这也许是消除商业环境所带来的成本的一个相对容易和快捷的途径，并且可以同时增强国家在国外和国内市场的竞争力。实施这个方案的关键是实施货币和财政政策框架，把实际汇率维持在一个具有竞争力的低估值水平上。一旦一个经济体有了较高的经济增速，Rodrik 建议国家以后随着时间的推移厘清与不良经营环境相关的一个个具体问题，逐步加以解决，减少对实际汇率的依赖。尽管这是标准竞争力政策工具的可替代方案，但是对于发展中国家来说，很难制定合适的货币和财政政策框架。

Farole 和 Winkler (2014) 建议将重点放在长期投资上，并吸引潜在的高租金行业的投资者，因为他

> “国际创新政策的制定必须借助衡量、监测和评估机制以确保国际合作在正确的轨道上运行。

们更倾向于从事能实现溢出效应的活动。本地区的投资者处于更有利的地位，他们的投资往往与国内市场紧密结合。不过，作者指出，营造对当地企业更有利的投资环境有如下要求：方便融资和进口投入品、保证合同执行、可靠的监管标准、充足的电力和其他基础设施支持、国内经济的充分竞争以及支持能力和竞争力建设。因此，战略投资政策需要与传统的竞争力政策工具一起发挥作用。作者进一步指出，国内投资者不应受到激励制度不公平的待遇，他们理应享受与国外投资者一样的获取基础设施和服务的机会。他们认为，应该在进行能力建设的同时，引入旨在促进行动和衡量机制的投资激励

表 6.6
影响发展中国家在全球价值链中竞争力的因素

因素		说明
经营环境和宏观经济管理	宏观经济稳定性和公共治理	• 关键的经济关系处于平衡状态时，宏观经济就能保持稳定性。汇率波动影响进口中间产品的成本和出口的收益。 • 治理包括当局赖以行使权力的各种传统和机制（法律、腐败、政府效能）。波动变化影响货物及时运输，提升库存失窃的风险。
	简化开业和准入／许可程序	• 一个新企业创立和正常经营所需的程序、时间和成本，获得建筑许可证、水和矿物开采许可证等的过程。 • 相对冗长的程序会使外国直接投资因其他国家有更好的选择而退出，这会对国内企业的发展造成不利影响。
	标准和认证	• 通过将正在使用的公共和私营产品以及工艺需求编撰成集，便于多个供应商的供应标准化。 • 标准化可以传播提高质量和生产力的信息，从而推动升级；然而，发展中国家的企业往往缺乏资本和专业知识来掌握多种认证要求。
基础设施和服务	运输、信息和通信技术能源和水资源	• 这些因素对成本和质量的影响是复合的，因为分散生产意味着投入和中间产品必须在多个地点之间运输。 • 信息和通信技术促进了以产品为基础的产业链间标准化设计规范的传播，是跨国服务出口的关键媒介。在资本密集型的装配和加工环节中，能源驱动着成本竞争。
产业的制度化	产业成熟度和协调性	• 企业参与到全球价值链中的经验。在全球价值链中的关键角色，如投入和服务提供商，以及行业协会的建立、影响和代表性，降低交易成本以满足需要。
	公私协调	• 私营部门、政府、教育机构和其它行业利益相关方的联系和协作。 • 对于迅速地确定和克服参与全球价值链时遇到的挑战至关重要。
贸易和投资政策	市场准入	• 针对潜在目标市场的关税和进口限制会影响与不同终端市场接触的潜力。关税升级尤其具有破坏性，因为全球价值链贸易在类似的关税条件下进行。
	进口关税	• 对生产或出口所需的进口组件、服务以及资本设备征收关税，转变为对全球价值链中的出口征税。
	进出口程序	• 完成产品和服务进出口所需例行程序的复杂度和时间，降低了交货的可靠性和及时性。
	通关运输时间	• 产品和服务通过边境通道所需的时间。通关运输效率低会影响产品及时发货至全球价值链的下一环节或终端市场。
	特定行业的政策	• 设计投资和出口促进政策，以支持特定行业参与，以及不同价值链特定环节的升级。

来源：改编自经济合作与发展组织，世界贸易组织和世界银行（2014）相关文献。

> 主要的约束在于缺乏竞争力政策。

措施，以支持溢出效应。

根据联合国工发组织在促进发展中国家的竞争力方面几十年的经验，国内技术能力的核心地位无论如何强调都不过分。外国直接投资对生产率增长最显著的溢出效应，往往是通过技术转让和传播实现的，其中最简单的联动反应，包括商品和服务的合同供应，这会让当地企业有体验式学习的效果（联合国工发组织 2007）。

在开展贸易能力建设相关活动过程中，联合国工发组织已经列出了一系列与提升竞争力、达到标准和确保市场准入相关的政策工具。这些政策工具在贸易能力建设资源指南中有详细说明 (联合国 2015c)。

根据经济合作与发展组织、世界贸易组织和世界银行 (2014) 的研究，表 6.6 列出了发展中国家竞争力影响因素与全球价值链整合之间的联系。该表显示，除企业的特征外，公共政策也影响着一个国家的竞争力。公司运营的制度环境影响他们满足全球价值链需求的能力。政府可以制定政策来促进或是削弱企业增强竞争力、吸引投资和参与到全球价值链中的能力。总的来说，良好的治理很重要，因为它为潜在的投资者和贸易商释放了一个信号：这个国家是一个投资的好地方。

促进整体经济竞争力的政策（如通过基础设施建设）和寻求直接转变生产模式的特定行业干预之间，应有所区别。第二种方法的政策更加精准和有针对性，如关税和其它贸易限制手段。

《世界贸易报告 2014》确认了竞争力作为支柱的重要性，同时强调了公认的方法：

“国内营商环境更加有利的国家，更能融入到全球价值链中。贸易政策同时也在供应链参与中起到了促进作用。融入全球价值链的障碍包括基础设施和关税壁垒。贸易便利化可以解决这些障碍，减少贸易时间，改善贸易的可预见性，而这是贸易的重要决定因素，在价值链中更是如此。” (世界贸易组织 2014，第 122 页)。

在正确的政策组合下，从长期看，全球价值链终究是实现结构转型的重要资产，并在工业政策中发挥重要作用。非捆绑的生产方式让各国可以专注于某一工业领域内的某些内容，而不是全部产品或整个工业行业。借助全球化、信息和通讯技术革命、改变领先企业策略，以及发展中国家政策的转变，这种生产方式得到发展，使得各国拥有生产出口产品的能力 (世界贸易组织 2014)。加入全球价值链本身已成为一些工业政策计划的目标，而不是实现结构转型的方式，这些计划常常是独立的传统竞争力政策，而这是不够的。如上文所述，结合了技术和创新的政策更加全面，可以让本国经济与全球价值链进行深层次的整合，降低被困在低价值阶段或行业的风险，还能提升知识溢出效应。

在全球价值链中的整合与升级

文献表明，在工业政策中，全球价值链的重要性得到广泛认同。然而，有一些全球价值链政策框架往往过于简单，过分注重标准的竞争力政策。全球价值链对发展中国家企业学习和工艺创新的本质影响依然是有争议的，尚处在研究阶段。

文献还表达了一个普遍的期望，即企业协调全球价值链：龙头企业通过向它们的供应商输送有价值的知识，借助其在全球终端市场上竞争，从而对供应商产生积极的影响[3]。事实上，对于在发展中国家的小企业来说，参与全球价值链可能是为数不多的机会之一，这既可以使它们获悉全球市场上消费者所需产品的类型和质量，又可以使它们真正进入这些市场。

在企业、产业集群、地区和当地创新体系层面，龙头企业在创新和提高国内技术能力方面都有着基础性的作用 (Pietrobelli 和 Rabellotti 2007,2011)。无论是在当前价值链中转移到更高增加值的生产活动，还是跃进到相关的更有技术含量的价值链，在全球价值链中的升级都是创新、工业化和结构转型的重要途径 (Humphrey 和 Schmitz 2001， 2002)。但是这些升级不会自发产生，需要政府政策支持（Nixson 2014)。对于政策制定者和企业来说，最好能认真审视和理解治理结构，以及不同行业、不同价值链控制和升级的可能性，因为这些特征决定了企业进入市场和取得发展的程度，以及本地企业在全球工业领域进行创新和升级的机会 (Gereffi 和 Fernandez-

“战略投资政策需要与传统的竞争力政策工具一起发挥作用。

Stark 2005， 2011)。

还应考虑到发展中国家中供应商的差异性，因为它们对全球价值链中龙头企业输送过来的知识的吸收、掌握和转变能力各不相同。影响它们升级的因素包括价值链中不断变化的全球动态和力量分配，以及发展中国家内部的局限（Bamber 等人 2014)。这些因素的相对重要性因产品和行业而异。

为了升级到高价值阶段，必须确保对创新、知识型资产以及诸如组织技巧和品牌推广等方面经济能力进行投资 (经济合作与发展组织、世界贸易组织和世界银行 2014)。通常来说，创造大部分价值的都是上游产业活动（新概念开发、研发、关键零部件制造）和某些特定的下游产业活动（市场营销、品牌推广、客户服务）。这些产业活动需要在原始设计中加入隐性的、独创的知识，并且要有创造和掌控前沿技术、复杂系统和管理技巧的能力。

Staritz (2012) 强调了在全球价值链中实现升级的进一步方法：“实现市场进入和升级，需要协助供应企业和生产企业获取信息和资源，与其它企业和生产者展开合作，遵守龙头企业的需求和标准，提升生产力，获取新技术、新技能和新能力，并且具有更高增加值生产活动所需的新功能”(第 11 页)。通过推行标杆管理和国际对比，国际组织可以帮助企业满足龙头企业的需求和标准（联合国工发组织 2015f; 联合国工发组织和 ICSHP 2013)。Pietrobelli 和 Rabellotti (2011) 认为，在学习的过程中，采用国际标准可以起到关键作用。

除经济之外，也可以从社会和环境的角度，通过生产更加环保的产品，或者提高工作岗位的质量来实现升级 (Barrientos， Gereffi 和 Rossi 2011; De Marchi， Di Maria 和 Micelli 2013; Giuliani 和 Macchi 2014)。同样，这也有另一方面的风险：经济、社会和环境的降级，所以需要借助技术和非技术的创新，以及环保、竞争力和补充性政策来规避这个风险 (联合国工发组织 2010a)。

重要的是要知道在学习时，不同类型的框架中各个全球价值链所需的政策支持。Pietrobelli 和 Rabellotti (2011) 提出了三种学习机制：

• 通过面对面交流进行的相互学习，这种情况通常在企业处理全球价值链中复杂且难以记录成文的问题时出现，因为解决这些问题需要高度互补的技能。维持和增强与全球价值链中龙头企业交流所需的生产和联动能力，是供应商与龙头企业打交道的先决条件。由于学习过程需要花费金钱和时间成本，

表 6.7
全球价值链中的学习机制

治理类型	交易复杂度	交易法制化程度	供应商能力	全球价值链中的学习机制
市场化	低	高	高	• 知识溢出 • 模仿
模块化	高	高	高	• 在满足国际标准的压力下学习 • 知识转让体现在标准、规范和技术的定义上
关联性	高	低	高	• 通过面对面交流进行的相互学习
垄断化	高	高	低	• 通过龙头企业精心安排的知识转让学习 • 局限于很小的任务领域（如简单装配）
层级化	高	低	低	• 模仿 • 熟练管理人员和工人的流动 • 由外国领导者或雇主进行培训 • 知识溢出

来源：根据 Gereffi， Humphrey 和 Sturgeon (2005)，以及 Pietrobelli 和 Rabellotti (2010) 的相关文献整理。

> “国内技术能力的核心地位无论如何强调却不过分。

各参与方更有义务将这种接触继续下去。

• 传播式学习机制的特点是龙头企业在对价值链中的一些活动取得直接控制时，对当地的劳动力进行直接的、正式或非正式的培训。这会使得当地企业与龙头企业的合作富有成效。

• 由全球价值链中龙头企业传输局限于很小领域的知识，这种情况主要在供应商缺乏某些特定技能的时候出现。龙头企业为这些供应商提供帮助的目的是为了避免出现产品不兼容的风险。如果帮助局限于很窄的任务范围，当地的供应商就会有困在价值链中低价值环节的风险，虽然获取了特定的技术和技能，但是仍无法提升其它战略性的能力 (Pietrobelli 和 Rabellotti 2011)。

若当地供应商有一定的技能、完全具备相关能力，或是产品是标准化商品，那么全球价值链的龙头企业可能会要求它们采用国际标准。龙头企业会要求供应商根据特定的技术和质量标准进行调整，并且对流程技术全权负责。

龙头企业不总是直接参与到学习过程中，但是会对它们的供应商施加压力，使它们不断创新，紧跟技术发展的脚步。更坏的情况是，龙头企业不总是通过传输知识或是帮助升级来使当地企业变得更强大，相反可能还会阻碍它们进行升级。因此，理解价值链的结构、结构转型的过程以及企业之间权力的不对称是至关重要的，因为这些方面决定了进入的壁垒是怎么产生的，以及收益和风险是如何分配的 (Staritz 2012)。表 6.7 总结了一些企业在全球价值链中学习的机制 (Pietrobelli 和 Rabellotti 2010)。

补充性政策

技术进步可以带来巨大的经济和社会优势，然而，正如在制造业部门经常发生的那样，它也会带来本章开始时提到的涉及三个主要层面的棘手的权衡：即经济与社会之间、社会与环境之间、以及环境与经济之间的权衡。了解取舍权衡是制定适当的补充性政策的先决条件，这些政策既要提升创新速度，又要对加速创新过程中遭受损害的那部分人提供有针对性的帮助。

为实现这三个层面的收益，需要综合政策全面考虑创新的积极结果和消极结果，推动经济中所有参与者与部门间的相互作用。另一个重要的措施是提供创新和传播技术的激励。

目前，政府还没有办法针对所有的技术进步结果制定综合性政策，部分是因为理论和实际执行之间存在差距。这种情况的产生可能源于几个因素，如缺乏使一个国家采取单边行动的激励；担心政策对家庭收入、就业、企业和行业竞争力的影响；或是政府在这三方面相互交错且长期的权衡中能力不足。但是，政府可以采取如下措施，形成一个连贯的政策框架 (经济合作与发展组织 2001)：

• 通过扩大环境政策中更多使用以市场为基础的方法，为创新和传播技术提供长期激励，以支持可持续发展目标。当以市场为基础的工具不再适用时，可以优先使用绩效标准，而不是选择和支持特定技术的测评。

• 通过资助和进行能力建设 (如发展卓越中心) 来支持长期基础性研究。加大如下几个方面的研究 : 生态系统，生态系统提供的服务的价值，人类活动对环境的长期影响，以及新技术对就业的影响。

• 处理技术进步带来的非预期的环境和社会后果。

• 支持符合公众利益的且私营部门不太可能提供的应用性研究活动 (如公共卫生和环境保护)：

◦ 与私营部门合作，以开发和传播新技术；

◦ 促进与清洁技术和实践方面的创新者进行公共和私营部门之间、以及企业之间的合作；

◦ 特别是在可持续发展重大议题方面寻求更大的国际合作研究机会；

◦ 对于有着相同政策目标和同等学习机会 (比如受保护的利基市场和类似的计划) 的技术，允许国外和国内投资者展开竞争。

新加坡 (专栏 6.5) 和印度 (专栏 6.6) 这两个收入水平不同的国家都采用了成功的补充性政策措施 (可以参见表 6.1 中的分类)。

Matus，Timmer 和 Appleby (2013) 强调了要克服一个不考虑生态和社会外部性的工业模式所面临的挑战。他们认为，必须在公平和社会公正的经济体系环境下定义制造业，这既满足了所有人的需要，

“从长期看，全球价值链是实现结构转型的重要资产。

专栏 6.5

将新加坡建设成为生物科技中心，以促进向可持续知识型经济转型

由于可能在技术密集型产品和工艺领域面临全球份额下降的情况，新加坡成为新的利基产业的积极追求者。2000年，新加坡政府将生命科学（医药，制药和生物科技）确定为本国四大支柱产业之一（其余三大产业为电子、工程和化工），希望确保在传统工业消逝时，国家能够成为知识经济体 (Arnold 2003)。为新加坡国内老龄化和逐渐富裕的人们提供现代化医疗服务的压力，也为这一政策改变提供了动力。

在结构转型的早期阶段，政策致力于科学基础设施建设，吸引国外企业，特别是大型跨国企业入驻，这些跨国企业有知识密集型的子企业可以让他们学习知识。这项外国直接投资政策效果很好：在 2010 年，跨国企业贡献了新加坡约 75% 的制造业产出，“其制造业企业全部股本中，外国资本几乎占了三分之二”(Siddiqui 2010)。

2000 年，新加班政府启动了生物医学科学计划 (BMSI)，使新加坡成为一个领先的生物技术中心，通过提供高技能和高薪资的工作，实现了主要以出口为基础的增长和发展 (Pereira 2006)。在 BMSI 计划启动的第一个十年里，政府在各方面的公共产品投入中投资超过 31.4 亿美元，以促进创新，实施为私营部门提供激励的基于市场的政策工具 (Chong，n.d; Haseltine 2013)。

BMSI 计划的第一个阶段（2000-2005）包括了针对技术的政策工具，如两家生物科技研究机构的扩展；在土地市场上，在新加坡国立大学、新加坡科技园和国立大学医院附近建设了一个生物技术研发中心和生物科技园 Biopolis；在产品市场上，提供世界级的知识产权保护；在劳动力市场上，新加坡科技研究局（A*STAR）研究生院为在国内或国外攻读生物医药博士学位的学生提供奖学金，前提是他们毕业后在新加坡工作 8 年 (Van Epps 2006)。

在 BMSI 计划开始后五年内，新加坡就成为亚洲生物技术领域外国直接投资最大的接受国之一 (Pereira 2006)。今天，新加坡已成为全球生物科技领域的领导者，有着 30 多家全球领先的生物技术公司，其中许多家公司都位于 Biopolis 生物科技园中，而这个生物科技园已经成为新加坡主要的生物科技产业集群，同时也是亚洲增长最快的生物科技产业集群 (EDB 2014)。根据《科学美国人》的一份全球生物技术创新报告，新加坡在全球生物技术企业最向往经营地点排行榜中名列第三，不仅仅是因为它产生生物技术专利的比例，还因为这些专利在国际上的重要性 (Grindrod 2015)。

政策已经使生物技术产业在经济上可行：在 2000 年至 2006 年间，生物医药行业出口扩大近 400%，从 44 亿美元飙升至 166 亿美元，雇佣了 5000 多名私营和公共机构研究人员，创造了约 10000 个高薪酬的制造业工作岗位 (新加坡科技研究局 2013; Watch 2010)。

BMSI 计划的第二个阶段（2006-2010）继续发展生物技术工业的基础设施和能力，但是更加着重于临床研究能力。新加坡科技研究局又设立了五个机构，并扩大了生物科技园。设立了一站式协调办公室——新加坡生物医药科学工业合作办公室来促进行业和研究机构之间的合作，新加坡科技研究局创建了一个技术转让项目，该项目确定具有商业化潜力的技术，并通过促进与行业的许可交易和资产分拆来帮助它们快速进入市场 (新加坡科技研究局 2013)。

在 2006 年至 2011 年间，生物技术、医药和医疗技术专利申请数量大幅增加（经济合作与发展组织 2015）。在十年的时间里，新加坡的技术专业化程度从低于世界平均水平上升到世界第三，仅次于丹麦和比利时 (经济合作与发展组织 2013）。2010 年，制造业产出上升至 170 亿美元（占国内生产总值的 8.4%），增加值 79 亿美元（占国内生产总值的 3.9%，EDB 2012）。

不断扩大的生物技术领域对经济中的其他领域产生了积极影响：在化工、电子和工程等制造业相关行业，有 30 多万个工作岗位的持续需求 (BFTA 2014)，以支持制药和生物技术产业。

同时也保护了他们所说的地球“生命补给”系统。在创新方面，他们关注的是相互关联的因素，如发明、挑选、生产、初步采纳、大范围或长时间使用、修改和再设计，以及退出。他们提出了一种工业共生关系，即在组织之间建立关联，以更好地管理资源。这种共生关系试图将工业转变为一个循环或非线性的经济，在这个经济模式下，废品转化为投入的联系和目标导向的企业间关系代替了当前的制造业结构。工业共生网络要求在工业集群内部或在供应链中实现自然资源（原材料，能源，水，废弃副产品）和社会技术（资产使用，物流、契约，专业知识）的共享。它可以更加节约资源和能源，并且为工人提供持续的生计 (Chertow 和 Ehrenfeld 2012).[4]

> “了解取舍权衡是制定适当的补充性政策的先决条件。

专栏 6.6

印度以市场为基础的工业能源效率政策

基于经济和环境的原因，印度实行了排放许可制度。到2030年，印度的能源需求将从2010年的7亿吨（石油当量）攀升到15亿吨。同时，印度对能源进口的依赖比例也将从30%上升至50%以上 (McKinsey & Company 2014)。从环境的角度来看，印度作为全球气候变化的重要一方，应果断采取行动降低排放量。

2012年，印度引入了履行实现贸易（PAT）计划，2012年至2015年间，PAT计划确定了8个目标行业、478个目标企业，包括火力发电、钢铁、水泥、化肥、铝、纺织、纸浆和造纸、氯碱，这些企业的能源消耗达1.64亿吨石油当量（占印度全国的54%）。政府根据指定企业提交的5年(2006-2010年)生产和年度能耗数据，计算出每家企业需要达到的能耗降低目标，如果企业能够超标完成能效任务，它们将获得可交易的、经过认证的节能减排额度。

与此同时，中央政府也采取了相应的措施，以纠正在采用环保技术方面的市场失灵。特别是它通过一项相关的资本补贴计划来补贴制造业企业，以减轻新技术前期高昂的成本，这些新技术旨在用能源密集度更低的技术取代旧机器。这些补贴降低了节能投资的投资回报期，否则这些投资的平均回报期大约为3年。

即便是在PAT计划试点结束之前，结果就已经令人鼓舞。2013年，印度工业联盟对碳排放量占印度总量10%、占工业排放量45%的55家企业进行的一项行业调查显示，93%的被调查企业正在实施减排计划。这些企业每年共计减少了250万吨二氧化碳当量排放 (Clough 2015)。

制定政策的良好做法

在确定政策制定的目标之后，我们转向良好的实践做法，这对于政策是否能取得成效至关重要。联合国工发组织《工业发展报告2013》强调，“一刀切”的经济政策在过去几十年中未能取得成功，也不太可能在未来帮助实现结构转型，这是因为国家间的差异需要一种灵活的政策设计方法。在各方同意的前提下实施循证的、现实的、符合国情的产业政策，是保证政策有效性的关键，这需要以下先决条件：

*利用政治体系，而不是与其作对。*关于政治的一个事实是，除非当权者同意，不然任何政策都不会被签署执行(联合国工发组织2013a)：“仅仅提出好的经济政策还不够，必须提出一种方案，让那些有权利这么做的人自发地选择这些政策”(Robinson 2009， 第27页)。

*强化政治领导。*这有助于制定一个国家的转型议程，目标是在低收入国家创造和培育生产活动，或者在中等收入国家推动技术进步(联合国工发组织2013a)。高层政治领导对于提高产业政策的关注度，确保必要的协调、监督和监测至关重要 (Rodrik 2004)。

*鼓励公私对话。*各国政府应该与它们的工业私营部门联手，综合双方的专家知识来设计干预措施，以确保决议得到关键利益攸关方的支持。特别是在公共部门力量薄弱的发展中国家，私营部门的参与有助于使政策取得成功 (Altenburg 2010)。这些新的工业政策需要基于这样的对话，而不是自上而下的计划。联合国工发组织《工业发展报告2013》强调，富有成效的对话需要私营部门组织参与，这些组织要能够允许企业表达他们的需求，并为政策制定提供意见。但是在一些低收入国家和行业中，生产者的意见可能被商会中更强大的贸易公司所掩盖。因此，各国政府可能需要考虑强化制造商在全国商会中的代表性，因为零售商和批发商都有与制造商不同的政策关注点(比如，关税和进口配额)。权力寻租是这种公—私对话中固有的风险，可以通过治理机制来缓解，避免将政策过于狭隘地集中于满足某些群体的利益需求上 (te Velde 和 Leftwich 2010)。社会需要的是各方同意的决策(联合国工发组织2013a)。

*提高工业政策管理能力。*联合国工发组织《工业发展报告2013》强调培养政策管理能力的重要性。特别对于缺乏这种能力的发展中国家，最好是通过实践学习。政策周期的每一步都需要强大的分析和执行能力。需要特别强调（通常在低收入和中低收入国家），应该明确优先事项和建立广泛共识，为透明高效的市场竞争确立明确的规则，提供高效的

> 以现实为基础、适应国情的产业政策是关键。

服务，并避免政治上的公器私用 (Altenburg 2011)。同时也应该培养管理能力，最好是通过实践学习，因为工业政策在任何地方都可能失败，因此应该被视为实验性政策（联合国工发组织 2013a）。因此，发展中国家应该启动自己的国家工业政策试验和学习过程，包括衡量、监测和评价措施，来确定影响力大的解决方案。

没有唯一的正确药方，所有的政府机构也不能以类似的方式推进私有化、稳定化和自由化。工业政策制定者，特别是在发展中国家的决策者，可能会把他们的注意力从了解和模仿国际最好的实践经验，逐渐转移到发现和复制国家的成功故事。特别是在严格预算控制的情况下，这种方法强调了健全的衡量、监测和评价措施的必要性，因为了解政策干预是否有效，以及收益是否超过了相关的公共成本是非常必要的 (联合国工发组织 2013a)。

技术和创新政策方面的国际合作

制定技术和创新政策通常在国家层面上进行。正如欧盟的辅助性原则[5]所建议的那样，应该在预期结果的层面进行干预。跨国合作需要跨国界和全球性问题来推动这一领域的合作 (Edler 2010)。总的来说，全球化的技术和创新，新兴和发展中经济体崛起成为全球化的拥护者，个人、小公司和开放模式的日益增长，是国际技术和创新政策合作的进一步原因 (Raunio， Kautonen 和 Saarinen 2013).

经济合作与发展组织 (2012c) 强调，需要有效的国际合作，分担责任和利益，以保护全球公共资源，保护包括技术和创新在内的世界公共产品。这意味着不仅要汇集财力，共享研究基础设施，还要改善全球的知识基础。

国际政策合作体现在三个相互强化的大趋势：

• 国际合作对技术和创新的重要性越来越高，这是根据联合出版、联合发明和联合研究项目等指标得出的结论 (Edler 2010 和 Wagner 2006)。

• 强化政治抱负，促进和利用国际技术和创新来解决一系列全球性挑战 (Wagner 2006)。

• 加强国际和跨国政策倡议来形成合作。政策和资金状况越灵活，越能在科学领域达成更多的国际合作 (Edler 2010)。

经济合作与发展组织 (2012c) 提出了技术和创新相互作用的三个层面：协调和谐与高效的关系；合作以实现共同的目标；以及整合，而整合意味着能力和自主权的转变。研究人员、机构、公司和公共研究机构之间国际合作的进一步动机包括以下方面 (Edler 2010，经济合作与发展组织，2012b)：

• 将金融和智力资源捆绑在一起，以发掘规模和范围经济。

• 借助来自不同国家和地区的研究人员，以缩短创新的周期。

• 获得跨国知识网络的访问权。

• 获取科学人才和高技能的员工，以及额外的研究市场。

• 承担或分摊主要设施的成本。

• 通过分摊成本或整合数据集来达到临界规模。

• 为国外的创新活动和市场做好准备，与互补的技能和资源相联系 (如在全球价值链中企业的整合)，或适应当地的需求。

• 从其他地方的成本优势中受益 (主要是标准化的研发活动，但也越来越多地出现在特定科学领域中具有低成本和高度竞争力的国家，例如中国的纳米技术和印度的软件开发)。

• 本国将要使用知识的再转让，并将国际知识的溢出效应融入到国家创新体系中。

这一清单表明，在国际层面进行的技术和创新合作及网络建设要比国家层面的复杂得多，很大程度上这反映了更高的交易成本 (包括搜索、谈判、执行、报告和评估)、更大的失败风险以及更广泛的参与者。此外，国际技术和创新合作更多地出现在实力相近的国家之间，并且力图避免重复。这意味着有可能将研究能力较差的参与者排除在优先名单和协作活动之外，但不设先决条件的合作对于在全球范围内实现包容性的创新过程是至关重要的。

政策制定者面临的另一个挑战是，科技和创新作为全球公共产品，往往以市场失灵和研发支出的投资回报期长为特点。同样，把技术和创新当做全球商品进行投资的利益，很难回报给最初的创新发起者，也不会给捐赠者和选择人提供明确的回报承

> **“在国际层面进行技术和创新合作及网络建设非常复杂。**

图6.2
技术和创新政策方面的国际合作

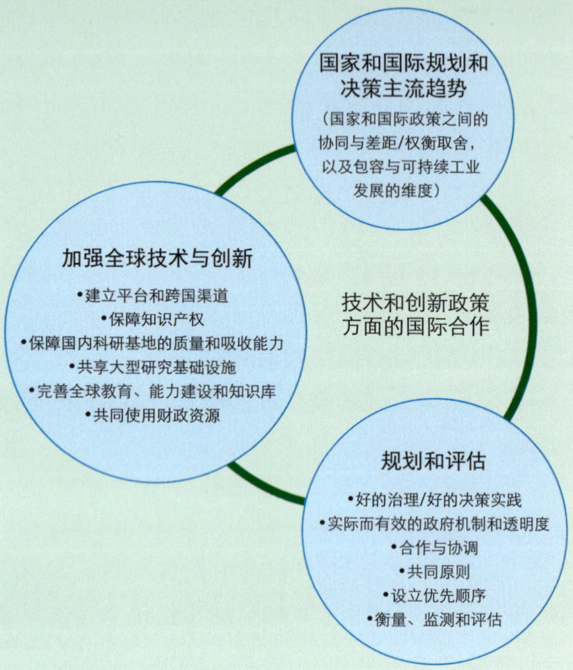

来源：改编自经济合作与发展组织（2012c）。

诺(经济合作与发展组织 2012b)。另一方面，在技术和创新政策方面的国际合作可以提高国内研究成果的可见度，获得更多的承认也能使它们得到更多的政府支持。

在技术和创新政策方面的国际合作，需要采用良好的治理实践，处理好大量的参与者、利益和资源等要素之间的相互关系(图 6.2)。

图中第一个核心部分——主流的国家和国际规划和政策制定——不仅在国家和国际层面，在经济、社会和环境层面之间也是找出并确定协同、差距和可能的权衡的关键。

第二个核心部分是创建平台和跨国渠道，这是旨在加强全球技术和创新的另一个关键因素。在技术和创新方面，合作伙伴的知识产权保护同样是最基础的，因为受保护的知识提供了吸引研发投资的激励，并且为技术和创新创造了更多的机会。尽管如此，在技术和创新的进程变得更加开放的过程中，知识产权有时也会被认为是技术和创新国际合作的阻碍，因为它具有排他的特征和权利，不允许其他合作伙伴使用受知识产权保护的知识。但是一旦知识产权获得许可，这些知识就可以在多个地方同时使用。

经济合作与发展组织 (2012c) 建议设立专利办公室作为国际合作框架的一个潜在来源，并且使知识产权的相关信息可以被外界了解。但是，降低知识产权许可的交易成本是加强技术转让的基础，要使技术转让有效，需要以下三个重要因素：知识产权信息、相关的知识、应用该技术所需的指导。政策制定者需要在公共和私营部门中广泛召集参与者，建立合作的知识产权机制，以提高知识产权交易的效率，消除障碍(专栏 6.7)。对知识产权交易和专利池的管理进行竞争和反托拉斯审查，可能是另一项支持措施（经济合作与发展组织 2012b)。

Auriol，Biancini 和 Paillacar (2012) 强调，如果发展中国家不进行创新，在全面保护的机制下，全球福利和创新状况会更好。在部分保护的机制下，如果发展中国家和发达国家都可以获取类似的研发技术，而且发展中国家市场规模足够大，全球福利和创新也会更好。

必须确保各国国内科学基础的质量和吸纳能力，以及大规模研究基础设施的共享，改善全球的教育和建设能力和知识基础。信息共享、技术转让、协作以及合作对提高全球的技术和创新水平都是至关重要的(经济合作与发展组织 2012b)。金融资源的汇集是另一个重要但棘手的先决条件。在这方面，合作的特点，以及文化、经济和政治环境也很重要。为了应对金融挑战，需要私营部门参与进来，因为技术和创新的成本要公共部门独自承担是太高了。由于私营部门需要获得在研发方面投资的回报，因此必须在国家层面进行分析，确保他们在市场准入以及包括知识产权在内的法律和制度框架方面的需求得到保障(经济合作与发展组织 2012b)。

第三个核心部分是规划和评估国际技术和创新政策合作。这一方面应当时刻考虑并应用良好治理和实践。其他先决条件包括有效和高效的政府机制和公开透明。要在国际上进行技术和创新协调和合作，就必须先保证国内内部的协调。国家和国际协

“政策制定者应在公共和私营部门中广泛召集参与者，建立合作的知识产权机制。

专栏 6.7

发展中国家的知识产权现状

对于已实现工业化或是正经历工业化进程的国家来说，知识产权体制的特点是有争议的。一方面，强有力的知识产权保护为企业投资创新提供了动力，另一方面，知识产权保护代表着一种社会成本，被视为一种障碍，因为它有着排他的专属特征 (Mazzoleni 和 Nelson 1998; 经济合作与发展组织 2012b)。

在发展中国家，知识产权保护可以促进研发领域的投资，为创新创造更多的机会 (经济合作与发展组织 2012b)。世界知识产权组织 (WIPO) 强调，保护发展中国家知识产权有进一步的原因：通过法定表达方式对创新者及其创新成果给予道义和经济权利的保护非常重要，它有助于促进创新和成果的传播和应用，促进公平贸易 (世界知识产权组织 2004)。尽管如此，必须意识到专利制度对实现技术发展目标的作用，而这其中，提供专利信息服务的完善的工业产权制度是必不可少的。在技术转让和技术发展方面，迫切需要知识产权体系及其专利信息服务同相关行政部门进行协调。

通过调查发展中国家保护知识产权的激励措施，Auriol，Biancini 和 Paillacar (2012) 发现，发展中国家通过搭发达国家技术发展的便车，降低了研发的投资成本，但却产生了潜在的间接成本，因为一个违反了知识产权的公司不能合法地向一个强调知识产权的国家出口。知识产权起到了阻止进入发达经济体市场的作用。此外，搭便车者也无法阻止别人复制他们的创新。他们针对发展中大国和小国的分析表明，如果想要出口和进入发达经济体市场，小国应该尊重知识产权，而中国和印度等新兴大国则不太愿意这么做，因为它们庞大的国内市场正在发展。

调是相互依赖和共同演化的，但没有明确的主次之分。因此，国内协调、政策明晰、以及战略行为能力都很重要 (Edler 2010)。欧盟为更便捷地实现国际合作，制定了多年计划：在其他高度国际化的政策，如贸易、环境和教育等方面，进行主流的研究和创新，并与国家的外部一般性战略和国内政策相协调（欧盟委员会 2012 a）。

经济合作与发展组织 (2012c) 建议在专家、决策者和最终用户之间保持开放的沟通渠道，将知识付诸实践。考虑到使用不同的术语、语言、培训、期望和经验条件会阻碍相互理解，更需要所有参加者参与讨论。通过制定行为准则，让不同利益攸关方能有信心地坐在一起制定共同原则，可以支持国际技术和创新政策合作。一些促进国际技术和创新政策协调的共同原则倡议包括：联合国技术促进机制和能力建设，全球研究委员会（一个在欧盟的国际合作中分享最佳的实践经验，建立共同原则的志愿者论坛），卡耐基集团（致力于确立建设大规模研究基础设施的共同原则），以及联合国教科文组织和经济合作与发展组织在通过公共资金获取研究数据方面做出的贡献。

2030 可持续发展议程

2030 可持续发展议程指出，在技术和创新领域的国际合作，对于促进各国在技术和创新方面的发展具有重要作用。尽管在千年发展目标中，技术和创新并没有被定义为优先事项，但现在它们在实现可持续发展目标方面具有核心作用 (联合国 2015b)：

• 发展技术，以提高发展目标中的农业生产力 (目标 2)；

• 增加对发展中国家高等教育（包括技术学科）的入学奖学金的支持 (目标 4)；

• 加强通过科技的使用来保障妇女的权益 (目标 5)；

• 加强国际合作，扩大基础设施，促进清洁能源研究和技术的发展 (目标 7)；

• 提升信息和通讯技术的获取 (目标 9)；

• 提升海洋相关科学知识和研究的能力和技术转让 (目标 14)；

• 加强南北合作、南南合作以及地区和国际间的三方合作，帮助获取科学、技术和创新成果，推动发展中国家应用环保技术，推动技术银行的全面运行，推动科学、技术和创新能力建设 (目标 17)。

设定优先级别是规划和评估的另一个基本组成部分；这里指的是不同参与者和利益攸关方应进行协商，就共同的目标和行动达成一致的过程。包括提出并实施优先级别、创建框架、确定和选择优先

> 技术、科学和能力建设是实现 2030 发展议程的重要支柱。

顺序、落实实施近期优先事项的经费等不同阶段。设定优先级别非常具有挑战性，因为它需要大量参与者的认可和支持，所以优先级别通常定义得非常宽泛，从而使得将其转化为特定的行动变得更加困难(经济合作与发展组织 2012b)。

技术、科学和能力建设是实现“后 2015 议程”和“里约 +20 后续行动”的重要支柱。联合国秘书长提出搭建一个全球性在线平台，以现有方案为基础，并在此基础上进行补充，以加强这一领域的国际合作和协调，促进互联互通、信息共享、知识转让和技术援助，推广清洁技术行动(联合国 2014a)。让更大范围的相关方参与其中至关重要。为实现这一提议，一个非正式的跨机构工作组业已成立，其工作主要围绕以下内容：

• 制定现有技术的促进方案，包括对制定政策、加强技术能力以及创新体系的支持。

• 在联合国系统内部与技术相关的工作中，确定协作领域和可能的合作领域。

• 为可能的在线知识中心和信息共享平台开发可选方案，与利益相关方合作，建立或加强以科技为中心的伙伴关系与合作联系，包括科学、技术、创新能力建设等。

设立该工作组旨在加强联合国系统内科学与技术相关能力建设行动的一致性和协同性，以避免重复工作。为此，将利用现有的资源，在联合国建立一个服务于可持续发展目标的科学、技术和创新跨部门任务小组。

未来将采取一种协调的方式开展能力建设，目标是确定人力资源能力缺失部分、重组现有机制并建立新的机制、支持机制能力发展。将会有一个秘书处协调现有工作，并完成新方法的组织。联合国发展计划技术能力建设秘书处将通过为技术和创新能力发展提供高质量的支持，在国家、地区和国际参与者之间起到推进作用。

所有这些举措都将加强发达国家和发展中国家技术与创新的协调和可持续发展，对实现可持续发展目标至关重要。

注释

1. 碳捕获和存储是一项流程技术，可以在二氧化碳产生的源头，特别是使用化石燃料来发电和进行工业生产的情况下，捕获排放的二氧化碳，通过船或是管道方式运输，最终将其存储在地下，从而阻止了这些二氧化碳排放至大气之中(国际能源署 2015a)。

2. “决定需要衡量什么，在什么时间怎样进行衡量，以及如何解释衡量的结果，或明显或隐含地依赖于评估所使用的创新模型。评估人员收集的大部分数据都取决于评估工作的定位，以及执行评估的人员。因此，在选择方式之前，通常有必要了解评估的设置以及发布结果的方式。”(Georghiou 和 Roessner 2000， 第 658 页)。

3. 实例可参见 Gereffi (1999)；Gereffi，Humphrey 和 Sturgeon (2005)；Sturgeon，Van Biesebroeck 和 Gereffi (2008)。

4. 澳大利亚、巴西、中国、墨西哥、韩国和英国正在试点工业共生计划。

5. 在欧洲，辅助性原则的目的是设置与欧盟和欧盟成员国能力范围最相关的干预级别。这可能涉及欧盟、国家或地方层面的行动。无论在何种情况下，欧盟只有在它能比成员国的自主行动更加有效时才会采取干预（欧盟 2015）。

第二篇

制造业增加值、制造业出口和工业竞争力指数的趋势

第七章

工业趋势：制造业增加值、出口、就业、能源和资源效率

《工业发展报告 2016》第一篇已清楚表明，制造业仍然是经济增长的主要推动力量，这主要得益于它的生产率更高，创新范围更广。

过去几十年中，全球制造业大部分已经由西向东、由北向南转移。本世纪初以来，通过创造就业和增加收入，许多发展中和新兴工业经济体制造业增加值的快速增长已经成为减少贫困的重要手段。统计显示，在未来几十年中，它们在制造业增长和技术进步方面仍有很强的能力。

制造业增加值趋势

2008-2009 全球金融危机之前，世界制造业增加值强劲走高（图 7.1）。工业化国家贡献了世界制造业增加值的大部分，但同发展中和新兴工业经济体一样，经历了制造业增加值增速放缓的过程。2010 年以后，这两个组经济体的制造业增加值均有恢复，但工业化国家的制造业增加值还没有达到危机前的水平。

图7. 1
1990-2014年世界制造业增加值，按世界和国家类型分组

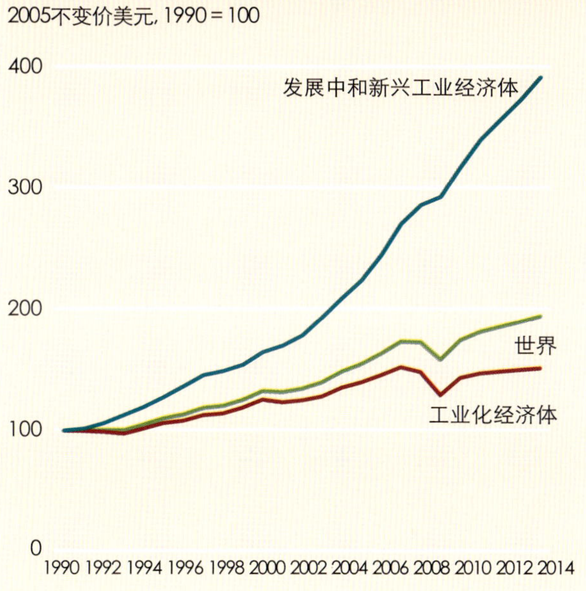

注：发展水平分组按附件B1，表B1.2。
数据来源：联合国工发组织根据制造业增加值数据库(UNIDO 2015e)加工整理。

2014 年，全球制造业增加值达到历史最高的 92280 亿美元（2005 年不变价格）。在工业化国家，制造业增加值占国内生产总值比重，从 1990 年的 15.4% 降至 2014 年的 14.5%；在发展中和新兴工业经济体，这一比重从 1990 年的 16.2% 提高到 2014 年的 20.5%。同一时期，全球国内生产总值中制造业增加值的占比由 15.6% 上升到 16.2%。

1990 年以来，发展中和新兴工业经济体的制造业增加值保持了更高的增长。到 2014 年，发展中和新兴工业经济体的制造业增加值比 1990 年扩大了几乎 4 倍。更高的制造业增加值增长使得许多发展中国家有了可持续的经济增长。

2014 年，工业化国家占全世界制造业增加值总量的 64.1%，但与多数发展中和新兴工业经济体相比，它们的制造业增加值增长率较低，导致其在全球制造业增加值中的比重下降。

2014 年，中国贡献了世界制造业增加值的 18.4%，是第二大制造业生产者，仅次于美国（图 7.2），对世界制造业增加值的贡献大于中国以外所有新兴国家制造业增加值之和。中国对发展中和新兴工业经济体的制造业增加值增长率影响重大，其在发展中和新兴工业经济体制造业增加值中所占比重由 1990 年的 15.8% 提高到 2014 年的 51.3%。中国的制造行业已经成为其经济的最大部门，占国内生产总值的三分之一。

年度制造业增加值增长率从 2008 年开始下降，到 2009 年降至一个低点（图 7.3）。全球危机严重影响了工业化经济体，其制造业增加值下降了约 13%。发展中和新兴工业经济体的制造业增加值增长放缓，但稳定在年增长 5% 左右。

2010 年制造业增加值增长率上升，显示了制造业明显复苏的开始，但很快就被 2011 年的缓慢增长平息。工业化国家受再次出现的衰退影响，在欧

> “2014 年，全球制造业增加值达到历史最高的 92280 亿美元。

图7. 2
2014年制造业增加值15强国家

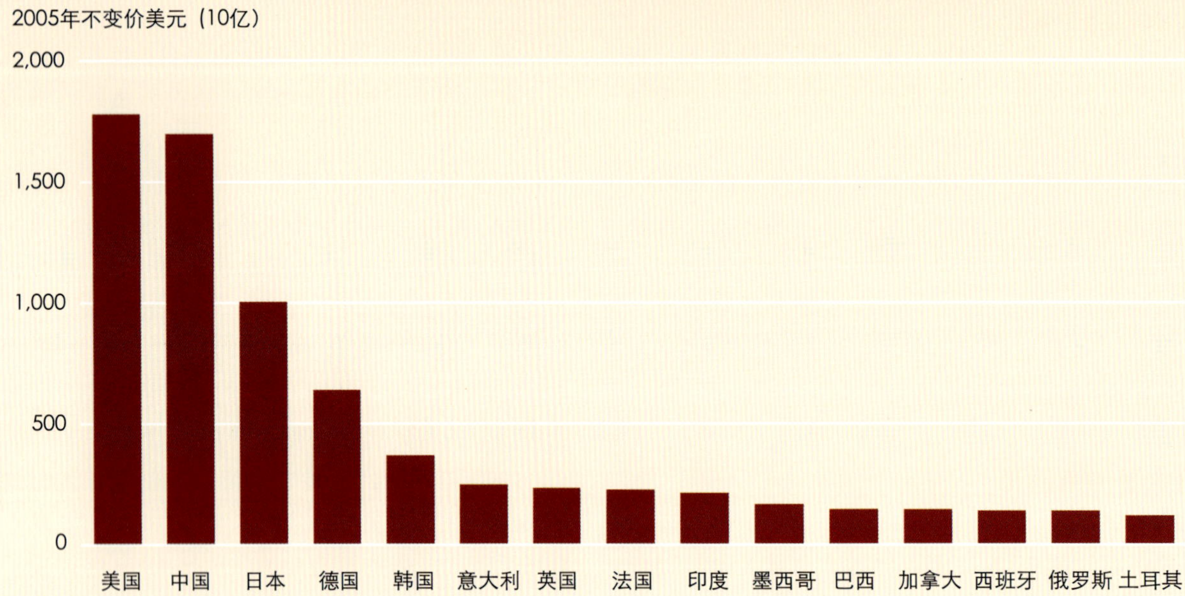

数据来源：联合国工发组织根据制造业增加值数据库（UNIDO 2015e）加工整理。

图7. 3
2007-2014年制造业增加值年增长速度，按国家类型分组

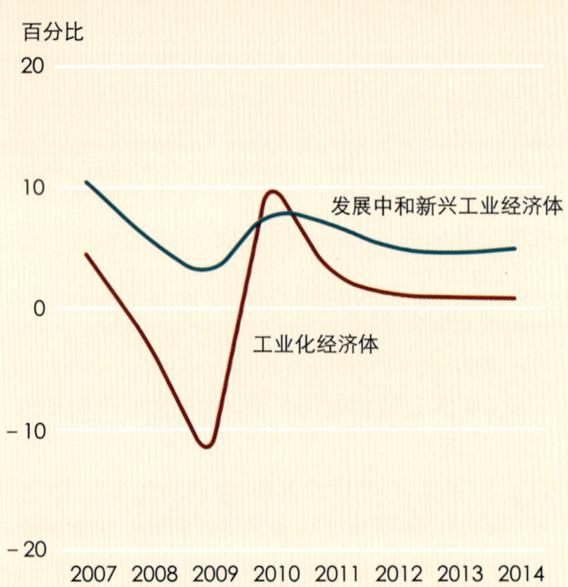

注：发展水平分组按附件B1，表B1.2。
数据来源：联合国工发组织根据制造业增加值数据库(UNIDO 2015e)加工整理。

洲尤其明显，发展中和新兴工业经济体也感受到了全球金融市场的持续动荡和商品价格下跌的影响。2014 年，全球制造业增加值增长 2.3%，主要得益于发展中和新兴工业经济体制造业增加值的较高增长。

人均制造业增加值，1990-2014

与观察制造业增加值总量相比，另一种在不同组间进行比较的方法，是根据人口规模对各种关系进行标准化。作为计量制造业部门每个人创造收入的指标，人均制造业增加值可以全面了解一个经济体工业化的潜力。工业化经济体的人均制造业增加值远高于发展中和新兴工业经济体（图 7.4）。中国的人均制造业增加值尽管高于发展中和新兴工业经济体的平均值，而且最近也有很大的提升，但与工业化国家相比仍落后很多。

通过图 7.4 显示的人均制造业增加值趋势，可以看出工业化在经济赶超中的更大潜力。2014 年，世界人均制造业增加值为 1,277 美元，其中工业化经济体为 4,773 美元，发展中和新兴工业经济体为 553 美元。尽管发展中和新兴工业经济体人均制造业增

“发展中国家减少差异、进行经济结构调整以缩小差距的时间缩短了。

图7.4
1990-2014年人均制造业增加值趋势，按世界和国家类型分组

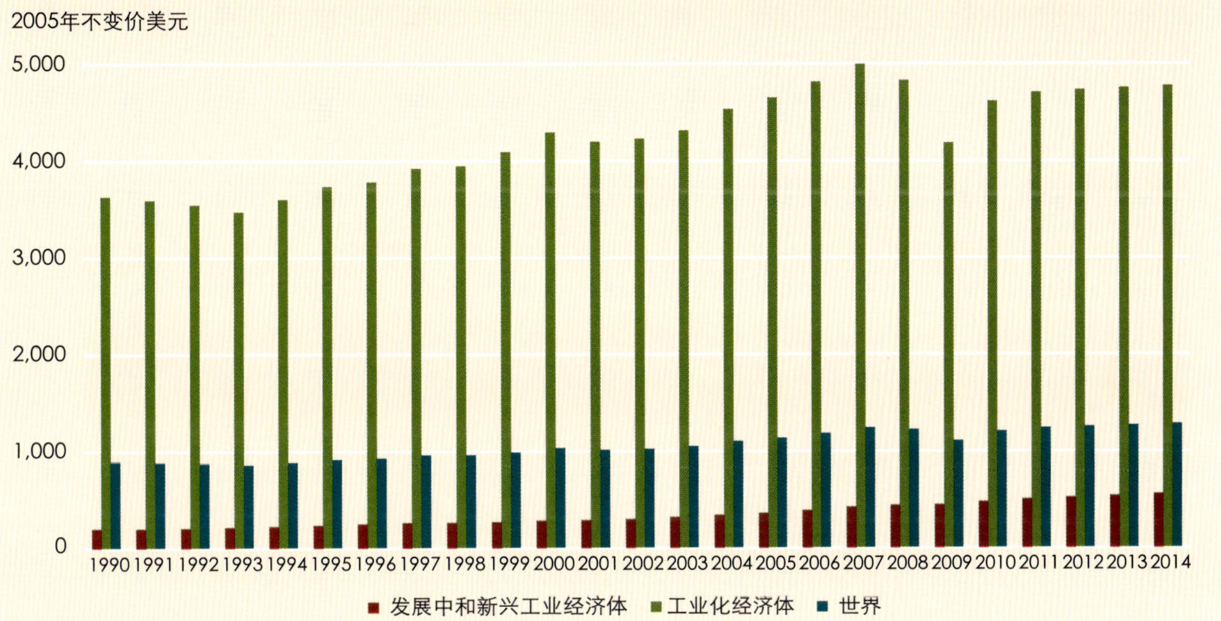

注：发展水平分组按附件B1，表B1.2。
数据来源：联合国工发组织根据制造业增加值数据库（UNIDO 2015e）加工整理。

加值是1990年的三倍，这些国家的人均制造业增加值仍然只是世界平均水平的一半左右，还不到工业化经济体人均制造业增加值的八分之一。赶上这一差距并非易事，但近期处于工业化进程的国家的经验表明，发展中国家减少差异、进行经济结构调整以缩小差距的时间缩短了，特别是实行了积极的产业战略和政策的那些工业化进程后来者更是如此。

在工业生产率（以人均制造业增加值计量）方面，尽管中国在发展中和新兴工业经济体中增长最快，工业运行最好，但仍远落后于领先的工业化国家。然而，中国所有支柱产业的工业竞争力都有提高（见下一章）。

发展中和新兴工业经济体的制造业，1990–2014

制造业不仅生产供国内消费和出口的基本商品，而且为其它经济部门提供新技术。在许多发展中国家，制造业增加值高增长带来了可持续的经济增长。长期稳定的制造业增加值增长，使得国家能够在制造业活动中安排更多的劳动力就业，有助于提升收入。制造业增长还有助于不断将新技术辐射到农业、运输和服务业等其它经济部门，推动经济增长。

制造业仍然是发展中和新兴工业经济体整体经济增长的重要推动力量。从1990年到2014年，全球制造业增加值实现了翻番，按2005年不变价格计算，由4.753万亿美元增加到9.228万亿美元（表7.1）。1992年以来，发展中和新兴工业经济体的制造业增加值增长持续高于国内生产总值（即经济总产出）的增长。按2005年不变价格计算，2014年发展中和新兴工业经济体的国内生产总值相比2000年实现了翻番，而其制造业增加值是2000年的2.4倍；而工业化国家的整体制造业增加值仅增长了51.3%（表7.5）。

全球制造业增加值的年均增长率揭示了世纪之交出现的一个明显变化。在1990-2000和2000-2014这两个时期，全球制造业增加值的年均增长率均为2.8%。在发展中和新兴工业经济体，这一增长率由1990-2000年的5.1%跃升至2000-2014年的6.4%，而同期工业化国家的增长率则从2.3%降至1.3%。

中国的制造业增加值在这两个时期都保持了超常的年均高增长，1990-2000年平均为12.8%，

> 制造业仍然是发展中和新兴工业体整体经济增长的重要推动力量。

表 7.1

1990、2000 和 2014 年发展中和新兴工业经济体制造业增加值，按发展水平和地区分组

	制造业增加值（10 亿美元，2005 年不变价）			制造业增加值百分比		
	1990	2000	2014	1990	2000	2014
世界	4,753	6,295	9,228	100	100	100
工业化国家	3,907	4,902	5,914	82	78	64
发展中和新兴工业经济体	846	1,393	3,314	18	22	36
按发展水平分组						
新兴工业国家	708	1,222	2,994	84	88	90
最不发达国家	20	22	54	2	2	2
其它发展中国家	118	148	266	14	11	8
按地区分组						
非洲	79	92	144	9	7	4
亚太	315	746	2,362	37	54	71
欧洲	151	164	300	18	12	9
拉美	301	391	508	36	28	15

注：地区和发展水平分组按附件 B1，表 B1.1 和 B1.2。
数据来源：联合国工发组织根据制造业增加值数据库（UNIDO 2015e）加工整理。

图7.5

1990-2014年经济和工业增长趋势，按国家类型分组

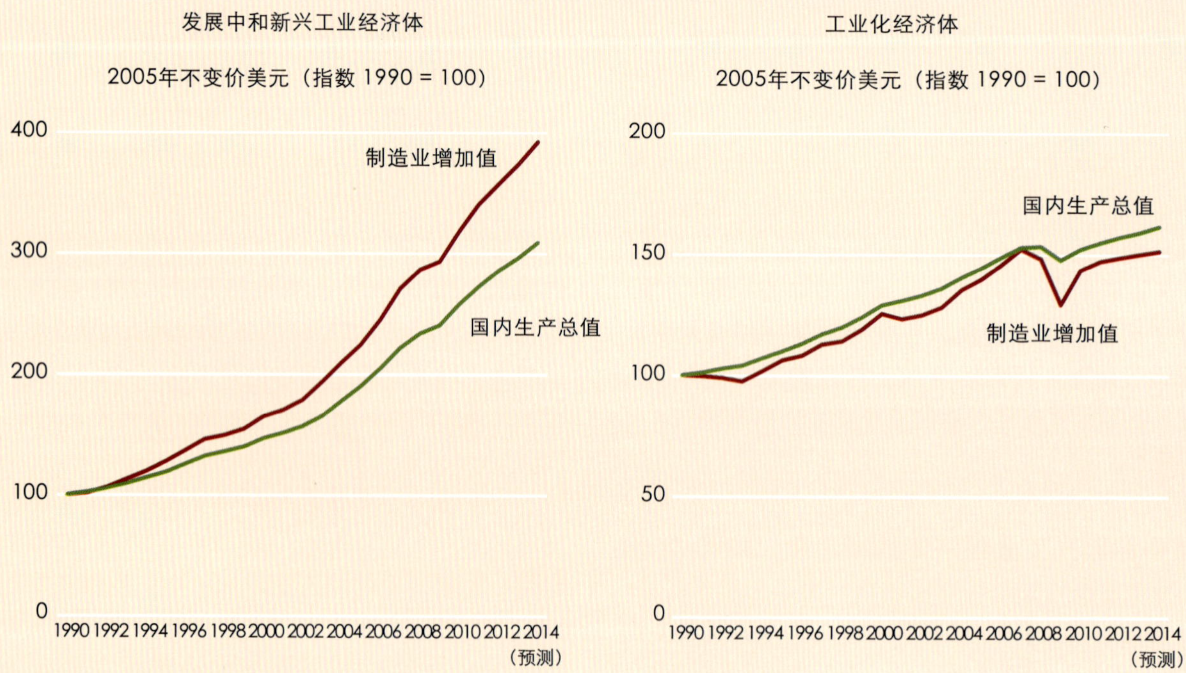

注：发展水平分组按附件B1，表B1.2。
数据来源：联合国工发组织根据制造业增加值数据库（UNIDO 2015e）加工整理。

> “全球占支配地位的制造业行业是食品和饮料、化学品及其产品和机器设备。

2000-2014 年平均为 10.0%。其它一些发展中和新兴工业经济体在 2000 年以后出现了制造业增加值增速加快，例如：白俄罗斯（1990-2000 为 -0.2%，2000-2014 为 8.1%），保加利亚（-8.9%，4.1%），智利（1.3 %，4.9 %), 秘鲁 (3.5 %，5.2%)，罗马尼亚 (–2.8 %，3.6%)。

作为一个整体，发展中和新兴工业经济体在全部制造业增加值中的占比有所提高，但个体表现差异很大。在五强中，中国占世界制造业增加值比重从 1990 年到 2014 年增长了 6.5 倍。中国的制造业已成为国内最大的经济部门，2012 年贡献了国内生产总值的三分之一，在全球制造业增加值中占比超过 18%，仅次于美国。尽管中国（还有印度）提高了在发展中和新兴工业经济体中的占比，但另外三强，尤其是巴西，却步履蹒跚（图 7.6）。

世界制造业增加值的部门构成

2013 年，全球占支配地位的制造业行业是食品和饮料（12.0%）、化学品及其产品（11.7%）和机器设备（8.5%）（表 7.2）。

2000 年至 2013 年，全球有 8 个制造业行业增加值比重提高，其合计占比由 39.7% 上升到 46.6%。其中明显增加的有收音机、电视机和通讯设备制造，基础金属、化学品及其制品，以及机动车、拖挂车和半拖挂车。基础金属生产增加的推动因素，主要是发展中和新兴工业经济体快速增长的制造业增加值，以及国家的基础设施投资。

有 14 个制造业行业增加值比重下降，其合计占比由 2000 年的 60.3% 跌至 2013 年的 53.4%，包括纺织、服装、毛皮、木制品、纸张和印刷。金属制品和机器设备制造在全部制造业中的比重也有下降。

工业化国家的制造业结构中，初级和次级产品较少，更加偏重中等技术和高技术部门（中等和高技术分类以联合国工发组织分类（2010b）为基础），而在发展中和新兴工业经济体，传统工业比重更高。但是，发展中和新兴工业经济体全部制造业中，中等和高技术行业所占比重在 2000-2013 年有了明显增长（见表 7.3 和表 7.4）。

2000 年，工业化经济体是所有制造业行业的主要生产者，其增加值远高于其它经济体（表 7.3）。随着发展中经济体的增长，以及金融危机对工业化国家的影响，制造业分布发生了显著变化。到 2013 年，发展中和新兴工业经济体成为了大多数基本消费品的主要生产者，以及基础金属的生产者。

在这段时期，发展中和新兴工业经济体的制造业增加值占比，在有的工业行业增长了一倍，在个

图7.6
1990、2000和2014年发展中和新兴工业经济体中五强制造业增加值比重

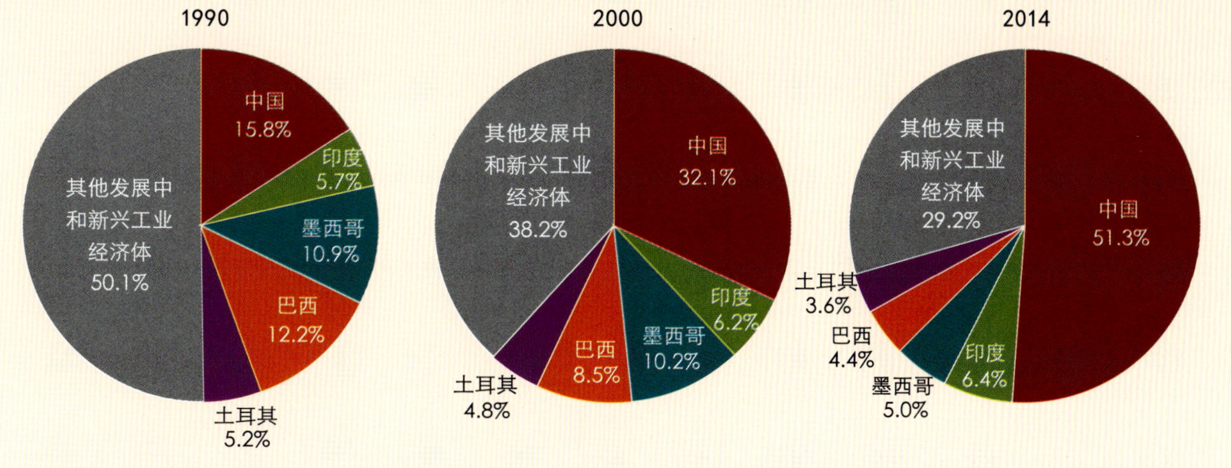

数据来源：联合国工发组织根据制造业增加值数据库（UNIDO 2015e）加工整理。

“发展中和新兴工业体全部制造业中，中等和高技术行业所占比重有了明显增长。

表 7.2
2000、2005 和 2013 年制造业增加值比重，按行业大类、世界和国家类型分组（百分比）

ISIC 分类	工业化经济体			发展中和新兴工业经济体			世界		
	2000	2005	2013	2000	2005	2013	2000	2005	2013
食品和饮料	11.0	11.4	11.2	16.6	14.9	13.3	12.1	12.2	12.0
烟草制品	1.1	0.9	0.7	3.5	2.9	2.5	1.6	1.4	1.4
纺织品	2.3	1.8	1.1	5.9	5.3	4.5	3.0	2.7	2.5
服装，毛皮	1.7	1.0	0.7	3.8	3.4	2.9	2.1	1.6	1.6
皮革及其制品和制鞋	0.7	0.4	0.3	2.0	1.4	1.3	0.9	0.7	0.7
木制品（不包括家具）	2.0	2.0	1.5	1.7	1.4	1.4	1.9	1.8	1.5
纸及纸制品	3.0	2.8	2.4	3.0	2.9	2.7	3.0	2.9	2.5
印刷和出版	4.6	4.2	3.4	2.1	1.8	1.4	4.1	3.6	2.6
焦炭、石油、核燃料	3.1	3.5	3.2	6.2	5.2	3.7	3.7	3.9	3.4
化学原料和化学制品	11.0	12.0	12.0	11.2	11.2	11.1	11.0	11.8	11.7
橡胶和塑料制品	4.7	4.6	4.4	3.4	3.5	3.3	4.5	4.3	3.9
非金属矿物制品	4.0	3.8	3.1	5.5	5.4	5.8	4.3	4.2	4.2
基础金属矿物制品	5.0	5.0	4.5	7.8	10.0	11.2	5.5	6.2	7.1
金属制品	8.0	7.5	7.1	3.9	4.0	4.6	7.2	6.6	6.1
机械设备 n.e.c.	9.7	9.7	9.2	4.8	5.9	7.4	8.8	8.7	8.5
办公、会计和计算设备	1.5	1.4	2.0	1.2	1.5	1.5	1.5	1.5	1.8
电气设备和电子器件	4.0	3.8	3.9	2.8	3.3	4.5	3.8	3.6	4.1
收音机、电视和通讯设备	5.2	6.2	9.7	3.7	4.6	5.1	4.9	5.8	7.9
医疗、精密和光学仪器	3.5	3.9	4.7	0.7	0.9	1.1	3.0	3.1	3.3
汽车、挂车和半挂车	7.7	8.3	8.3	6.2	6.4	6.7	7.4	7.8	7.7
其它运输设备	2.9	3.0	3.8	1.5	1.7	1.9	2.6	2.7	3.1
家具制作 n.e.c.	3.3	3.0	2.7	2.3	2.3	2.1	3.1	2.8	2.5
合计	100.0	100.0	100.0	100.0	100.0	100.0	100.0	100.0	100.0

注：ISIC 指国际标准行业分类。n.e.c. 指其它未列明。发展水平分组按附件 B1，表 B1.2。
数据来源：联合国工发组织根据 INDSTAT2（UNIDO 2015g）加工整理。

别行业增长了两倍，表明一些行业由工业化国家转移到发展中国家，以及发展中和新兴工业经济体内部制造业的加强。但是，工业化国家仍在尖端技术和高附加值生产活动中领先，比如生产信息和通讯技术产品。

在 22 个制造业行业中，2013 年中国在 19 个行业中位居全球第一或第二。在发展中和新兴工业经济体中，中国在所有 22 个行业中是公认的领袖。如果不包括中国，则印度、墨西哥和巴西是大多数工业行业的领先者。

中等和高技术行业在制造业增加值中所占比重

中等和高技术行业在一个国家的制造业增加值中所占比重，反映了制造业的技术复杂度。发展一般会带来由资源型低技术生产活动向中等和高技术生产活动的结构转变。一个国家的生产结构越复杂，在部门和跨部门间互相学习和科技创新的机会就越大。另外，中等和高技术生产者比低技术生产者提供的增加价值更高，对制造业增加值贡献更大。

制造业结构变化在产业向技术复杂产品转移上表现得最为明显。资源型行业在全球制造业中的比重，从 1990 年的 33% 下降到 2013 年的 28%，而同期中等和高技术产品比重从 44.6% 上升到 46.7%（表 7.5）。2013 年，中等和高技术制造业在工业化国家占到制造业增加值的一半以上，由 1990 年的 46.3% 增加到 2013 年的 50.1%。1990-2013 年期间，中等

“随着发展中经济体的增长，制造业分布发生了显著变化；发展中和新兴工业体成为了大多数基本消费品的主要生产者以及基础金属的生产者。

表 7.3

2000、2005 和 2013 年制造业增加值比重，按行业大类和国家类型分组（百分比）

ISIC 分类	工业化经济体			发展中和新兴工业经济体		
	2000	2005	2013	2000	2005	2013
食品和饮料	74	69.5	56.6	26	30.5	43.4
烟草制品	57.5	48.3	30.7	42.5	51.7	69.3
纺织品	62.8	49.7	28.2	37.2	50.3	71.8
服装，毛皮	65	46.7	28.1	35	53.3	71.9
皮革及其制品和制鞋	58.4	46.6	26.4	41.6	53.4	73.6
木制品（不包括家具）	83.6	80.6	62.2	16.4	19.4	37.8
纸及纸制品	81.2	74.4	58.3	18.8	25.6	41.7
印刷和出版	90.3	87.5	79.2	9.7	12.5	20.8
焦炭、石油、核燃料	68.1	66.4	57.2	31.9	33.6	42.8
化学原料和化学制品	80.7	76	62.7	19.3	24	37.3
橡胶和塑料制品	85.3	79.8	67.4	14.7	20.2	32.6
非金属矿物制品	75.4	67.9	45.4	24.6	32.1	54.6
基础金属矿物制品	73.2	59.5	38.4	26.8	40.5	61.6
金属制品	89.8	84.9	70.3	10.2	15.1	29.7
机械设备 n.e.c.	89.6	83.1	65.7	10.4	16.9	34.3
办公、会计和计算设备	84.6	73.5	66.7	15.4	26.5	33.3
电气设备和电子器件	86	77	57.2	14	23	42.8
收音机、电视和通讯设备	85.6	80.1	74.7	14.4	19.9	25.3
医疗、精密和光学仪器	95.3	92.5	87.2	4.7	7.5	12.8
汽车、挂车和半挂车	84.1	79.4	65.8	15.9	20.6	34.2
其它运输设备	89.3	83.9	75.1	10.7	16.1	24.9
家具制作 n.e.c.	86	79.8	66.8	14	20.2	33.2

注：ISIC 指国际标准行业分类。n.e.c. 指其它未列明。发展水平分组按附件 B1，表 B1.2。

数据来源：联合国工发组织根据 INDSTAT2（UNIDO 2015g）加工整理。

表 7.4

中高技术行业分组

ISIC 分类	ISIC Rev.3 大类代码
化学原料和化学制品	24
机械设备	29
办公、会计和计算设备	30
电气设备和电子器件	31
收音机、电视和通讯设备	32
医疗、精密和光学仪器	33
汽车、挂车和半挂车	34
其它运输设备 *	35

* 已扣除中类 351。

注：ISIC 指国际标准行业分类。中高技术分组详见 UNIDO (2010b)

数据来源：UNIDO (2010b)

> “在 22 个制造业行业中，中国在 19 个行业中位居全球第一或第二。

表 7.5

1990、2000、2010 和 2013 年制造业增加值技术构成，按发展类型、地区、收入水平分组

	1990			2000			2010			2013		
	资源型	低技术	中高技术	资源型	低技术	中高技术	资源型	低技术	中高技术	资源型	低技术	中高技术
世界	33.0	22.5	44.6	32.0	24.0	44.1	28.1	26.0	46.0	28.0	25.3	46.7
工业化国家	32.0	21.8	46.3	29.0	22.1	49.0	25.7	23.3	51.1	25.7	24.2	50.1
发展中和新兴工业经济体	39.5	26.9	33.6	45.5	30.3	24.2	31.6	30.0	38.6	36.6	29.4	34.0
按发展水平分组												
新兴工业国家	38.3	26.5	35.3	36.2	27.4	36.5	31.0	29.6	39.5	36.0	28.4	35.5
最不发达国家	71.5	12.1	16.4	71.1	14.2	14.7	67.5	24.1	8.4	66.8	24.3	8.9
其它发展中国家	47.8	31.9	20.4	55.6	33.4	11.0	39.8	31.4	29.0	35.7	34.4	29.8
按地区分组												
非洲	42.2	36.1	21.7	44.0	33.0	23.1	45.0	31.6	23.5	44.7	32.9	22.4
南非	36.6	35.5	27.8	38.0	35.7	26.3	38.6	34.9	26.6	41.3	34.3	24.4
亚太	29.8	24.2	46.1	34.5	26.2	39.5	26.0	27.0	47.0	25.1	25.6	49.3
中国	36.1	26.1	37.8	31.4	25.7	42.9	28.6	30.0	41.4	28.6	30.0	41.4
印度	31.4	28.6	40.0	31.4	27.5	41.2	22.7	38.1	39.2	21.2	38.0	40.8
欧洲	34.8	25.0	40.3	31.0	25.1	44.0	28.7	25.0	46.3	27.9	25.5	46.6
波兰	35.9	30.4	33.7	43.2	27.5	29.3	32.7	28.2	39.1	34.8	28.1	37.1
土耳其	35.5	38.1	26.3	41.1	30.9	28.0	40.2	27.1	32.7	40.2	27.1	32.7
拉美	34.3	24.8	40.9	37.8	24.3	38.0	36.2	29.3	34.6	37.9	29.1	33.0
墨西哥	31.1	26.8	42.1	36.6	20.8	42.6	33.4	29.9	36.9	33.2	29.9	37.0
按收入分组												
高收入	42.8	27.9	29.3	34.3	39.7	26.0	33.7	31.6	34.7	33.0	29.3	37.6
中高收入	37.8	27.2	35.0	35.7	27.5	36.8	30.9	29.8	39.3	37.0	29.4	33.6
中低收入	46.7	25.7	27.6	56.2	32.0	11.8	35.4	31.6	33.0	34.9	29.7	35.4
低收入	70.6	12.1	17.4	69.5	14.8	15.8	63.2	26.1	10.7	64.6	26.0	9.4

注：技术类型分组见表 7.4。地区、发展水平和收入分组根据附件 B1 和附件 B5, 表 B5.1

数据来源：联合国工发组织根据制造业增加值数据库（UNIDO 2015e）加工整理。

和高技术制造业是工业化国家的主导制造业部门。在发展中和新兴工业经济体，中等和高技术制造业比重只是略有增加，由 33.6% 提高到 34.0%。

1990-2013 年，全球低技术制造业占制造业增加值比重保持在 25.3%。中国的制造业结构始终稳定，中等和高技术制造业在全部制造业增加值中占比接近 42%。在技术强度方面，2000-2013 年期间，中国的中等和高技术制造业比重明显高于其他金砖国家（巴西、俄罗斯、印度和南非）。但中国还未能弥合与工业化领先国家的差距。俄罗斯和南非在扩展其中等和高技术部门方面正面临困难。

在 1990-2013 年期间，工业化经济体的结构转变，特别是从资源型制造业转型的速度引人注目：中等和高技术制造业制造业增加值在 1990-2000 年期间增长 4.1%（见表 7.5）。由于金融危机，2001-2013 期间的平均增长放缓（3.6%）。与全部制造业增加值的增长以及与其他两个部门相比，中高技术制造业成为了生产制造业增加值的主要引擎。

而发展中和新兴工业经济体的情况有所不同。2001-2013 期间，中高技术制造业增加值增速高于 1990-2000 年期间。与此形成对比的是，2001-2013 年期间，资源型和低技术制造业增加值增速明显低

“一个国家的生产结构越复杂，互相学习和科技创新的机会就越大。

图7.7
1990、2000、2010和2014年世界制造业增加值分地区比重

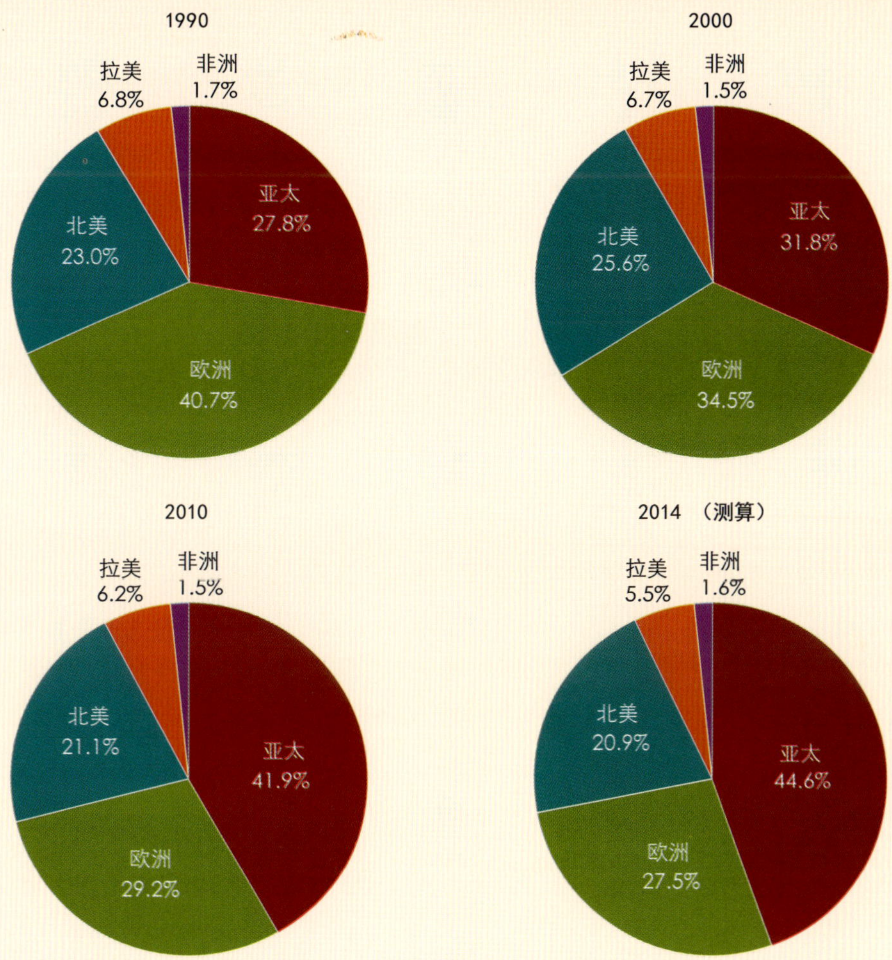

注：地区分组按附件B1，表B1.1。
数据来源：联合国工发组织根据制造业增加值数据库（UNIDO 2015e）加工整理。

于 1990-2000 期间。

分区域看，亚太地区中高技术制造业增加值占比最高。从 1990 年开始，这一地区的中高技术产品比重就很高，到 2013 年提高到 49.3%。中国对本地区中高技术的高比重做出了重要贡献，而这得益于该国的规模，一系列政策建议（如建立高科技园区、政府资金投入等）的加速推进，快速发展的国际联系，以及技能人才从海外回流。低技术制造业从工业化经济体主要流向中国这一成本效益更高的经济体，也造成了亚太地区这类产品增加值的增长。

欧洲展现的是同样一种模式，即在减少资源型产业的同时，保持中高技术产业的比重。欧洲中高技术制造业比重由 1990 年的 40.3% 上升到 2013 年的 46.6%。这一地区的中高技术制造业增加值比重位列第二。拉丁美洲和非洲的结构调整效果并不明显，其数据不能清晰地反映研究年份工业部门的变化轨迹。非洲的中高技术制造业比重最低，该地区高度依赖资源型产品。

地区制造业增加值趋势

从 2004 年起，主要由中国带动，亚太地区已经成为世界最大的制造业地区（图 7.7 和 7.8）。

> 亚太地区已经成为世界最大的制造业地区。

图7.8
1990-2014年各地区制造业增加值趋势

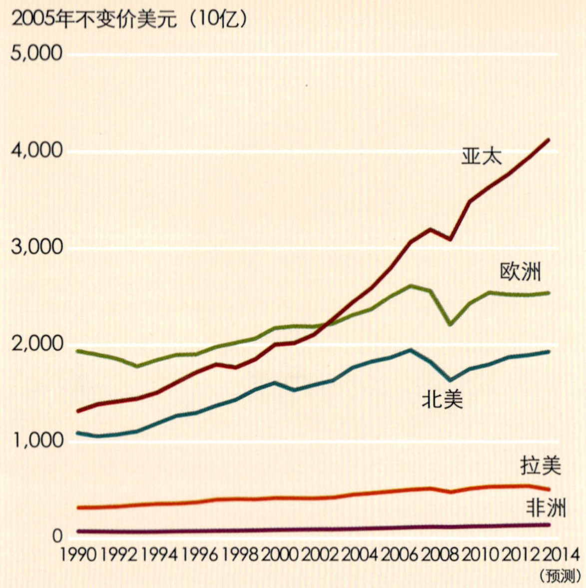

注：地区分组按附件B1，表B1.1。
数据来源：联合国工发组织根据制造业增加值数据库(UNIDO 2015e)加工整理。

1990-2014年期间，欧洲在全球制造业增加值中的比重明显下跌。从1990到2000年，欧洲是世界最大的制造业区域，但此后被亚太地区取代。欧洲的制造业增加值高度集中于欧元区。2014年，欧盟成员国的制造业增加值占全球的23.0%，占欧洲的83.6%。在欧洲，下跌的速度放缓了，但该地区的制造业增加值仍低于其2007年的最高水平。

非洲的制造业增加值仍然很低，仅占世界制造业增加值的1.6%。过去多年里工业和制造业发展没有进展。非洲制造业增加值占国内生产总值的比重从1990年的12.8%跌至2014年10.1%的低点。

2000-2014年期间，拉美地区的制造业增加值年均温和增长1.4%。但是这一地区在世界制造业增加值中的比重略有下降，落在亚太地区后面。从制造业增加值增长看，本地区制造业最强的国家是秘鲁、智利和阿根廷。

制造业出口趋势

发展中和新兴工业经济体经济增长过程中结构调整的正常模式，是一个不断增长的出口导向型制造业部门，以及出口总额中制造业份额持续增加。遵循这一模式，今天的发展中国家已经增大了它们的制造业产品出口。通过制造业产品出口和多元化融入全球经济并获得收益的发展中国家数量不断增加。大部分案例中，促进出口对于推动长期增长，形成投资、创新、减贫的良性循环，发挥了至关重要的作用

由于附加价值更高，出口制造业产品的收益要大于出口初级产品，这一点已得到公认。成功的发展中和新兴工业经济体追求出口导向型经济增长政策，由单一出口初级产品转为多元化出口制造业产品。与他们的工业化国家伙伴一样，这些发展中和新兴工业经济体的成功源自专注于制造业出口。

2005-2013年，世界出口增长率平均为7.5%；

表7.6
2005-2013年世界出口，按产品分组

产品分组	出口（10亿美元，现价）									2005-2013年平均增长率(%)
	2005	2006	2007	2008	2009	2010	2011	2012	2013	
制造业产品	8,130	9,367	10,772	12,050	9,421	11,409	13,422	13,363	13,866	6.9
初级产品	1,146	1,411	1,543	2,197	1,422	1,939	2,511	2,442	2,620	10.9
其它产品	102	137	163	193	141	185	224	214	196	8.5
贸易合计	9,378	10,915	12,478	14,440	10,984	13,533	16,157	16,018	16,682	7.5

注：产品分组根据ISIC Rev.3, ITC (2015)。
数据来源：联合国工发组织根据联合国Comtrade数据库（UNSD 2015a）加工整理。

“2005-2013 年，世界出口增长率平均为 7.5%。

表 7.7
1995-2013 年部分年份世界制造业产品出口，按发展类型、地区、收入水平分组（10 亿美元，现价）

	1995	2000	2005	2010	2013
世界	3,901	5,079	8,130	11,409	13,866
工业化国家	3,218	4,015	5,967	7,579	8,929
发展中和新兴工业经济体	683	1,064	2,163	3,831	4,937
按发展类型分组					
新兴工业经济体	653	938	1,944	3,451	4,526
最不发达国家	7	14	24	49	39
其它发展中国家	24	113	195	330	372
按地区分组					
亚太	346	566	1,291	2,509	3,371
欧洲	83	127	302	483	620
拉美	213	309	460	632	733
非洲	41	62	110	207	212
按收入水平分组（世界）					
高收入	3,407	4,221	6,225	7,914	9,269
中高收入	417	669	1,570	2,872	3,771
中低收入	72	178	313	578	794
低收入	6	12	22	45	33

注：地区、发展类型和收入水平分组根据附件 B1。
数据来源：联合国工发组织根据联合国 Comtrade 数据库（UNSD 2015a）加工整理。

图7.9
1990-2013年世界制造业出口比重，按国家类型分组

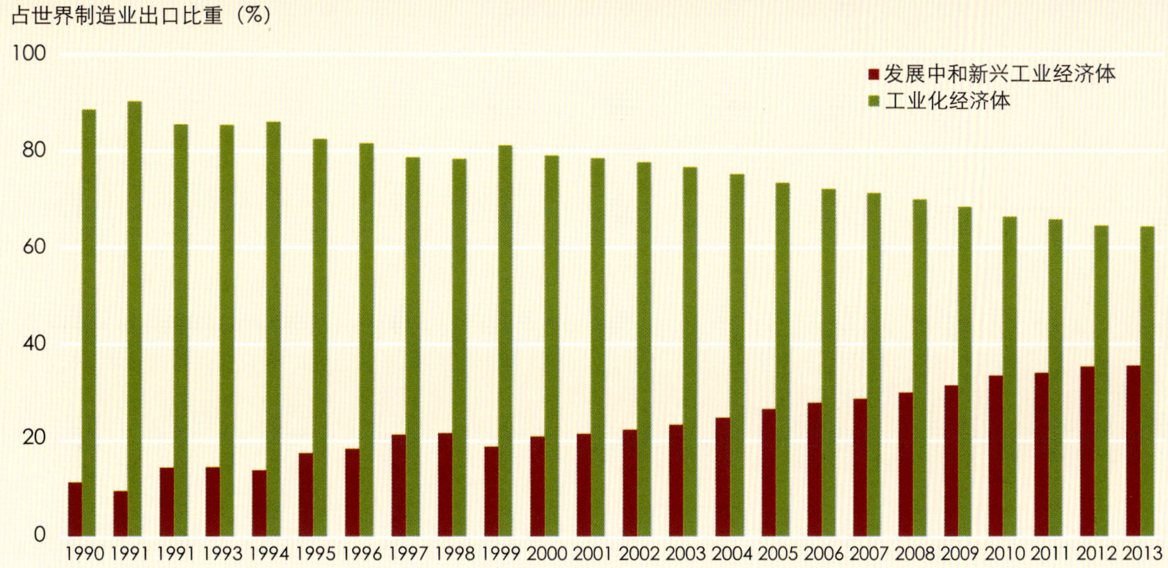

注：发展水平分组按附件B1，表B1.2。
数据来源：联合国工发组织根据联合国Comtrade数据库（UNSD 2015a）加工整理。

“2005-2013 年，工业化经济体制造业出口年均增长 5.2%，2013 年达到 89290 亿美元。

2013 年，世界贸易额达到了 17 万亿的峰值，其中制造业产品占 83.0%（表 7.6）。同一时期，全世界的产出年均增长 2.3%，尽管许多国家经济在危机期间出现了下降。

整体趋势

2013 年，世界制造业贸易额达到 13.866 万亿美元，总体上快于 2005-2013 年制造业增加值和国内生产总值的增长速度（见表 7.6）。全球制造业贸易在 2007-2009 年急速下跌后已全面复苏，这主要得益于发展中和新兴工业经济体的发展。确实，由于中国作为出口国的异军突起，发展中和新兴工业经济体的相对权重大大增长。初级产品出口增长迅猛，但仍然只占世界贸易总量的 16%。

2005-2013 年，工业化经济体制造业出口年均增长 5.2%，2013 年达到 8.929 万亿美元（表 7.7）。同一时期，发展中和新兴工业经济体的制造业出口年均增长 11.5%，达到 4.937 万亿美元，是 2005 年的 2.3 倍。

发展中和新兴工业经济体在世界制造业贸易中的份额快速增长，反映了它们的活力。它们在世界制造业贸易额中的占比，1990 年为 11.5%，2000 年增加到 20.9%，2013 年达到 35.6%（图 7.9）。新兴工业经济体在全球制造业出口中的比重，从 1990 年的 9.5% 上升到 2000 年的 18.5% 和 2013 年的 32.6%，成为发展中和新兴工业经济体增长路径的主要贡献力量。预计发展中和新兴工业经济体作为出口生产者的作用在今后若干年还会显著增加，反映了其高增长率和中产阶级的形成。另外，随着发展中和新兴工业经济体走向更加先进的制造业出口，它们对于发达国家市场的依赖将会弱化。

发展中和新兴工业经济体中三个最大的制造业出口国（中国、墨西哥和印度）占全部发展中和新兴工业经济体制造业出口的比重，从 2000 年的 55.3% 上升到 2013 年的 62.1%，表明了较大经济体快速增长，以及较小经济体与之相比日益扩大的差距。

世界制造业出口中约有 58% 是化工机械设备、通讯设备和机动车等中高技术产品。高技术部门占比在 2000 年达到 25% 的峰值，2013 年跌至 20%（图 7.10）。这可能是由于该部门的高投入风险阻碍了市场发展。2000-2013 年期间，低技术和中等技术产品出口比重下降，而资源型产品比重由 17.8% 上升到 23.7%。工业化国家和发展中国家中产阶级规模增大，提高了对加工食品的需求。

在大多数但非全部工业化经济体中，通过支持投资和保持先进技术来促进出口，对于提高长期竞争力至关重要。大多数工业化经济体从最初依赖初级产品过渡到成为重要的制造业出口国。发展中和新兴工业经济体正沿同样的路径行进，提高出口产品质量，加快生产中高技术制造业产品。2005-2013 年，发展中和新兴工业经济体以年均 6.4% 的增速扩展它们在世界中高技术产品出口中的份额，这一增速高于资源型产品 2.3% 的出口增长和低技术产品 3.7% 的出口增长。同一时期，工业化国家在世界制造业出口中的相应份额则每年下降 0.9% 和 2.8%（图 7.11）。

图7.10
1990-2013年世界制造业出口技术构成

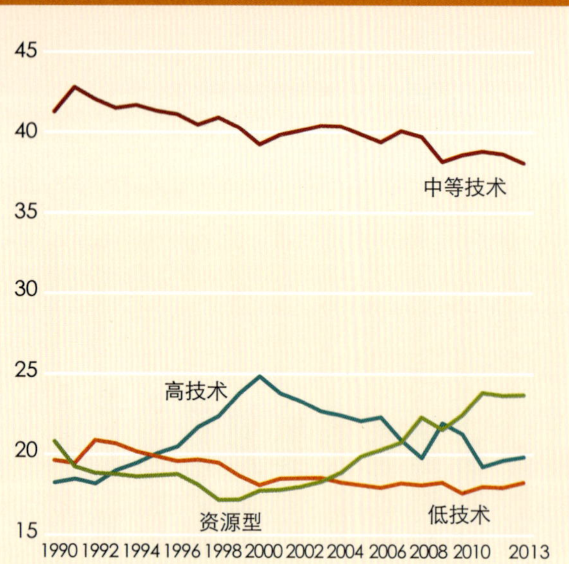

注：技术类型分组根据附件B5，表B5.1。
数据来源：联合国工发组织根据联合国Comtrade数据库（UNSD 2015a）加工整理。

> 高技术部门占比在 2000 年达到 25% 的峰值，2013 年跌至 20%。

图7.11
2005-2013年制造业出口占全球市场份额变化，按技术水平和国家类型分组

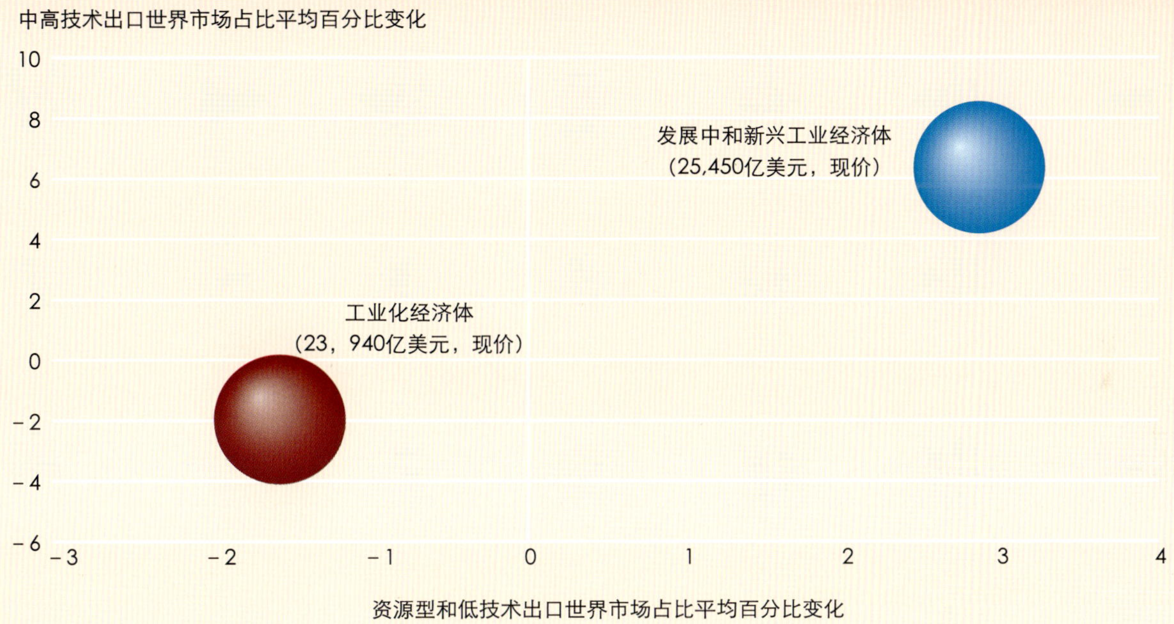

注：圆点大小表示制造业出口值（括号内）变化。技术水平分组根据附件B5，表B5.1。发展水平分组按附件B1，表B1.2。
数据来源：联合国工发组织根据联合国Comtrade数据库（UNSD 2015a）加工整理。

图7.12
1990-2013年人均制造业出口增长趋势，
按世界和国家类型分组

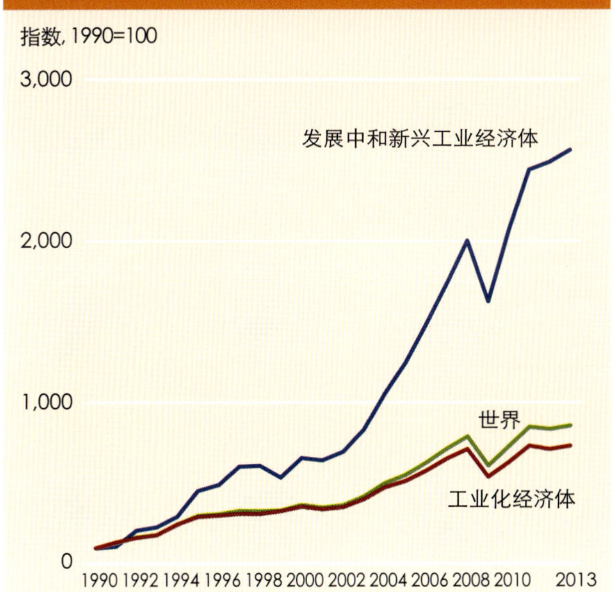

注：发展水平分组根据附件B1，表B1.2。
数据来源：联合国工发组织根据联合国Comtrade数据库（UNSD 2015a）加工整理。

人均制造业产品出口

人均制造业产品出口反映了一国有竞争力地生产产品，跟上科技发展步伐的能力。人均制造业产品出口数据表明在其它情况相同时的国际效益，揭示结构变化趋势。对于大的经济体，由于内部市场需求和激励更大，会导致数据偏误。

图 7.12 展示了人均制造业产品出口的趋势。发展中和新兴工业经济体的增长给人印象深刻，但其水平远低于工业化国家。全球金融危机影响了工业化国家和发展中国家的制造业出口，由于来自工业化贸易伙伴的需求大跌，发展中国家遭受的打击更大。

最不发达国家由于制造业增加值排位最低，它们的制造业出口仅占世界总量的 2.7%，人均指标落后于其它国家分组。

发展中和新兴工业经济体的制造业出口

2000 年以来，在全球制造业出口中，发展中和新兴工业经济体的份额猛增，但各经济体贡献程度

> 2005-2013 年，发展中和新兴经济体以年均 6.4% 的增速扩展它们在世界中高技术产品出口中的份额。

不同（表 7.7）。作为生产和出口大国，中国的表现是关键。2000-2013 年，中国制造业产品出口年均增长 18.8%，是全球平均增速 8% 的两倍多。中国在 2008 年成为世界最大的制造业出口国，2013 年出口额达 2.329 万亿美元，占全球总量的 16.8%。分地区看，亚太地区既是最大制造商，也是最大制造业出口商。

发展中和新兴工业经济体中的制造业出口前五强——中国、墨西哥、印度、泰国和巴西——对全球制造业出口的贡献率，从 2000 年的 10.5% 提高到 2013 年的接近 25%。

拉丁美洲的发展中和新兴工业经济体出口国无法与亚太地区的快速扩展竞争，逐渐丢失了在发展中和新兴工业经济体中的制造业出口份额，由 1995 年的 31.2% 下降到 2000 年的 29.0%，并继续跌至 2013 年的 14.8%。由于北美自由贸易协定，本地区最大出口国墨西哥的出口活力严重依赖北美市场。全球金融危机中，北美的进口需求骤跌，使这一市场遭受重创。

由于波兰的表现，欧洲出口国成功保住了它们在发展中和新兴工业经济体出口中的份额。在发展中国家的出口中，波兰占比由 2000 年的 3.2% 上升到 2013 年的 4.1%。尽管波兰的出口市场主要在欧盟内部，但它还是从主要集中于中等技术产品（2013 年为 45.8%）的多元化出口中获益。

非洲制造业出口虽然取得了高增长率，但这一地区在全球市场中的份额依然微小（2013 年为 1.5%），且主要集中在资源型产品和中等技术产品的出口。

发展中国家制造业出口的一半以上（52%）是中高技术产品，而在 1990 年和 2000 年这一比例分别是 29% 和 46%。发展中和新兴工业经济体制造业出口产品结构的调整仍在进行中，正向生产和出口更加复杂的中高技术产品的方向发展（图 7.13）。

全球制造业出口复苏

2000-2007 年，世界制造业出口年均增长 11.2%，2008 年出口额达到 12 万亿美元，发展中和新兴工业经济体的年均增速（17.7%）远高于工业化国家的增速（9.5%）（表 7.8）。2008 年以后，美国、欧盟和日本经济衰退带来的需求、投资、旅游全面下跌和发展目标政策变化，对发展中和新兴工业经济体造成打击。2009 年全球制造业出口下跌 21.8%，影响了所有发展中和新兴工业经济体（其制造业出口下降 17.9%）。

到 2013 年，世界制造业出口似乎已经完全复苏，贸易额达到创纪录的 13.866 万亿美元，比 2008 年的峰值增加了 15.1%。尽管发展中和新兴工业经

图7. 13
1990、2000和2013年发展中和新兴工业经济体制造业出口技术构成

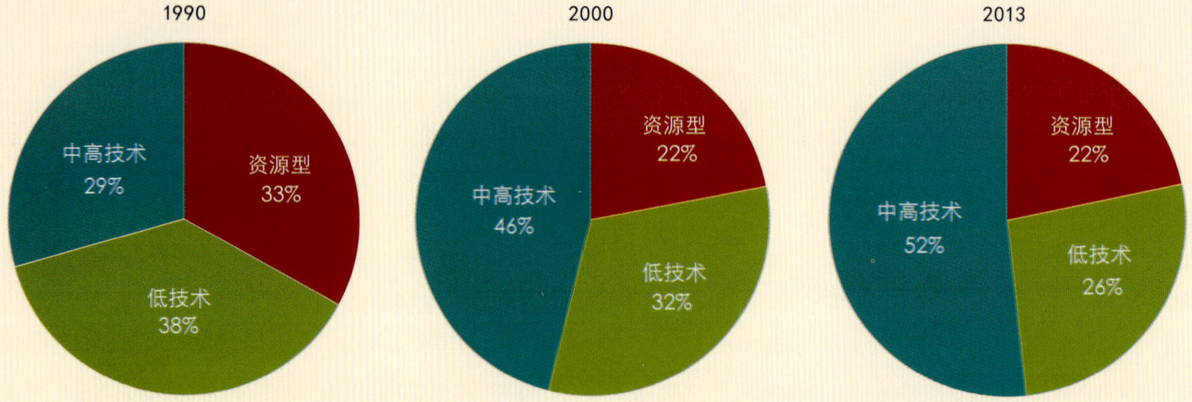

注：技术水平分组按附件B5，表B5.1。
数据来源：联合国工发组织根据联合国Comtrade数据库（UNSD 2015a）加工整理。

“发展中和新兴工业经济体制造业正向生产和出口更加复杂的中高技术产品的方向发展。

表 7.8
1990-2013 年年平均增长率，按发展类型、地区、收入水平分组（百分比）

	1990-2000	2000-2007	2007-2013
按工业化水平分组			
世界	9.2	11.2	3.7
工业化国家	7.8	9.5	1.6
发展中和新兴工业经济体	21.4	17.7	8.7
按发展水平分组			
新兴工业经济体	20.8	18.4	8.9
最不发达国家	19.1	14.1	-0.9
其它发展中国家	28.1	11.9	7.0
按地区分组（世界）			
非洲	23.8	19.7	6.0
亚太	22.7	18.6	8.7
欧洲	17.8	13.1	10.0
拉美	13.8	13.7	-2.2
按收入水平分组			
高收入	24.5	13.0	6.5
中高收入	10.6	12.7	6.3
中低收入	8.2	12.3	1.8
低收入	19.1	9.3	5.6

注：平均增长速度用几何平均法计算。地区、发展水平和收入水平分组根据附件 B1。
数据来源：联合国工发组织根据联合国 Comtrade 数据库（UNSD 2015a）加工整理。

济体在全部制造业产出和制造业出口中的份额小于工业化国家，却在最近的贸易复苏中发挥了主要作用。2013 年全球出口额比 2008 年增加了 1.816 万亿美元，其中发展中和新兴工业经济体为 1.347 万亿（74.2%），年均增长 14.0%，工业化经济体为 4690 亿美元（25.8%），2007-2013 年均增长率为 8.5%。

在中国的引领下，亚太地区 2013 年制造业出口达到 3.371 万亿美元的新的峰值，2009-2013 的年均增长为 15.7%。中国市场的低价格和高竞争力，使得许多制造业公司将生产线从更加昂贵的工业化国家移到中国。

发展中和新兴欧洲地区保持了它在全球制造业市场的份额，2013 年占全球制造业出口比重为4.5%，以 2009-2013 年年均增长 11.3% 的速度复苏。拉丁美洲的制造业出口增长较慢，同期年均增长率为 9.8%，但该地区未能保持其在世界制造业出口中的份额，2013 年占比低至 5.3%。

非洲的情况与拉丁美洲相似，但增长率为 10.2%，2013 年占比为 1.5%。这一地区集中于资源型制造业出口，由于产品价格和工业化国家的需求增加，使其成为了全面增长的重要因素。高技术产品仅占制造业出口的 7.2%。

最不发达国家尽管出现了一些积极迹象，但仍极易受到地缘政治冲突和政治动荡的影响。缺少适当的基础设施来支持制造业，使得问题更为严重。2013 年，最不发达国家在世界制造业出口中仅占 0.3%。这些国家传统上以低技术制造业产品为主，但过去几年中，由于缺乏对工业的支持以及一些国家的战乱，这类产品的比重大幅下降。2009-2013 年，最不发达国家制造业出口只有年均 1.8% 的低增长。

制造业就业趋势

在先进的和发展中经济体，制造业都是一个至关重要的经济部门。经济发展进程中，制造业在创造工作岗位、将农业劳动者吸引到工资更高的生产岗位等方面经常发挥关键作用。这种结构转变将许多国家从低收入提高到中等（有时更高）收入水平，显示了制造业在经济发展中的重要性。

图 7.14 展示了 1991-2014 年世界制造业就业的变化情况。2008-2013 年，就业平均每年下降 0.4%。

过去几年中，尽管制造业在一些发达和新兴经济体已经复苏，制造行业工作岗位继续丢失。制造业就业在全球就业中所占比重，从 1991 年的 14.4% 下跌到 2014 年的 11.5%（图 7.15）。这引发了担心，因为这类就业对于许多国家的减贫努力至关重要。此外，这一趋势可能反映了发展中国家过早的去工业化。假如果真如此，这些国家将很难达到以前工业化经济体已经取得的经济发展水平。有一种观点认为，收入的增加可能改变了需求结构，从过去的制造业产品转向服务。但是，服务业部门在多大程

> 在中国的引领下，亚太地区 2013 年制造业出口达到 33710 亿美元的新的峰值。

图7.14
1991-2014年世界制造业就业

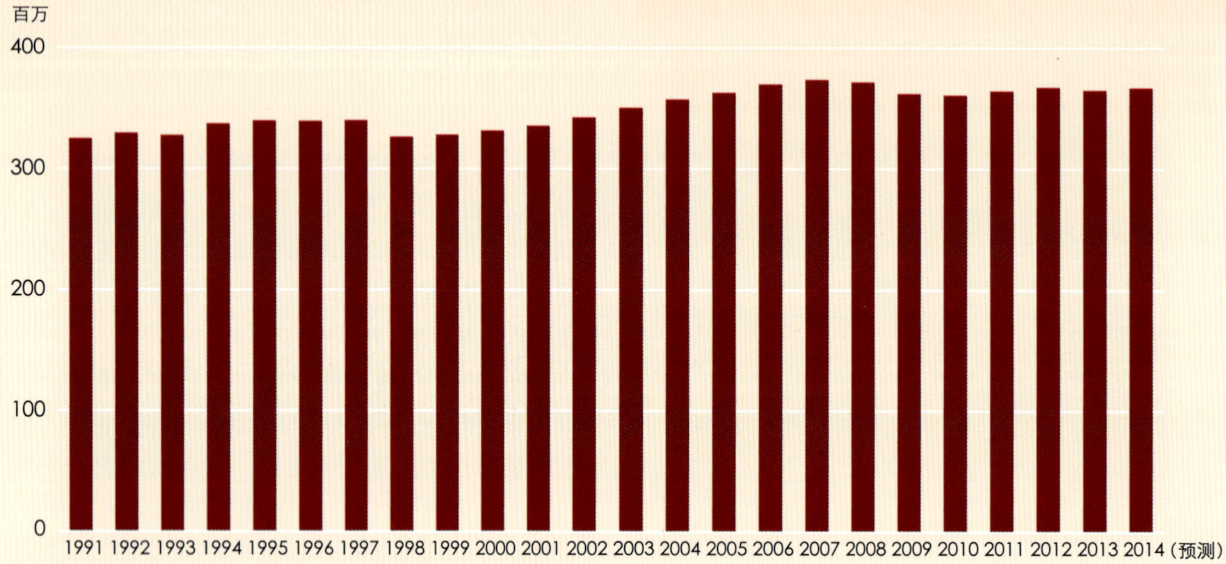

数据来源：联合国工发组织根据趋势计量模型数据库（ILO 2014）加工整理。

图7.15
1991-2014年世界制造业就业在全部就业中的比重

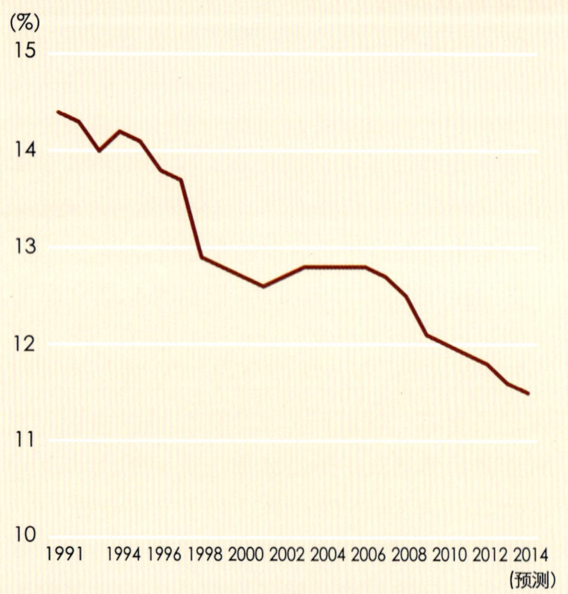

数据来源：联合国工发组织根据趋势计量模型数据库（ILO 2014）加工整理。

度上能取代制造业，仍然受到质疑。

由于没有足够数量的技能劳动者——包括男性和女性，制造业厂商已经在奋力挣扎了。2014 年女性人口占总人口一半以上，但在制造业工人中的比重远低于此，女性职工在制造业中的代表性偏低。妇女对于填补制造业技能缺口非常重要。农业中女性就业比重由 1991 年的 40% 上升到了 2014 年的 44%（图 7.16），但制造业女性员工比重却急剧下跌，由 1991 年的 50% 降至 2014 年的 38%。由于制造业岗位工资较高，这一部门就业对于缩小男女工资之间的差距十分重要。

工业化国家

制造业在全球经济中的角色正在发生改变，随着国家的成熟而变化。在今天的先进经济体中，制造业推动创新、生产力和贸易的作用大于促进增长和带动就业。工业化国家的制造业就业从 1991 年的 9100 万降至 2014 年的 6300 万，占全部就业的比重从 21.8% 降至 13.2%（图 7.17）。工业化国家的制造业就业占全球就业总量的 2% 左右。

主要工业化国家的制造业就业都在下降，如美国、日本、德国、韩国和瑞士。尽管在金融危机之前下降的趋势已经显现，但在金融危机期间出现急

“制造业就业在全球就业中所占比重，从 1991 年的 14.4% 下跌到 2014 年的 11.5%。

图7.16
1991和2014年世界女性就业在全部就业中的比重，按部门分组

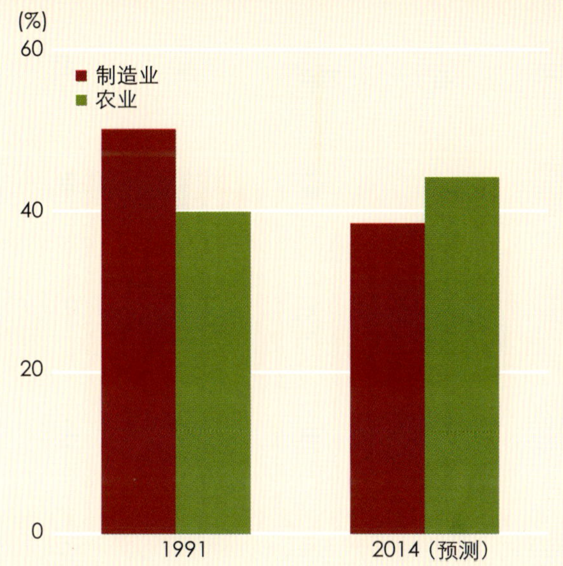

数据来源：联合国工发组织根据趋势计量模型数据库（ILO 2014）加工整理。

图7.17
1991-2014年工业化经济体制造业就业及在全部就业中比重

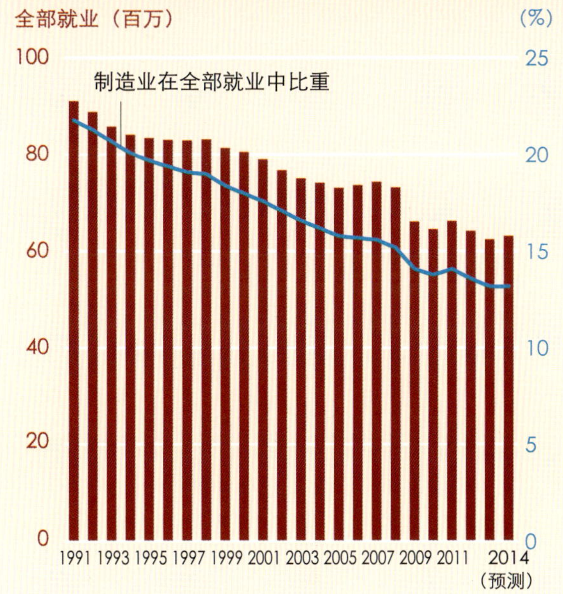

数据来源：联合国工发组织根据趋势计量模型数据库（ILO 2014）加工整理。

图7.18
1991-2014年工业化经济体五强制造业就业

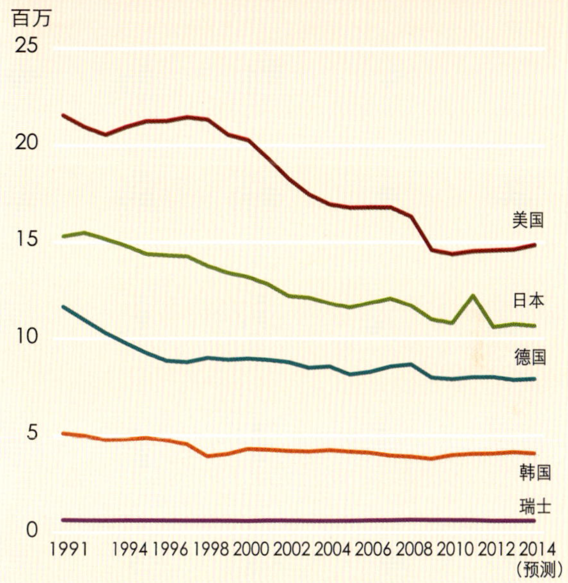

数据来源：联合国工发组织根据趋势计量模型数据库（ILO 2014）加工整理。

速下跌（图 7.18）。在这些国家中，德国的制造业就业比重最高（2014 年为 19.4%），美国最低（9.8%），而在 1991 年，德国和美国的这一比重分别为 30.6% 和 17.7%。瑞士的情况比较平稳，大约 14% 的工作岗位仍然保留在制造业（表 7.9）

工业化国家的这种去工业化阶段，与服务业比重的快速增长有关，而将工业技术转移到发展中国家，在那儿建立工厂以降低人工成本则加剧了去工业化。发达经济体由于无法与新兴市场的低成本制造业竞争，现在将重点放在研究与开发上。

发展中和新兴工业国家

对发达国家制造业就业减少起到平衡作用的，是发展中和新兴工业经济体制造业就业的攀升。在过去 10 年中，许多制造业工作岗位从西欧和北美转移到新兴国家，特别是亚太地区。到 2014 年，发展中和新兴工业经济体制造业创造了 3.04 亿个工作岗位，而在 1991 年发展中和新兴工业经济体的制造业仅有 2.34 亿个岗位（图 7.19）。发展中国家全部就业中，制造业就业的比重从 1991 年的 12.7% 略降

> **主要工业化国家的制造业就业都在下降。**

表 7.9
1991-2014 年部分国家制造业就业占全部就业比重（百分比）

	德国	日本	韩国	瑞士	美国
1991	30.6	24.3	26.7	17.1	17.7
1992	29.2	24.3	25.6	16.8	17.1
1993	27.8	23.7	24.2	16.6	16.5
1994	26.5	23.1	23.7	16.9	16.5
1995	25.0	22.4	23.5	16.7	16.4
1996	24.0	22.2	22.5	16.4	16.1
1997	23.9	21.9	21.2	16.4	15.9
1998	24.1	21.3	19.5	16.1	15.5
1999	23.8	21.0	19.8	15.9	14.7
2000	23.8	20.7	20.3	15.4	14.3
2001	23.6	20.2	19.8	15.8	13.6
2002	23.5	19.5	19.1	15.6	12.9
2003	23.0	19.3	19.0	15.4	12.3
2004	23.1	18.8	19.0	15.3	11.8
2005	22.0	18.4	18.5	15.3	11.5
2006	21.9	18.7	18.0	15.4	11.3
2007	22.1	18.9	17.1	15.2	11.2
2008	22.1	18.4	16.7	15.4	10.9
2009	20.4	17.5	16.3	15.0	10.1
2010	20.0	17.2	16.9	14.9	10.0
2011	19.9	19.7	16.9	14.5	10.0
2012	19.8	17.1	16.6	13.6	9.9
2013	19.4	17.1	16.7	13.5	9.8
2014（预测）	19.4	17.0	16.4	13.5	9.8

数据来源：联合国工发组织根据趋势计量模型数据库（ILO 2014）加工整理。

至 2014 年的 11.2%。目前，发展中国家的制造业就业约占全球就业总量的 9.5%。

制造业工作岗位数量下降并非只出现在工业化国家。图 7.20 展示了 5 个主要发展中和新兴工业经济体的制造业就业情况。5 个经济体中，中国制造业就业人数最多，尽管其制造业就业在全部就业人员中的比重，从 1995 年的 14.9% 下跌到 2014 年的 11.7%（表 7.10）。制造业就业比重最高的是波兰，1991 年为 25.2%，2014 年跌至 19.1%。巴西和墨西哥的比重在本世纪初有所上升，但近几年也经历了下降。五个经济体中只有印度保持了制造业就业水平和比重的提高，就业人员从 1991 年的 3,500 万增加到 2014 年的 5,600 万以上，其原因主要是贸易更加开放和劳动生产率提高。

图7.19
1991-2014年发展中和新兴工业经济体制造业就业及在全部就业中比重

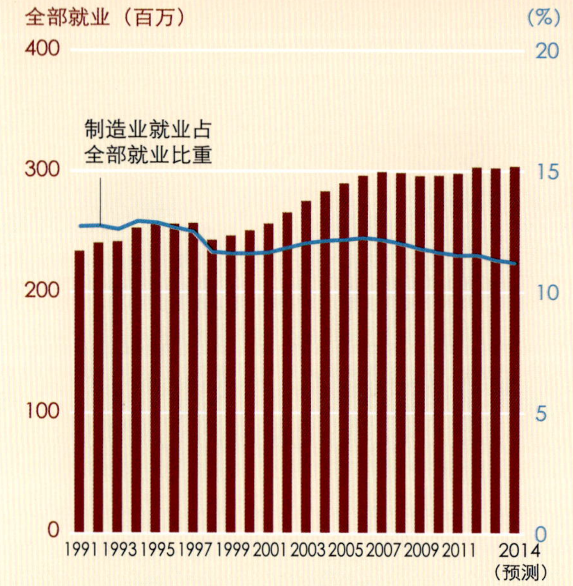

注：发展水平分组根据附件B1，表B1.2。
数据来源：联合国工发组织根据趋势计量模型数据库（ILO 2014）加工整理。

总的来说，全球制造业部门经历了不确定的时期，表现为主要发展中和新兴工业经济体跃升到制造业经济体的顶层，2008 年经济衰退对需求造成了负面影响，工业化经济体的制造业就业下降。但是，不论在发展中和新兴工业经济体还是工业化国家，制造业仍然极为重要。在发展中和新兴工业经济体，制造业帮助各国从以农业为基础的低收入经济体向增加收入、从而提高生活水平的方向发展。在工业化国家，制造业仍是创新和提高竞争力的主要源泉，为研究与开发、出口和生产率增长做出极大的贡献。

> 发展中和新兴经济体的制造业就业攀升。

图7.20
1991–2014年发展中和新兴工业经济体五强制造业就业

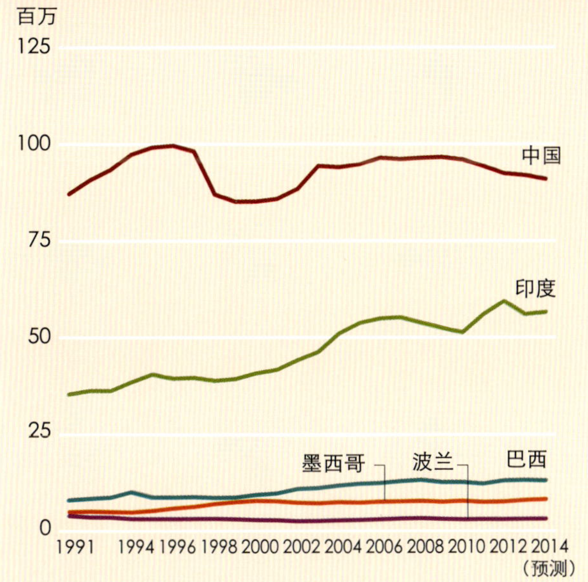

数据来源：联合国工发组织根据趋势计量模型数据库（ILO 2014）加工整理。

制造业吸纳劳动力还会加快，制造业企业还要继续雇佣工人，但从长期看，制造业就业比重会下降，由服务业岗位增长来补偿。收入增长带来的需求结构变化和全球工业竞争力的影响，将推动各经济体在中高技术经济活动中进一步专业化，增加对高技能劳动力的需求。

制造业资源效率和能源强度

资源效率是可持续发展的一项重要战略。今天，制造业的生产流程必须具备生产力高、能源强度低、资源效率好的特点。原材料是这一部门最关键的成本要素，平均为70%以上。

提高资源效率的投入产出方法

通常用制造业现价总投入（基于投入产出表）来估算资源效率。图7.21显示了1995-2011年以基价计算的全球增加值除以投入的比率，换言之，每一单位投入生产的增加值。1995-2000年的资源效率表现一般，然后开始上升，直到全球危机时，消费和全球制造业增加值大幅下降，使得资源效率下降，

表7.10
1991–2014年部分国家制造业就业占全部就业比重（百分比）

	波兰	中国	印度	巴西	墨西哥
1991	25.2	13.9	10.9	12.9	16.1
1992	23.7	14.2	10.9	12.7	15.9
1993	23.5	14.4	10.7	12.8	14.9
1994	21.2	14.8	11	14.5	14.4
1995	21.1	14.9	11.4	12.2	15.6
1996	20.9	14.9	10.9	12.3	16.7
1997	20.9	14.5	10.8	12.2	16.9
1998	20.9	12.7	10.3	11.8	18.4
1999	20.7	12.3	10.3	11.6	19.2
2000	20	12.1	10.5	12.2	19.7
2001	19.9	12.1	10.4	12.5	19.2
2002	18.7	12.4	10.7	13.5	18
2003	19	13.1	10.9	13.7	17.5
2004	19.9	12.9	11.7	13.9	17.6
2005	20.1	12.9	12.1	14.1	17
2006	20.5	13	12.3	14	16.9
2007	20.7	12.9	12.3	14.4	16.8
2008	20.4	12.9	12	14.4	16.6
2009	19.3	12.9	11.7	13.7	16.4
2010	18.5	12.7	11.4	13.4	16.3
2011	18.8	12.4	12.3	12.6	15.6
2012	18.6	12	13	13.2	15.2
2013	19.1	11.9	12.1	13.2	15.6
2014（预测）	19.1	11.7	12	12.9	15.7

数据来源：联合国工发组织根据趋势计量模型数据库（ILO 2014）加工整理。

然后又是急剧复苏。

各国制造业资源效率的提高不尽相同。在主要工业化和发展中经济体中，美国、墨西哥、德国和日本在1995至2011年期间大幅提高，反映了制造业活动结构的变化（图7.22）。印度和中国该指标

“不论在发展中和新兴工业经济体还是在工业化国家，制造业仍然极为重要。

图7.21
1995-2011年制造业资源效率

数据来源：联合国工发组织根据World Input-Output Database (Timmer and others 2015)加工整理。

图7.22
1995和2011年部分国家资源效率变化

数据来源：联合国工发组织根据World Input-Output Database (Timmer and others 2015)加工整理。

的提升也给人留下深刻印象。

资源效率指数较低并不一定意味着一国的资源效率较差；有时，在制造更加复杂的产品时，资源密集度依旧很高。比如，生产现代的风能涡轮机这种高技术产品，需要8,000多种不同部件，其中许多是由钢、铸铁和混凝土制成。虽然全世界大多数经济体的资源效率都在提高，发展中经济体和工业化经济体之间在指标上仍有很大差异。目前工业化经济体制造业生产和消费的模式不能在快速增长的发展中国家复制。在发展中国家，制造业决策者面临着两个互相矛盾的挑战：既要加快经济发展来达到工业化国家的水平，这意味着要增加资源消费，同时又要降低制造业对环境的影响。

目前的投入和制造业增加值增长的趋势显示，增加值增长快于投入增长。要保持制造业生产和不过度损害环境的资源消耗，不仅需要控制消耗（即：使消耗的增长慢于生产的增长），而且需要在降低资源消耗的同时增加生产。

在这两项挑战之间取得平衡的一个方案是进行技术升级。制造业产品设计也对资源效率有直接影响，它可以在产品使用中减少消耗，还可以提出有效的生产和再回收选项。

全面提高制造业资源效率能帮助各国在惠及社会的同时保持经济增长。的确，资源效率对于可持续发展至关重要。

制造业能源强度的全球趋势

能源强度的定义是生产每一个单位的经济产出所需的能源数量。它是能源效率的逆向表述：能源强度低意味着能源效率高。能源强度的计算方式是能源使用量（实物量，百万吨石油当量）除以货币量表示的制造业增加值（2005年不变价美元）。制造业能源强度是生产每一单位增加值所使用的能源数量。

全球最终能源消费总量，从1990年的54.95亿吨石油当量增加到2012年的79.50亿吨石油当量，上升了45%（图7.23）。世界能源消费增长最快的是交通运输和服务业部门，由于旅行人数和全球货物运输的快速增长，以及服务业的高速发展，这两个部门能源消费增长均超过了56%。但是，制造业

> “全球最终能源消费总量从 1990 年的 54.95 亿吨石油当量增加到 2012 年的 79.50 亿吨石油当量，上升了 45%。

图7.23
1990–2012年世界最终能源消费，按部门分组

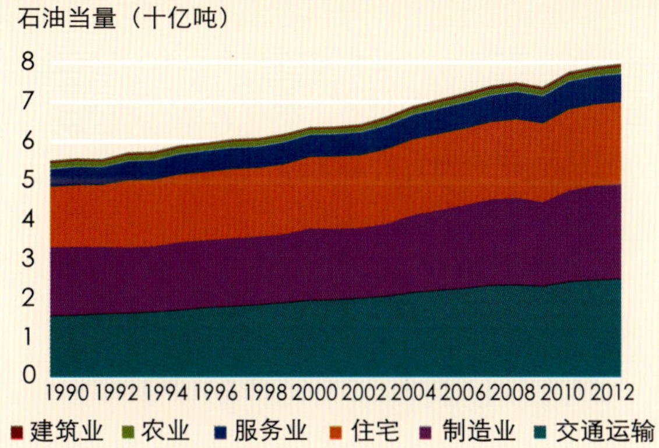

数据来源：联合国工发组织根据Energy Flow Charts（IEA 2013）加工整理。

图7.24
1990–2012年世界人均最终能源消费，按行业分组

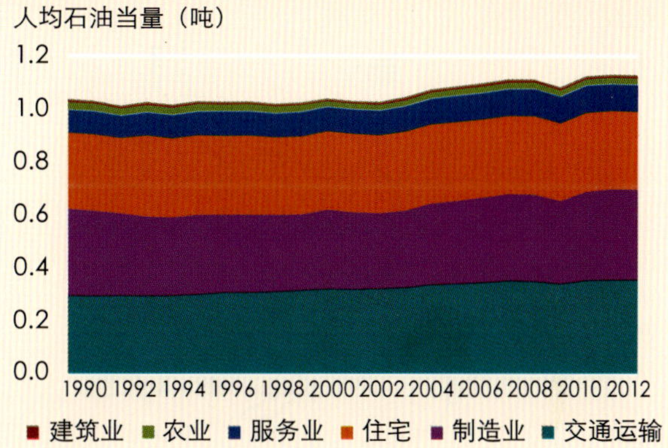

数据来源：联合国工发组织根据Energy Flow Charts（IEA 2013）加工整理。

图7.25
1990–2012年世界制造业能源强度

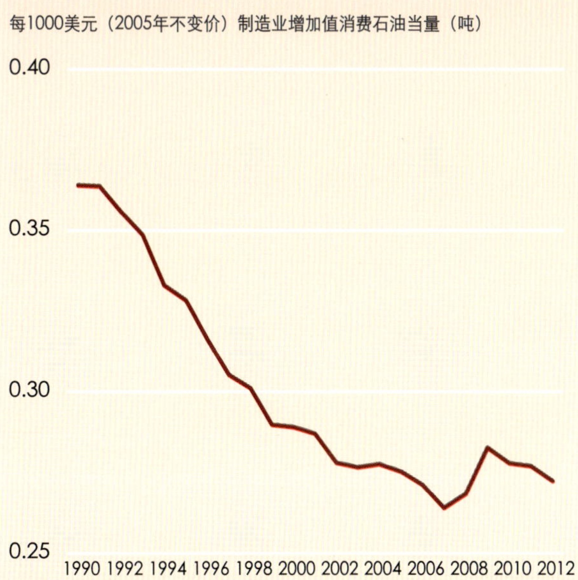

数据来源：联合国工发组织根据国际能源署Energy Flow Charts（IEA 2013）和制造业增加值数据库计算（UNIDO 2015e）加工整理。

图7.26
1990–2012年全球制造业增加值、能源消费和能源强度趋势

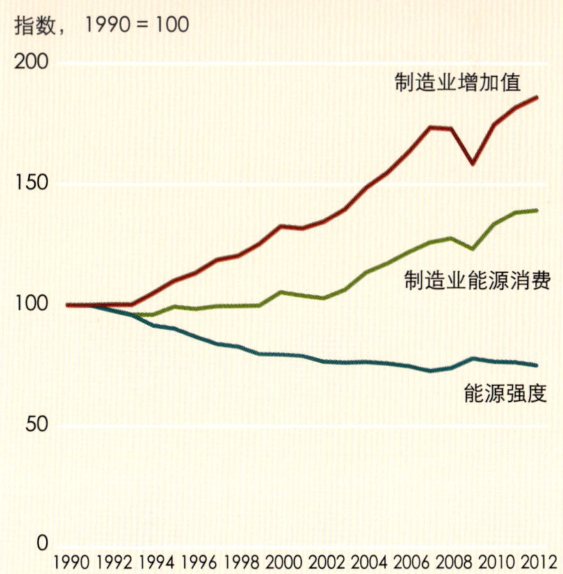

数据来源：联合国工发组织根据国际能源署Energy Flow Charts（IEA 2013）和制造业增加值数据库计算（UNIDO 2015e）加工整理。

尽管增长较小，却是最大的能源使用者，消费了大约三分之一的能源（2012 年为 24.04 亿吨石油当量），年均增长 2%。

同一时期，全球人均最终能源消费的增长则要低得多，只有 9%——主要源自使用能源的产品和服务，而制造业只有 4.5%（图 7.24）。

虽然一个增长的经济一般总是伴之以能源使用绝对量的增加，但能源强度完全有可能下降（图 7.25）。能源强度的下降可以是近似地反映出效率的改进，过去 22 年中，全球制造业能源强度下降了

“1990-2012 年，制造业增加值上升了 86%，是能源消费 39% 增长的两倍还多。

图7. 27
1990-2012年部分工业化和发展中国家制造业能源强度增长

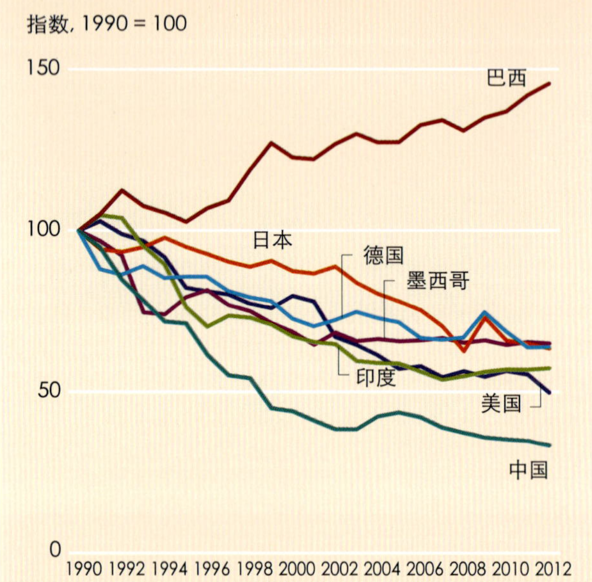

数据来源：联合国工发组织根据Energy Flow Charts（IEA 2013）和制造业增加值数据库（UNIDO 2015e）加工整理。

25% 以上，部分反映了现代技术和工艺带来的效率提升。当然其它因素也在发挥作用。比如从基础金属、化学品和木制品等能源密集型产业转向运输设备或食品等能源密集度较低的产业，这种制造业结构调整会带来能源强度指数的下降，而这并不一定反映能源效率的提高。2008-2010 年期间，全球能源强度趋势显示一个上扬。在 2008 年全球金融危机开始以后，许多国家采取了一揽子刺激计划，通常聚焦在制造业等能源密集型部门，从而导致制造业能源强度跳升。但是，随着世界经济在 2010 年后开始复苏，以前的降低全球制造业能源强度的模式得以恢复。

全球能源强度和制造业增加值的趋势是不同的（图 7.26）：在将能源强度控制在低水平的同时，制造业生产率更高。另外，尽管制造业增加值和能源消费水平都在增长，两者之间的差距在扩大，能源消费的增长低于制造业增加值的增长。1990-2012 年，制造业增加值上升了 86%，是能源消费 39% 增长的两倍还多。还需要更详细的数据，才能进行部门分析，从而确定导致能源强度下降的主要驱动力是技术效率还是结构调整。

很难简单依据能源强度指标来比较各国的制造业效率，因为能源使用的效率水平是由许多特征决定的。另外，这种比较需要分析各国的制造业结构、自然资源、技术深化率和价格。

过去 22 年中，（图 7.27 中所列）大部分国家能源强度都在下降。降幅较大的包括中国、印度和美国（尽管与其它国家相比，印度制造业在 2012 年的能源密集度仍然较高）。重申一下，这并不直接表示印度制造业的低效。从水平看，在所有国家中，中国的能源消费最高。1990-2012 年，中国的能源消费在增加，但能源强度降低了 67%。由于能源密集型产业减少，美国的能源强度也下降了 50% 以上。在巴西，制造业能源消费的大量增加以及适度的经济增长，导致能源强度大幅上升。

第八章

工业竞争力指数

制造业行业的竞争力是长期可持续发展的基本决定因素之一，因此有必要了解各国在这方面的相对位置，以及竞争能力的决定因素。每个国家工业竞争力的变化，在很大程度上导致了工业化国家和新兴工业经济体在制造业增加值和工业出口中相对位置的转换。

联合国工发组织通过其工业运行竞争力（CIP）指数对工业竞争力进行评估和检测，该指数的竞争力概念着重反映各国的制造业发展，表明工业竞争力的多维性。工业竞争力的定义是，各国发展高附加值高技术水平的工业部门和工业活动，从而提高其在国际国内市场表现的能力。

各国如果不断开发技术能力，扩展生产能力，投资基础设施，可以在国际市场中学习，在工业上更具竞争力。因此，要提高工业竞争力，需要有选择的政策干预，利用比较优势，创立新的竞争优势。

指数

工业竞争力指数是一个绩效（或“成果”）指标，而非潜能（或“流程”）指标。它只包括产出分指标。该指标聚焦于工业竞争力和经济结构变量，它所提供的国家排位在短期内趋向于保持相对稳定，因为技术学习的过程是一个累积的过程，需要花费时间。学习的效果只能通过中长期的工业统计和经济结构变量来反映，通过详细的纵向研究来捕捉，特别是跟踪关键维度随时间而发生的变化。工业运行竞争力指数使我们不仅能观察任一时点关键指标的绝对水平，而且能看到它们的变化率。

根据工业竞争力的三个维度，工业运行竞争力指数包括 8 个分指标（图 8.1）。第一个维度描述一个国家制造业生产和出口的能力，用人均制造业增加值（MVApc）和人均制造业出口值（MXpc）来反映。

第二个维度涵盖一个国家的技术深化和技术升级水平。为近似反映这一复杂的维度，确定了两个合成分指标——工业化强度和出口质量。计算中高技术制造业增加值在全部制造业增加值中占比（MHVAsh）和制造业增加值在国内生产总值中占比（MVAsh）这两个指标的线性聚集来反映工业化强度的程度。 国家出口质量则通过中高技术制造业出口在全部制造业出口中占比（MHXsh）和制造业出口在全部出口中占比（MXsh）这两个指标的线性聚集来获取。

竞争力的第三个维度是一个国家对世界制造业的影响，既包括在世界制造业增加值中的份额（ImWMVA），也包括在世界制造业出口中的份额（ImWMT）。

分指标定义

工业竞争力指数的修订版（CIP.8）包括三个维度，用四个单独分指标和两个合成分指标（共八个分指标）来反映。

图8. 1
工业竞争力（CIP）指数构成

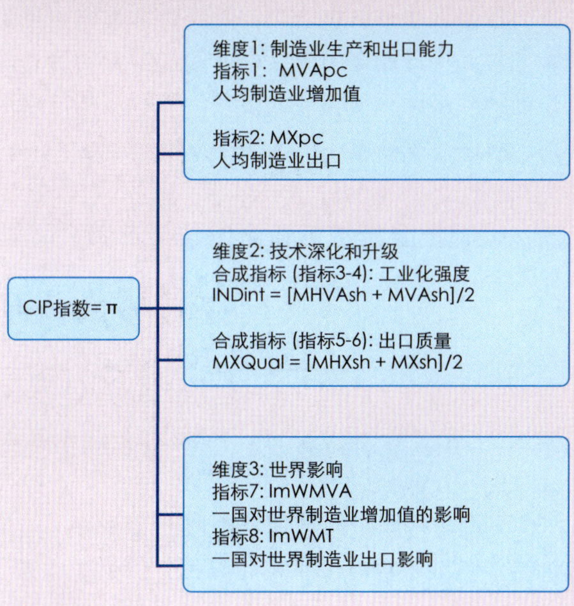

Source: UNIDO (2013c)。

> 根据工业竞争力的三个维度，工业运行竞争力指数包括 8 个分指标。

指标 1：人均制造业增加值（MVApc）

人均制造业增加值反映一个国家工业化的水平，以人均量来表示，对国家规模的影响做了调整。人均制造业增加值是全部制造业净产出与人口数相比的相对值。与总产出不同，制造业增加值消除了重复计算，不包括中间消耗的成本。而且，它以基础价格计算，以避免征税带来的扭曲。

指标 2：人均制造业出口（MXpc）

人均制造业出口反映一国具有竞争力、能够跟上技术变化生产产品的能力。与人均制造业增加值一样，人均制造业出口也是以人均量来表示，对国家规模的影响做了调整。制造业出口数据表明显见国际效益，揭示结构趋势。但是由于存在大量国内需求和对国内市场的激励，大型经济体的人均制造业出口数据会有误导。另外， 所有国家都无法定期获得再出口的数据。

指标 3：中高技术制造业增加值在制造业增加值中占比（MHVAsh）

这一指标反映制造业的技术复杂性。 中高技术制造业增加值在全部制造业增加值中占比越高，表明一国的工业结构在技术上更为复杂，其整体工业竞争力越强。实证研究表明，发展通常带来由资源型和低技术活动转向中高技术活动的结构转变。随着一国的生产结构变得更加复杂，其经济部门层面和部门间进行学习和科技创新的机会就越高。

指标 4：制造业增加值在国内生产总值中占比（MVAsh）

这一指标反映制造业在经济中的权重。换言之，该指标显示制造业部门对全部生产的贡献。

指标 5： 中高技术制造业出口在全部制造业出口中占比 （MHXsh）

这一指标反映出口的技术含量和复杂度。该指标应与前一项指标放在一起分析，因为在某些情况下，中高技术制造业出口与中高技术制造业增加值会有很大差异。例如，实施进口替代的发展中大国，其制造业增加值结构会比制造业出口结构相对复杂。

指标 6：制造业出口在全部出口中占比（MXsh）

这一指标反映制造业在出口中的权重。

指标 7：对世界制造业增加值的影响（ImWMVA）

该指标是一国在世界制造业增加值中的份额，表明该国在全球制造业中的相对表现和影响。

指标 8：对世界制造业出口的影响（ImWMT）

该指标是一国在世界制造业出口中的份额。它显示在国际市场上一个国家与其他国家相比的竞争力状况：在世界市场上份额增加反映竞争力更强，份额减少则表示竞争力状况恶化。

最终指数构成

构建最终合成指数时，考虑了三个基本维度：

第一维度：生产和出口制造业产品的能力

- 指标 1：人均制造业增加值 （MVApc）
- 指标 2：人均制造业出口值 （MXpc）

第二维度：技术深化和技术升级

- 将指标 3 和 4 合并的合成指标：工业化强度，INDint = [MHVAsh + MVAsh]/2
- 将指标 5 和 6 合并的合成指标：出口质量，MXQual = [MHXsh + MXsh]/2

第三维度：世界影响

- 指标 7：一国对世界制造业增加值的影响（ImWMVA）
- 指标 8：一国对世界制造业贸易的影响（ImWMT）

通过计算 MVApc, MXpc, INDint, MXQual, ImWMVA 和 ImWMT 的相等权数几何平均数得到合成指数。

2013 年工业竞争力指数排序

表 8.1 列出了 2013 年工业运行竞争力指数排序。（相应的分指标数据见附件 B2，表 B2.1） 根据 CIP 值将各国分成 5 个用不同颜色标记的五分位组：顶层、中上、中间、中下和底层。

位于顶层组的国家的制造业增加值占世界制造

“在最具竞争力的五个国家中，四个是高收入国家（德国、日本、韩国、美国），中国排名第五。

表 8.1

2013 年工业竞争力（CIP）指数

■ 顶层五分位组 ■ 中上五分位组 ■ 中间五分位组 ■ 中下五分位组 ■ 底层五分位组

工业竞争力排序 2013	工业竞争力指数 2013	国别（地区）
1	0.576	德国
2	0.466	日本
3	0.442	韩国
4	0.442	美国
5	0.366	中国
6	0.345	瑞士
7	0.341	新加坡
8	0.321	荷兰
9	0.313	比利时
10	0.309	意大利
11	0.300	法国
12	0.297	中国台湾
13	0.268	奥地利
14	0.259	瑞典
15	0.237	加拿大
16	0.231	爱尔兰
17	0.231	捷克
18	0.217	西班牙
19	0.210	英国
20	0.190	墨西哥
21	0.188	波兰
22	0.186	丹麦
23	0.183	芬兰
24	0.176	马来西亚
25	0.170	斯洛伐克
26	0.167	泰国
27	0.164	匈牙利
28	0.147	澳大利亚
29	0.145	以色列
30	0.143	土耳其
31	0.130	挪威
32	0.124	俄罗斯
33	0.119	斯洛文尼亚
34	0.118	葡萄牙
35	0.112	巴西
36	0.108	沙特阿拉伯
37	0.095	白俄罗斯
38	0.092	立陶宛
39	0.090	罗马尼亚
40	0.089	阿根廷
41	0.088	南非
42	0.087	印度尼西亚
43	0.083	印度
44	0.080	巴林
45	0.079	新西兰
46	0.077	爱沙尼亚
47	0.073	科威特
48	0.073	卡塔尔
49	0.072	希腊
50	0.071	越南
51	0.069	智利
52	0.069	卢森堡
53	0.067	菲律宾
54	0.066	阿拉伯联合酋长国
55	0.062	乌克兰
56	0.058	克罗地亚
57	0.058	保加利亚
58	0.051	突尼斯
59	0.049	拉脱维亚
60	0.049	哥斯达尼加
61	0.048	马耳他
62	0.047	阿曼
63	0.046	秘鲁
64	0.042	特立尼达和多巴哥
65	0.042	伊朗
66	0.042	哈萨克斯坦
67	0.041	摩洛哥
68	0.040	哥伦比亚
69	0.039	委内瑞拉
70	0.037	塞尔维亚
71	0.037	埃及
72	0.036	冰岛

> 德国的制造业部门具有强有力的工艺核心以及驾驭复杂的工业价值生产链的能力，是德国宏观经济运行的关键因素。

表 8.1（续表）
2013 年工业竞争力指数（CIP）

工业竞争力排序 2013	工业竞争力指数 2013	国别（地区）
73	0.034	萨尔瓦多
74	0.031	中国香港
75	0.031	巴基斯坦
76	0.031	危地马拉
77	0.030	孟加拉
78	0.030	约旦
79	0.030	博茨瓦纳
80	0.029	乌拉圭
81	0.029	斯里兰卡
82	0.026	毛里求斯
83	0.026	马其顿
84	0.025	纳米比亚
85	0.024	黎巴嫩
86	0.023	波黑
87	0.022	阿尔及利亚
88	0.021	斯威士兰
89	0.021	厄瓜多尔
90	0.020	柬埔寨
91	0.019	文莱
92	0.018	洪都拉斯
93	0.018	科特迪瓦
94	0.017	格鲁吉亚
95	0.017	塞浦路斯
96	0.014	牙买加
97	0.013	巴哈马
98	0.013	阿尔巴尼亚
99	0.013	叙利亚
100	0.013	亚美尼亚
101	0.012	玻利维亚
102	0.012	刚果共和国
103	0.011	巴拉圭
104	0.011	巴巴多斯
105	0.011	阿塞拜疆
106	0.011	塞内加尔
107	0.011	喀麦隆
108	0.011	斐济

工业竞争力排序 2013	工业竞争力指数 2013	国别（地区）
109	0.011	赞比亚
110	0.011	尼日利亚
111	0.010	摩尔多瓦
112	0.010	苏里南
113	0.010	肯尼亚
114	0.010	加蓬
115	0.010	巴布亚新几内亚
116	0.009	蒙古
117	0.008	巴拿马
118	0.008	巴勒斯坦
119	0.007	加纳
120	0.007	莫桑比克
121	0.007	坦桑尼亚
122	0.007	伯利兹
123	0.006	马达加斯加
124	0.005	百慕大
125	0.005	吉尔吉斯斯坦
126	0.005	尼日尔
127	0.005	也门
128	0.005	尼泊尔
129	0.004	乌干达
130	0.004	塔吉克斯坦
131	0.004	圣卢西亚
132	0.004	中国澳门
133	0.003	佛得角
134	0.003	海地
135	0.003	马拉维
136	0.003	卢旺达
137	0.003	伊拉克
138	0.002	埃塞俄比亚
139	0.001	中非
140	0.001	布隆迪
141	0.000	厄立特里亚
141	0.000	冈比亚
141	0.000	汤加

数据来源：联合国工发组织根据工业竞争力指数数据库 (UNIDO 2015b) 加工整理。

> 日本的工业竞争力，由其宏大的制造业基础、高技术产品出口和高人均制造业增加值支持。

业增加值近 83%，它们的制造业出口占全球制造业贸易的 85% 以上。在最具竞争力的五个国家中，四个是高收入国家（德国、日本、韩国、美国），中国排名第五。这五个国家中有四个是世界上工业化程度最高的国家，加上中国，它们的制造业增加值占世界总量的 59%。

德国的制造业部门具有强有力的工艺核心以及驾驭复杂的工业价值生产链的能力，是德国宏观经济运行的关键因素。德国的中高技术产品出口占全部制造业出口总额 73%，在全球经济竞争中保持着其相对于新兴国家的技术领先地位。德国强大的技术升级和技术深化，不仅体现在生产方面，而且体现在贸易方面。

日本的工业竞争力，由其宏大的制造业基础、高技术产品出口和高人均制造业增加值支持。美国的工业竞争力，则产生于宏大的制造业基础，尽管与日本和其它工业化国家相比，美国的制造业更多是面向国内市场。美国一国的制造业增加值占世界制造业增加值的近 20%。韩国制造业部门的中高技术行业占比很高，使其具有竞争力。

由于其人口规模和发展阶段，中国的人均产值和出口值在顶层五分位组里都是最低的。中国在排序中的位次是由于其在全球贸易中的高份额（尽管低人均值意味着制造业还有继续增长的潜力）。2013 年，中国制造业出口占世界制造业贸易的 17%，是当今世界最大的出口国。中国也开始成为高技术产品出口国：从 1995 年到 2013 年，中国的中高技术产品出口比重几乎翻了一番（图 8.2）。中国的制造业已经成为该国最大的经济部门，贡献超过国内生产总值的三分之一，在全球制造业增加值中占到 18%，仅次于美国。

顶层五分位组中其它国家包括瑞士、新加坡和荷兰，它们的人均出口额特别是高技术产品出口额很高。这一组中还有欧盟主要的转型经济体，如捷克共和国、波兰、斯洛伐克和匈牙利，它们的出口更多集中于欧洲市场。同在这一组的还有墨西哥、马来西亚和泰国，它们的竞争力源自参与进了全球价值链。

图8. 2
1995-2013年部分年份中国和韩国贸易和生产结构

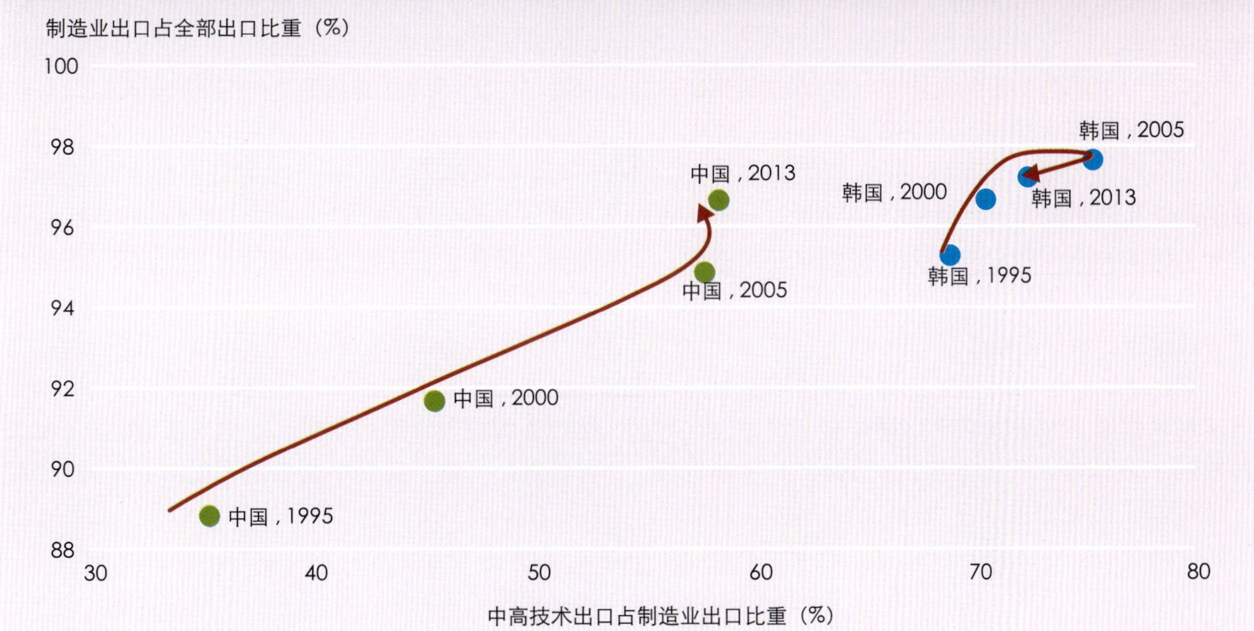

注：技术分组根据附件B5，表B5.1。
数据来源：联合国工发组织根据工业竞争力指数数据库（UNIDO 2015a）加工整理。

“发展水平分组严格根据一国的人均制造业增加值和该国制造业增加值在世界制造业增加值中的份额来确定。

中上五分位组包括世界上一些人口众多的国家，如土耳其、俄罗斯、巴西、印尼、南非、印度和菲律宾。菲律宾和印尼的高技术产品生产和出口较强；俄罗斯和南非人均制造业增加值较高，但由于依赖对外出售自然资源，人均制造业出口较低。印度和巴西2013年的制造业增加值分别占全球制造业增加值的2.2%和1.7%。

中间五分位组里既有伊朗、埃及和孟加拉等人口较多国家，也有哥斯达尼加、冰岛、阿曼和乌拉圭等人口小国。中下和底层五分位组里包括了从收入看最不发达的国家，2013年它们在世界制造业增加值中仅占约0.8%。这些国家的平均工业化水平，还不到中间五分位组国家的三分之一。

利用工业比较器分析各国工业竞争力

我们可以将一国工业绩效与处于同样工业发展水平的其它国家进行比较和跟踪。

发展水平分组严格根据一国的人均制造业增加值和该国制造业增加值在世界制造业增加值中的份额来确定。这样，工业竞争力排序也反映了一国的发展水平（中国除外），组内各国的工业竞争力排序与整体的排序不会有很大的差异（表8.2）。工业化国家占全球制造业增加值64.6%，占全球制造业贸易67.3%。

2013年工业竞争力指数显示，与2010年相比，大多数工业化国家排序出现了后退。过去三年中，世界工业竞争力排名第20位和21位的丹麦和芬兰被墨西哥和波兰取代（见表8.2）。德国、日本、美国和韩国的排名虽然没有上升，但依靠其高技术、良好的教育和先进的基础设施等长期优势，工业竞争力显示出非常稳定持久。

工业需要贸易来展示生产部门的国际竞争力，而贸易也需要工业来表明出口绩效有（或还没有）扎实的工业基础。看看德国：在1990-2013年间极大地提高了工业深度，在2000-2013年将其贸易结构转变为制造业出口型（图8.3）。圆点大小显示，它的出口能力有了极大提高，2013年人均制造业出口15,504美元。在生产方面，德国处于理想的状态。1990-2013年，制造业在国内生产总值中占比上升，国家的生产深度和生产能力也同步提高。这反映了技术密集型部门受制造业产品价格下跌的影响较小。广义上看，将制造业转向中高技术活动的经济体更不易受影响，更具有竞争力。

其他排名上升的工业化国家中，立陶宛提升制造业增加值在国内生产总值中的比重，促进制造业生产和出口，其在2010-2013年的位次上升了四位。新加坡、英国和意大利的排名分别下降了两位、六位和三位。

一些转型经济体和大国，包括中国、巴西、墨西哥和南非，同属一组新兴工业国家，它们正朝着正确的方向调整工业结构。2013年，新兴工业国家在全球制造业增加值和全球制造业贸易中分别占31.6%和31.7%，这主要得益于中国快速扩展的市场。

表8.3对新兴工业国家进行了排序，列出了每一国家的1、2、7、8四项指标数据。与2010年相比，新兴工业经济体中更多国家现在是全球经济中的主力。中国、墨西哥和波兰位列新兴工业国家最具竞争力五强之中，也是全球工业竞争力排名顶层五分位组的成员。中国和波兰是本世纪初以来上升最快的国家。

墨西哥和波兰的竞争力略有振兴，分别上升了两位和三位。但智利、阿根廷和委内瑞拉因亚洲国家的新兴竞争力而下跌。金砖国家（巴西、俄罗斯、印度、中国、南非）喜忧参半：中国和印度排位上升，而巴西和南非下降。

在其他发展中国家（不包括最不发达国家）中，大部分国家维持了它们的排位（表8.4）。越南、菲律宾、秘鲁、特立尼达和多巴哥、伊朗是该组的竞争力五强。越南上升八位给人留下深刻印象。主要由外资公司生产的制造业产品出口以及产业的技术升级支持了越南的增长，这是政府改造金融系统、鼓励外国投资政策的结果。菲律宾所有支柱产业均有进展，只是工业的中高技术占比略有下降。2013年，在142个国家中，菲律宾排名53，上升了一位。

伊朗下降了五位，这主要由于欧盟2013年1月起对伊朗实施制裁，导致其在世界制造业出口中的比重降低。

最不发达国家对世界制造业增加值和世界制造

“与 2010 年相比，大多数工业化国家排序出现了后退。

表 8.2

2013 年工业化国家（地区）工业竞争力排序和部分指标及与世界排序比较

■ 顶层五分位组 ■ 中上五分位组 ■ 中间五分位组 ■ 中下五分位组 ■ 底层五分位组

组排序 2013	世界排序 2010	世界排序 2013	国别（地区）	人均制造业增加值（2005 年不变价美元）2013	人均制造业出口（现价美元）2013	对世界制造业增加值影响（百分比）2013	对世界制造业贸易影响（百分比）2013
1	1	1	德国	7655.8	15504.2	7.0	10.1
2	2	2	日本	7820.7	5163.5	11.0	5.2
3	3	3	韩国	7180.7	11043.4	3.9	4.3
4	4	4	美国	5464.5	3229.0	19.4	8.1
5	6	6	瑞士	10147.3	25700.8	0.9	1.6
6	5	7	新加坡	9700.0	32285.9	0.6	1.5
7	11	8	荷兰	4813.2	27818.9	0.9	3.7
8	12	9	比利时	4531.6	40287.4	0.6	3.5
9	7	10	意大利	4151.6	7540.9	2.8	3.6
10	10	11	法国	3568.3	7724.3	2.5	3.9
11	9	12	中国台湾	4517.0	11765.5	1.2	2.2
12	15	13	奥地利	7680.6	17251.7	0.7	1.2
13	14	14	瑞典	6896.7	15530.8	0.7	1.2
14	17	15	加拿大	4092.4	7791.7	1.6	2.2
15	16	16	爱尔兰	6736.3	23133.4	0.3	0.8
16	18	17	捷克	4039.8	14074.5	0.5	1.2
17	19	18	西班牙	2960.7	5425.1	1.5	2.0
18	13	19	英国	3671.4	2844.5	2.6	1.4
19	21	22	丹麦	5508.0	14248.6	0.3	0.6
20	20	23	芬兰	6168.4	12407.2	0.4	0.5
21	23	24	马来西亚	1717.0	6201.9	0.6	1.5
22	27	25	斯洛伐克	3125.9	14745.8	0.2	0.6
23	26	27	匈牙利	2365.7	9634.3	0.3	0.8
24	29	28	澳大利亚	3050.9	5399.5	0.8	1.0
25	28	29	以色列	3232.5	8265.7	0.3	0.5
26	30	31	挪威	5211.5	8101.9	0.3	0.3
27	35	32	俄罗斯	968.1	1532.1	1.5	1.7
28	32	33	斯洛文尼亚	3659.3	12485.4	0.1	0.2
29	34	34	葡萄牙	2280.2	5489.6	0.3	0.5
30	42	38	立陶宛	2102.7	9209.2	0.1	0.2
31	47	44	巴林	2502.3	15242.2	0.0	0.2
32	43	45	新西兰	3574.8	3844.8	0.2	0.1
33	50	46	爱沙尼亚	2099.7	12056.6	0.0	0.1
34	48	47	科威特	1785.7	10400.5	0.1	0.3
35	55	48	卡塔尔	4595.1	5693.4	0.1	0.1
36	44	52	卢森堡	3719.1	22502.8	0.0	0.1
37	53	54	阿拉伯联合酋长国	2612.9	2314.1	0.3	0.2
38	62	61	马耳他	1842.9	11318.0	0.0	0.0
39	71	72	冰岛	5393.9	3934.2	0.0	0.0
40	68	74	中国香港	631.1	877.3	0.1	0.1
41	126	124	百慕大	851.0	329.3	0.0	0.0
42	129	132	中国澳门	297.2	140.2	0.0	0.0

注：红色表示与 2010 年相比排序下降，绿色表示排序上升。

数据来源：联合国工发组织根据工业竞争力指数数据库（UNIDO 2015a）加工整理。

> “中国、巴西、墨西哥和南非，同属一组新兴工业国家，它们正朝着正确的方向调整工业结构。

表 8.3

2013 年新兴工业国家（地区）工业竞争力排序和部分指标及与世界排序比较

■ 顶层五分位组 ■ 中上五分位组 ■ 中间五分位组 ■ 中下五分位组 ■ 底层五分位组

组排序	世界排序		国别（地区）	人均制造业增加值（2005 年不变价美元）	人均制造业出口（现价美元）	对世界制造业增加值影响（百分比）	对世界制造业贸易影响（百分比）
2013	2010	2013		2013	2013	2013	2013
1	8	5	中国	1142.6	1540.5	17.5	16.8
2	22	20	墨西哥	1340.9	2514.4	1.8	2.4
3	24	21	波兰	2323.6	4656.8	1.0	1.4
4	25	26	泰国	1168.4	2998.6	0.9	1.6
5	31	30	土耳其	1548.3	1778.4	1.3	1.1
6	33	35	巴西	756.7	766.8	1.7	1.2
7	36	36	沙特阿拉伯	2046.1	2429.9	0.7	0.6
8	40	37	白俄罗斯	1551.2	3325.9	0.2	0.2
9	39	39	罗马尼亚	854.6	2625.9	0.2	0.4
10	37	40	阿根廷	1524.6	908.9	0.7	0.3
11	38	41	南非	894.0	1208.9	0.5	0.5
12	41	42	印度尼西亚	451.3	438.8	1.3	0.9
13	45	43	印度	161.7	223.3	2.2	2.2
14	46	49	希腊	1395.6	2623.3	0.2	0.2
15	49	51	智利	1129.3	2243.6	0.2	0.3
16	51	55	乌克兰	358.7	1088.5	0.2	0.4
17	52	56	克罗地亚	1350.0	2550.8	0.1	0.1
18	57	57	保加利亚	753.8	2895.1	0.1	0.2
19	59	58	突尼斯	652.8	1317.7	0.1	0.1
20	65	59	拉脱维亚	1057.1	5028.2	0.0	0.1
21	61	60	哥斯达尼加	1048.2	1763.8	0.1	0.1
22	66	62	阿曼	1297.8	2308.2	0.1	0.1
23	70	66	哈萨克斯坦	605.9	1042.8	0.1	0.1
24	67	68	哥伦比亚	493.2	333.4	0.3	0.1
25	56	69	委内瑞拉	806.9	425.4	0.3	0.1
26	74	70	塞尔维亚	361.3	1289.2	0.0	0.1
27	78	80	乌拉圭	979.7	994.7	0.0	0.0
28	83	82	毛里求斯	1065.9	1468.5	0.0	0.0
29	84	83	马其顿	415.5	1828.1	0.0	0.0
30	87	91	文莱	2740.2	887.4	0.0	0.0
31	91	95	塞浦路斯	871.8	583.4	0.0	0.0
32	109	112	苏里南	599.2	625.0	0.0	0.0

注：红色表示与 2010 年相比排序下降，绿色表示排序上升。
数据来源：联合国工发组织根据工业竞争力指数数据库（UNIDO 2015a）加工整理。

业出口的贡献非常弱，有限的总量主要来自孟加拉、柬埔寨等很少几个国家。在许多竞争性工业市场，通过支持投资、更新技术来鼓励出口对于保持长期竞争力起着重要作用。这在最不发达国家需要给予更多的关注。

在工业竞争力指数排序中，这些国家大部分属于底层五分位组（表 8.5）。2013 年这一组的人均制造业增加值平均不到 48 美元，人均制造业出口平均仅为 67 美元。这些国家缺乏生产和出口制造业产品的能力，它们的经济结构（国内生产总值中制造

“中国、墨西哥和波兰位列新兴工业国家最具竞争力五强之中。

图8.3
1995、2000、2013年德国贸易和生产结构

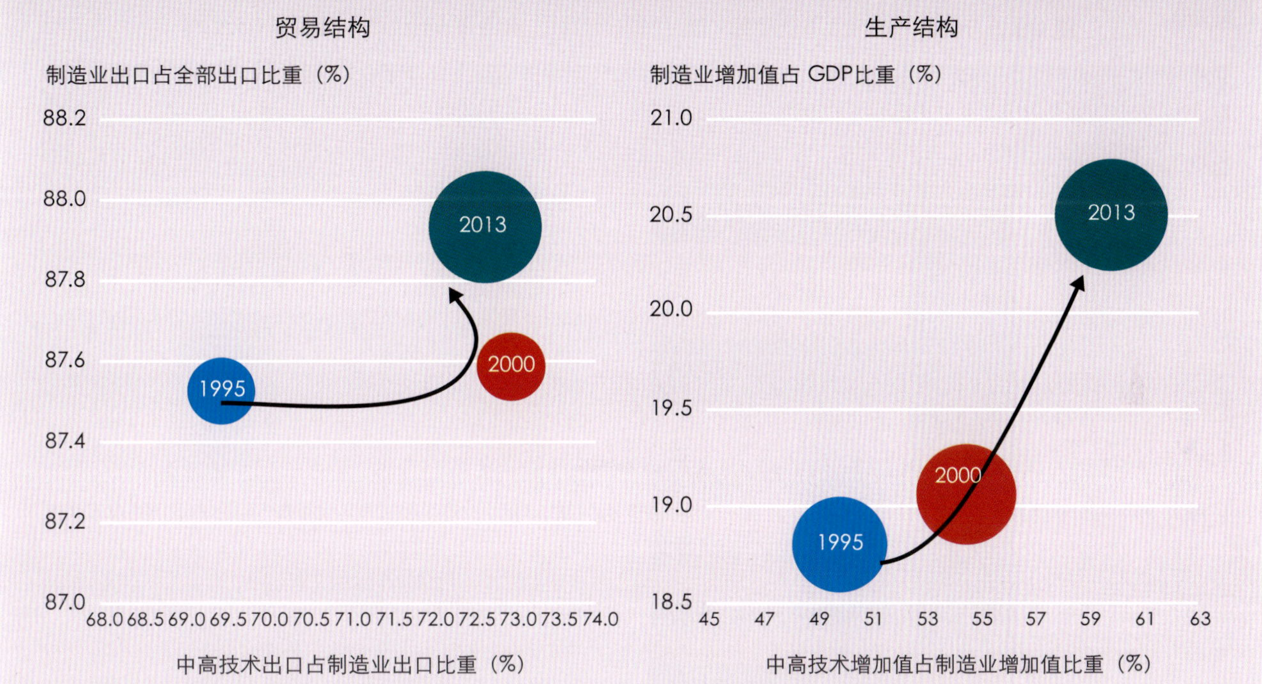

注：GDP指国内生产总值。圆点大小代表人均制造业出口和制造业增加值。技术分组根据附件B5，表B5.1。
数据来源：联合国工发组织根据工业竞争力指数数据库（UNIDO 2015a)加工整理。

业增加值的比重）很少依靠制造业。

1990–2013 年和 2000–2013 年工业竞争力变化

工业竞争力指数排序顶层组国家工业竞争力的长期变化数据（图 8.4）显示，世纪之交前，波兰、中国和韩国正在经历工业竞争力提升的快速累积过程。

1990-2013 年间的变化

波兰经历的变化最大，1990 年后跃升了 29 位，2013 年列第 21 位。其次是中国，攀升了 28 位，成为金砖国家在全球竞争力上的领头羊。（确实，中国与其它金砖国家的竞争力差距明显拉大，中国超越俄罗斯，领先 27 位。）捷克和韩国双双取得了引人瞩目的 13 位的上升。在东南亚和东亚经济体中，泰国上升了 12 位，马来西亚上升了 5 位。欧盟的制造业出口国如斯洛伐克、匈牙利、冰岛，以及拉美的墨西哥，也都取得了变化。

其他国家则是走向另一个方向，有的还很快，包括英国、加拿大、意大利、以色列和澳大利亚。英国下滑最多，主要因为出口市场占比下降，跌了 14 位。英国经济从 1990 年开始调整结构，与服务业相比，工业产出和就业下降。制造业占国内生产总值比重从 1990 年的 16% 跌至 2013 年的 10%，人均制造业增加值也减少。

尽管这段时间里各国的排序有大起大落，前三位自 1990 年代初期以来并无大的变化，一直被德国、日本和美国分享。

顶层组以外国家中，越南上升最快，2013 年工业竞争力指数列第 50 位，跃升了 42 位。越南的工业得益于外国直接投资增加、全球化价值链和地区活力更大等全球趋势。

严重的去工业化和向服务业转型，使中国香港特别行政区和中国澳门特别行政区走向另一个方向。葡萄牙由于制造业出口下降也失去了工业竞争力。金砖国家中（不包括中国），俄罗斯下滑 7 位，列

“中国和印度排位上升，而巴西和南非下降

8

工业竞争力指数

表 8.4

2013 年其他工业国家（不包括最不发达国家）工业竞争力排序和部分指标及与世界排序比较

■ 顶层五分位组 ■ 中上五分位组 ■ 中间五分位组 ■ 中下五分位组 ■ 底层五分位组

组排序 2013	世界排序 2010	世界排序 2013	国别	人均制造业增加值（2005 年不变价美元）2013	人均制造业出口（现价美元）2013	对世界制造业增加值影响（百分比）2013	对世界制造业贸易影响（百分比）2013
1	58	50	越南	235.6	1128.9	0.2	0.8
2	54	53	菲律宾	353.4	495.6	0.4	0.4
3	63	63	秘鲁	604.7	714.6	0.2	0.2
4	64	64	特立尼达和多巴哥	941.4	5564.4	0.0	0.1
5	60	65	伊朗	324.9	340.7	0.3	0.2
6	69	67	摩洛哥	323.6	534.8	0.1	0.1
7	72	71	埃及	242.2	228.2	0.2	0.1
8	73	73	萨尔瓦多	647.8	789.7	0.0	0.0
9	75	75	巴基斯坦	139.1	112.1	0.3	0.2
10	77	76	危地马拉	404.6	448.0	0.1	0.1
11	76	78	约旦	398.7	730.9	0.0	0.0
12	85	79	博茨瓦纳	465.3	3573.4	0.0	0.1
13	79	81	斯里兰卡	357.2	345.5	0.1	0.1
14	86	84	纳米比亚	491.1	1713.0	0.0	0.0
15	81	85	黎巴嫩	480.6	620.7	0.0	0.0
16	89	86	波黑	323.6	1149.7	0.0	0.0
17	82	87	阿尔及利亚	183.1	377.6	0.1	0.1
18	88	88	斯威士兰	641.5	888.8	0.0	0.0
19	90	89	厄瓜多尔	408.8	284.4	0.1	0.0
20	92	92	洪都拉斯	270.1	301.3	0.0	0.0
21	94	93	科特迪瓦	115.5	268.4	0.0	0.0
22	95	94	格鲁吉亚	342.8	317.9	0.0	0.0
23	96	96	牙买加	274.2	487.0	0.0	0.0
24	102	97	巴哈马	909.6	657.4	0.0	0.0
25	101	98	阿尔巴尼亚	224.9	465.0	0.0	0.0
26	97	99	叙利亚	65.2	231.3	0.0	0.0
27	105	100	亚美尼亚	284.4	318.0	0.0	0.0
28	99	101	玻利维亚	152.6	281.9	0.0	0.0
29	104	102	刚果	96.9	625.3	0.0	0.0
30	110	103	巴拉圭	179.0	233.9	0.0	0.0
31	100	104	巴巴多斯	645.0	764.3	0.0	0.0
32	111	105	阿塞拜疆	173.8	251.5	0.0	0.0
33	106	107	喀麦隆	153.8	65.1	0.0	0.0
34	108	108	斐济	445.3	457.6	0.0	0.0
35	98	110	尼日利亚	44.6	35.1	0.1	0.0
36	117	111	摩尔多瓦	118.0	312.1	0.0	0.0
37	107	113	肯尼亚	61.1	58.1	0.0	0.0
38	112	114	加蓬	274.5	642.8	0.0	0.0
39	113	115	巴布亚新几内亚	71.8	324.0	0.0	0.0
40	115	116	蒙古	91.9	680.1	0.0	0.0
41	118	117	巴拿马	338.1	90.2	0.0	0.0
42	119	118	巴勒斯坦	148.9	114.1	0.0	0.0

"在其它发展中国家中，越南、菲律宾、秘鲁、特立尼达和多巴哥、伊朗是竞争力五强。

表 8.4 续表

2013 年其他工业国家（不包括最不发达国家）工业竞争力排序和部分指标及与世界排序比较

■ 顶层五分位组 ■ 中上五分位组 ■ 中间五分位组 ■ 中下五分位组 ■ 底层五分位组

组排序 2013	世界排序 2010	世界排序 2013	国别	人均制造业增加值（2005 年不变价美元）2013	人均制造业出口（现价美元）2013	对世界制造业增加值影响（百分比）2013	对世界制造业贸易影响（百分比）2013
43	123	119	加纳	52.9	79.8	0.0	0.0
44	120	122	伯利兹	440.0	376.8	0.0	0.0
45	122	125	吉尔吉斯斯坦	54.0	94.9	0.0	0.0
46	127	130	塔吉克斯坦	59.1	15.5	0.0	0.0
47	128	131	圣卢西亚	276.3	244.2	0.0	0.0
48	132	133	佛得角	166.3	75.6	0.0	0.0
49	137	137	伊拉克	36.9	14.9	0.0	0.0
50	142	141	汤加	168.7	14.9	0.0	0.0

注：红色表示与 2010 年相比排序下降，绿色表示排序上升。按附件 B1 表 B1.2 分组，部分国家属于“其他发展中国家”。

数据来源：联合国工发组织根据工业竞争力指数数据库（UNIDO 2015a）加工整理。

表 8.5

2013 年最不发达国家工业竞争力排序和部分指标及与世界排序比较

组排序 2013	世界排序 2010	世界排序 2013	国别	人均制造业增加值（2005 年不变价美元）2013	人均制造业出口（现价美元）2013	对世界制造业增加值影响（百分比）2013	对世界制造业贸易影响（百分比）2013
1	80	77	孟加拉	118.28	152.13	0.21	0.19
2	93	90	柬埔寨	146.84	428.64	0.03	0.05
3	103	106	塞内加尔	98.86	117.20	0.02	0.01
4	114	109	赞比亚	76.93	182.34	0.01	0.02
5	133	120	莫桑比克	50.95	44.62	0.02	0.01
6	116	121	坦桑尼亚	43.04	32.95	0.02	0.01
7	121	123	马达加斯加	37.22	42.51	0.01	0.01
8	134	126	尼日尔	18.40	66.96	0.00	0.01
9	125	127	也门	59.45	36.04	0.02	0.01
10	124	128	尼泊尔	26.32	23.97	0.01	0.01
11	130	129	乌干达	27.28	17.28	0.01	0.01
12	135	134	海地	50.58	6.19	0.01	0.00
13	131	135	马拉维	22.59	22.21	0.00	0.00
14	136	136	卢旺达	22.03	26.96	0.00	0.00
15	139	138	埃塞俄比亚	13.33	6.81	0.01	0.01
16	138	139	中非	15.92	4.96	0.00	0.00
17	142	141	厄立特里亚	10.91	0.44	0.00	0.00
18	141	141	冈比亚	22.53	0.64	0.00	0.00

注：红色表示与 2010 年相比排序下降，绿色表示排序上升。组排序根据 2013 年 CIP 排序。

数据来源：联合国工发组织根据工业竞争力指数数据库（UNIDO 2015a）加工整理。

> 顶层五分位组中工业竞争力显著提升的经济体包括中国、波兰、斯洛伐克和韩国。

图8.4
1990-2013年和2000-2013年顶层五分位组经济体工业竞争力指数变化

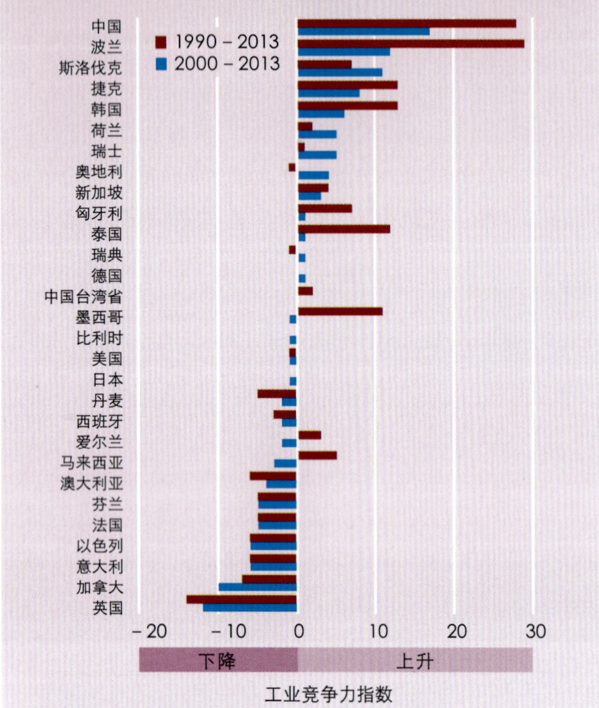

数据来源：联合国工发组织根据工业竞争力指数数据库(UNIDO 2015a)加工整理。

第 32 位，反映出它的创新能力下降，制造业产出比重减少。1990-2013 年，巴西、印度、南非的工业竞争力指数都在下滑。与此相反，印度提升了 19 位，列第 43 位，成为全球一个重要的角色。但是，印度需要克服技术障碍，增加中高科技研发活动投资。从长期看那可能会有问题，因为印度的增长模式没有遵循发展制造业的路径，没有加强其工业基础，直接走向了服务业经济。

2000-2013 年间的变化

本世纪以来，顶层五分位组中工业竞争力显著提升的经济体包括中国、波兰、斯洛伐克和韩国。斯洛伐克由于加入欧盟以后人均出口的增长，自 2000 年以来排名上升了 11 位。

顶层五分位组中排名下降的有英国、加拿大、意大利、以色列，分别下降了 6 位到 12 位。在大的新兴工业国家中，墨西哥由于其制造业增加值在世界市场份额下降，工业竞争力小幅滑落到第 20 位。马来西亚从第 21 位下滑到第 24 位，反映了它在进入以知识为基础的工业方面缺乏进展，开始影响它的工业竞争力。

其它不在顶层五分位组却极大提高了竞争力的国家包括越南、尼日利亚和伊朗，分别上升了 29 位、26 位、21 位。尼日利亚的进步来自于扩大制造业生产和出口；但中高技术部门在制造业增加值和制造业出口中的占比有所下降。伊朗和越南工业竞争力指数的全部分指标都有明显改进。

立陶宛、阿尔巴利亚、哈萨克斯坦和秘鲁也都有长足进展（分别上升了 18 位、18 位、16 位和 13 位）。立陶宛竞争力的提高得益于高技术制造业方面的进步，尽管制造业产品在全部出口中的比重下降。哈萨克斯坦、阿尔巴尼亚和秘鲁的收益源自扩大了工业活动。

从短期、零和转向长期、共赢

强有力的竞争在新的全球市场至关重要。但有些评论人士将竞争视作是一场国家之间为维持其地位进行短期斗争的零和博弈。这种看法部分是由于经济衰退需要有产业政策来应对，以保证可持续的工业竞争力。2008 年金融危机表明，短期行动也许能产生快速盈利的结果，但长期影响可能是灾难性的。

德国、日本和美国是长期保持工业竞争力位次的榜样，它们的做法是保持那些资源效益和能源效益高的知识型高技术产业。这些国家享有更高更可持续的工业绩效。

这些国家产业政策的成功似乎显而易见，但政治家们并不总是这样看问题。要做到这一点需要有长远的眼光。可持续的工业竞争力可能需要牺牲眼前利益，在工业基础上投入更多，提供支持和基础设施，才能通过工业化达到包容福祉和繁荣的长远目标。

附 件

附件 A1

世界银行国家及经济体分类

表 A1. 1
世界银行国家及经济体，按收入（人均国民总收入）分组

高收入（12746 美元或以上）				
安道尔共和国	库拉索	爱尔兰	新西兰	圣基茨和尼维斯
安提瓜和巴布达	塞浦路斯	马恩岛	北马里亚纳群岛邦	法属圣马丁
阿鲁巴	捷克共和国	以色列	挪威	瑞典
澳大利亚	丹麦	意大利	阿曼	瑞士
奥地利	赤道几内亚	日本	波兰	中国台湾
巴哈马	爱沙尼亚	韩国	葡萄牙	特立尼达和多巴哥
巴林	法罗群岛	科威特	波多黎各	特克斯和凯科斯群岛
巴巴多斯	芬兰	拉脱维亚	卡塔尔	阿联酋
比利时	法国	列支敦士登	俄罗斯	英国
百慕大	法属波利尼西亚	立陶宛	圣马力诺	美国
文莱	德国	卢森堡	沙特阿拉伯	乌拉圭
加拿大	希腊	中国澳门	新加坡	美属维尔京群岛
开曼群岛	格陵兰	马耳他	荷属圣马丁	
海峡群岛	关岛	摩纳哥	斯洛伐克	
智利	中国香港	荷兰	斯洛文尼亚	
克罗地亚	冰岛	新喀里多尼亚	西班牙	
中高收入（4126-12475 美元）				
阿尔巴尼亚	保加利亚	匈牙利	马绍尔群岛	南非
阿尔及利亚	中国	伊朗	毛里求斯	圣卢西亚
美属萨摩亚	哥伦比亚	伊拉克	墨西哥	圣文森特和格拉纳丁斯
安哥拉	哥斯达尼加	牙买加	黑山共和国	苏里南
阿根廷	古巴	约旦	纳米比亚	泰国
阿塞拜疆	多米尼克	哈萨克斯坦	帕劳	汤加
白俄罗斯	多米尼加共和国	黎巴嫩	巴拿马	突尼斯
伯利兹	厄瓜多尔	利比亚	秘鲁	土耳其
波黑	斐济	马其顿	罗马尼亚	土库曼斯坦
博茨瓦纳	加蓬	马来西亚	塞尔维亚	图瓦卢
巴西	格林纳达	马尔代夫	塞舌尔	委内瑞拉

中低收入（1046-4125 美元）				
亚美尼亚	加纳	毛里塔尼亚	萨摩亚	乌兹别克斯坦
不丹	危地马拉	密克罗尼西亚	圣多美和普林西比	瓦努阿图
玻利维亚	圭亚那	摩尔多瓦	塞内加尔	越南
佛得角	洪都拉斯	蒙古	所罗门群岛	约旦河西岸和加沙地带
喀麦隆	印度	摩纳哥	南苏丹	也门
刚果共和国	印度尼西亚	尼加拉瓜	斯里兰卡	赞比亚
科特迪瓦	基里巴斯	尼日利亚	苏丹	
吉布提	科索沃	巴基斯坦	斯威士兰	
埃及	吉尔吉斯斯坦	巴布亚新几内亚	叙利亚	
萨尔瓦多	老挝	巴拉圭	东帝汶	
格鲁吉亚	莱索托	菲律宾	乌克兰	
低收入（1045 美元或以下）				
阿富汗	科摩罗	肯尼亚	尼泊尔	乌干达
孟加拉国	刚果民主共和国	朝鲜	尼日尔	津巴布韦
贝宁	厄立特里亚	利比里亚	卢旺达	
布基纳法索	埃塞俄比亚	马达加斯加	塞拉利昂	
布隆迪	冈比亚	马拉维	索马里	
柬埔寨	几内亚	马里	塔吉克斯坦	
中非共和国	几内亚比绍	莫桑比克	坦桑尼亚	
乍得	海地	缅甸	汤加	

表 A1.2
世界银行国家及经济体，按地区分组

工业化国家和经济体				
美洲				
阿鲁巴	百慕大	加拿大	美国	
巴哈马	英属维尔京群岛	格陵兰		
亚洲				
文莱	中国香港	新西兰	中国台湾	
法属波利尼西亚	日本	新加坡		
欧洲				
安道尔共和国	芬兰	爱尔兰	摩纳哥	西班牙
奥地利	法国	意大利	荷兰	瑞典
比利时	德国	列支敦士登	挪威	瑞士
丹麦	冰岛	卢森堡	圣马力诺	英国
北非和中东地区				
塞浦路斯	以色列	科威特	卡塔尔	阿联酋
大洋洲				
澳大利亚	新西兰			
工业化进程中国家和经济体				
中美洲和加勒比海地区				
安提瓜和巴布达	古巴	格林纳达	牙买加	圣基茨和尼维斯
巴巴多斯	多米尼克	危地马拉	尼加拉瓜	圣卢西亚
伯利兹	多米尼加共和国	海地	巴拿马	圣文森特和格林纳丁斯
哥斯达尼加	萨尔瓦多	洪都拉斯	波多黎各	特立尼达和多巴哥
东亚				
中国	中国澳门	朝鲜	韩国	蒙古
东欧（不包括前苏联）				
阿尔巴尼亚	捷克共和国	科索沃	波兰	斯洛伐克
波黑	前捷克斯洛伐克	马其顿，前南斯拉夫共和国	罗马尼亚	斯洛文尼亚
保加利亚	匈牙利	黑山共和国	塞尔维亚	前南斯拉夫
克罗地亚				
前苏维埃社会主义共和国联盟（苏联）				
亚美尼亚	格鲁吉亚	拉脱维亚	俄罗斯	乌克兰
阿塞拜疆	哈萨克斯坦	立陶宛	塔吉克斯坦	前苏联
白俄罗斯	吉尔吉斯斯坦	摩尔多瓦	土库曼斯坦	乌兹别克斯坦
爱沙尼亚				
北美洲				
墨西哥				
北非和中东地区				
阿尔及利亚	伊拉克	利比亚	沙特阿拉伯	突尼斯
巴林	约旦	摩洛哥	苏丹	土耳其
埃及	黎巴嫩	阿曼	叙利亚	也门

大洋洲				
斐济	新喀里多尼亚	萨摩亚	汤加	
基里巴斯	巴布亚新几内亚	所罗门群岛	瓦努阿图	
南亚				
阿富汗	不丹	伊朗	尼泊尔	斯里兰卡
孟加拉	印度	马尔代夫	巴基斯坦	
南美洲				
阿根廷	智利	圭亚那	苏里南	
玻利维亚	哥伦比亚	巴拉圭	乌拉圭	
巴西	厄瓜多尔	秘鲁	委内瑞拉	
东南亚				
柬埔寨	老挝	缅甸	泰国	
印度尼西亚	马来西亚	菲律宾	越南	
撒哈拉以南非洲				
安哥拉	刚果共和国	几内亚比绍	纳米比亚	斯威士兰
贝宁	刚果民主共和国	肯尼亚	尼日尔	坦桑尼亚
博茨瓦纳	科特迪瓦	莱索托	尼日利亚	多哥
布基纳法索	吉布提	利比里亚	卢旺达	乌干达
布隆迪	赤道几内亚	马达加斯加	圣多美和普林西比	赞比亚
佛得角	埃塞俄比亚	马拉维	塞内加尔	津巴布韦
喀麦隆	加蓬	马里	塞舌尔	
中非	冈比亚	毛里塔尼亚	塞拉利昂	
乍得	加纳	毛里求斯	索马里	
科摩罗	几内亚	莫桑比克	南非	
西欧				
希腊	马耳他	葡萄牙		

数据来源：联合国工发组织根据世界银行（2015b）资料整理。
注：世界银行人均国民总收入操作准则和分析用分类（截止到 1990 年）。

附件 A2

按技术类别划分的制造业产业分类

国际标准行业分类全称	本报告中使用的简称	国际标准行业分类代码修订本第 3 版	技术类别
食品和饮料	食品和饮料	15	低技术
烟草制品	烟草	16	低技术
纺织品	纺织品	17	低技术
服装、毛皮和皮革制品及鞋类	服装	18 和 19	低技术
木材制品（家具除外）	木材制品	20	低技术
纸和纸制品	纸	21	低技术
印刷及出版	印刷及出版	22	低技术
家具的制造（未另分类）	家具（未另分类）	36	低技术
焦炭、精炼石油产品和核燃料	焦炭和精炼石油	23	中等技术
橡胶及塑胶制品	橡胶及塑胶	25	中等技术
非金属矿物制品	非金属矿物	26	中等技术
基本金属	基本金属	27	中等技术
金属制品	金属制品	28	中等技术
化学品及化学制品	化学品	24	高技术
机械和设备（未另分类）以及办公、会计、计算机械	机械和设备	29 和 30	高技术
电气机械及设备以及广播、电视和通信设备	电气机械及设备	31 和 32	高技术
医疗器械、精密仪器和光学仪器	精密仪器	33	高技术
汽车、挂车和半挂车以及其他运输设备	汽车	34 和 35	高技术

注：三个技术类别按照经济合作与发展组织（2005 年）的技术分类，该分类以增加值和生产总值统计数据相对应的研发强度为基础。
资料来源：联合国工发组织根据 INDSTAT2（UNIDO，2012 年）加工整理。

附件 A3

部门分组及现代市场活动定义

国际标准行业分类标准第 3 版代码	部门名称
C	采矿业
D	制造业
E	电、水、气
F	建筑业
I	交通、仓储、通讯
JtK–70	金融、保险、商业服务
CtF+I+JtK–70	现代市场活动
AtB	农业、狩猎、林业、渔业
GtH	批发、零售、餐饮、住宿
70	房地产
LtQ	社区、社会和个人服务
AtB，GtH，70，LtQ	非现代活动

数据来源：根据 Lavopa and Szirmai (2014) 改写。

附件 A4

图 5.9 的随机前沿分析方法

本附件回顾随机前沿问题的性质。假定一国有一生产函数 $f(z_{it,}\beta)$，在一个不存在错误和低效率的世界，在 t 时间段，第 i 个国家将生产：

1) $q_{it} = f(z_{it,}\beta)\varepsilon_{it}$

式中 z 是投入，ε it 是 i 国在时间 t 的效率水平。ε it 应在（0，1）区间。如果 ε it =1，该国从投入 z 中获得的收获最大，即使用体现在生产函数中的技术获取了最大产出。在此例中，一个国家取得了最大效率。在 ε it <1 时，这个国家没有从其投入中得到最大收获，因此生产是低效的。

假定产出受随机冲击的影响。取自然对数则公式变为：

2) $\ln(q_{it}) = \log[f(z_{it,}\beta)] + \log\varepsilon_{it} + v_{it}$

考虑排放时，可以将 q 视作非期望产出。如果 ε it =1，该国从体现在生产函数中的技术获取了最大的非期望产出。在此例中，我们说这个国家的效率最低。

第五章中，z 是二氧化碳排放的矢量驱动。借用 Stern（2002）的方法，我们选择了简单的模型描述：

3) $\ln(E_{it}) = \log[f(GDP_{it,} Coal_{it}, Natgas_{it}, Oil_{it}, Nuclear_{it}, Hydroelectric_{it},\ \beta_{kit})] + \log\varepsilon_{it} + v_{it}$

式中排放取决于国内生产总值和生产过程中投入消耗水平。

附件 B1

国家和经济体

表 B1.1
按地区分组的国家和经济体

工业化国家和经济体				
亚洲及太平洋地区				
巴林	韩国	中国澳门	卡塔尔	中国台湾
中国香港	科威特	马来西亚	新加坡	阿联酋
日本				
欧洲				
奥地利	法国	冰岛	葡萄牙	瑞士
比利时	德国	立陶宛	俄罗斯	英国
捷克共和国	匈牙利	卢森堡	斯洛伐克	列支敦士登
丹麦	安道尔共和国	马耳他	斯洛文尼亚	摩纳哥
爱沙尼亚	爱尔兰	荷兰	西班牙	圣马力诺
芬兰	意大利	挪威	瑞典	
北美洲				
百慕大	加拿大	格陵兰	美国	
其他				
阿鲁巴	开曼群岛	关岛	新西兰	
澳大利亚	法属圭亚那	以色列	波多黎各	
英属维尔京群岛	法属波利尼西亚	新喀里多尼亚	美属维尔京群岛	
工业化进程中国家和经济体				
非洲				
阿尔及利亚	刚果共和国	肯尼亚	尼日尔	斯威士兰
安哥拉	科特迪瓦	莱索托	尼日利亚	坦桑尼亚
贝宁	吉布提	利比里亚	留尼汪岛	汤加
博茨瓦纳	埃及	利比亚	卢旺达	突尼斯
布基纳法索	赤道几内亚	马达加斯加	圣多美和普林西比	乌干达
布隆迪	厄立特里亚	马拉维	塞内加尔	赞比亚
佛得角	埃塞俄比亚	马里	塞舌尔	津巴布韦
喀麦隆	加蓬	毛里塔尼亚	塞拉利昂	
中非	冈比亚	毛里求斯	索马里	
乍得	加纳	摩洛哥	南非	
科摩罗	几内亚	莫桑比克	南苏丹	
刚果民主共和国	几内亚比绍	纳米比亚	苏丹	

亚洲和太平洋地区				
阿富汗	印度	黎巴嫩	巴布亚新几内亚	东帝汶
亚美尼亚	印度尼西亚	马尔代夫	菲律宾	汤加
阿塞拜疆	伊朗	马绍尔群岛	萨摩亚	土库曼斯坦
孟加拉国	伊拉克	密克罗尼西亚	沙特阿拉伯	图瓦卢
不丹	约旦	蒙古	所罗门群岛	乌兹别克斯坦
文莱	哈萨克斯坦	缅甸	斯里兰卡	瓦努阿图
柬埔寨	基里巴斯	尼泊尔	巴勒斯坦	越南
中国	朝鲜	阿曼	叙利亚	也门
库克群岛	吉尔吉斯斯坦	巴基斯坦	塔吉克斯坦	
斐济	老挝	帕劳	泰国	
欧洲				
阿尔巴利亚	克罗地亚	拉脱维亚	罗马尼亚	乌克兰
白俄罗斯	塞浦路斯	摩尔多瓦	塞尔维亚	
波黑	格鲁吉亚	黑山共和国	马其顿	
保加利亚	希腊	波兰	土耳其	
拉丁美洲和加勒比地区				
安圭拉岛	智利	格林纳达	墨西哥	圣文森特和格林纳丁斯
安提瓜和巴布达	哥伦比亚	瓜德罗普岛	蒙特塞拉特	苏里南
阿根廷	哥斯达尼加	危地马拉	尼加拉瓜	特立尼达和多巴哥
巴哈马群岛	古巴	圭亚那	巴拿马	乌拉圭
巴巴多斯	多米尼克	海地	巴拉圭	委内瑞拉
伯利兹	多米尼加共和国	洪都拉斯	秘鲁	
玻利维亚	厄瓜多尔	牙买加	圣基茨和尼维斯	
巴西	萨尔瓦多	马提尼克	圣卢西亚	

表 B1. 2
按工业化水平分组的国家和经济体

工业化国家和经济体				
安道尔共和国	中国台湾	冰岛	摩纳哥	斯洛伐克
阿鲁巴	捷克共和国	爱尔兰	荷兰	斯洛文尼亚
澳大利亚	丹麦	以色列	新喀里多尼亚	西班牙
奥地利	爱沙尼亚	意大利	新西兰	瑞典
巴林	芬兰	日本	挪威	瑞士
比利时	法国	韩国	葡萄牙	阿联酋
百慕大	法属圭亚那	科威特	波多黎各	英国
英属维尔京群岛	法属波利尼西亚	列支敦士登	卡塔尔	美国
加拿大	德国	立陶宛	韩国	美属维尔京群岛
开曼群岛	格陵兰	卢森堡	俄罗斯	
中国香港	关岛	马来西亚	圣马力诺	
中国澳门	匈牙利	马耳他	新加坡	
工业化进程中国家和经济体（或发展中和新兴工业经济体）				
新兴工业国家和经济体				
阿根廷	哥伦比亚	哈萨克斯坦	沙特阿拉伯	土耳其
白俄罗斯	哥斯达尼加	拉脱维亚	塞尔维亚	乌克兰
巴西	克罗地亚	毛里求斯	南非	乌拉圭
文莱	塞浦路斯	墨西哥	苏里南	委内瑞拉
保加利亚	希腊	阿曼	泰国	
智利	印度	波兰	马其顿	
中国	印度尼西亚	罗马尼亚	突尼斯	
其他发展中国家和经济体				
阿尔巴尼亚	库克群岛	圭亚那	黑山共和国	圣卢西亚
阿尔及利亚	古巴	洪都拉斯	蒙特塞拉特	圣文森特和格林纳丁斯
安哥拉	科特迪瓦	伊朗	摩洛哥	塞舌尔
安圭拉岛	多米尼克	伊拉克	纳米比亚	斯里兰卡
安提瓜和巴布达	多米尼加共和国	牙买加	尼加拉瓜	巴勒斯坦
亚美尼亚	厄瓜多尔	约旦	尼日利亚	斯威士兰
阿塞拜疆	埃及	肯尼亚	巴基斯坦	叙利亚
巴哈马群岛	萨尔瓦多	朝鲜	帕劳	塔吉克斯坦
巴巴多斯	赤道几内亚	吉尔吉斯斯坦	巴拿马	汤加
伯利兹	斐济	黎巴嫩	巴布亚新几内亚	特立尼达和多巴哥
玻利维亚	加蓬	利比亚	巴拉圭	土库曼斯坦
波黑	危地马拉	马尔代夫	秘鲁	乌兹别克斯坦

博茨瓦纳	格鲁吉亚	马绍尔群岛	蒙古	越南
喀麦隆	加纳	马提尼克岛	菲律宾	津巴布韦
佛得角	格林纳达	密克罗尼西亚	留尼汪岛	
刚果共和国	瓜德罗普岛	摩尔多瓦	圣基茨和尼维斯	
最不发达国家和经济体				
阿富汗	刚果民主共和国	莱索托	卢旺达	东帝汶
孟加拉国	吉布提	利比里亚	萨摩亚	多哥
贝宁	厄立特里亚	马达加斯加	圣多美和普林西比	图瓦卢
不丹	埃塞俄比亚	马拉维	塞内加尔	乌干达
布基纳法索	冈比亚	马里	塞拉利昂	瓦努阿图
布隆迪	几内亚	毛里塔尼亚	所罗门群岛	也门
柬埔寨	几内亚比绍	莫桑比克	索马里	赞比亚
中非	海地	缅甸	南苏丹	
乍得	基里巴斯	尼泊尔	苏丹	
科摩罗	老挝	尼日尔	坦桑尼亚	

表 B1. 3
按收入分组的国家和经济体

高收入				
安道尔共和国	库拉索岛	中国香港	荷兰	斯洛文尼亚
安圭拉	塞浦路斯	匈牙利	新喀里多尼亚	西班牙
阿鲁巴	捷克共和国	冰岛	新西兰	瑞典
澳大利亚	丹麦	爱尔兰	挪威	瑞士
奥地利	赤道几内亚	以色列	阿曼	中国台湾
巴哈马	爱沙尼亚	意大利	波兰	特立尼达和多巴哥
巴林	芬兰	日本	葡萄牙	阿联酋
巴巴多斯	法国	韩国	波多黎各	英国
比利时	法属波利尼西亚	科威特	卡塔尔	美国
百慕大	德国	列支敦士登	圣基茨和尼维斯	美属维尔京群岛
文莱	希腊	卢森堡	沙特阿拉伯	
加拿大	格陵兰	中国澳门	新加坡	
克罗地亚	关岛	马耳他	斯洛伐克	
中高收入				
阿尔及利亚	智利	牙买加	墨西哥	塞舌尔
美属萨摩亚	中国	约旦	黑山共和国	南非
安哥拉	哥伦比亚	哈萨克斯坦	纳米比亚	苏里南
安提瓜和巴布达	哥斯达尼加	拉脱维亚	帕劳	泰国
阿根廷	古巴	黎巴嫩	巴拿马	突尼斯

阿塞拜疆	多米尼克	利比亚	秘鲁	土耳其
白俄罗斯	多米尼加共和国	立陶宛	罗马尼亚	土库曼斯坦
波黑	厄瓜多尔	马其顿	俄罗斯	乌拉圭
博茨瓦纳	加蓬	马来西亚	圣卢西亚	委内瑞拉
巴西	格林纳达	马尔代夫	圣文森特和格林纳丁斯	
保加利亚	伊朗	毛里求斯	塞尔维亚	
中低收入				
阿尔巴尼亚	萨尔瓦多	老挝	巴拉圭	叙利亚
亚美尼亚	斐济	莱索托	菲律宾	东帝汶
伯利兹	格鲁吉亚	马绍尔群岛	萨摩亚	汤加
不丹	加纳	密克罗尼西亚	圣多美和普林西比	图瓦卢
玻利维亚	危地马拉	摩尔多瓦	塞内加尔	乌克兰
佛得角	圭亚那	蒙古	所罗门群岛	乌兹别克斯坦
喀麦隆	洪都拉斯	摩洛哥	南苏丹	瓦努阿图
刚果共和国	印度	尼加拉瓜	斯里兰卡	越南
科特迪瓦	印度尼西亚	尼日利亚	巴勒斯坦	也门
吉布提	伊拉克	巴基斯坦	苏丹	赞比亚
埃及	基里巴斯	巴布亚新几内亚	斯威士兰	
低收入				
阿富汗	科摩罗	海地	马里	塞拉利昂
孟加拉国	刚果民主共和国	肯尼亚	毛里塔尼亚	索马里
贝宁	厄立特里亚	朝鲜	莫桑比克	塔吉克斯坦
布基纳法索	埃塞俄比亚	吉尔吉斯斯坦	缅甸	坦桑尼亚
布隆迪	冈比亚	利比里亚	尼泊尔	多哥
柬埔寨	几内亚	马达加斯加	尼日尔	乌干达
中非	几内亚比绍	马拉维	卢旺达	津巴布韦
乍得				

数据来源：联合国工发组织（2015a）。

附件 B2

各经济体工业竞争力指标

表 B2.1

2008 年和 2013 年工业竞争力

国家和经济体	人均制造业增加值（2005 年不变价美元）		人均制造业出口（现价美元）		中高科技制造业增加值在制造业增加值中占比（百分比）		制造业增加值在国内生产总值中占比（百分比）		中高科技制造业出口在全部制造业出口中占比（百分比）		制造业出口在全部出口中占比（百分比）		对世界制造业增加值影响（百分比）		对世界制造业贸易影响（百分比）	
	2008	2013	2008	2013	2008	2013	2008	2013	2008	2013	2008	2013	2008	2013	2008	2013
阿尔巴尼亚	213.2	224.9	121.4	465.0	14.1	17.3	7	6	14.3	10.8	70.4	63.3	0.00	0.01	0.00	0.01
阿尔及利亚	173.1	183.1	407.2	377.6	15.2	27.2	6	6	0.7	0.8	18.3	22.4	0.00	0.08	0.00	0.12
阿根廷	1328.4	1524.6	975.4	908.9	26.0	26.0	20	19	38.6	50.6	55.3	49.2	0.01	0.70	0.00	0.30
亚美尼亚	227.5	284.4	263.6	318.0	7.4	4.3	10	12	30.9	15.5	86.6	69.7	0.00	0.01	0.00	0.01
澳大利亚	3503.1	3050.9	3708.7	5399.6	21.5	29.7	10	8	26.3	17.1	43.0	50.0	0.01	0.79	0.01	0.99
奥地利	7442.6	7680.6	18240.3	17251.7	43.8	45.1	19	19	59.3	62.0	88.3	88.1	0.01	0.72	0.01	1.16
阿塞拜疆	124.5	173.8	346.2	251.6	13.2	10.5	4	5	11.2	15.5	6.4	9.9	0.00	0.02	0.00	0.02
巴哈马	836.8	909.6	807.4	657.4	27.3	27.3	4	4	56.2	74.0	68.6	68.0	0.00	0.00	0.00	0.00
巴林	2395.5	2502.3	9886.7	15242.2	28.2	22.4	14	14	6.5	1.7	87.7	91.0	0.00	0.04	0.00	0.16
孟加拉国	84.2	118.3	99.1	152.1	17.5	9.5	17	19	2.8	2.0	94.5	95.7	0.00	0.21	0.00	0.19
巴巴多斯	925.7	645.0	785.0	764.3	38.1	38.1	6	5	28.7	29.6	83.0	81.6	0.00	0.00	0.00	0.00
白俄罗斯	1233.9	1551.2	3121.7	3325.9	42.0	47.1	30	31	39.2	35.6	91.6	83.7	0.00	0.16	0.00	0.25
比利时	5403.0	4531.6	38347.7	40287.5	43.4	47.3	14	12	54.7	51.9	87.6	87.5	0.01	0.56	0.04	3.53
伯利兹	411.9	440.0	347.2	376.8	18.5	18.5	10	11	0.1	0.1	34.6	37.9	0.00	0.00	0.00	0.00
百慕大	1148.1	851.0	144.5	329.3	18.9	25.6	1	1	43.7	34.2	97.6	98.6	0.00	0.00	0.00	0.00
玻利维亚	134.2	152.6	245.5	281.9	5.1	5.1	12	12	3.4	4.1	35.0	24.6	0.00	0.02	0.00	0.02
波黑	341.4	323.6	999.0	1149.7	14.9	15.1	10	10	25.4	23.6	76.8	77.4	0.00	0.01	0.00	0.04
博茨瓦纳	373.6	465.3	2407.1	3573.4	8.0	16.8	6	7	4.8	3.4	94.0	95.4	0.00	0.01	0.00	0.06
巴西	783.9	756.7	691.7	766.8	37.2	35.1	15	13	46.3	40.1	67.0	63.4	0.02	1.68	0.01	1.21
文莱	3037.4	2740.2	701.4	887.4	3.3	3.3	12	11	38.6	69.6	3.4	3.2	0.00	0.01	0.00	0.00
保加利亚	675.0	753.8	2175.1	2895.1	29.3	28.9	15	16	32.4	36.8	72.6	70.9	0.00	0.06	0.00	0.17
布隆迪	15.7	12.8	3.3	3.8	2.2	2.8	10	8	44.8	28.0	19.9	18.9	0.00	0.00	0.00	0.00
佛得角	150.9	166.3	25.0	75.6	27.1	27.1	6	6	0.0	1.1	63.8	54.5	0.00	0.00	0.00	0.00
柬埔寨	106.0	146.8	235.0	428.6	0.3	0.3	18	21	3.4	11.3	75.2	70.2	0.00	0.03	0.00	0.05
喀麦隆	151.0	153.8	59.3	65.1	5.1	5.0	16	16	24.7	14.3	54.6	33.0	0.00	0.04	0.00	0.01
加拿大	4504.5	4092.4	7668.7	7791.7	37.9	30.6	12	11	55.3	56.7	59.6	60.1	0.02	1.60	0.02	2.16
中非	25.7	15.9	17.0	5.0	9.2	9.3	7	6	4.7	14.0	62.2	47.2	0.00	0.00	0.00	0.00
智利	1079.2	1129.3	1899.1	2243.6	16.2	16.3	13	12	15.0	11.1	49.5	51.6	0.00	0.22	0.00	0.31
中国	788.4	1142.6	1020.4	1540.5	44.0	44.0	33	33	58.1	58.3	95.8	96.6	0.13	17.55	0.12	16.83
中国香港	688.7	631.1	1531.5	877.3	32.7	34.1	2	2	38.4	40.9	62.9	31.9	0.00	0.05	0.00	0.05
中国澳门	450.0	297.2	2262.8	140.2	2.0	6.5	1	1	3.3	2.6	96.1	27.3	0.00	0.00	0.00	0.00
中国台湾	4231.8	4517.0	10158.1	11765.5	62.5	66.2	25	24	68.3	70.3	96.1	95.9	0.01	1.17	0.02	2.16
哥伦比亚	528.4	493.2	358.5	333.4	20.0	21.4	14	11	34.6	38.0	43.0	27.4	0.00	0.26	0.00	0.13
刚果共和国	79.1	96.9	433.8	625.3	1.1	5.6	5	5	67.8	85.9	18.3	26.6	0.00	0.01	0.00	0.02

国家和经济体	人均制造业增加值（2005年不变价美元）		人均制造业出口（现价美元）		中高科技制造业增加值在制造业增加值中占比（百分比）		制造业增加值在国内生产总值中占比（百分比）		中高科技制造业出口在全部制造业出口中占比（百分比）		制造业出口在全部出口中占比（百分比）		对世界制造业增加值影响（百分比）		对世界制造业贸易影响（百分比）	
	2008	2013	2008	2013	2008	2013	2008	2013	2008	2013	2008	2013	2008	2013	2008	2013
哥斯达尼加	986.7	1048.2	1609.8	1763.8	17.9	14.4	19	18	60.7	62.5	74.9	74.9	0.00	0.06	0.00	0.07
科特迪瓦	110.4	115.5	235.5	268.4	15.0	15.0	12	11	16.7	45.6	44.0	45.1	0.00	0.03	0.00	0.04
克罗地亚	1661.7	1350.0	2937.5	2550.8	31.8	31.8	14	13	49.6	44.3	90.7	85.9	0.00	0.06	0.00	0.09
塞浦路斯	1251.5	871.9	508.5	583.4	12.9	17.0	7	6	63.2	53.1	68.2	70.1	0.00	0.01	0.00	0.01
捷克共和国	4045.1	4039.8	12844.8	14074.5	40.9	48.9	28	29	67.0	67.3	91.5	93.3	0.01	0.48	0.01	1.19
丹麦	5576.2	5508.0	16039.2	14248.6	44.6	52.4	11	12	52.8	52.1	76.1	72.5	0.00	0.34	0.01	0.63
厄瓜多尔	414.8	408.9	297.2	284.4	8.1	8.1	13	11	19.9	15.8	22.9	17.9	0.00	0.07	0.00	0.04
埃及	233.3	242.2	212.7	228.2	22.3	22.5	16	15	24.5	31.6	61.8	65.1	0.00	0.22	0.00	0.15
萨尔瓦多	635.5	647.8	675.9	789.7	19.1	19.1	21	21	19.5	14.0	89.6	91.2	0.00	0.05	0.00	0.04
厄立特里亚	10.1	10.9	0.4	0.4	12.0	9.0	5	6	14.7	14.7	34.6	34.6	0.00	0.00	0.00	0.00
爱沙尼亚	1757.0	2099.7	9180.4	12056.6	29.3	27.6	15	17	42.2	48.7	87.6	84.9	0.00	0.03	0.00	0.12
埃塞俄比亚	9.6	13.3	2.1	6.8	7.7	9.4	5	5	23.3	13.3	10.7	15.7	0.00	0.01	0.00	0.01
斐济	425.1	445.3	545.3	457.6	6.8	6.8	12	12	6.1	5.5	74.7	76.2	0.00	0.00	0.00	0.00
芬兰	8572.3	6168.4	17058.4	12407.3	50.7	37.5	21	16	57.1	44.5	93.6	90.4	0.01	0.37	0.01	0.53
法国	3834.8	3568.3	8371.4	7724.4	47.2	47.1	11	10	64.3	65.3	88.1	87.6	0.03	2.54	0.05	3.92
加蓬	255.9	274.5	788.8	642.8	5.4	5.4	4	4	6.6	10.1	12.2	18.2	0.00	0.01	0.00	0.01
冈比亚	26.1	22.5	1.9	0.6	4.7	4.7	6	5	10.7	5.6	28.8	10.3	0.00	0.00	0.00	0.00
格鲁吉亚	238.6	342.8	287.4	317.9	15.4	16.2	13	15	48.9	43.1	84.7	74.4	0.00	0.02	0.00	0.01
德国	7342.2	7655.8	15427.8	15504.2	60.3	59.9	20	21	71.1	72.7	87.7	87.9	0.07	7.02	0.11	10.11
加纳	42.9	53.0	32.3	79.8	0.8	0.8	8	7	18.1	33.3	19.6	16.4	0.00	0.02	0.00	0.02
希腊	1593.1	1395.6	2205.6	2623.3	24.1	20.4	7	8	31.5	21.7	78.5	80.5	0.00	0.17	0.00	0.23
危地马拉	406.7	404.6	391.3	448.0	16.3	16.3	18	17	21.6	20.9	69.0	68.8	0.00	0.07	0.00	0.06
海地	44.6	50.6	6.2	6.2	5.3	5.3	10	11	3.8	3.8	83.0	83.0	0.00	0.01	0.00	0.00
洪都拉斯	286.2	270.1	185.4	301.3	7.2	7.2	18	17	31.1	36.8	55.7	50.9	0.00		0.00	0.02
匈牙利	2375.1	2365.7	9227.5	9634.3	52.0	56.2	21	21	77.4	73.5	85.7	89.0	0.00	0.26	0.01	0.76
冰岛	5227.7	5393.9	5495.0	3934.2	9.5	9.5	9	10	52.7	38.6	31.7	26.0	0.00	0.02	0.00	0.01
印度	131.9	161.7	132.9	223.3	38.5	40.8	15	14	27.3	28.7	85.8	83.1	0.02	2.25	0.01	2.20
印度尼西亚	379.5	451.3	353.9	438.8	39.5	37.7	26	25	29.5	30.3	60.5	60.1	0.01	1.25	0.01	0.86
伊朗	338.0	324.9	131.7	340.7	41.2	43.9	11	10	25.2	31.7	14.8	19.7	0.00	0.28	0.00	0.21
伊拉克	27.4	36.9	1.7	14.9	7.7	7.3	2	2	5.2	5.2	0.1	0.6	0.00	0.01	0.00	0.00
爱尔兰	7930.5	6736.3	26978.4	23133.4	58.3	60.5	16	15	55.2	51.2	92.4	92.8	0.00	0.35	0.01	0.84
以色列	3162.4	3232.5	8194.6	8265.7	59.5	37.6	14	13	49.9	54.8	94.9	95.7	0.00	0.28	0.01	0.50
意大利	4953.1	4151.6	8318.7	7540.9	40.1	42.2	16	15	54.1	53.7	91.9	91.5	0.04	2.81	0.04	3.63
牙买加	310.2	274.2	840.9	487.0	18.8	18.8	7	7	7.5	7.5	96.2	91.1	0.00	0.01	0.00	0.01
日本	7951.4	7820.7	5675.6	5163.5	55.4	54.9	22	21	79.6	78.1	92.5	91.8	0.12	11.02	0.06	5.18
约旦	434.5	398.7	846.7	730.9	26.6	26.3	16	16	47.8	43.4	81.0	78.5	0.00	0.03	0.00	0.04
哈萨克斯坦	497.6	605.9	1150.5	1042.8	12.6	16.2	11	11	35.4	33.2	25.2	20.8	0.00	0.11	0.00	0.14

国家和经济体	人均制造业增加值（2005 年不变价美元）		人均制造业出口（现价美元）		中高科技制造业增加值在制造业增加值中占比（百分比）		制造业增加值在国内生产总值中占比（百分比）		中高科技制造业出口在全部制造业出口中占比（百分比）		制造业出口在全部出口中占比（百分比）		对世界制造业增加值影响（百分比）		对世界制造业贸易影响（百分比）	
	2008	2013	2008	2013	2008	2013	2008	2013	2008	2013	2008	2013	2008	2013	2008	2013
肯尼亚	59.5	61.1	59.8	58.1	10.0	10.4	11	10	17.7	21.6	49.6	48.7	0.00	0.03	0.00	0.02
韩国	5801.4	7180.7	8552.6	11043.4	82.8	63.1	27	29	72.7	72.4	97.0	97.2	0.03	3.92	0.04	4.29
科威特	2397.3	1785.7	10332.0	10400.6	27.4	29.6	7	6	8.2	13.4	32.6	30.6	0.00	0.07	0.00	0.28
吉尔吉斯斯坦	67.3	54.0	86.1	94.9	6.1	3.5	12	8	23.1	18.1	27.7	34.1	0.00	0.00	0.00	0.00
拉脱维亚	838.4	1057.1	3619.2	5028.2	20.7	22.1	9	12	34.2	36.0	83.4	77.4	0.00	0.02	0.00	0.08
黎巴嫩	474.4	480.7	675.1	620.7	19.9	20.0	8	7	38.3	32.9	81.2	76.0	0.00	0.03	0.00	0.02
立陶宛	1812.4	2102.8	6605.2	9209.2	31.3	21.6	18	20	40.0	36.8	87.3	85.2	0.00	0.07	0.00	0.22
卢森堡	5327.5	3719.1	31440.0	22502.8	8.6	11.0	6	5	35.8	39.2	88.5	87.0	0.00	0.02	0.00	0.09
马其顿	474.0	415.5	1468.7	1828.1	13.7	15.5	14	12	29.6	48.1	91.8	90.3	0.00	0.01	0.00	0.03
马达加斯加	44.6	37.2	61.8	42.5	3.6	3.6	15	14	2.1	4.4	79.6	55.6	0.00	0.01	0.00	0.01
马拉维	24.6	22.6	10.8	22.2	11.4	11.3	10	9	15.3	12.8	17.3	30.1	0.00	0.00	0.00	0.00
马来西亚	1616.6	1717.0	5148.3	6201.9	43.1	42.1	26	25	57.9	58.4	70.7	80.7	0.01	0.57	0.01	1.45
马耳他	2178.3	1842.9	6369.5	11318.0	50.5	28.8	14	11	78.1	40.2	88.5	93.3	0.00	0.01	0.00	0.04
毛里求斯	982.6	1065.9	1583.3	1468.5	3.2	8.3	16	15	12.4	3.5	80.6	96.3	0.00	0.02	0.00	0.01
墨西哥	1300.0	1340.9	1991.8	2514.4	37.6	43.7	16	16	76.9	78.3	78.6	81.0	0.02	1.82	0.02	2.43
摩尔多瓦	99.1	118.0	187.0	312.1	9.8	17.4	10	10	14.2	25.5	69.0	67.2	0.00	0.01	0.00	0.01
蒙古	81.2	91.9	457.5	680.1	5.4	6.2	6	5	1.9	3.7	62.9	45.2	0.00	0.00	0.00	0.02
摩洛哥	309.3	323.6	491.4	534.8	29.1	27.4	14	13	31.6	44.5	74.9	80.4	0.00	0.12	0.00	0.14
莫桑比克	45.2	51.0	14.2	44.6	11.0	11.0	13	11	35.9	44.8	12.2	28.7	0.00	0.02	0.00	0.01
纳米比亚	504.1	491.1	1117.3	1713.0	7.9	8.0	13	11	13.8	25.8	49.9	69.1	0.00	0.01	0.00	0.03
尼泊尔	24.5	26.3	23.9	24.0	1.9	8.6	7	6	20.8	20.3	71.7	77.2	0.00	0.01	0.00	0.01
荷兰	4995.2	4813.2	24148.3	27818.9	43.8	48.7	12	12	53.9	50.8	73.0	81.6	0.01	0.89	0.03	3.68
新西兰	3504.8	3574.8	3176.9	3844.8	17.2	18.3	13	12	24.6	19.1	46.3	45.5	0.00	0.18	0.00	0.14
尼日尔	14.9	18.4	35.8	67.0	26.4	26.4	5	6	3.9	6.0	51.4	89.3	0.00	0.00	0.00	0.01
尼日利亚	27.1	44.6	30.3	35.1	33.4	33.4	3	4	73.2	19.4	5.6	6.7	0.00	0.09	0.00	0.05
挪威	5544.4	5211.5	9172.9	8101.9	58.6	46.3	8	8	50.6	46.8	25.3	26.5	0.00	0.29	0.00	0.32
阿曼	1328.4	1297.8	2355.0	2308.2	14.2	48.2	9	10	28.9	40.3	18.1	18.1	0.00	0.05	0.00	0.07
巴基斯坦	144.1	139.1	98.6	112.1	24.6	24.6	19	17	9.1	10.4	82.8	81.6	0.00	0.28	0.00	0.16
巴拿马	341.2	338.2	60.0	90.2	7.6	7.6	6	4	14.0	7.9	18.9	41.3	0.00	0.01	0.00	0.00
巴布亚新几内亚	53.4	71.8	343.9	324.0	12.6	12.6	6	6	9.1	8.1	43.9	51.4	0.00	0.01	0.00	0.02
巴拉圭	170.3	179.0	189.8	233.9	21.3	21.8	10	9	10.5	15.1	26.5	16.9	0.00	0.01	0.00	0.01
秘鲁	533.4	604.7	575.0	714.6	15.6	13.5	16	15	4.8	6.1	52.6	51.8	0.00	0.20	0.00	0.17
菲律宾	308.5	353.4	500.0	495.6	35.0	41.5	23	22	77.6	68.6	92.1	90.3	0.00	0.39	0.00	0.38
波兰	1850.3	2323.6	3938.6	4656.8	36.5	32.9	19	21	57.6	55.2	87.5	87.3	0.01	0.98	0.01	1.40
葡萄牙	2343.9	2280.2	4541.1	5489.6	26.8	26.4	12	13	43.9	37.8	85.8	92.8	0.00	0.27	0.00	0.46
卡塔尔	4297.7	4595.1	2450.6	5693.4	33.0	25.8	7	8	43.7	38.8	5.0	9.1	0.00	0.11	0.00	0.10
罗马尼亚	828.9	854.6	2046.0	2625.9	28.3	38.2	15	15	47.0	55.8	90.7	86.5	0.00	0.21	0.00	0.45

国家和经济体	人均制造业增加值（2005 年不变价美元）		人均制造业出口（现价美元）		中高科技制造业增加值在制造业增加值中占比（百分比）		制造业增加值在国内生产总值中占比（百分比）		中高科技制造业出口在全部制造业出口中占比（百分比）		制造业出口在全部出口中占比（百分比）		对世界制造业增加值影响（百分比）		对世界制造业贸易影响（百分比）	
	2008	2013	2008	2013	2008	2013	2008	2013	2008	2013	2008	2013	2008	2013	2008	2013
俄罗斯	931.1	968.1	1228.1	1532.1	24.6	27.7	14	14	28.2	22.8	37.7	41.5	0.02	1.53	0.02	1.73
卢旺达	21.3	22.0	11.2	27.0	6.7	6.7	7	6	3.6	4.4	57.2	63.4	0.00	0.00	0.00	0.00
圣卢西亚	268.1	276.3	244.2	244.3	7.8	7.8	4	5	30.0	30.0	61.6	61.6	0.00	0.00	0.00	0.00
沙特阿拉伯	1599.4	2046.1	1909.3	2429.9	36.3	35.9	11	11	26.0	35.7	16.4	19.1	0.01	0.65	0.00	0.55
塞内加尔	93.4	98.9	144.5	117.2	22.5	21.7	12	12	17.3	15.2	81.5	62.1	0.00	0.02	0.00	0.01
塞尔维亚	405.8	361.3	950.6	1289.2	21.8	20.1	14	12	32.2	48.6	84.6	83.9	0.00	0.04	0.00	0.10
新加坡	7921.9	9700.0	32535.6	32285.9	88.0	81.2	25	26	66.7	69.0	89.8	89.8	0.00	0.58	0.01	1.52
斯洛伐克	3580.3	3125.9	12111.4	14745.8	41.5	58.0	25	21	65.4	67.7	93.4	94.3	0.00	0.19	0.01	0.63
斯洛文尼亚	4264.6	3659.3	13182.0	12485.4	45.8	49.2	21	20	62.0	61.8	91.6	90.4	0.00	0.08	0.00	0.20
南非	931.9	894.0	1016.9	1208.9	23.6	24.4	16	15	51.1	43.7	69.1	67.0	0.01	0.52	0.00	0.50
西班牙	3370.6	2960.7	5269.5	5425.2	34.3	34.3	12	12	56.9	55.9	85.4	81.9	0.02	1.54	0.02	2.01
斯里兰卡	274.5	357.2	282.1	345.5	13.9	6.8	19	19	9.3	8.2	70.6	73.5	0.00	0.08	0.00	0.06
巴勒斯坦	143.5	148.9	92.7	114.1	5.6	5.5	11	9	9.5	7.7	90.8	77.6	0.00	0.01	0.00	0.00
苏里南	631.5	599.2	440.5	625.0	11.6	11.6	16	13	10.3	19.4	13.4	13.8	0.00	0.00	0.00	0.00
斯威士兰	726.9	641.5	888.8	888.8	0.9	0.9	30	26	29.0	29.0	92.9	92.9	0.00	0.01	0.00	0.01
瑞典	7133.2	6896.7	17803.4	15530.8	53.4	53.7	17	16	57.9	57.5	89.4	88.7	0.01	0.73	0.01	1.17
瑞士	10323.9	10147.3	23620.4	25700.8	64.0	64.5	19	18	69.0	71.3	90.1	90.6	0.01	0.91	0.02	1.64
叙利亚	60.0	65.2	365.7	231.3	21.5	21.5	4	4	25.1	22.7	51.7	43.9	0.00	0.02	0.00	0.05
塔吉克斯坦	57.9	59.1	15.5	15.5	2.6	3.0	15	12	66.3	66.3	13.8	13.8	0.00	0.01	0.00	0.00
坦桑尼亚	34.4	43.0	31.3	33.0	11.2	8.6	8	9	22.9	22.4	42.5	36.8	0.00	0.02	0.00	0.01
泰国	1079.7	1168.4	2253.1	2998.6	46.3	40.7	36	34	60.4	59.8	84.8	88.0	0.01	0.87	0.01	1.58
汤加	170.0	168.7	23.1	14.9	17.3	17.3	7	6	17.7	49.5	26.9	11.3	0.00	0.00	0.00	0.00
特立尼达和多巴哥	918.3	941.4	8820.1	5564.4	39.6	39.6	6	7	20.5	17.7	62.3	74.0	0.00	0.01	0.00	0.07
突尼斯	582.1	652.8	1523.1	1317.7	27.3	28.8	16	17	39.2	46.8	81.9	84.9	0.00	0.08	0.00	0.11
土耳其	1344.8	1548.3	1679.9	1778.4	32.6	32.7	17	18	42.2	40.6	89.5	87.8	0.01	1.29	0.01	1.05
乌干达	24.2	27.3	14.6	17.3	15.3	15.3	7	7	14.8	13.8	34.4	38.2	0.00	0.01	0.00	0.01
乌克兰	375.0	358.7	1233.9	1088.6	33.9	33.9	17	17	45.0	42.3	85.6	77.8	0.00	0.18	0.01	0.39
阿联酋	3395.4	2612.9	4525.1	2314.1	12.6	12.6	11	10	7.5	21.2	18.6	10.6	0.00	0.27	0.00	0.17
英国	4043.2	3671.4	6051.8	2844.5	44.9	45.9	10	10	62.7	57.1	77.0	76.3	0.03	2.57	0.03	1.42
美国	5459.2	5464.5	3178.2	3229.0	51.3	50.6	12	12	69.0	61.7	83.3	75.3	0.20	19.39	0.09	8.15
乌拉圭	945.1	979.7	754.6	994.7	14.5	13.8	15	13	22.4	26.5	42.5	37.4	0.00	0.04	0.00	0.03
委内瑞拉	876.0	806.9	747.3	425.4	34.3	34.3	13	13	10.3	9.7	25.2	14.7	0.00	0.27	0.00	0.10
越南	173.6	235.6	423.1	1128.9	25.7	29.8	22	23	25.8	47.4	59.0	78.4	0.00	0.24	0.00	0.82
也门	57.8	59.4	46.4	36.0	2.1	2.3	6	7	2.8	5.6	14.0	12.5	0.00	0.02	0.00	0.01
赞比亚	68.4	76.9	126.5	182.3	21.1	21.1	10	9	12.6	23.2	30.9	25.0	0.00	0.01	0.00	0.02

注：中高科技划分标准见表 7.4。

数据来源：联合国工发组织（2015a) 和 (2015b)。

附件 B3

按工业化水平、地区、收入水平分组的制造业增加值和出口指标

表 B3.1

2009-2013 年中高技术制造业出口在全部制造业出口中占比（%）

分组	2009	2010	2011	2012	2013
世界	60	60	58	58	58
工业化国家	64	64	62	62	61
工业化进程中国家	51	51	50	51	52
按工业化水平分组					
新兴工业化国家	53	54	53	53	53
其它发展中国家	31	26	28	32	36
最不发达国家	9	6	8	16	15
按地区分组					
非洲	31	30	30	31	34
亚太	61	61	58	59	58
欧洲	61	60	59	59	58
拉美和加勒比	51	51	52	52	55
按收入水平分组（工业化进程中国家）					
高收入	49	48	48	46	47
中高收入	55	56	55	55	56
中低收入	33	31	30	34	35
低收入	8	7	7	15	15

注：技术分组根据附件 B5、表 B5.1。

表 B3.2

2009-2013 年人均制造业出口（现价美元）

分组	2009	2010	2011	2012	2013
世界	1381	1653	1922	1891	1940
工业化国家	5337	6233	7230	7023	7233
工业化进程中国家	529	674	795	811	835
按工业化水平分组					
新兴工业化国家	743	942	1119	1159	1202
其它发展中国家	47	61	76	46	45
最不发达国家	200	272	309	293	290
按地区分组					
非洲	146	203	236	218	193
亚太	502	654	779	805	851
欧洲	1702	2003	2476	2486	2559
拉美	874	1070	1196	1228	1200
按收入水平分组					
高收入	5993	7011	8109	7838	8066
中高收入	892	1147	1359	1425	1471
中低收入	186	235	290	296	308
低收入	44	56	65	32	38

表 B3. 3
2009-2013 年对世界制造业贸易的影响（%）

分组	2009	2010	2011	2012	2013
世界	100	100	100	100	100
工业化国家	68	66	66	65	64
工业化进程中国家	32	34	34	35	36
按工业化水平分组					
新兴工业化国家	29	30	31	32	33
其它发展中国家	0	0	0	0	0
最不发达国家	3	3	3	3	3
按地区分组					
非洲	2	2	2	2	2
亚太	20	22	23	24	24
欧洲	4	4	4	5	4
拉美	5	6	5	6	5
按收入水平分组					
高收入	71	69	69	67	67
中高收入	24	25	26	27	27
中低收入	5	5	5	6	6
低收入	0	0	0	0	0

表 B3. 4
2009-2013 年对世界制造业增加值的影响（%）

分组	2009	2010	2011	2012	2013
世界	100	100	100	100	100
工业化国家	67	67	68	65	65
工业化进程中国家	33	33	32	35	35
按工业化水平分组					
新兴工业化国家	29	29	31	31	32
其它发展中国家	3	3	3	3	3
最不发达国家	0	0	0	0	0
按地区分组					
非洲	1	1	1	1	1
亚太	22	22	23	23	24
欧洲	3	3	3	3	3
拉美和加勒比	6	6	6	6	6
按收入水平分组（工业化进程中国家）					
高收入	2	2	2	2	2
中高收入	25	24	25	26	27
中低收入	5	5	5	5	5
低收入	0	0	0	0	0

表 B3. 5
2009-2013 年中高技术制造业增加值在全部制造业增加值中占比（%）

分组	2009	2010	2011	2012	2013
世界	47	46	46	47	47
工业化国家	52	51	51	51	50
工业化进程中国家	38	39	39	34	34
按工业化水平分组					
新兴工业化国家	39	39	40	36	36
其它发展中国家	8	8	9	9	9
最不发达国家	30	29	28	29	30
按地区分组					
非洲	22	24	23	23	22
亚太	49	47	45	50	49
欧洲	46	47	48	47	47
拉美和加勒比	34	35	34	33	33
按收入水平分组（工业化进程中国家）					
高收入	36	36	37	38	38
中高收入	39	39	40	34	34
中低收入	35	35	35	35	35
低收入	11	11	11	11	9

注：中高技术分类标准参见表 7.4。

表 B3. 6
2009-2013 年制造业增加值在国内生产总值中占比（%）

分组	2009	2010	2011	2012	2013
世界	15	16	16	16	16
工业化国家	14	15	15	15	15
工业化进程中国家	20	20	20	20	20
按工业化水平分组					
新兴工业化国家	22	22	22	22	22
其它发展中国家	12	12	12	12	12
最不发达国家	11	11	11	12	12
按地区分组					
非洲	10	10	10	10	10
亚太	25	25	25	25	25
欧洲	16	16	17	17	17
拉美和加勒比	14	15	15	14	14
按收入水平分组					
高收入	13	14	15	15	15
中高收入	21	22	22	22	22
中低收入	16	16	16	16	15
低收入	12	12	13	13	13

表 B3.7

2009-2013 年制造业出口在全部出口中占比（%）

分组	2009	2010	2011	2012	2013
世界	86	84	83	83	83
工业化国家	90	89	88	89	87
工业化进程中国家	78	76	75	75	76
按工业化水平分组					
新兴工业化国家	82	82	79	80	80
其它发展中国家	69	66	74	64	64
最不发达国家	52	45	46	45	48
按地区分组					
非洲	43	46	46	45	47
亚太	84	81	79	79	81
欧洲	91	91	90	90	90
拉美	69	67	63	64	64
按收入水平分组					
高收入	89	88	87	87	86
中高收入	81	79	78	80	81
中低收入	72	67	69	63	68
低收入	66	64	68	57	56

表 B3.8

2009-2013 年人均制造业增加值（2005 年不变价美元）

分组	2009	2010	2011	2012	2013
世界	1104	1202	1235	1250	1262
工业化国家	4180	4610	4702	4728	4751
工业化进程中国家	442	473	500	517	534
按工业化水平分组					
新兴工业化国家	1104	1202	1235	1250	1262
其它发展中国家	189	197	200	204	199
最不发达国家	48	51	53	55	58
按地区分组					
非洲	122	125	125	127	128
亚太	438	472	506	533	559
欧洲	1021	1105	1175	1184	1206
拉美和加勒比	768	818	842	840	836
按收入水平分组					
高收入	4498	4952	5048	5067	5087
中高收入	818	885	941	984	1026
中低收入	172	181	189	192	194
低收入	48	50	53	55	54

数据来源：联合国工发组织根据 UNIDO（2015a）加工整理。

附件 B4

按工业化水平、地区、收入水平分组的世界贸易概况

表 B4. 1

2009-2013 年全部商品出口总额（现价 10 亿美元）

分组	2009	2010	2011	2012	2013
世界	10984	13533	16157	16018	16682
工业化国家	7192	8494	10020	9704	10219
工业化进程中国家	3791	5039	6137	6314	6463
按工业化水平分组					
新兴工业化国家	3273	4229	5229	5427	5623
其它发展中国家	54	75	84	61	61
最不发达国家	464	735	824	826	779
按地区分组					
亚太	2267	3116	3812	3972	4170
欧洲	451	531	661	666	693
拉美	737	943	1132	1157	1147
非洲	336	448	533	519	453
按收入水平分组					
高收入	7571	8978	10621	10267	10795
中高收入	2735	3619	4407	4512	4654
中低收入	625	866	1051	1192	1175
低收入	53	70	78	47	58

表 B4. 2

2009-2013 年初级产品出口（现价 10 亿美元）

分组	2009	2010	2011	2012	2013
世界	1422	1939	2511	2442	2620
工业化国家	626	764	998	904	1136
工业化进程中国家	795	1175	1513	1537	1484
按工业化水平分组					
新兴工业化国家	553	745	1049	1062	1055
其它发展中国家	16	24	20	21	21
最不发达国家	227	405	444	455	409
按地区分组（发展中和新兴工业体）					
亚太	352	596	772	798	777
欧洲	32	36	45	50	57
拉美	222	303	410	407	409
非洲	190	240	285	283	241
按收入水平分组					
高收入	734	913	1226	1140	1372
中高收入	501	723	948	860	856
中低收入	170	279	313	423	367
低收入	17	24	24	19	25

表 B4.3
2009-2013 年资源型制造业产品出口（现价 10 亿美元）

分组	2009	2010	2011	2012	2013
世界	2031	2564	3203	3166	3290
工业化国家	1384	1676	2112	2080	2204
工业化进程中国家	647	891	1091	1082	1082
按工业化水平分组					
新兴工业化国家	550	728	911	922	938
其它发展中国家	8	13	13	19	19
最不发达国家	89	148	165	144	127
按地区分组（工业化进程中）					
亚太	339	455	593	578	646
欧洲	89	109	143	148	152
拉美	184	236	257	271	248
非洲	36	89	98	85	36
按收入水平分组					
高收入	1466	1781	2236	2204	2328
中高收入	403	542	657	668	655
中低收入	156	229	300	282	293
低收入	7	11	10	12	14

表 B4.4
2009-2013 年低技术制造业产品出口（现价 10 亿美元）

分组	2009	2010	2011	2012	2013
世界	1723	2010	2419	2402	2535
工业化国家	947	1063	1257	1196	1245
工业化进程中国家	808	984	1197	1239	1309
按工业化水平分组					
新兴工业化国家	708	860	1050	1121	1184
其它发展中国家	25	33	44	14	14
最不发达国家	76	95	110	105	112
按地区分组（工业化进程中）					
亚太	557	696	866	916	982
欧洲	105	118	143	141	147
拉美	105	117	133	132	132
非洲	41	53	55	51	48
按收入水平分组					
高收入	1049	1177	1397	1318	1397
中高收入	519	648	797	874	921
中低收入	131	156	187	199	205
低收入	24	30	38	10	13

表 B4.5

2009-2013 年中等技术制造业产品出口（现价 10 亿美元）

分组	2009	2010	2011	2012	2013
世界	3598	4406	5213	5168	5285
工业化国家	2672	3192	3758	3680	3754
工业化进程中国家	898	1178	1421	1456	1514
按工业化水平分组					
新兴工业化国家	856	1120	1350	1387	1444
其它发展中国家	3	3	4	5	5
最不发达国家	39	54	65	62	65
按地区分组（工业化进程中）					
亚太	547	744	900	930	958
欧洲	149	175	218	215	224
拉美	168	214	250	260	279
非洲	33	45	53	50	54
按收入水平分组					
高收入	2811	3327	3916	3731	3820
中高收入	691	948	1137	1252	1276
中低收入	93	128	157	181	184
低收入	2	3	3	4	4

表 B4.6

2009-2013 年高技术制造业产品出口（现价 10 亿美元）

分组	2009	2010	2011	2012	2013
世界	2069	2430	2587	2628	2756
工业化国家	1446	1647	1714	1674	1726
工业化进程中国家	619	778	872	956	1032
按工业化水平分组					
新兴工业化国家	583	744	827	895	960
其它发展中国家	1	0	1	1	1
最不发达国家	35	33	43	57	68
按地区分组（工业化进程中）					
亚太	485	624	687	761	834
欧洲	72	83	99	103	105
拉美	59	67	80	85	85
非洲	3	4	6	7	7
按收入水平分组					
高收入	1197	1346	1375	1328	1391
中高收入	764	967	1074	1143	1192
中低收入	103	111	132	154	169
低收入	4	5	5	3	4

注：表 B4.3-B4.6 的技术分组根据附件 B5、表 B5.1。

数据来源：联合国工发组织根据 UNIDO（2015a）和联合国 Comtrade 数据库 (UNSD 2015b) 加工整理。

附件 B5

国际贸易数据技术分类

表 B5.1
出口技术分类，国际贸易分类标准（SITC）第 3 版

出口类型	国际贸易分类标准 3 位代码分类
资源型出口	016，017，023，024，035，037，046，047，048，056，058，059，061，062，073，098，111，112，122，232，247，248，251，264，265，281，282，283，284，285，286，287，288，289，322，334，335，342，344，345，411，421，422，431，511，514，515，516，522，523，524，531，532，551，592，621，625，629，633，634，635，641，661，662，663，664，667，689
低技术出口	611，612，613，642，651，652，654，655，656，657，658，659，665，666，673，674，675，676，677，679，691，692，693，694，695，696，697，699，821，831，841，842，843，844，845，846，848，851，893，894，895，897，898，899
中等技术出口	266，267，512，513，533，553，554，562，571，572，573，574，575，579，581，582，583，591，593，597，598，653，671，672，678，711，712，713，714，721，722，723，724，725，726，727，728，731，733，735，737，741，742，743，744，745，746，747，748，749，761，762，763，772，773，775，778，781，782，783，784，785，786，791，793，811，812，813，872，873，882，884，885
高技术出口	525，541，542，716，718，751，752，759，764，771，774，776，792，871，874，881，891

数据来源：联合国工发组织 2011a。

附件 C1
数据附录

表 C1.1
《2016 年工业发展报告》图表中使用的背景文件及数据集

引用文件	链接（如果网上可获取）	背景文件所用数据集，并非一定是2016 报告中的图表	报告中对应图表
Foster-McGregor, Kaulich and Stehrer 2015	www.unido.org//fileadmin/user_media/Services/PSD/WP_2015_04_v2.pdf	• 联合国 Comtrade 数据库 • 联合国贸发大会 Eora GVC 数据库 • 世界发展指标数据库 • 联合国工发组织工业发展统计数据库(INDSTAT4)	图 2.21
Foster-McGregor, Kaba and Szirmai 2015		• 联合国国民核算账户数据库 • 世界发展指标数据库 • 麦迪逊项目（Maddison Project）数据库	图 3.2-3.4, 3.8, 3.9
Jacob and Sasso 2015	www.unido.org//fileadmin/user_media/Services/PSD/WP_2015_07_FDI.pdf	• 金融时报外国直接投资市场（Financial Times FDI Market）数据库 • 经合发组织 ANBERN 数据库	表 3.2, 3.3
Kaltenberg and Verspagen 2015		• 麦迪逊项目（Maddison Project）数据库 • BACI 数据库	图 1.2, 1.3, 2.1-2.8; 表 1.1, 3.1
Lavopa and Szirmai 2015	www.unido.org//fileadmin/user_media/Services/PSD/WP_10_FB.pdf	• 联合国主要宏观数据库 • 世界发展指标数据库 • ICOP 数据库 • 联合国工发组织工业发展统计数据库(INDSTAT2) • 大企业联合会(Conference Board)总体经济数据库 • 国民核算主要指标数据库(NAMAD) • GGDC 10 部门数据库 • 亚洲、欧盟和世界 KLEMS 数据库 • WIOD 数据库	专栏 1.4; 图 1.8, 1.9
Mazzanti and others 2015		• EORA 数据库 • 国际能源署数据库 • 联合国工发组织工业发展统计数据库(INDSTAT2)	图 5.3, 5.7; 表 5.2, 5.6
Tregenna 2015		• 国际劳工组织数据库 • Penn World Tables • 联合国数据库	图 3.5
Zhong 2015		• WIOD 数据库	图 5.5, 5.6

表 C1.2
《2016 年工业发展报告》图表中使用的分类及其数据集

分类	更多信息	报告中引用数据来源	报告中使用的分类类型	报告中对应图表
增加值技术水平分类	关于所用技术分类的更多信息，请见 UNIDO(2010b) 中附件 6.5	UNIDO(2010b)	中、高技术分类	附件 B2.1，B3.5；表 7.4，7.5
	关于所用技术分类的更多信息，请见 OECD（2005）中附件 A	UNIDO(2012)	低、中、高技术分类	附件 A2；图 1.8，1.9，2.2，2.4
	关于所用技术分类的更多信息，请见 Foster-Mcgregor，Kaulich，Stehrer（2015）附录 A	Foster-Mcgregor，Kaulich，Stehrer（2015）	初级产品、低技术和高技术制造业、服务业分类	图 2.21
贸易技术水平分类	关于国际贸易标准分类修订版 3 的详细结构和解释，请见 http://unstats.un.org/unsd/cr/registry/regcst.asp?Cl=14	UNIDO 2011a	资源型、低技术、中等技术、高技术部门 016-899	附件 B3.1，B4.3-B4.6，B5；图 7.10，7.11，7.13，8.2，8.3；表 7.5
地区分类	关于所用地区分类的更多信息，请见本报告中附件 A1.2	UNIDO 加工整理	工业化国家和经济体（5 个地区）和工业化进程中国家和经济体（12 个地区）	图 1.5-1.8；表 1.3，1.4
	关于所用地区分类的更多信息，请见 UNIDO（2015c）	UNIDO（2015c）	工业化国家和经济体（4 个地区）和工业化进程中国家和经济体（4 个地区）	附件 B1.1，B3，B4；图 7.7，7.8；表 7.1，7.5，7.7-7.9
发展水平分类	关于所用发展水平分类的更多信息，请见 UNIDO（2015c）	UNIDO（2015c）	工业化国家和经济体，工业化进程中国家和经济体（新兴、其它和最不发达）	附件 B1.2，B3，B4；图 7.1，7.3-7.5，7.9，7.11，7.12，7.19；表 7.1-7.3，7.5，7.7-7.9
收入分类	关于世界银行图表法（World Bank Atlas method）— 世界银行人均国民总收入操作指南和分析分类的更多信息，请见 https://datahelpdesk.worldbank.org/knowledgebase/articles/378834-how-does-the-world-bank-classify-countries	UNIDO（2015c）	低收入、中高收入、中低收入和高收入分类	附件 B1.3，B3，B4；表 7.5，7.7-7.9
		Lavopa 和 Szirmai 2014	低收入、中高收入、中低收入和高收入分类（对不同年份世界银行分类的荟萃分析）	图 3.10-3.12
		世界银行 2015b	低收入、中高收入、中低收入和高收入分类（2013 年）	附件 A1.1；图 5.1，5.2，5.12，5.13；表 5.2，5.4；专栏 5.6
		世界银行 2015b	低收入、中高收入、中低收入和高收入分类（1990 年）	附件 A1.2；图 1.5-1.8，1.12-1.15，2.11-2.20，4.2；表 1.3，2.2，2.3，4.1

C1

数据附录

表 C1.3
《2016 年工业发展报告》图表中使用的数据集目录

数据集	更多信息	报告中引用数据集主要参考资料	报告中对应图表
American Community Survey 美国社区调查	美国社区调查是美国人口和劳动力详细信息的主要来源。 更多信息请见 www.census.gov/programs-survey/acs	Acemoglu and Autor 2011	图 4.4，4.6
BACI International Trade Database BACI 国际贸易数据库	BACI 是一个国际贸易数据库，涵盖 1994–2007 年 200 多个国家 5000 种产品。 更多信息请见 Gaulier and Zignago（2010）	Gaulier and Zignago（2010）	图 2.9
CAIT Historical Emissions Data CAIT 历史排放数据	CAIT 历史排放数据拥有可方便获取进行可视化分析的最新国际温室气体排放数据。它包括 186 个国家、美国 50 个州、6 种气体、1850–2012 年 160 年多个经济部门二氧化碳排放和 1990–2012 年多部门温室气体排放信息。 更多信息请见 www.wri.org/resources/data-sets/cait-historical-emissions-data-countries-us-states-unfccc	WRI 2015	图 1.16，1.21，1.23
CHAT Data CHAT 数据	CHAT 数据集包括过去 200 年中 161 个国家 104 种科技传播推广情况 更多信息请见 Comin and Mestieri 2013	Comin and Mestieri（2013）	图 4.8
Competitiveness Industrial Performance Index（CIP） 工业竞争力指数（CIP）	工业竞争力指数使用反映一个经济体有竞争力地生产和出口制造业产品能力的指标，比较 118 个国家的工业绩效。 更多信息请见 www.unido.org/data1/Statistics/Research/cip.html	UNIDO 2013c UNIDO 2015a	附件 B3，B2；图 8.1–8.4，表 8.1–8.5
Current Population Survey（CPS） 当前人口调查（CPS）	当前人口调查根据概率抽选 60,000 户有人居住的住户，为针对美国全国人口和特定人口群体的各种研究活动收集数据。调查现场工作于每月 19 日所在的一周进行。 更多信息请见 www.census.gov/cps/about/supplemental.html	Acemoglu and Autor 2011	图 4.4，4.6
Institutional Characteristics of Trade Unions, Wage Setting, State Intervention and Social Pacts（ICTWSS）Database 工会机构特征、工资确定、国家干预和社会契约（ICTWSS）数据库	ICTWSS 数据库涵盖 34 个国家 1960–2012 年期间工会机构特征、工资确定、国家干预和社会契约信息。 更多信息请见 www.uva-aias.net/208	Visser 2013	图 4.10
Emission Database for Global Atmospheric Research（EDGAR） 全球大气层研究排放数据库（EDGAR）	EDGAR 数据库提供全球过去和当前人类活动产生的温室气体排放和空气污染物信息，按国家和空间网格细分。EDGAR 4.2 版包括了 1970–2008 年全球按 0.1° x 0.1° 网格的所有国家主要来源排放数据。 更多信息请见 http://edgar.jrc.ec.europa.eu	欧盟委员会，联合研究中心及荷兰环境评估署 2014	表 5.3
Eora Multiregion Input-Output（MRIO）Database Eora 多地区投入产出数据库（MRIO）	Eora MRIO 数据库提供 1990–2011 年 187 个国家高分辨率投入产出表时间序列数据，并配以环境和社会卫星账户 更多信息请见 http://worldmrio.com	Lenzen and others 2012； Lenzenand others 2013	图 2.10–2.20，表 2.1–2.3

数据集	更多信息	报告中引用数据集主要参考资料	报告中对应图表
EU KLEMS project EU KLEMS 项目	EU KLEMS 项目旨在建立一个 1970 年以来所有欧盟成员国工业层面经济增长、生产力、创造就业、资本形成和技术进步的数据库。2007 年 3 月版的数据库有 25 个国家 1970—2004 年 72 个工业行业部分指标数据。 更多信息请见 http://euklems.net	O'Mahony and Timmer 2009	图 1.16—1.18, 1.23
Fuel Combustion Statistics Database 燃料燃烧统计数据库	本数据集包含 1960—2012 年化石燃料燃烧产生二氧化碳（CO_2）排放测算统计数据 更多信息请见 http://dx.doi.org/10.1787/co2-data-en	国际能源署 2015b	图 1.22, 5.1, 5.2, 5.9
Groningen Growth and Development Centre (GGDC) 10-Sector Database 格罗宁根增长与发展中心（GGDC）10 部门数据库	GGDC 10 部门数据库提供非洲、亚洲、拉美地区部门生产力绩效的长期国际可比数据集。数据集中变量包括 10 个大部门增加值、产出平减指数和就业人员的年度时间序列数据。数据库提供非洲 11 个国家、亚洲 11 个国家、中东北非 2 个国家、拉美 9 个国家 1950 年以来详细的部门数据。为进行比较，还增加了美国和若干欧洲国家的数据。 更多信息请见 www.rug.nl/research/ggdc/data/10-sector-database	Timmer, de Vries and de Vries 2014	图 1.4, 1.7, 1.16, 1.18, 1.23; 表 1.4
ICE Futures Europe Data 洲际交易所（ICE）欧洲期货数据	ICE 欧洲期货提供市场数据，以及关于全球金融和商品市场和信息交流中心的情况。 更多信息请见 www.theice.com/market-data	Knopf and others 2014	图 5.15
ILOSTAT Database 国际劳工组织统计数据库（ILOSTAT）	国际劳工组织统计数据库是劳动力市场跨国数据的主要来源。数据库拥有 230 个国家和经济体 100 多项指标。 更多信息请见 www.ilo.org/ilostat/faces/oracle/webcenter/portalapp/ pagehierarchy/Page137.jspx?_afrLoop=4652569856048325&c lean=true#%40%3F_afrLoop%3D4652569856048325%26clea n%3Dtrue%26_adf.ctrl-state%3Dtqhjvfh3b_9	ILO 2015a	图 1.7, 1.16, 1.18, 1.23
International Energy Agency (IEA) Energy Flow Charts 国际能源署能源流量图	国际能源署的动画 Sankey 流量图将 1973—2013 年全球和国别能源平衡表可视化。 更多信息请见 www.iea.org/Sankey/index.html	IEA 2013	图 7.23—7.27
International Futures model 国际期货模型	国际期货模型是一个向公众开放的综合预测模型系统。该模型使用帕迪（Pardee）对全球系统的最佳了解，对 186 个国家到 2100 年的情况做出预测。 更多信息请见 http://pardee.du.edu	Frederic S.Pardee Center for International Futures 2015	表 5.1
International Income Distribution (I2D2) Database 国际收入分配（I2D2）数据库	I2D2 数据库是一个全球一体化的住户调查数据库，共有 160 个经济体的 1,018 项经济体和年度数据。 更多信息请见 Montenegro and Patrinos（2014）。	Montenegro and Patrinos (2014)	图 4.7
Key Indicators of the Labour Market (KILM) Datbase 劳动力市场主要指标（KILM）数据库	劳动力市场主要指标数据库是一个国家层面综合数据库，包括自 1980 年以来劳动力市场的 18 项主要指标。 更多信息请见 www.ilo.org/empelm/what/WCMS_114240/lang--en/index.htm	ILO 2015b	图 1.7, 1.16, 1.18, 1.23

数据集	更多信息	报告中引用数据集主要参考资料	报告中对应图表
Maddison Project Database 麦迪逊项目数据库	启动麦迪逊项目是为支持学者之间的合作，继续麦迪逊对不同地区、时间段和不同专题的经济绩效进行监测的工作。 更多信息请见 www.ggdc.net/maddison/maddison-project/home.htm	The Maddison Project 2013，Comin and Mestieri 2013	图 1.4，3.2，3.3，3.4，3.8；表 1.2
Global Material Flows Database 全球原材料流量数据库	全球原材料流量数据库汇集 1980—2011 年 200 多个国家 12 大类 300 余种原材料流量数据。 更多信息请见 www.materialflows.net/home	SERI and WU Vienna 2015	图 5.2
Combined Datasets (based on multiple datasets) 合并数据集（根据多个数据集构建）	新构建的数据集收集了国际间可比的分部门就业和增加值数据和失业数据。数据集涵盖 1950—2009 年 100 个国家的信息。该数据集数据来源包括：WIOD 数据库，KLEMS 亚洲、欧盟和全球数据库，经合发组织结构分析数据库，GGDC10 数据库，亚洲生产力组织数据库，亚洲开发银行亚太主要指标数据库，欧盟统计局数据库，联合国拉美和加勒比经济委员会统计数据库，联合国非洲经济委员会，联合国统计司国民核算账户数据库，国际劳工组织 KILM 数据库 更多信息请见 Lavopa and Szirmai 2014。	Lavopa and Szirmai 2014	附件 A3；图 3.10—3.12
	新构建的数据集收集了 1950—2010 年约 100 个国家的信息。该数据集数据来源包括：世界发展指标（WDI）数据库，人类发展指数（UNDP），基尼指数（SWIID 5.0），包容性工业化发展指数（UNSD，EUKLEMS，WIOD，INDSTAT），CLIMATE（Gallup 等 1999），自然资源（世界银行 2010），PWT 8.1，教育（Barro and Lee 2013），GGDC10，国际劳工组织 更多信息请见 Lavopa（2015b）	Lavopa（2015b）	图 4.2，4.3；表 4.1
	使用包含 1950—2005 年 88 个国家（21 个发达经济体和 67 个发展中国家）的数据集，构建了一个回归框架。该数据集数据来源包括：GGDC10 部门数据库，世界发展指标数据库，联合国国民核算统计，EU KLEMS 数据库，联合国工发组织工业统计数据库，麦迪逊项目数据库，Penn World Tables（Vs.6.3）。 更多数据信息请见 Szirmai and Verspagen（2015）。		
OECD Social and Welfare Statistics Database 经合发组织社会和福利统计数据库	经合发组织社会和福利统计数据库提供经合发组织 34 个成员国及俄罗斯联邦 1974—2011 年住户收入分配可比数据。 更多信息请见 www.oecd-ilibrary.org/social-issues-migration-health/data/oecd-social-and-welfare-statistics/income-distribution_data-00654-en	OECD 2014	图 4.9
Penn World Tables (PWT) Database Penn World Tables (PWT) 数据库	PWT8.0 版数据库收集了 1950—2011 年 167 个国家的收入、产出、投入、生产力相对水平的信息。 更多信息请见 www.rug.nl/research/ggdc/data/pwt	Feenstra and others 2015	图 1.16—1.21，1.23
PovcalNet Database PovcalNet 数据库	PovcalNet 汇集了世界银行研究部存储的大量住户调查数据。 更多信息请见 http://iresearch.worldbank.org/PovcalNet	Lakner and Milanovic 2013	专栏 1.1

数据集	更多信息	报告中引用数据集主要参考资料	报告中对应图表
Standardized World Income Inequality (SWIID) Database 标准化的世界收入差异数据库（SWIID）	SWIID 数据库提供 1960 年至最近年份 174 个国家可比的总收入和净收入差异基尼系数，以及这些统计数据的不确定性推算。 更多信息请见 https://dataverse.harvard.edu/dataset.xhtml?persistentId= hdl:1902.1/11992	Solt 2009, 2014	图 4.7，4.11
Trade Union Membership Statistics Database 工会会员统计数据库	工会会员数据库数据主要来自各国国家出版物的官方统计，包括 1980—2013 年 63 个国家的数据。 更多信息请见 Visser，Hayter and Gammarano（2015）。	Visser，Hayter and Gammarano (2015)	图 4.11
Trends Econometric Models Database 经济计量模型趋势数据库	经济计量模型趋势数据库提供那些未（向国际组织）报告统计数据国家的劳动力市场指标的测算数据。地区测算和预测包括 107 个国家 1995—2013 年的数据。 更多信息请见 ILO（2014）。	ILO 2014	图 7.14—7.20; 表 7.10，7.11
UN National Accounts Statistics Database 联合国国民核算统计数据库	国民核算数据库展示全世界 200 多个国家和地区 1970 年以来一系列国民核算分析表数据。 更多信息请见 http://unstats.un.org/unsd/snaama/Introduction.asp	UN 2014b	图 1.4—1.6，1.16—1.18，1.21，1.23，3.2—3.4，3.8; 表 1.3
United Nations Commodity Trade Statistics (UN Comtrade) Database 联合国商品贸易统计（UN Comtrade）数据库	联合国商品贸易数据库是官方贸易统计数据和相关分析表的知识库，包括 1962 年以来的年度贸易统计和 2010 年以来的月度贸易统计数据。 更多信息请见 http://comtrade.un.org	UNSD 2015a	附件 B4; 图 5.14，7.9—7.13; 表 5.4，5.6，7.6—7.9
UNIDO Industrial Statistics Database at the 2-digit level of ISIC code (Rev. 3) (INDSTAT2) 联合国工发组织工业统计数据库（国际标准产业分类 2 位码）(INDSTAT2)	INDSTAT2 数据库收集了 1963 年以来 160 多个国家制造业时间序列数据，包括工业生产指数等 8 项工业统计主要指标，可以反映 2 位码（行业大类）产品产量的实际增长。 更多信息请见 www.unido.org/en/resources/statistics/statistical-databases.html	UNIDO 2012，2014c，2015g	图 1.10，1.11，1.16，1.17，1.19，1.20，1.22，1.23; 表 7.2，7.3，7.5
UNIDO Manufacturing Value Added (MVA) Database 联合国工发组织制造业增加值（MVA）数据库	制造业增加值数据库收集了各国 1990 年至最近年份国内生产总值、制造业增加值和人口数据，每年更新。 更多信息请见 www.unido.org/en/resources/statistics/statistical-databases.html	UNIDO 2014d，UNIDO 2015e	图 5.1，7.1—7.8，7.25—7.27; 表 7.1
UTIP-UNIDO Industrial Pay Inequality Database UTIP-UNIDO（联合国工发组织）工业薪酬差异数据库	UTIP-UNIDO（联合国工发组织）工业薪酬差异数据库关注计量和解读世界工资和报酬的变化。数据集提供 1963—2008 年全球 167 个国家反映工资差异的泰尔（Theil）指数。 更多信息请见 www.edac.eu/indicators_desc.cfm?v_id=209	University of Texas and UNIDO 2015	图 1.16—1.18，1.23
World Income Distribution (WYD) Database 世界收入分配（WYD）数据库	世界收入分配数据库关注全球收入差异和世界收入分配，汇集了世界 1988—2005 年住户调查数据。 更多信息请见 http://econ.worldbank.org/WBSITE/EXTERNAL/EXTDEC/ EXTRESEARCH/0,,contentMDK:22261771~pagePK:64214825~piPK:64214943~theSitePK:469382,00.html	Lakner and Milanovic 2013	专栏 1.1

数据集	更多信息	报告中引用数据集主要参考资料	报告中对应图表
Industrial Pollution Projection System (IPPS) Datasets 工业污染预测系统（IPPS）数据库	世界银行工业污染控制研究项目根据可获得指标开发了一套数据库和方法测算工业污染量及治理成本。 更多信息请见 http://econ.worldbank.org/WBSITE/EXTERNAL/EXTDEC/EXTRESEARCH/0,,contentMDK:20347046~pagePK:64214825~piPK:64214943~theSitePK:469382,00.html	Hettige and others 1995	图 5.8
World Development Indicators (WDI) Database 世界发展指标（WDI）数据库	世界发展指标数据库展示最新和准确的全球发展数据，包括国家、地区和全球测算数据。数据时间跨度为 1960–2015 年，按季度更新。 更多信息请见 http://data.worldbank.org/data-catalog/world-development-indicators	World Bank 2015a	图 5.1–5.3，5.9–5.12
World Input-Output (WIOD) Database 世界投入产出数据库（WIOD）	世界投入产出数据库提供世界 40 个国家投入产出表时间序列数据以及一个国外模型，数据时间跨度为 1995–2011 年。 更多信息请见 Timmer and others（2015）和 www.wiod.org/new_site/home.htm	Timmer and others 2015	图 1.1，1.4，1.12–1.17，1.23，5.9，7.21，7.22，7.23；表 3.1
World Integrated Trade System (WITS) Database 世界一体化贸易体系（WITS）数据库	WITS 数据库允许用户获取国际机构的贸易和关税信息，包括联合国商品贸易数据库、联合国贸发会议贸易分析信息系统（TRAINS）、世贸组织综合数据库、世界银行和达特茅斯学院 Tuck 商学院国际商业中心的全球优惠贸易协定数据库。 更多信息请见 http://wits.worldbank.org/about_wits.html	World Bank 2015c	图 5.12，5.13；表 5.4
World Top Income Database 世界高收入数据库	世界高收入数据库通过在线提供世界高收入信息及收入和财富分配信息。目前正对约 45 个国家进行研究，将会纳入数据库。 更多信息请见 Alvaredo 等人（2014）及 http://topincomes.parisschoolofeconomics.eu	Alvaredo and others 2014	图 4.10

参考文献

A*STAR (Agency for Science, Technology and Research), 2013a. *Singapore's Biopolis: A Success Story*. Available at <www.a-star.edu.sg/Media/News/Press-Releases/ID/1893/Singapores-Biopolis-A-Success-Story.aspx>. Accessed July 2015.

———, 2013b. *Information Sheet—Annex B. The BMS Initiative: 10 Years On*. Available at <www.a-star.edu.sg/Media/News/Press-Releases/ID/1893/Singapores-Biopolis-A-Success-Story.aspx>. Accessed July 2015.

Abdullah, A.Z., Salamatinia, B., Mootabadi, H., Bhatia, S., 2009. Current Status and Policies on Biodiesel Industry in Malaysia as the World's Leading Producer of Palm Oil. *Energy Policy*, 37(12), pp. 5440–5448.

Abramovitz, M., 1986. Catching Up, Forging Ahead, and Falling Behind. *Journal of Economic History*, 46(2), pp. 385–406.

Abramovitz, M. and David, P.A., 1996. Convergence and Deferred Catch-Up: Productivity Leadership and the Waning of American Exceptionalism. In: *The Mosaic of Economic Growth*, eds. Landau, R., Taylor, T. and Wright, G., Redwood City, CA: Stanford University Press.

Acemoglu, D., 2003. Technology and Inequality. *NBER Reporter*, Winter, pp. 12–19. Cambridge, MA: The National Bureau of Economic Research.

Acemoglu, D. and Autor, D.H., 2011. Skills, Tasks and Technologies: Implications for Employment Earnings. In: *The Handbook of Labor Economics, Volume 4B*, eds. Ashenfelter, O. and Card, D.E., Amsterdam: Elsevier.

Ács, Z.J. and Naudé, W.A., 2011. *Entrepreneurship, Stages of Development, and Industrialization*. UNU-WIDER Working Paper No. 2011/80. Helsinki: United Nations University—World Institute for Development Economics Research.

Adewuyi, A.O. and Oyejide, T.A., 2012. Determinants of Backward Linkages of Oil and Gas Industry in the Nigerian Economy. *Resources Policy*, 37(4), pp. 452–460.

Afrane, G., Arvidsson, R., Baumann, H., Borg, J., Keller, E., Milà í Canals, L. and Selmer, J.K., 2013. *A Product Chain Organization Study of Certified Cocoa Supply*. The 6th International Conference on Life Cycle Management, Gothenburg, 25–28 August 2013.

Ageyi-Holmes, A., 2014. *Tilling the Soil in Tanzania: What Do Emerging Economies Have to Offer?* PhD Dissertation. Milton Keynes: The Open University.

Aho, E., Cornu, J., Georghiou, L., Subira, A., 2006. *Creating an Innovative Europe*. Report of the Independent Expert Group on R&D and Innovation. Brussels: European Commission.

Alcorta, L. 1994. The Impact of New Technologies on Scale in Manufacturing Industries: Issues and Evidence. *World Development*, 22(5), pp. 755–769.

Alderson, A.S. and Nielsen, F., 2002. Globalization and the Great U-Turn: Income Inequality Trends in 16 OECD Countries. *American Journal of Sociology*, 107(5), pp. 1244–1299.

Allen, R.C., 2012. Technology and the Great Divergence: Global Economic Development since 1820. *Explorations in Economic History*, 49(1), pp. 1–16.

Allwood, J.M., Ashby, M.F., Gutowski, T.G. and Worrell, E., 2013. Material Efficiency: Providing Material Services with Less Material Production. *Philosophical Transactions of the Royal Society*, 371(1986), pp. 1–15.

Altenburg, T., 2010. Managed Latecomer Strategies vs. Political Capture: Can Developing Countries Handle Selective Business Promotion? In: *Effective State-Business Relations, Industrial Policy and Economic Growth*, ed. te Velde, D.W., London: Overseas Development Institute.

———, 2011. *Industrial Policy in Developing Countries: Overview and Lessons from Seven Country Cases*. Discussion Paper 4/2011. Bonn: German Development Institute.

Alvaredo, F., Atkinson, A.B, Piketty, T. and Saez, E., 2013. The Top 1 Percent in International and Historical Perspective. *Journal of Economic Perspectives*, 27(3), pp. 3–20.

———, 2014. *The World Top Incomes Database*. Available at <http://topincomes.parisschoolofeconomics.eu>. Accessed November 2014.

Amsden, A.H., 1989. *Asia's Next Giant: South Korea and Late Industrialization.* New York: Oxford University Press.

Arimura, T., Hibiki, A. and Johnstone, N., 2007. An Empirical Study of Environmental R&D: What Encourages Facilities to Be Environmentally Innovative? In: *Environmental Policy and Corporate Behaviour.* ed. Johnstone, N., Cheltenham and Northampton, MA: Edgar Elgar.

Arnold, W., 2003. *Singapore Goes for Biotech.* New York Times. Available at <www.nytimes.com/2003/08/26/business/singapore-goes-for-biotech.html>. Accessed July 2015.

Atkinson, A.B., 2013. *Ensuring Social Inclusion in Changing Labour and Capital Markets.* Economic Papers 481. Brussels: European Union.

Atkinson, R.D. and Ezell, S.J., 2012. *Innovation Economics: The Race For Global Advantage.* New Haven, CT, and London: Yale University Press.

Attah-Ankomah, R., 2014. *China's Presence in Developing Countries' Technology Basket: The Case of Furniture Manufacturing in Kenya.* PhD Dissertation. Milton Keynes: The Open University.

Auriol, E., Biancini, S. and Paillacar, R., 2012. *Intellectual Property Rights Protection in Developing Countries.* Paper presented at the 2012 Fourteenth Annual of the Conference European Trade Study Group (ETSG 2012), University of Leuven, Leuven, 13–15 September, 2012.

Autor, D.H. and Dorn, D., 2013. The Growth of Low-Skill Service Jobs and the Polarization of the US Labor Market. *American Economic Review*, 103(5), pp. 1553–1597.

Autor, D.H., Katz, L.F. and Kearney, M.S., 2006. The Polarization of the U.S. Labor Market. *American Economic Review*, 96(2), pp. 189–194.

———, 2008. Trends in U.S. Wage Inequality: Revising the Revisionists. *Review of Economics and Statistics*, 90(2), pp. 300–323.

Autor, D.H., Levy, F. and Murnane, R.J., 2003. The Skill Content of Recent Technological Change: An Empirical Exploration. *The Quarterly Journal of Economics*, 118(4), pp. 1279–1333.

Ayres, R.U., Turton, H. and Casten, T., 2006. Energy Efficiency, Sustainability and Economic Growth. *Energy*, 32(5), pp. 634–648.

Bair, J. and Gereffi, G., 2014. Towards Better Work in Central America: Nicaragua and the CAFTA Context. In: *Towards Better Work: Understanding Labour in Apparel Global Value Chains*, eds. Rossi, A., Luinstra, A. and Pickles, J., Basingstoke and Geneva: Palgrave Macmillan and International Labour Office.

Baker, D., 2012. *Technology Doesn't Cause Inequality—Deliberate Policy Change Does.* The Guardian. Available at <www.theguardian.com/commentisfree/cifamerica/2012/jul/16/technology-inequality-policy-change>. Accessed July 2015.

Baldwin, R.E., 2011. *Trade and Industrialization After Globalization's 2nd Unbundling: How Building and Joining a Supply Chain Are Different and Why It Matters.* Working Paper 17716. Cambridge, MA: The National Bureau of Economic Research.

Baldwin, R.E. and Venables, A.J., 2013. Spiders and Snakes: Offshoring and Agglomeration in the Global Economy. *Journal of International Economics*, 90(2), pp. 245–254.

Bamber, P., Fernandez-Stark, K., Gereffi, G. and Guinn, A., 2014. *Connecting Local Producers in Developing Countries to Regional and Global Value Chains: Update.* OECD Trade Policy Papers No. 160. Paris: OECD Publishing.

Bank of America, 2013. *No Time to Waste—Global Waste Primer.* Thematic Investing. Available at <www.long-finance.net/images/reports/pdf/baml_waste_2013.pdf>. Accessed August 2015. Barrett, S., 1994. Self-Enforcing International Environmental Agreements. *Oxford Economic Papers*, 46(0), pp. 878–894.

Barrientos, S., Gereffi, G. and Rossi, A., 2011. Economic and Social Upgrading in Global Production Networks: A New Paradigm for a Changing World. *International Labour Review*, 150(3–4), pp. 319–340.

Bénabou, R., 2005. Inequality, Technology, and the Social Contract. In: *Handbook of Economic Growth, Volume 1B*, eds. Aghion, P. and Durlauf, S.N., Amsterdam: North-Holland.

Berns M., Townend A., Khayat Z., Balagopal B., Reeves M., Hopkins M. and Kruschwitz N., 2009. Sustainability and Competitive Advantage. *MIT Sloan Management Review*, 51(1), pp. 19–26.

Bertani, R., 2015. *Geothermal Power Generation in the World 2010–2014 Update Report.* Proceedings World

Geothermal Congress 2015. Melbourne, Australia, 19–25, April 2015.

BFTA (Belgian Foreign Trade Agency), 2014. *Biomedical Science Sector: Singapore*. Brussels.

Bigum, M., Brogaard, L.K.-S. and Christensen, T.H, 2012. Metal Recovery from High-Grade WEEE: A Life Cycle Assessment. *Journal of Hazardous Materials,* 207–208, pp. 8–14.

Bleischwitz, R., 2009. Outline of a Resource Policy and Its Economic Dimension. In: *Sustainable Resource Management. Trends, Visions and Policies for Europe and the World,* ed. Bringezu, S. and Bleischwitz, R., Sheffield: Greenleaf Publisher.

———, 2012. Towards a Resource Policy—Unleashing Productivity Dynamics and Balancing International Distortions. *Mineral Economics*, 24(2), pp. 135–144.

Blinder, A.S., 2009. How Many US Jobs Might be Offshorable? *World Economics*, 10(2), pp. 41–78.

Bloch, R. and Owusu, G., 2012. Linkages in Ghana's Gold Mining Industry: Challenging the Enclave Thesis. *Resources Policy*, 37(4), pp. 434–442.

Bluhm, R. and Szirmai, A., 2012. *Institutions and Long-Run Growth Performance: An Analytic Literature Review of the Institutional Determinants of Economic Growth*. UNU-MERIT Working Paper Series No. 2012–033. Maastricht: United Nations University, Maastricht Economic and Social Research Institute on Innovation and Technology.

Bogliacino, F., Piva, M. and Vivarelli, M., 2012. R&D and Employment: An Application of the LSDVC Estimator Using European Microdata. *Economics Letters*, 116(1), pp. 56–59.

Bolt, J. and van Zanden, J.L., 2014. The Maddison Project: Collaborative Research on Historical National Accounts. *The Economic History Review*, 67(3), pp. 627–651.

Borgave, S. and Chaudhari, J.S., 2010. Indian Auto Component Industry: Challenges Ahead. *International Journal of Economics and Business Modeling*, 1(2), pp. 1–11.

Bosetti, V., Carraro, C. and Galeotti, M., 2006. The Dynamics of Carbon and Energy Intensity in a Model of Endogenous Technical Change. *The Energy Journal*, 27, Special Issue on Endogenous Technological Change and the Economics of Atmospheric Stabilisation, pp. 191–206.

Botchie, D., 2014. *Comparative Analysis of Asian Driver and Western Garment Making Machines: A Case of the Garments Sector in Uganda*. PhD Dissertation. Milton Keynes: The Open University.

Brynjolfsson, E. and McAfee, A., 2012a. Thriving in the Automated Economy. *The Futurist,* March-April, 46(2), pp. 27–31. Available at <http://www.wfs.org/content/futurist/march-april-2012-vol-46-no-2/thriving-automated-economy>. Accessed October 2015.

———, 2012b. *Race Against the Machine: How the Digital Revolution is Accelerating Innovation, Driving Productivity, and Irreversibly Transforming Employment and the Economy.* Research Brief. Cambridge, MA: MIT Center for Digital Business.

———, 2014. *The Second Machine Age: Work, Progress, and Prosperity in a Time of Brilliant Technologies*. New York: W. W. Norton & Company.

Cafaggi, F., Swensson, L.F.J., Macedo Jr., R.P., Andreotti e Silva, T., Gross, C.P., de Almeida, L.G. and Ribeiro, T.A., 2012. *Accessing the Global Value Chain in a Changing Institutional Environment: Comparing Aeronautics and Coffee.* IDB Working Paper Series No. IDB-WP-370. Washington, DC: Inter-American Development Bank

Canidio, A., 2013. *The Determinants of Long-Run Inequality*. Department of Economics Working Paper. Budapest: Central European University. Available at < http://www.personal.ceu.hu/staff/repec/pdf/2012_10.pdf >. Accessed November 2015.

Cantore N., 2011. *Energy Efficiency in Developing Countries for the Manufacturing Sector.* WP 15/2011. Vienna: United Nations Industrial Development Organization.

Cantore, N., Antimiani, A. and Anciaes, P.R., 2012. *Energy Price Shocks: Sweet and Sour Consequences for Developing Countries.* Working Paper 355. London: Overseas Development Institute.

Cantore, N., Nussbaumer, P., Wei, M. and Kammen, D., 2015. *Promoting Renewable Energy and Energy Efficiency in Africa: Employment Generation and Cost Effectiveness.* Working paper. Vienna: United Nations Industrial Development Organization. Forthcoming.

Cantore, N. and Padilla, E., 2010. *Emissions Distribution in Post–Kyoto International Negotiations: A Policy Perspective.* Barcelona: Universitat Autònoma de Barcelona.

Card, D.E. and DiNardo, J.E., 2002. Skill-Biased Technological Change and Rising Wage Inequality: Some Problems and Puzzles. *Journal of Labor Economics*, 20(4), pp. 733–783.

Card, D.E., Lemieux, T. and Riddell, W.C., 2004. Unions and Wage Inequality. *Journal of Labor Research*, 25(4), pp. 519–559.

Carpenter, J., 2011. Impact of GM Crops on Biodiversity. *GM Crops*, 2, pp. 1–17.

Carraro, C., Eyckmans, J. and Finus, M., 2006. Optimal Transfers and Participation Decisions in International Environmental Agreements. *The Review of International Organizations*, 1(4), pp. 379–396.

Casalet, M., Buenrostro, E., Stezano, F., Oliver, R. and L. Abelenda, L., 2011. *Evolución y Complejidad en el Desarrollo de Encadenamientos Productivos en México: Los Desafíos de la Construcción del Cluster Aeroespacial en Querétaro*. Santiago: United Nations Economic Commission for Latin America and the Caribbean.

CEPII (Centre d'Etudes Prospectives et d'Informations Internationales), 2010. *BACI*. Paris. Available at <www.cepii.fr/anglaisgraph/bdd/baci.htm>. Accessed August 2015.

Chassot, O., 2012. *Servicios Medioambientales*. Personal communication with K. Fernandez-Stark. November 2, 2012.

Chataway, J., Hanlin, R. and Kaplinsky, R., 2014. Inclusive Innovation: An Architecture for Policy Development. *Innovation and Development*, 1(4), pp. 33–54.

Chertow, M. and Ehrenfeld, J., 2012. Organizing Self-Organizing Systems: Toward a Theory of Industrial Symbiosis. *Journal of Industrial Ecology*, 16(1), pp. 13–27.

Chong, L.W., n.d. *Overview of Singapore's Biomedical Sciences Initiative*. Singapore: Ministry of Health.

Chung, S., 2011. Innovation, Competitiveness and Growth: Korean Experiences. In: *Annual World Bank Conference on Development Economics—Global 2010. Lessons from East Asia and the Global Financial Crisis*, eds. Lin, J.Y. and Pleskovic, B., Washington, DC: The World Bank.

Clough, J., 2015. *Made in India: Five Companies Demonstrate Global Leadership for the Climate*. Green Futures Magazine. Available at <www.forumforthefuture.org/greenfutures/articles/made-india-five-companies-demonstrate-global-leadership-climate-0>. Accessed August 2015.

Comin, D. and Mestieri, M., 2013. *If Technology Has Arrived Everywhere, Why Has Income Diverged*? Mimeo. Cambridge: Harvard University.

Conservation International, 2012. *Costa Rica*. Available at <www.conservation.org>. Accessed June 2015.

Cornwall, J., 1977. *Modern Capitalism: Its Growth and Transformation*. New York: St. Martin's Press.

Cowen, T., 2014. *How Technology Could Help Fight Income Inequality*. The New York Times. Available at <www.nytimes.com/2014/12/07/upshot/how-technology-could-help-fight-income-inequality.html>. Accessed July 2015.

Craven, C., 2011. The Honduran Palm Oil Industry: Employing Lessons from Malaysia in the Search for Economically and Environmentally Sustainable Energy Solutions. *Energy Policy*, 39(11), pp. 6943–6950.

CREST Working Group, 2007. *Internationalisation of R&D—Facing the Challenge of Globalisation: Approaches to a Proactive International Policy in S&T*. Analytical Report. Brussels: European Union Scientific and Technical Research Committee.

Curkovic, S. and Sroufe, R., 2011. Using ISO 14001 to Promote a Sustainable Supply Chain Strategy. *Business Strategy and the Environment*, 20(2), pp. 71–93.

Dahlman, C., 2010. *Innovation Strategies in Brazil, India and China: From Imitation to Deepening Technological Capability in the South*. In: *The Rise of Technological Power in the South*, eds. Xiaolan Fu; and Luc Soete, London: Palgrave Macmillan.

DARA and the Climate Vulnerable Forum, 2012. *Climate Vulnerability Monitor, 2nd Edition. A Guide to the Cold Calculus of a Hot Planet*. Madrid and Manila.

Das, B., Prakash, S., Reddy, P.S.R. and Misra, V.N., 2007. An Overview of Utilization of Slag and Sludge from Steel Industries. *Resources, Conservation and Recycling*, 50(1), pp. 40–57.

Davies, R.B. and Vadlamannati, K.C., 2013. A Race to the Bottom in Labour Standards? An Empirical Investigation. *Journal of Development Economics*, 103, pp. 1–14.

de Haan, A., 2015. *Social Inclusion and Structural Transformation: Concepts, Measurements and Trade-Offs*.

Background paper prepared for the 2015 Industrial Development Report. Vienna: United Nations Industrial Development Organization.

De Marchi, V., Di Maria, E. and Micelli, S., 2013. Environmental Strategies, Upgrading and Competitive Advantage in Global Value Chains. *Business Strategy and the Environment*, 22(1), pp. 62–72.

De Marchi, V., Di Maria, E. and Ponte, S., 2013. The Greening of Global Value Chains: Insights from the Furniture Industry. *Competition and Change*, 17(4), pp. 299–318.

De Marchi, V., Giuliani, E. and Rabellotti, R., 2015. *Local Innovation and Global Value Chains in Developing Countries.* Inclusive and Sustainable Industrial Development Working Paper Series, WP 05/2015. Vienna: United Nations Industrial Development Organization.

De Marchi, V. and Grandinetti, R., 2013. Knowledge Strategies for Environmental Innovations: The Case of Italian Manufacturing Firms. *Journal of Knowledge Management*, 17(4), pp. 569–582.

Díaz, A. and Puch, L.A., 2013. *A Theory of Vintage Capital Investment and Energy Use.* UC3M Working Papers. Madrid: Universidad Carlos III de Madrid.

Diop, D., Blanco, M., Flammini, A., Schlaifer, M., Kropiwnicka, M.A. and Markhof, M.M., 2013. *Assessing the Impact of Biofuels Production on Developing Countries from the Point of View of Policy Coherence for Development.* Final Report to the European Commission. Brussels.

Dustmann, C., Ludsteck, J. and Schönberg, U., 2009. Revisiting the German Wage Structure. *The Quarterly Journal of Economics*, 124(2), pp. 843–881.

Dutz, M.A., Kessides, I., O'Connell, S. and Willig, R.D., 2011. *Competition and Innovation-Driven Inclusive Growth.* Policy Research Working Paper 5852. Washington, DC: World Bank.

Eco-Innovation Observatory, 2013. *Europe in Transition: Paving the Way to a Green Economy Through Eco-Innovation.* Funded by the European Commission, DG Environment, Brussels.

EDB (Singapore Economic Development Board), 2012. *Biomedical Sciences. Singapore—The Biopolis of Asia.* Singapore.

———, 2014. *Pharmaceuticals and Biotechnology.* Available at <www.edb.gov.sg/content/edb/en/industries/industries/pharma-biotech.html>. Accessed July 2015.

Edler, J., 2010. *International Policy Coordination for Collaboration in S&T.* Manchester Business School Working Paper No. 590. Manchester: Manchester Business School.

Elharouni, F., Benmoussa, R. and Ouahman, A.A., 2013. Incentives for the Development of the Automotive Sector in Morocco and the Truth of Local Stakeholders. *International Journal of Science and Research*, 4(5), pp. 2157–2158.

El-Sebaii, A.A. and Shalaby, S.M., 2012. Solar Drying of Agricultural Products: A Review. *Renewable and Sustainable Energy Reviews*, 16(1), pp. 37–43.

Enevoldsen, M.K., Ryelund, A.V. and Andersen, M.S., 2007. Decoupling of Industrial Energy Consumption and CO_2 Emissions in Energy-Intensive Industries in Scandinavia. *Energy Economics*, 29(4), pp. 665–692.

Enright, M.J., Scott, E.E. and Chang, K.-M., 2005. *Regional Powerhouse: The Greater Pearl River Delta and the Rise of China.* Singapore: John Wiley & Sons.

Environmental Compliance Assistance Centre, 2015. *Success Story Tannery.* Available at <http://www.ecacwb.org/editor_upload/files/Success_story_tannery.pdf>. Accessed: July 2015.

EPU (Economic Planning Unit), 2010. *Tenth Malaysia Plan 2011–2015.* Putrajaya: Prime Minister's Department.

European Commission, 2012a. *Communication from the Commission to the European Parliament, the Council, the European Economic and Social Committee and the Committee of the Regions on 'Enhancing and Focusing EU International Cooperation in Research and Innovation: A Strategic Approach'.* Commission Staff Working Document. Brussels.

———, 2012b. *International Cooperation in Science, Technology and Innovation: Strategies for a Changing World. Report of the Expert Group Established to Support the Further Development of an EU International STI Cooperation Strategy*, eds. Schwaag Serger, S. and Remoe, S. Luxembourg.

European Commission, Joint Research Centre and Netherlands Environmental Assessment Agency (PBL), 2014.

Emission Database for Global Atmospheric Research (EDGAR), release CO_2 time series 1970–2013. Available at <http://edgar.jrc.ec.europa.eu, 2014>.

———, 2015. *Number of Organisations with Registered Environmental Management Systems According to EMAS and ISO 14001*. Available at <http://www.eea.europa.eu/data-and-maps/indicators/number-of-organisations-with-registered/assessment>. Accessed August 2015.

European Science Foundation, 2012. *Indicators of Internationalisation for Research Institutions: A New Approach*. A report by the ESF Member Organisation Forum on Evaluation: Indicators of Internationalisation. Strasbourg.

European Union, 2015. *The Principle of Subsidiarity*. EUR-Lex. Available at < http://eur-lex.europa.eu/legal-content/EN/TXT/HTML/?uri=URISERV:ai0017&from=EN>. Accessed November 2015.

Fagerberg, J., 1987. A Technology Gap Approach to Why Growth Rates Differ. *Research Policy*, 16(2–4), pp. 87–99.

———, 2006. Innovation: A Guide to the Literature. In: *The Oxford Handbook of Innovation*, eds. Fagerberg, J., Mowery, D.C. and Nelson, R.R., Oxford: Oxford University Press.

Fagerberg, J. and Srholec, M., 2008. National Innovation Systems, Capabilities and Economic Development. *Research Policy*, 37(9), pp. 1417–1435.

Fagerberg, J., Srholec, M. and Verspagen, B., 2010. Innovation and Economic Development. In: *Handbook of the Economics of Innovation*, Volume 2, eds. Hall, B. and Rosenberg, N., Oxford: North-Holland.

FAO (Food and Agriculture Organization of the United Nations), 2006a. *Dryer Construction for Solar-dried Fruit and Vegetables Production*. Available at <http://teca.fao.org/technology/dryer-construction-solar-dried-fruit-and-vegetables-production>. Accessed July 2015.

———, 2006b. *Introducing a Mechanical Press for Making Shea Butter in Northern Ghana*. Available at <http://teca.fao.org/read/4500>. Accessed September 2015.

———, 2008. *The State of Food and Agriculture 2008. Biofuels: Prospects, Risks and Opportunities*. Rome.

———, 2015. *FAOSTAT: Country Profile. Uganda*. Available at <http://faostat.fao.org/CountryProfiles/Country_Profile/Direct.aspx?lang=en&area=226>. Accessed July 2015.

FAO (Food and Agriculture Organization of the United Nations), IFAD (International Fund for Agricultural Development), IMF (International Monetary Fund), OECD (Organization for Economic Co-Operation and Development), UNCTAD (United Nations Conference on Trade and Development), WFP (World Food Programme), World Bank, WTO (World Trade Organization), IFPRI (International Food Policy Research Institute) and UN HLTF (United Nations High Level Task Force), 2011. *Price Volatility in Food and Agricultural Markets: Policy Responses*. Rome: Food and Agriculture Organization

Farole, T. and Winkler, D. eds., 2014. *Making Foreign Direct Investment Work for Sub-Saharan Africa: Local Spillovers and Competitiveness in Global Value Chains*. Directions in Development: Trade. Washington, DC: World Bank.

Feenstra, R.C., Inklaar, R. and Timmer, M.P., 2015. The Next Generation of the Penn World Table. *American Economic Review*, forthcoming. Available at <www.ggdc.net/pwt>.

Fine, D., van Wamelen, A., Lund, S., Cabral, A., Taoufiki, M., Dörr, N., Leke, A., Roxburgh, C., Schubert, J. and Cook, P., 2012. *Africa at Work: Job Creation and Inclusive Growth*. Washington, DC: McKinsey Global Institute.

Foster-McGregor, N., Kaulich, F. and Stehrer, R., 2015. *Global Value Chains in Africa*. Inclusive and Sustainable Industrial Development Working Paper Series, WP 04/2015. Vienna: United Nations Industrial Development Organization.

Foster-McGregor, N., Kaba, I. and Szirmai, A., 2015. *Structural Change and the Ability to Sustain Growth*. Background paper prepared for the 2015 Industrial Development Report. Vienna: United Nations Industrial Development Organization.

Frederick S. Pardee Center for International Futures, 2015. *International Futures Modeling System, Version 7.0*. Denver, CO: Josef Korbel School of International Studies, University of Denver. Available at <http://pardee.du.edu/access-ifs>.

Freeman, C., 1987. *Technology Policy and Economic Performance: Lessons from Japan*. London and New York: Frances Printer Publishers.

Freeman, C. and Soete, L., 1997. *The Economics of Industrial Innovation*. Cambridge, MA: MIT Press.

Frey, T., 2011. *55 Jobs of the Future*. Futurist Speaker. Available at <www.futuristspeaker.com/2011/11/55-jobs-of-the-future>. Accessed August 2015..

Frey, C.B. and Osborne, M.A., 2013. *The Future of Employment: How Susceptible Are Jobs to Computerization?* University of Oxford.

Frondel, M., Horbach, J. and Rennings, K., 2007. End-of-Pipe or Cleaner Production? An Empirical Comparison of Environmental Innovation Decisions Across OECD Countries. *Business Strategy and the Environment*, 16(8), pp. 571–584.

Fu, X., 2015. *China's Path to Innovation*. Cambridge: Cambridge University Press.

Fu, X., Pietrobelli, C. and Soete, L., 2011. The Role of Foreign Technology and Indigenous Innovation in the Emerging Economies: Technological Change and Catching-up. *World Development*, 39(7), pp. 1204–1212.

Galor, O., 2012. The Demographic Transition: Causes and Consequences. *Cliometrica*, 6(1), pp. 1–28.

Gaulier, G. and Zignago, S., 2010. *BACI: International Trade Database at the Product-Level. The 1994–2007 Version*. CEPII Working Paper No 2010–23. Paris: Centre d'Études Prospectives et d'Informations Internationales.

Georghiou, L. and Roessner, D., 2000. Evaluating Technology Programs: Tools and Methods. *Research Policy*, 29(4), pp. 657–678.

Gereffi, G., 1999. International Trade and Industrial Upgrading in the Apparel Commodity Chain. *Journal of International Economics*, 48(1), pp. 37–70.

———, 2015. *Global Value Chains and Development*. Background paper prepared for the 2015 Industrial Development Report. Vienna: United Nations Industrial Development Organization.

Gereffi, G. and Fernandez-Stark, K., 2011. *Global Value Chain Analysis: A Primer*. Durham, NC: Duke University, Center on Globalization, Governance & Competitiveness.

Gereffi, G., Humphrey, J. and Kaplinsky, R., 2001. Introduction: Globalisation, Value Chains and Development. *IDS bulletin*, 32(3), pp. 1–8.

Gereffi, G., Humphrey, J. and Sturgeon, T., 2005. The Governance of Global Value Chains. *Review of International Political Economy*, 12(1), pp. 78–104.

GGDC (Groningen Growth and Development Centre), 2015. *10-Sector Database*. Available at <www.rug.nl/research/ggdc/data/10-sector-database>. Accessed July 2015.

Ghana Ministry of Food and Agriculture, 2012. *Pilot Program Based Budget for 2013–2015*. Final draft. Rwanda.

Ghani, E. and O'Connell, S.D., 2014. *Can Service be a Growth Escalator in Low Income Countries?* Policy Research Working Paper 6971. Washington, DC: World Bank.

Ghisetti, C., Marzucchi, A. and Montresor, S., 2013. *Does External Knowledge Affect Environmental Innovations? An Empirical Investigation of Eleven European Countries*. NGENIO (CSIC-UPV) Working Paper Series No. 01. Valencia: Ciudad Politécnica de la Innovación.

Ghisetti, C. and Quatraro, F., 2013. Beyond Inducement in Climate Change: Does Environmental Performance Spur Environmental Technologies? A Regional Analysis of Cross-Sectoral Differences. *Ecological Economics*, 96, pp. 99–113.

Giuliani, E. and Macchi, C., 2014. Multinational Corporations' Economic and Human Rights Impacts on Developing Countries: A Review and Research Agenda. *Cambridge Journal of Economics*, 38(2), pp. 479–517.

Goldin, C. and Katz, L.F., 2009. *The Race between Education and Technology: The Evolution of U.S. Educational Wage Differentials, 1890 to 2005*. NBER Working Paper No. 12984. Cambridge, MA: The National Bureau of Economic Research.

Goldstein, A., 2002. EMBRAER: From National Champion to Global Player. *CEPAL Review*, 77, pp. 97–115.

Goos, M. and Manning, A., 2007. Lousy and Lovely Jobs: The Rising Polarization of Work in Britain. *The Review of Economics and Statistics*, 89(1), pp. 118–133.

Goos, M., Manning, A. and Salomons, A., 2014. Explaining Job Polarization: Routine-Biased Technological Change and Offshoring. *The American Economic Review*, 104(8), pp. 2509–2526.

Goyal, M., 2013. SMEs Employ Close to 40% of India's Workforce, but Contribute Only 17% to GDP.

The Economic Times. Available at <http://articles.economictimes.indiatimes.com/2013-06-09/news/39834857_1_smes-workforce-small-and-medium-enterprises>. Accessed June 2015.

Gries, T. and Grundmann, R., 2014. Trade and Fertility in the Developing World: The Impact of Trade and Trade Structure. *Journal of Population Economics*, 27(4), pp. 1165–1186.

Gries, T., Grundmann, R., Palnau, I. and Redlin, M., 2015. *Can Technological Change Drive Socially Inclusive Industrialization ? A Review of Major Concepts and Findings*. Background paper prepared for the 2015 Industrial Development Report. Vienna: United Nations Industrial Development Organization.

Grindrod, M., 2015. *Vibrant Growth in Singapore Pharma Industry Being Driven by Innovation*. ProClinical Life Sciences Recruitment Blog. Available at <http://blog.proclinical.jobs/vibrant-growth-in-singapore-pharma-industry-being-driven-by-innovation>. Accessed July 2015.

Guadagno, F., 2013. *Towards a Quantification of Industrial Policy in Korea, Taiwan, Argentina, Brazil, and Mexico*. Paper presented at the 25th Annual EAEPE Conference for the European Association for Evolutionary Political Economy, Université Paris Nord, Paris, 7–9 November 2013.

Guerrieri P. and Meliciani, V., 2005. Technology and International Competitiveness: The Interdependence between Manufacturing and Producer Services. *Structural Change and Economic Dynamics*, 16(4), pp. 489–502.

Gupta, N., Healy, D.W., Stein, A.M. and Shipp, S.S., 2013. *Innovation Policies of South Korea*. Alexandria, VA: Institute for Defense Analyses.

Hall, B.H. and Jaffe, A.B., 2012. *Measuring Science, Technology, and Innovation: A Review*. A report prepared for the Panel on Developing Science, Technology, and Innovation Indicators for the Future. Washington, DC: National Academy of Sciences.

Haraguchi, N. and Rezonja, G., 2011. *Emerging Patterns of Manufacturing Structural Change*. UNU-WIDER Working Paper No. 2011/43. Maastricht: United Nations University, Maastricht Economic and Social Research Institute on Innovation and Technology.

Haseltine, W.A., 2013. *Affordable Excellence: The Singapore Healthcare Story*. Brookings Institution.

Hatzichronoglou, T., 1997. *Revision of the High-Technology Sector and Product Classification*. OECD Science, Technology and Industry Working Papers, 1997/02, Paris: OECD Publishing.

Hausmann, R., Pritchett, L. and Rodrik, D., 2005. Growth Accelerations. *Journal of Economic Growth*, 10(4), pp. 303–329.

Hausmann, R. and Rodrik, D., 2003. Economic Development as Self-Discovery. *Journal of Development Economics*, 72(2), pp. 603–633.

———, 2006. *Doomed to Choose: Industrial Policy as Predicament*. Prepared for the Blue Sky seminar organized by the Center for International Development at Harvard University. Cambridge, MA: Harvard University.

Hettige, H., Martin, P., Singh, M. and Wheeler, D., 1995. *The Industrial Pollution Projection System*. World Bank Policy Research Working Paper Number 1431, March 1995. Washington, DC: World Bank.

Hirsch-Kreinsen, H., 2008. "Low-Technology": A Forgotten Sector in Innovation Policy. *Journal of Technology Management and Innovation*, 3(3), pp. 11–20.

Holbrook, J.A. and Godin, B., 2011. *A Proposal for Measuring Science, Technology and Innovation Activities*. Burnaby, BC: Simon Fraser University, Centre for Policy Research on Science and Technology.

Horbach, J., Rammer, C. and Rennings, K., 2012. Determinants of Eco-Innovations by Type of Environmental Impact—The Role of Regulatory Push/Pull, Technology Push and Market Pull. *Ecological Economics*, 78, pp. 112–122.

Humphrey, J. and Schmitz, H., 2000. *Governance and Upgrading: Linking Industrial Cluster and Global Value Chain Research*. IDS Working Paper 120. Brighton: Institute of Development Studies.

———, 2001. *Governance in Global Value Chains*. IDS Bulletin, 32(3), pp. 19–29. Brighton: University of Sussex: Institute of Development Studies.

———, 2002. How Does Insertion in Global Value Chains Affect Upgrading in Industrial Clusters? *Regional Studies*, 36(9), pp. 1017–1027.

Hussain, I.S., 2014. *Indian Case Study on ZLD—The Tirupur Textile cluster experience*. Presentation, 28 January,

2014. Available at http://gpcb.gov.in/images/pdf/zld_presentation_11.pdf>. Accessed July 2015.

IEA (International Energy Agency), 2008. *Energy Efficiency Policies and Measures.* Paris. Available at <www.iea.org/policiesandmeasures/energyefficiency/>. Accessed May 2015.

———, 2013a. *Technology Roadmap: Carbon Capture and Storage, 2013 Edition*. Paris.

———, 2013b. Energy Flow Charts. Paris. Available at http://www.iea.org/Sankey/index.html. Accessed July 2015.

———, 2013. *Energy Flow Charts.* Paris. Available at <www.iea.org/Sankey/>. Accessed July 2015.

———, 2014. *Technology Roadmap: Solar Photovoltaic Energy*. Paris.

———, 2015a. *Carbon Capture and Storage.* Available at <www.iea.org/topics/ccs/>. Accessed November 2015.

———, 2015b. Detailed CO_2 Estimates. *IEA CO_2 Emissions from Fuel Combustion Statistics* (database). Available at <http://dx.doi.org/10.1787/data-00429-en>. Accessed July/August 2015.

IEA (International Energy Agency), ICCA (International Council of Chemical Associations) and DECHEMA, 2013. *Technology Roadmap: Energy and GHG Reductions in the Chemical Industry via Catalytic Processes.* Paris: International Energy Agency.

———, 2013b. Energy Flow Charts. Paris. Available at http://www.iea.org/Sankey/index.html. Accessed July 2015.

ILO (International Labor Organization), 1991. *The Creation of Technological Capability in Developing Countries.* London: Pinter Publishers Limited.

———, 2014. *World Employment and Social Outlook. Trends 2015. Data Set Trends Econometric Models.* Available at <www.ilo.org/global/research/global-reports/weso/2015/lang--en/index.htm>. Accessed September 2015.

———, 2015a. *ILOSTAT Database.* Available at <www.ilo.org/ilostat>. Accessed July 2015. Geneva.

———, 2015b. *Key Indicators of the Labour Market (KILM). Database.* Available at <www.ilo.org/empelm/what/WCMS_114240/lang--en/index.htm>. Accessed July 2015. Geneva.

ILO (International Labor Organization) and IFC (International Finance Corporation), 2010. *Better Work.* Available at: <www.betterwork.org/EN/countries/Pages/Lesotho.aspx>. Accessed November 2010.

Imbs, J.M. and Wacziarg, R., 2003. Stages of Diversification. *American Economic Review*, 93(1), pp. 63–86.

Inklaar, R. and Timmer, M.P., 2012. The Relative Price of Services. *Review of Income and Wealth,* 60(4), pp. 1–16.

IRENA (International Renewable Energy Agency), 2014a. *Renewable Power Generation Costs in 2014.* Bonn.

———, 2014b. *Renewable Energy Prospects: China, Remap 2030 Analysis.* Abu Dhabi. Available at: <www.irena.org/remap>.

———, 2014c. *Renewable Energy and Jobs—Annual Review 2014.* Abu Dhabi.

Jacob, J. and Sasso, S., 2015. *Foreign Direct Investment and Technology Spillovers in Low and Middle-Income Countries: A Comparative Cross-Sectoral Analysis.* Inclusive and Sustainable Industrial Development Working Paper Series, WP 07/2015. Vienna: United Nations Industrial Development Organization.

Jenne, C.A. and Cattell, R.K., 1983. Structural Change and Energy Efficiency in Industry. *Energy Economics,* 5(2), pp. 114–123.

Jéquier, N., 1976. *Appropriate Technology: Problems and Promises.* Paris: Organization of Economic Co-Operation and Development.

Jiang, X. and Milberg, W., 2012. *Vertical Specialization and Industrial Upgrading: A Preliminary Note.* Working Paper 10. Manchester: Capturing the Gains.

Jibreel, M.B., Mumuni, E., Al-Hassan, S. and Baba, N.M., 2013. Shea Butter and Its Processing Impacts on the Environment in the Tamale Metropolis of Ghana. *International Journal of Development and Sustainability,* 2(3), pp. 2008–2019.

Jovanovic, B. and Rousseau, P.L., 2005. General Purpose Technologies. In: *Handbook of Economic Growth, Volume 1B,* eds. Aghion, P. and Durlauf, S., Amsterdam: Elsevier.

Kaba, I.S. and Szirmai, A., 2015. *Indicators of Structural Diversification and Characteristics of Economic Sustainability: an Empirical Investigation.* Background paper prepared for the 2015 Industrial Development Report. Vienna: United Nations Industrial Development Organization.

Kaldor, N., 1957. A Model of Economic Growth. *Economic Journal*, 69(268), pp. 591–624.

———, 1966. *Causes of the Slow Rate of Growth of the United Kingdom. An Inaugural Lecture.* Cambridge, MA: Cambridge University Press.

———, 1967. *Strategic Factors in Economic Development.* Ithaca, NY: Cornell University, New York State School of Industrial and Labor Relations.

Kaltenberg, M. and Verspagen, B., 2015. *Healthy Development: Uncovering Capabilities.* Background paper prepared for the 2015 Industrial Development Report. Vienna: United Nations Industrial Development Organization.

Kaphengst, T. and Smith, L., 2013. *The Impact of Biotechnology on Developing Countries.* Berlin: Ecological Institute.

Kaplan, D., 2012. South African Mining Equipment and Specialist Services: Technological Capacity, Export Performance and Policy. *Resource Policy*, 37(4), pp. 425–433.

Kaplinsky, R., 1990. *The Economies of Small: Appropriate Technology in a Changing World.* London: Intermediate Technology Publications.

———, 2015a. *Technological Upgrading in Global Value Chains and Clusters and Their Contribution to Sustaining Economic Growth in Low and Middle Income Economies.* Inclusive and Sustainable Industrial Development Working Paper Series, WP 03/2015. Vienna: United Nations Industrial Development Organization.

———, 2015b. Global Value Chains in Manufacturing Industry: Where They Came from, Where They Are Going and Why This Is Important. In: *Routledge Handbook of Industry and Development*, eds. Weiss, J. and Tribe, M., London and New York: Routledge

Kaplinsky, R. and Morris, M., 2014. *Developing Industrial Clusters and Supply Chains to Support Diversification and Sustainable Development of Exports in Africa.* Addis Ababa: African Export-Import Bank.

Kaplinsky, R. and Wamae, W., 2010. *The Determinants of Upgrading and Value Added in the African Clothing Sector: The Contrasting Experiences of Kenya and Madagascar.* IKD Working Paper No. 59. Milton Keynes: The Open University.

Katz, J., 1995.*Technology and Industrial Restructuring in Latin America: The New Evidence.* Paper presented in the seminar Transferencia de Tecnologia, Comercio y Desarrollo, University of Venecia.

Katz, L.F. and Autor, D.H., 1999. Changes in the Wage Structure and Earnings Inequality. In: *Handbook of Labor Economics, Volume 3A*, eds. Ashenfelter, O. and Card, D., Amsterdam: Elsevier.

Kaulich, F., 2012. *Diversification vs. Specialization as Alternative Strategies for Economic Development: Can We Settle a Debate by Looking at the Empirical Evidence?* Development Policy, Statistics and Research Branch Working Paper 3/2012. Vienna: United Nations Industrial Development Organization.

Keller, W., 2010. International Trade, Foreign Direct Investment, and Technology Spillovers. In: *Handbook of the Economics of Innovation, Volume 2*, eds. Hall, B.H. and Rosenberg, N., Amsterdam: Elsevier.

Ketels, C. and Memedovic, O., 2008. From Clusters to Cluster-Based Economic Development. *International Journal of Technological Learning, Innovation and Development*, 1(3), pp. 375–392.

Khanna, M., Deltas, G. and Harrington, D.R., 2009. Adoption of Pollution Prevention Techniques: The Role of Management Systems and Regulatory Pressures. *Environmental and Resource Economics*, 44(1), pp. 85–106.

Kim, L., 1980. Stages of Development of Industrial Technology in a Developing Country: A Model. *Research Policy*, 9(3), pp. 254–277.

KIPO (Korean Intellectual Property Office), 2015. *Annual Report 2014.* Daejeon.

Knopf, B., Koch, N., Grosjean, G., Fuss, S., Flachsland, C., Pahle, M., Jakob, M. and, Edenhofer, O., 2014. *The European Emissions Trading System (EU ETS): Ex-Post Analysis, the Market Stability Reserve and Options for a Comprehensive Reform.* Fondazione Eni Enrico Mattei Working Paper Series No. 79. Milan.

KOICA (Korean International Cooperation Agency), 2014. *Implementation Strategies to Activate Appropriate Technology in Development Cooperation Program.* Seongnam.

Koh, L.P. and Wilcove, D.S., 2008. Is Oil Palm Agriculture Really Destroying Tropical Biodiversity? *Conservation Letters*, 1, pp. 60–64.

Krishnaswamy, K.N., Mathirajan, M. and Subrahmanya, M.H.B., 2014. Technological Innovations and Its

Influence on the Growth of Auto Component SMEs of Bangalore: A Case Study Approach. *Technology in Society*, 38, pp. 18–31.

Krugman, P.R., 2008. Trade and Wages, Reconsidered. *Brookings Papers on Economic Activity,* 39(1), pp. 103–154.

Kuznets, S., 1955. Economic Growth and Income Inequality. *The American Economic Review*, 45(1), pp. 1–28.

Lakner, C. and Milanovic, B., 2013. *Global Income Distribution: From the Fall of the Berlin Wall to the Great Recession*. World Bank Policy Research Working Paper 6719. Washington, DC: World Bank.

Lall, S., 1992. Technological Capabilities and Industrialization. *World Development,* 20(2), pp. 165–186.

———, 2000. Technological Change and Industrialization in the Asian Newly Industrializing Economies: Achievements and Challenges. In: *Technology, Learning and Innovation: Experiences of Newly Industrializing Economies*, eds. Kim, L. and Nelson, R.R., Cambridge: Cambridge University Press.

———, 2002. Linking FDI and Technology Development for Capacity Building and Strategic Competitiveness. *Transnational Corporations*, 11(3), pp. 39–88.

Lall, S. and Narula, R., 2004. Foreign Direct Investment and its Role in Economic Development: Do We Need a New Agenda? *The European Journal of Development Research*, 16(3), pp. 447–464.

Lang-Koetz, C., Pastewski, N. and Rohn, H., 2010. Identifying New Technologies, Products and Strategies for Resource Efficiency. *Chemical Engineering and Technology*, 33(4), pp. 559–566.

Lavopa, A., 2015a. *Structural Transformation and Economic Development Can Development Traps be Avoided?* PhD thesis. Maastricht: Maastricht University.

———, 2015b. *Technology-Driven Structural Change and Inclusiveness: The Role of Manufacturing.* Inclusive and Sustainable Development Working Paper Series WP 14/2015. Vienna: United Nations Industrial Development Organization.

Lavopa, A. and Szirmai, A., 2012. *Industrialization, Employment and Poverty.* Report prepared for the International Finance Corporation, November 2012. UNU-MERIT Working Paper No. 2012–81. Maastricht: United Nations University, Maastricht Economic and Social Research Institute on Innovation and Technology.

———, 2014. *Structural Modernization and Development Traps: An Empirical Approach.* UNU-MERIT Working Paper Series No. 2014–076. Maastricht: United Nations University, Maastricht Economic and Social Research Institute on Innovation and Technology.

———, 2015. *Industrialization in Time and Space.* Inclusive and Sustainable Industrial Development Working Paper Series, WP 10/2015. Vienna: United Nations Industrial Development Organization.

Lazonick, W., Moss, P., Salzman, H. and Tulum, Ö., 2014. *Skill Development and Sustainable Prosperity: Cumulative and Collective Careers versus Skill-Biased Technical Change.* Working Paper Series No. 15. New York: Institute for New Economic Thinking.

Lee, K., 2013a. How Can Korea be a Role Model for Catch-up Development? A "Capability-based View." In: *Achieving Development Success: Strategies and Lessons from the Developing World,* ed. Fosu, A., Oxford: Oxford University Press.

———, 2013b. Knowledge Regimes and Technological Catch Up. In: *Learning, Capability Building and Innovation for Development*, eds. Dutrénit, G., Lee, K., Nelson, R.R., Vera-Cruz, A.O. and Soete, L., London: Palgrave Macmillan.

———, 2013c. *Schumpeterian Analysis of Economic Catch-up: Knowledge, Path-creation, and the Middle-Income Trap*. Cambridge: Cambridge University Press.

Lema, R., Berger, A. and Schmitz, H., 2013. China's Impact on the Global Wind Power Industry. *Journal of Current Chinese Affairs*, 42(1), pp. 37–69.

Lennon, C., Cantore, N. and Clara, M., 2015. *Fast and Furious: Kaldorian Analysis of Dynamic Sectors.* Background paper prepared for the 2015 Industrial Development Report. Vienna: United Nations Industrial Development Organization.

Lenzen, M., Kanemoto, K., Moran, D. and Geschke, A., 2012. Mapping the Structure of the World Economy. *Environmental Science and Technology,* 46(15), pp. 8374–8381.

Lenzen, M., Moran, D., Kanemoto, K. and Geschke, A., 2013. Building Eora: A Global Multi-Regional Input-Output

Database at High Country and Sector Resolution. *Economic Systems Research*, 25(1), pp. 20–49.

Liew, F.C., 2008. *Publication on Pyrometallurgy versus Hydrometallurgy*. Singapore: Engineering Department, TES-AMM.

Lin, J.Y. and Zhang, P., 2009. *Industrial Structure, Appropriate Technology and Economic Growth in Less Developed Countries.* Policy Research Working Paper 4905. Washington, DC: World Bank.

Llorens, M., Puelles, M. and Manzano, R., 2011. Consumer Behavior and Brand Preferences in Organic Grocery Products. Store Brands vs. Manufacturing Brands. *Innovation Marketing*, 7(3), pp. 109–115.

Los, B., Timmer, M.P. and de Vries, G.J., 2014. *The Demand for Skills 1995–2008: A Global Supply Chain Perspective.* OECD Economics Department Working Papers No. 1141. Paris: OECD Publishing.

Luken, R., Van Rompaey, F. and Zigová, K., 2008. The Determinants of EST Adoption by Manufacturing Plants in Developing Countries. *Ecological Economics*, 66, pp. 141–152.

Lundvall, B.-*Å*. and Johnson, B., 1994. The Learning Economy. *Journal of Industry Studies,* 1(2), pp. 23–42.

The Maddison Project. 2013. *Maddison Project Database, 2013 version*. Available at <www.ggdc.net/maddison/maddison-project/data.htm>.

Makki, S.S. and Somwaru, A., 2004. Impact of Foreign Direct Investment and Trade on Economic Growth: Evidence from Developing Countries. *American Journal of Agricultural Economics,* 86(3), pp. 795–801.

Malaysia Ministry of Human Resources, 2008. *Occupational Structure: Oil Palm-Based Industry.* Kuala Lumpur.

Mansour, S. and Castel, V., 2015. *Country Note: Morocco.* African Economic Outlook. Available at <www.africaneconomicoutlook.org/en/country-notes/north-africa/morocco>. Accessed August 2015.

Manyika, J., Chui, M., Bughin, J., Dobbs, R., Bisson, P. and Marrs, A., 2013. *Disruptive Technologies: Advances That Will Transform Life, Business, and the Global Economy.* Washington, DC: McKinsey Global Institute.

Marsh, P., 2012. *The New Industrial Revolution: Consumers, Globalization and the End of Mass Production.* New Haven, CT: Yale University Press.

Martínez, J.R., 2011. Centripetal Forces in Aerospace Clusters in Mexico. *Innovation and Development,* 1(2), pp. 303–318.

Massa, I., 2015. *Technological Change in Developing Countries: Trade-Offs Between Economic, Social and Environmental Sustainability.* Background paper prepared for the 2015 Industrial Development Report. Vienna: United Nations Industrial Development Organization.

Matus, K., Timmer, V. and Appleby, D., 2013. *Manufacturing Sector Discussion Paper: Background Paper for the Project on Innovation and Access to Technologies for Sustainable Development.* Sustainability Science Program Working Paper No. 2013–04. Cambridge, MA Harvard University, John F. Kennedy School of Government.

Mazzanti, M., Marin, G., Nicolli, F. and Gilli, M., 2015. *Sustainable Development and Industrial Development: Manufacturing Environmental Performance, Technology and Consumption/Production Perspectives.* Background paper prepared for the 2015 Industrial Development Report. Vienna: United Nations Industrial Development Organization.

Mazzoleni, R. and Nelson, R.R., 1998. The Benefits and Costs of Strong Patent Protection: A Contribution to the Current Debate. *Research Policy*, 27(3), pp. 273–284.

Mazzanti M. and Zoboli R., 2005. The Drivers of Environmental Innovation. Empirical Evidence for a Manufacturing System. *Economia Politica,* 3/2005, pp. 399–438.

Mbayi, L., 2011. *Linkages in Botswana's Diamond Cutting and Polishing Industry.* Making the Most of Commodities Programme Discussion Paper No. 6. Cape Town and Milton Keynes: University of Cape Town and Open University.

McKinsey & Company, 2014. *India: Towards Energy Independence 2030.* New Delhi.

McMillan, M.S., Rodrik, D. and Verduzco-Gallo, Í., 2014. Globalization, Structural Change, and Productivity Growth, with an Update on Africa. *World Development,* 63, pp. 11–32.

Michaels, G., Natraj, A. and van Reenen, J., 2014. Has ICT Polarized Skill Demand? Evidence from Eleven Countries over Twenty-Five Years. *The Review of Economics and Statistics*, 96(1), pp. 60–77.

Milanovic, B., 2012. *Global Income Inequality by the Numbers: In History and Now—An Overview*. Policy Research Working Paper Series 6259. Washington, DC: World Bank.

Milberg, W., Jiang, X. and Gereffi, G., 2014. Industrial Policy in the Era of Vertically Specialized Industrialization. In: *Transforming Economies: Making Industrial Policy Work for Growth, Jobs and Development,* eds. Salazar-Xirinachs, J.M., Nübler, I. and Kozul-Wright, R., Geneva: International Labour Organization.

Mishel, L., Shierholz, H. and Schmitt, J., 2013. *Don't Blame the Robots: Assessing the Job Polarization Explanation of Growing Wage Inequality.* EPI-CEPR Working Paper, November. Washington, DC: Economic Policy Institute.

Mishkin, S. 2013. Chinese Companies Move into Supply Chain for Apple Components. *Financial Times*. Available at <www.ft.com/cms/s/0/d70fca52-2691-11e3-9dc0-00144feab7de.html#axzz3qynmG2eW>. Accessed November 2015.

MOFCOM (Ministry of Commerce People's Republic of China), 2012. National Programs for Science and Technology. Available at <http://english.mofcom.gov.cn/aarticle/zm/201205/20120508139141.html>. Accessed November 2015.

Mohammed, F., Boateng, S. and Al-Hassan, S., 2013. Effects of Adoption of Improved Sheabutter Processing Technology on Women's Livelihoods and Their Microenterprise Growth. *American Journal of Humanities and Social Science,* 1(4), pp. 244–250.

Montenegro, C.E. and Patrinos, H.A., 2014. *Comparable Estimates of Returns to Schooling Around the World.* Policy Research Working Paper 7020. Washington, DC: World Bank.

Morris, M., Kaplinsky, R. and Kaplan, D., 2012. *One Thing Leads to Another: Promoting Industrialisation by Making the Most of the Commodity Boom in Sub-Saharan Africa*. Cape Town: University of Cape Town—Policy Research on International Services and Manufacturing.

Morrison, A., Pietrobelli, C. and Rabellotti, R., 2008. Global Value Chains and Technological Capabilities: A Framework to Study Learning and Innovation in Developing Countries. *Oxford Development Studies*, 36(1), pp. 39–58.

Mulgan, G., Tucker, S., Ali, R. and Sanders, B., 2007. *Social Innovation: What It Is, Why It Matters and How It Can be Accelerated.* London: The Young Foundation.

Narula, R., 2004. *Understanding Absorptive Capacities in an "Innovation Systems" Context: Consequences for Economic and Employment Growth.* MERIT-Infonomics Research Memorandum Series, 003.

Naudé, W.A, 2010. *Promoting Entrepreneurship in Developing Countries: Policy Challenges.* UNU-WIDER Policy Brief No. 4. Helsinki: United Nations University—World Institute for Development Economic Research.

Naudé, W.A., Santos-Paulino, A. and McGillivray, M., 2009. *Vulnerability in Developing Countries.* Tokyo: United Nations University Press.

Naudé, W.A, Szirmai, A. and Haraguchi, N. eds., 2015. *Structural Change and Industrial Development in the BRICS.* Oxford: Oxford University Press.

Nemet, G.F., 2009. Demand-Pull, Technology-Push, and Government-Led Incentives for Non-Incremental Technical Change. *Research Policy,* 38(5), pp. 700–709.

Nixson, F., 2014. The Dynamics of Global Value Chain Development: A BRICS Perspective. In: *Structural Change and Industrial Development in the BRICS*, eds. Naudé, W.A., Szirmai, A. and Haraguchi, N. Oxford and New York: Oxford University Press.

Njoroge, N., 2014. Kenya Power Rates to Drop. *Busiweek.* Available at <www.busiweek.com/index.php/index1.php?Ctp=2&pI=2097&pLv=3&srI=53&spI=20&cI=11>. Accessed August 2015.

North, D.C., Wallis, J.J. and Weingast, B.R., 2009. *Violence and Social Orders: A Conceptual Framework for Interpreting Recorded Human History.* New York: Cambridge University Press.

Ocampo, J.A, 2005. The Quest for Dynamic Efficiency: Structural Dynamics and Economic Growth in Developing Countries. In: *Beyond Reforms: Structural Dynamics and Macroeconomic Vulnerability*, ed. Ocampo, J.A., Santiago: Economic Commission for Latin America and the Caribbean and Stanford University Press.

Ocampo, J.A. and Vos, R., 2008. Structural Change and Economic Growth. In: *Uneven Economic Development*, eds. Ocampo, J.A. and Vos, R., London: Zed Books.

OECD (Organization for Economic Co-Operation and Development), 2001. *Policies to Enhance Sustainable Development. Meeting of the OECD Council at Ministerial Level, 2001.* Paris.

———, 2002. *Frascati Manual 2002: Proposed Standard Practice for Surveys on Research and Experimental Development. The Measurement of Scientific and Technological Activities.* Paris: OECD Publishing.

———, 2005. *Science, Technology and Industry Scoreboard.* Paris: OECD Publishing.

———, 2008. *Biofuels Support Policies: An Economic Assessment.* Paris: OECD Publishing.

———, 2009. *OECD Reviews of Innovation Policy: Korea 2009.* Paris: OECD Publishing.

———, 2010. *Measuring Innovation: A New Perspective—online version.* Available at <http://www.oecd.org/site/innovationstrategy/measuringinnovationanewperspective-onlineversion.htm#agenda>. Accessed April 2015.

———, 2011. *OECD Science, Technology and Industry Scoreboard 2011.* Paris: OECD Publishing.

———, 2012a. *OECD Science, Technology and Industry Outlook 2012.* Paris: OECD Publishing.

———, 2012b. *Meeting Global Challenges through Better Governance: International Co-Operation in Science, Technology and Innovation.* Paris: OECD Publishing.

———, 2012c. *Green Growth and Developing Countries: A Summary for Policy Makers.* Paris: OECD Publishing.

———, 2013. *OECD Science, Technology and Industry Scoreboard 2013: Innovation for Growth.* Paris: OECD Publishing.

———, 2014. *Income Distribution. OECD Social and Welfare Statistics (database).* Available at <http://dx.doi.org/10.1787/data-00654-en>. Accessed November 2014.

———, 2015. *OECD Statistics: Main Science and Technology Indicators.* Available at <http://stats.oecd.org/index.aspx?DatasetCode=MSTI_PUB>. Accessed July 2015.

OECD (Organization for Economic Co-Operation and Development) and Eurostat, 2005. *The Measurement of Scientific and Technological Activities: Proposed Guidelines for Collecting and Interpreting Innovation Data. Oslo Manual, 3rd edition.* Paris: OECD Publishing.

OECD (Organization for Economic Co-Operation and Development) and World Bank, n.d. *Radical and Incremental Innovation.* The Innovation Policy Platform. Available at <https://innovationpolicyplatform.org/content/radical-and-incremental-innovation>. Accessed September 2015.

OECD (Organization for Economic Co-Operation and Development) and WTO (World Trade Organization), 2013. *Aid for Trade at a Glance 2013: Connecting to Value Chains.* Paris and Geneva.

OECD (Organization for Economic Co-Operation and Development) and WTO (World Trade Organization), and World Bank, 2014. *Global Value Chains: Challenges, Opportunities, and Implications for Policy.* Report prepared for submission to the G20 Trade Ministers Meeting Sydney, Australia, 19 July 2014. Paris, Geneva and Washington, DC.

O'Mahony, M. and Timmer, M.P., 2009. Output, Input and Productivity Measures at the Industry Level: the EU KLEMS Database. *Economic Journal,* 119(538), pp. F374–F403.

Osakwe, P.N., 2007. *Foreign Aid, Resources and Export Diversification in Africa: A New Test of Existing Theories.* MPRA Paper No. 2228. Munich: Munich Personal RePEc Archive.

Panwar, N.L., Kaushik, S.C. and Kothari, S., 2011. Role of Renewable Energy Sources in Environmental Protection: A Review. *Renewable and Sustainable Energy Reviews,* 15, pp. 1513–1524.

Park, S.-H., 1989. Linkages between Industry and Services and their Implications for Urban Employment Generation in Developing Countries. *Journal of Development Economics,* 30(2), pp. 359–379.

Park, S.-H. and Chan, K.S., 1989. A Cross-Country Input-Output Analysis of Intersectoral Relationships between Manufacturing and Services and their Employment Implications. *World Development,* 17(2), pp. 199–212.

Pedersen, E., 2011. Health Aspects Associated With Wind Turbine Noise. Results from Three Field Studies. *Noise Control Engineering Journal,* 59(1), pp. 38–46.

Pereira, A.A, 2006. Biotechnology Foreign Direct Investment in Singapore. *Transactional Corporations,* 15(2), pp. 99–124.

Pfaltzgraff, L.A., De Bruyn, M., Cooper, E.C., Budarin, V. and Clark, J.H., 2013. Food Waste Biomass: A Resource for High-Value Chemicals. *Green Chemistry*, 15(2), pp. 307–314.

Pietrobelli, C. and Rabellotti, R. eds., 2007. *Upgrading to Compete: SMEs, Clusters and Value Chains in Latin America*. Cambridge, MA: Harvard University Press.

———, 2011. Global Value Chains Meet Innovation Systems: Are There Learning Opportunities for Developing Countries? *World Development*, 39(7), pp. 1261–1269.

Piketty, T., 2014. *Capital in the Twenty-First Century*. Cambridge, MA: Harvard University Press.

Piketty, T., Saez, E. and Stantcheva, S., 2011. *Taxing the 1%: Why the Top Tax Rate Could Be Over 80%*. VOX CEPR's Policy Portal. Available at <www.voxeu.org/article/taxing-1-why-top-tax-rate-could-be-over-80>. Accessed August 2015.

Popp, D., 2006. International Innovation and Diffusion of Air Pollution Control Technologies: The Effects of NOX and SO2 Regulation in the US, Japan, and Germany. *Journal of Environmental Economics and Management*, 51(1), pp. 46–71.

Porter, M.E. and van der Linde C., 1995. Toward a New Conception of the Environment-Competitiveness Relationship. *Journal of Economic Perspectives*, 9(4), pp. 97–118.

Portocarrero Lacayo, A.V., 2010. *El Sector Textil y Confección y el Desarrollo Sostenible en Nicaragua*. Geneva: International Centre for Trade and Sustainable Development. January.

Posen, A., 2014. The Economic Inequality Debate Avoids Asking Who is Harmed. *Financial Times*. Available at <www.ft.com/cms/s/0/b46a586e-1be6-11e4-9db1-00144feabdc0.html>. Accessed July 2015.

Pritchard, D.J., 2012. *Brazil, Russia, India and China Governments' Aerospace Strategies and National Policies: Implications to Canada's Aerospace Industry*. Williamsville, NY: Pravco Aviation Review L.L.C.

Pritchett, L., 1998. *Patterns of Economic Growth: Hills, Plateaus, Mountains, and Plains*. Policy Research Working Paper 1947. Washington, DC: World Bank.

Puga, D. and Trefler, D., 2010. Wake Up and Smell the Ginseng: International Trade and the Rise of Incremental Innovation in Low-Wage Countries. *Journal of Development Economics*, 91(1), pp. 64–76.

Punch, J., James, R. and Pabst, D., 2010. Wind Turbine Noise: What Audiologists Should Know. *Audiology Today*, 8, pp. 20–31.

Ramani, S.V. and Szirmai, A., 2014. Innovation in India: The Challenge of Combining Economic Growth with Inclusive Development. In: *Innovation in India: Combining Economic Growth with Inclusive Development*, ed. Ramani, S.V., New Delhi: Cambridge University Press.

Rankin, W.J., 2011. *Minerals, Metals and Sustainability: Meeting Future Material Needs*. Collingwood, Victoria: CSIRO Publishing.

Rasiah, R. and Azmi, S., 2006. *Development of Palm Oil and Related Products in Malaysia and Indonesia*. Kuala Lumpur: University of Malaya.

Raunio, M., Kautonen, M. and Saarinen, J.P., 2013. *Models for International Innovation Policy: Transnational Channels and Regional Platforms: Fostering Globalizing Innovation Communities in Finland and Abroad*. Working Paper No 9, Tampere: University of Tampere, Research Centre for Knowledge, Science, Technology and Innovation Studies.

Reck, B.K. and Graedel, T.E., 2012. Challenges in Metal Recycling. *Science*, 337(6095), pp. 690–695.

Rehfeld, K.-M., Rennings, K. and Ziegler, A., 2007. Integrated Product Policy and Environmental Product Innovations: An Empirical Analysis. *Ecological Economics*, 61(1), pp. 91–100.

Ren, T., Patel, M.K. and Blok, K., 2006. Olefins from Conventional and Heavy Feedstocks: Energy Use in Steam Cracking and Alternative Processes. *Energy*, 31(4), pp. 425–451.

Reuters, 2015. *EU Politicians Set to Back Carbon Market 2019 Reform Start*. Available at <http://uk.reuters.com/article/2015/07/07/eu-carbon-vote-idUKL8N0ZN19G20150707>. Accessed August 2015.

Ribbink, G. Nyabuntu P. and Kumar S., 2005. *Successful Supply Chains in Uganda. A Study of Three Successful Chains in the Coffee, Dried Fruit and Fresh Vegetables Sector*. Kampala: The UK Department for International Development.

Richards, T.J., Acharya, R.N. and Molina, I., 2010. Retail and Wholesale Market Power in Organic Apples. *Agribusiness*, 27(1), pp. 62–81.

Richardson, J., 2015. Electricity Cost Decreases by 30% in Kenya Due to Geothermal. *Clean Technica*. Available

参考文献

at <http://cleantechnica.com/2015/03/02/electricity-cost-decreases-30-kenya-due-geothermal>. Accessed August 2015.

Robinson, J.A., 2009. *Industrial Policy and Development: A Political Economy Perspective*. Paper prepared for the 2009 World Bank ABCDE Conference, Seoul, 22–24 June 2009.

Rodriguez, C.M., 2012. *Servicios Medioambientales*. Personal communication with K. Fernandez-Stark. August 22.

Rodrik, D., 2004. *Industrial Policy for the Twenty-First Century*. KSG Working Paper RWP04–047. Cambridge, MA: Harvard University, John F. Kennedy School of Government.

———, 2014. *An African Growth Miracle?* NBER Working Paper No. 20188. Cambridge, MA: National Bureau of Economic Research.

———, 2015. *Premature Deindustrialization*. Economics Working Papers No. 107. Princeton, NJ: IAS School of Social Sciences.

Rood, S., 2013. *Monitoring and Evaluation for Innovation Policy*. World Bank Policy Brief. Washington, DC.

Rosenberg, N., 2006. Innovation and Economic Growth. In: *Innovation and Growth in Tourism*, ed. Organization for Economic Co-Operation and Development. Paris: OECD Publishing.

Santiago, F., 2015. *Innovation Policy and Industrial Policy at the Cross-Roads: A Review of Recent Experiences in Advanced Developing Countries*. Inclusive and Sustainable Industrial Development Working Paper Series, WP 09/2015. Vienna: United Nations Development Organization.

———, 1995b. Small Shoemakers and Fordist Giants: Tale of a Supercluster. *World Development*, 23(1), pp. 9–28.

Schnitzer, M., Monreal, C.M. and Powell, E.E., 2014. Wheat Straw Biomass: A Resource for High-Value Chemicals. *Journal of Environmental Science and Health, Part. B: Pesticides, Food Contaminants, and Agricultural Wastes*, 49(1), pp. 51–67.

Schumacher, E.F., 1973. *Small Is Beautiful: Economics As If People Mattered*. New York: Harper & Row.

SERI (Sustainable Europe Research Institute) and WU Vienna (Vienna University of Economics and Business), 2015. *Global Material Flow Database*. Available at <http://www.materialflows.net/home>.

Seuring S., 2013. A Review of Modeling Approaches for Sustainable Supply Chain Management. *Decision Support Systems*, 54(4), pp. 1513–1520.

Sherburne, A., 2009. Sustainability through the Supply Chain. In: *Sustainable Textiles: Life Cycle and Environmental Impact*, ed. Blackburn, R.S., Cambridge: Woodhead Publishing.

Siddiqui, K., 2010. The Political Economy of Development in Singapore. *Research in Applied Economics*, 2(2), pp. 1–31.

Sinclair, P.J.N., 1981. When Will Technical Progress Destroy Jobs? *Oxford Economic Papers*, 31, pp. 1–18.

SMBA (Small and Medium Business Administration), 2012. *Statistics: Venture Businesses and Inno-Biz*. Available at <www.smba.go.kr/eng/smes/statistics_01.do?mc=usr0001148>. Accessed July 2015.

Solt, F., 2009. *The Standardized World Income Inequality Database, Harvard Dataverse, V05*. Available at <http://hdl.handle.net/1902.1/11992>.

———, 2014. *The Standardized World Income Inequality Database*. Working paper. SWIID Version 5.0, October 2014. Iowa City: University of Iowa.

Spitz-Oener, A., 2006. Technical Change, Job Tasks, and Rising Educational Demands: Looking Outside the Wage Structure. *Journal of Labor Economics*, 24(2), pp. 235–270.

Staritz, C., 2012. *Value Chains for Development? Potentials and Limitations of Global Value Chain Approaches in Donor Interventions*. Working Paper No. 31. Vienna: Austrian Foundation for Development Research.

Steenblik, R., 2005. *Environmental Goods: A Comparison of the APEC and OECD Lists*. OECD Trade and Environment Working Paper No. 2005–04. Paris: OECD Publications.

Steinmueller, W.E., 2010. Economics of Technology Policy. In: *Handbook of The Economics of Innovation*, eds. Hall, B.H. and Rosenberg, N., Amsterdam: Elsevier.

Stern, N., 2006. *The Economics of Climate Change: The Stern Review*. Cambridge: Cambridge University Press.

Stewart, F. and Ranis, G., 1990. Macro-Policies for Appropriate Technology: A Synthesis of Findings. In: *The Other Policy:*

The Influence of Policies on Technology Choice and Small Enterprise Development, eds. Stewart, F., Thomas, H. and de Wilde, T., London: Intermediate Technology Publications.

Sturgeon, T., Van Biesebroeck, J. and Gereffi, G., 2008. Value Chains, Networks and Clusters: Reframing the Global Automotive Industry. *Journal of Economic Geography,* 8(3), pp. 297–321.

Swetman, T. and Hammond, L., 1997. *Rural Women Earn Cash for "Butter" from Nuts in Ghana.* Chatham: Natural Resources Institute.

Szirmai, A., 2012a. Industrialisation as an Engine of Growth in Developing Countries, 1950–2005. *Structural Change and Economic Dynamics,* 23(4), pp. 406–420.

———, 2012b. *Proximate, Intermediate and Ultimate Causality: Theories and Experiences of Growth and Development.* UNU-MERIT Working Paper Series, No 2012–32. Maastricht: United Nations University, Maastricht Economic and Social Research Institute on Innovation and Technology.

———, 2015. *Socio-Economic Development, Second Edition.* Cambridge, MA: Cambridge University Press.

Szirmai, A., Naudé, W.A. and Alcorta, L., 2013. Introduction and Overview: The Past, Present and Future of Industrialization. In: *Pathways to Industrialization in the 21st Century. New Challenges and Emerging Paradigms,* eds. Szirmai, A., Naudé, W.A. and Alcorta, D., Oxford: Oxford University Press.

Szirmai, A., Naudé, W.A. and Goedhuys, M. eds., 2011. *Entrepreneurship, Innovation and Development.* Oxford: Oxford University Press.

———, 2015. Manufacturing and Economic Growth in Developing Countries, 1950–2005. *Structural Change and Economic Dynamics,* 34, pp. 46–59.

Tacchella, A., Cristelli, M., Caldarelli, G., Gabrielli, A. and Pietronero, L., 2012. A New Metrics for Countries' Fitness and Products' Complexity. *Scientific Reports,* 2, 723.

Tanzi, V., 2014. The Challenges of Taxing the Big. *Revista de Economía Mundial,* 37, pp. 23–40.

Tacchella A, Cristelli M, Caldarelli G, Gabrielli A, Pietronero L., 2012. A new metrics for countries' fitness and products' complexity. *Scientific Reports,* 2:723.

te Velde, D.W. and Leftwich, A., 2010. *State-Business Relations and Economic Growth in Sub-Saharan Africa: A Review of Case Studies in Ghana, Mauritius, South Africa and Zambia.* Manchester, UK: University of Manchester, Research Programme Consortium for Improving Institutions for Pro-Poor Growth.

Timilsina, G.R. and Shrestha, A., 2010. *Biofuels: Markets, Targets and Impacts.* World Bank Policy Research Working Paper 5364. Washington, DC: World Bank.

Timmer M.P. and de Vries, G.J., 2009. Structural Change and Growth Accelerations in Asia and Latin America: A New Sectoral Dataset. *Cliometrica,* 3(2), pp. 165–190.

Timmer, M.P., de Vries, G. and de Vries, K., 2014. *Patterns of Structural Change in Developing Countries.* GGDC Research Memorandum 149. Groningen: University of Groningen and Groningen Growth and Development Centre.

Timmer, M.P., Dietzenbacher, E., Los, B., Stehrer, R. and de Vries, G.J., 2015. An Illustrated User Guide to the World Input-Output Database: The Case of Global Automotive Production. *Review of International Economics,* 23(3), pp. 575–605.

Tregenna, F., 2015. *Deindustrialisation, Structural Change and Sustainable Economic Growth.* Inclusive and Sustainable Industrial Development Working Paper Series, WP 02/2015. Vienna: United Nations Industrial Development Organization.

UN (United Nations), 2014a. *The Road to Dignity by 2030; Ending Poverty, Transforming All Lives and Protecting the Planet.* Synthesis Report of the Secretary-General on the Post-2015 Sustainable Development Agenda, A/69/700.

———, 2014b. *National Accounts Statistics: Analysis of Main Aggregates, 2013.* New York, NY. Available at <http://unstats.un.org/unsd/snaama/Introduction.asp>. Accessed July 2015.

———, 2015a. *Transforming Our World: The 2030 Agenda for Sustainable Development.* Finalized Text for Adoption. Available at <https://sustainabledevelopment.un.org/content/documents/7891TRANSFORMING%20OUR%20WORLD.pdf>. Accessed August 2015.

———, 2015b. *Water and Sanitation.* Available at <https://sustainabledevelopment.un.org/topics/waterandsanitation>. Accessed September 2015.

———, 2015c. *Trade Capacity Building. Resource Guide. Volume 1.* Vienna.

UNDESA (United Nations Department of Economic and Social Affairs), 2006. *World Economic and Social Survey 2006: Diverging Growth and Development.* New York: United Nations.

———, 2008. *Report of the Expert Group Meeting "Promoting Social Integration."* Helsinki, Finland, 8–10 July 2008.

———, 2009. *Creating an Inclusive Society: Practical Strategies to Promote Social Integration.* New York, NY.

UNDP (United Nations Development Programme), 2015. *Empowering Rural Women and Alleviating Poverty by Strengthening the Local Shea Butter Industry.* Available at <www.gh.undp.org/content/ghana/en/home/operations/projects/poverty_reduction/all-projects2.html>. Accessed September 2015.

UNECA (United Nations Economic Commission for Africa), 2013. *Economic Transformation in Africa: Drivers, Challenges and Options.* Issues Paper. Prepared for the Third Meeting of the High Level Panel of Eminent Persons, 30 January to 1 February, 2013. Addis Ababa.

———, 2014. *Sustainability of Supply Chains and Sustainable Public Procurement: A Pre-Study.* Nairobi.

———, n.d. *Resource Efficiency.* Paris.

UNEP (United Nations Environment Programme) and GRID-Arendal, 2005. *Vital Climate Change Graphics for Latin America and the Caribbean.* Nairobi.

UNESCO (United Nations Educational, Scientific and Cultural Organization), 2014. *Information and Communications Technologies for Inclusive Social and Economic Development.* Commission on Science and Technology for Development, 12–16 May 2014. Geneva.

UNIDO (United Nations Development Organization), 2007. *Africa Foreign Investor Survey 2005. Understanding the Contributions of Different Investor Categories to Development. Implications for Targeting Strategies.* Vienna.

———, 2010a. *Making Private Standards Work for You: A Guide to Private Standards in the Garments, Footwear and Furniture Sectors.* Vienna.

———, 2010b. *Industrial Statistics: Guidelines and Methodology.* Vienna.

———, 2011a. *Industrial Development Report 2011. Industrial Energy Efficiency for Sustainable Wealth Creation—Capturing Environmental, Economic and Social Dividends.* Vienna.

———, 2011b. *UNIDO Green Industry. Policies for Supporting Green Industry. Vienna.*

———, 2012. *Industrial Statistics Database 2-Digit Level, ISIC Revision 3 (INDSTAT2), 2012.* Vienna.

———, 2013a. *Industrial Development Report 2013. Sustaining Employment Growth—The Role of Manufacturing and Structural Change.* Vienna.

———, 2013b. *Sun and Solar Drying, Techniques and Equipment.* Vienna. Available at <www.unido.org/fileadmin/import/32146_33SUNANDSOLARDRYING.16.pdf>. Accessed July 2015.

———, 2013c. *The Industrial Competitiveness of Nations. Looking Back, Forging Ahead. Competitiveness Industrial Performance Report 2012/2013.* Vienna.

———, 2014a. *Emerging Green Technologies for the Manufacturing Sector.* Vienna.

———, 2014b. *Introduction to UNIDO: Inclusive and Sustainable Industrial Development.* Vienna.

———, 2014c. *Industrial Statistics Database 2-Digit Level, ISIC Revision 3 (INDSTAT2), 2014.* Vienna.

———, 2014d. *Manufacturing Value Added 2014.* Vienna.

———, 2015a. *Competitive Industrial Performance Index 2015.* Vienna. Forthcoming.

———, 2015b. *Industrial Prosumers of Renewable Energy. Contribution to Inclusive and Sustainable Industrial Development.* Vienna.

———, 2015c. *International Yearbook of Industrial Statistics 2015.* Edward Elgar Publishing Limited. Cheltenham.

———, 2015d. *ISID Operation Platform.* Available at <https://isid.unido.org>. Accessed August 2015.

———, 2015e. *Manufacturing Value Added 2015.* Vienna. Forthcoming.

———, 2015f. *Meeting Standards, Winning Markets.* Available at <http://www.unido.org/tradestandardscompliance.html>. Accessed November 2015.

———, 2015g. Industrial Statistics Database 2-Digit Level, ISIC Revision 3 (INDSTAT2), 2015. Vienna.

UNIDO (United Nations Industrial Development Organization) and ICSHP (International Center on Small Hydro Power), 2013. *World Small Hydropower*

Development Report 2013. Available at <www.smallhydroworld.org>. Accessed August 2015.

UNIDO (United Nations Industrial Development Organization) and UNU-MERIT (United Nations University, Maastricht Economic and Social Research Institute on Innovation and Technology) 2014. *Diffusion Strategy of Green Technology and Green Industry in Africa: A Study of Renewable Energy Technology Market and Energy Efficiency Adoption in Maize and Cassava Processing Industries in Kenya and Nigeria*. Vienna and Maastricht.

University of Texas and UNIDO (United Nations Industrial Development Organization), 2015. *UTIP-UNIDO Industrial Pay Inequality Dataset*. Austin, TX. Available at <http://utip.gov.utexas.edu/data.html>.

UNOSSC (United Nations Office for South-South Cooperation), 2015. *South-South Gateway to Sustainable Prosperity. Annual Reports 2009–2014*. South-South Global Assets and Technology Exchange. New York.

UNSD (United Nations Statistics Division), 2015a. *United Nations Commodity Trade Statistics (Comtrade) Database*. New York, NY. Available at <http://comtrade.un.org>. Accessed September 2015.

———, 2015b. *Correspondence between ISIC Rev. 2 and ISIC Rev. 3.1*. Available at <http://unstats.un.org/unsd/cr/registry/regso.asp?Ci=25&Lg=1&Co=&T=0&p=8>. Accessed November 2015.

USAID (United States Agency for International Development), 2009. *Biofuels in Asia: An Analysis of Sustainability Options*. Washington, DC.

van Epps, H.L., 2006. Singapore's Multibillion Dollar Gamble. *Journal of Experimental Medicine*, 203(5), pp. 1139–1142.

van Reenen, J., 2011. Wage Inequality, Technology and Trade: 21st Century Evidence. *Labour Economics*, 18(6), pp. 730–741.

van Zanden, J.L., Baten, J., d'Ercole, M.M., Rijpma, A., Smith, C. and Timmer, M. eds., 2014. *How Was Life? Global Well-Being Since 1820*. Paris: OECD Publishing.

van Zanden, J. L., Baten, J., Foldvari, P. and van Leeuwen, B., 2014. The Changing Shape of Global Inequality 1820–2000; Exploring a New Dataset. *Review of Income and Wealth*, 60(2), pp. 279–297.

Verdolini, E. and Galeotti, M., 2011. At Home and Abroad: An Empirical Analysis of Innovation and Diffusion in Energy Technologies. *Journal of Environmental Economics and Management*, 61(2), pp. 119–134.

Verspagen, B., 1991. A New Empirical Approach to Catching Up or Falling Behind. *Structural Change and Economic Dynamics*, 2(2), pp. 359–380.

———, 2004. Innovation and Economic Growth. In: *The Oxford Handbook of Innovation*, eds. Fagerberg, J., Mowery, D.C. and Nelson, R.R., Oxford: Oxford University Press.

Vértesy, D., 2011. *Interrupted Innovation: Emerging Economies in the Structure of the Global Aerospace Industry*. Doctoral Thesis. Maastricht: Maastricht University.

Visser, J., 2013. *Data Base on Institutional Characteristics of Trade Unions, Wage Setting, State Intervention and Social Pacts, 1960–2011 (ICTWSS), Version 4.0, April 2013*. Amsterdam: Institute for Advanced Labour Studies AIAS University of Amsterdam.

Visser, J. Hayter, S. and Gammarano, R. 2015. *Trends in Collective Bargaining Coverage: Stability, Erosion or Decline?* Labour Relations and Collective Bargaining Policy Brief No. 1. ILO, Geneva.

Vivarelli, M., 1995. *The Economics of Technology and Employment: Theory and Empirical Evidence*. Aldershot: Edward Elgar Publishing.

———, 2013. *The Employment and Skill Impacts of Multifaceted Innovation*. Background paper prepared for the Industrial Development Report 2013. Vienna: United Nations Industrial Development Organization.

———, 2015. Innovation and Employment. *IZA World of Labor*, 154(May), pp. 1–10. Bonn: Institute for the Study of Labor.

von Weizsäcker, E.U., 1989. *Erdpolitik: Ökologische Realpolitik an der Schwelle zum Jahrhundert der Umwelt*. Darmstadt: Wissenschaftliche Buchgesellschaft.

Wagner, C.S., 2006. International Collaboration in Science and Technology: Promises and Pitfalls. In: *Science and Technology Policy for Development, Dialogues at the Interface*, eds. Box, L. and Engelhard, R., London: Anthem Press.

Wang, Z.-J., Lin, H., Huang, J., Hu, R., Rozelle, S. and Pray, C., 2009. *Bt* Cotton in China: Are Secondary Insect

Infestations Offsetting the Benefits in Farmer Fields? *Agricultural Sciences in China*, 8(1), pp. 83–90.

Warwick, K., 2013. *Beyond Industrial Policy, Emerging Issues and New Trends.* OECD Science Technology and Industry Policy Papers No. 2. Paris: OECD Publishing.

Watch, D.D., 2010. *Research for the Global Good: Supporting a Better World for All.* Melbourne: Images Publishing.

Weiss, J., 2015. *Taxonomy of Industrial Policy.* Inclusive and Sustainable Industrial Development Working Paper Series, WP 08/2015. Vienna: United Nations Development Organization.

Westphal, L.E., 2002. Technology Strategies for Economic Development in a Fast Changing Global Economy. *Economics of Innovation and New Technology*, 11(4/5), pp. 275–320.

Wild, S., 2014. SA joins 3D printing revolution. *Mail & Guardian Online.* Available at <http://mg.co.za/article/2014-09-26-sa-joins-3d-printing-revolution>. Accessed August 2015.

WIOD (World Input-Output Database), 2015. *World Input-Output Database.* Available at <www.wiod.org/database/index.htm>. Accessed September 2015.

WIPO (World Intellectual Property Organization), 2004. *WIPO Intellectual Property Handbook, Second Edition.* Geneva.

Witt, H., Patel, R. and Schnurr, M., 2006. Can the Poor Help GM Crops? Technology, Representation & Cotton in the Makhathini Flats, South Africa. *Review of African Political Economy*, 109, pp. 497–513.

Wood, A., 1998. Globalisation and the Rise in Labour Market Inequalities. *The Economic Journal*, 108(450), pp. 1463–1482.

World Bank, 2010. *Innovation Policy: A Guide for Developing Countries.* Washington, DC.

———, 2015a. *Data—World Development Indicators.* Washington, DC. Available at <http://data.worldbank.org/data-catalog/world-development-indicators>. Accessed June 2015.

———, 2015b. *Historical Classifications by Income.* Washington, DC. Available at <https://datahelpdesk.worldbank.org/knowledgebase/articles/378834-how-does-the-world-bank-classify-countries>. Accessed February 2015.

———, 2015c. *World Integrated Trade Solution (WITS). International Merchandise Trade, Tariff and Non-tariff Measures.* Washington, DC. Available at: <http://wits.worldbank.org/Default.aspx>.

WRI (World Resources Institute), 2015. *CAIT Climate Data Explorer.* Washington, DC. Available at <http://cait.wri.org>.

WTO (World Trade Organization), 2014. *World Trade Report 2014. Trade and Development: Recent Trends and the Role of the WTO.* Geneva.

Wright, G. and Czelusta, J., 2004. Why Economies Slow: The Myth of the Resource Curse. *Challenge*, 47 (2), pp. 6–38.

Yüksek, I., 2012. *Technical, Economical and Environmental Benefits of Blastfurnace Cement.* Available at <www.worldcement.com/europe-cis/09072012/Benefits_of_blastfurnace_cement_1159/>. Accessed July 2015.

Zeng, D.Z., 2014. *China's Special Economic Zones and Industrial Clusters: Success and Challenges.* Available at <http://blogs.worldbank.org/developmenttalk/china-s-special-economic-zones-and-industrial-clusters-success-and-challenges>. Accessed February 2014.

Zhong, S., 2015. *Structural Decomposition of Energy Consumption, Energy Intensity, Emissions, and Emissions Intensity.* Background paper prepared for the 2015 Industrial Development Report. Vienna: United Nations Industrial Development Organization.